河套高原战国秦汉政治地理研究

HETAO GAOYUAN ZHANGUO QINHAN ZHENGZHI DILI YANJIU

艾冲 ◎主编

陕西师范大学出版总社

图书代号 SK20N0388

图书在版编目（CIP）数据

河套高原战国秦汉政治地理研究 / 艾冲主编. —西安：陕西师范大学出版总社有限公司，2020.4
ISBN 978-7-5695-1314-1

Ⅰ.①河… Ⅱ.①艾… Ⅲ.①河套—政治地理学—研究—战国时代—文集②河套—政治地理学—研究—秦汉时代—文集 Ⅳ.①K901.4-53

中国版本图书馆CIP数据核字（2020）第021553号

河套高原战国秦汉政治地理研究

艾 冲 主编

策划编辑	刘 定
责任编辑	王淑燕
责任校对	刘 定
封面设计	张潇伊
出版发行	陕西师范大学出版总社
	（西安市长安南路199号 邮编 710062）
网　　址	http://www.snupg.com
印　　刷	广东虎彩云印刷有限公司
开　　本	720mm×1020mm 1/16
印　　张	21.25
插　　页	1
字　　数	290千
版　　次	2020年4月第1版
印　　次	2020年4月第1次印刷
书　　号	ISBN 978-7-5695-1314-1
定　　价	98.00元

读者购书、书店添货或发现印装质量问题，请与本公司营销部联系、调换。
电话：（029）85307864　85303629　　传真：（029）85303879

前　言

　　本书收录的23篇学术论文，是在8年（2011—2018）期间我和数位年轻同志撰写的关于河套高原地区及其毗邻区战国秦汉时期政治地理演变的专题研究成果。将这些论文汇编成册，就是为研究此段历史时期相同或相近专题的学界同行提供参考资料，供他们阅读、审视、比较、判断，便于其学习、研究。关于本书内容，在此略谈下列几点。

一、关于"河套高原"及其"毗邻区"的地域范围

　　首先，所谓"河套高原"是指部分人士所称"鄂尔多斯高原"。这是一个自然地理概念，并非仅指今内蒙古自治区的鄂尔多斯市管辖区域。因为"鄂尔多斯高原"处于黄河自西、北、东三面围绕的河套之中，所以被称作"河套高原"。同时，这个高原地区从元明时期开始就被世人称作"河套"，或"套中"，沿承至今。因此，"河套高原"之名称显示出简练、方便、通俗、易记的优势，而且"河套"一名形象地反映出该高原地域的自然特征，被人们沿用时间相对更早、更长，更容易判断其具体区位。那么，从空间范围观察，河套高原（鄂尔多斯高原）包括今陕西省白于山脉以北的榆林市管辖区域、宁夏回族自治区黄河东侧的大罗山及红柳沟干流河道以北区域、内蒙古自治区乌海市黄河东侧的区域（包括海勃湾区和海南区）和鄂尔多斯市全境（东、北、西抵达黄河）。

　　其次，河套高原的"毗邻区"包括哪些地方？主要是指从西、北、东

三方面环绕河套高原的黄河外侧支流流经区域，以及白于山、大罗山南侧毗邻区域。具体来说，河套高原西侧毗邻区指的是黄河以西、贺兰山脉与狼山余脉分水岭以东的区域，包括今银川平原、乌兰布和沙漠东部；其北侧毗邻区指的是黄河北侧支流发源的狼山、查石太山、乌拉山和大青山以南区域，包括今后套平原、查石太山与乌拉山间、乌拉山与大青山南侧的前套平原诸地；其东侧毗邻区是指黄河以东、吕梁山脉及管涔山脉分水岭以西的支流流经区域，包括今山西省石楼县以北、内蒙古自治区清水河县以南的黄河支流区域；其南侧毗邻区是指白于山脉、大罗山与红柳沟以南连接区域，包括陕西省白于山脉南侧的清涧河流域（其上游称秀延河）、延河流域、洛河上游流域（甘泉县西北界以北）、甘肃省陇山东侧的泾河上游流域、宁夏回族自治区六盘山北侧的清水河流域在内。

在具体论述过程中，出于研究对象的完整性考虑，个别论文涉及的空间可能溢出河套高原及其毗邻区之范围。在此予以特别说明。

二、本书的内容与结构简介

本书收录了不同作者的23篇专题论文，全部属于战国秦汉时期河套高原及其毗邻区政治地理研究成果。作者们力图运用其掌握的研究方法、研究手段和研究材料，解决各自要破解的学术问题。这种努力进取无疑取得了显著的成效，这本小书的编撰就是充分的证明。其研究范畴既涵盖战国秦汉时期特定地域历史政区领域的建制（政区名称、隶属关系、析并置废）、治城、管区和边界等内容，也包括战国秦汉时期特定地域割据政权的统治中心、控制地域及其兴亡时间的定位与推论。

在此前提下，本书所汇集的23篇论文依据所探索具体内容的属性与差异大体被划分为四部分。第一部分共计4篇论文，专注于地方行政区划体系在宏观上的发展与演变。或进行郡县两级体制、州郡县三级体制的面上纵向动态研究，或从事郡级政区建制演变探索，包括：战国至东汉地方行政区划制度在河套高原及其毗邻区的创建、发展、调整、分布、演替和迁徙，还包括朔方郡、北地郡和安定郡建制变动等。

第二部分共有7篇论文，聚焦于西汉时期河套高原及其毗邻区7个郡级政区属县治域空间配置的定位研究。作者们运用历史文献、考古调查、出土文物和田野调查诸多资料，分别展开上郡、西河郡、朔方郡、北地郡、五原郡、云中郡和安定郡属县故城地望的考证，取得了显著的进展。各郡属县治城的准确定位，对于继续探究汉代地域行政区划建制的演变具有极其重要的参考价值。

第三部分计有7篇论文，致力于河套高原地区汉代重要的县级政府驻地的定位考证。其研究内容包括大城、龟兹、美稷、蒲泽、曼柏、朔方、临戎、五原、高望9座县城故址的考证。

第四部分包含5篇论文，主要解决两汉时期活动在河套高原及其毗邻区的割据政权控制地域的变迁、统治中心的地望推断、南匈奴贵族成员数次叛乱事件涉及的地区等问题。包括东汉初期以卢芳为首的割据政权的都城位置及其内部结构，其控制地域的前后盈缩，乃至割据政权的灭亡；东汉时期南匈奴句龙吾斯叛乱、单于檀叛乱、逢侯叛乱的空间演变过程；东汉中期叛羌首领滇零为皇帝的割据政权的都城与控制地域。这些学术问题长期得不到有效破解，本书则得出清晰的专题考证结论。

三、编纂缘起

迄今为止，尚未发现系统而全面地研究战国秦汉时期河套高原地区及其毗邻区政治地理的著作问世。笔者所带领的学术团队在推进国家社科基金重大招标项目课题研究的过程中，对之展开重点研究，相继撰写出诸多阶段性研究成果。然而由于各篇论文分别发表在不同层级的学术期刊上，读者只能看到特定时期河套高原行政区划体系的某个侧面，难以全面认识其整体变化，即所谓唯见一斑而未窥全豹也。况且，随着时间的推移，有的期刊转型而更名，有的期刊可能停办，更有甚者——有的期刊可能因年月久远而缺失早期刊物。于是乎，已经发表的专题论文就难以寻觅。这对于系统认识河套高原地区及其毗邻区秦汉政治地理全貌是很不利的。换言之，既不利于各位作者翻阅、利用这些论文，也不利于其他社会人士检索、利用这些科研成果。

鉴于此情状，笔者遂萌生集结多篇论文、汇编成册的心愿。经过近两年的收集、订正、调整、修改、整合、统稿等环节，终于完成这个汇编23篇学术论文的中小型文字工程。其他相关专题论文的汇集工作，则留待今后再实施。

在此过程中，硕士研究生马伊明、翟飞、李小明三人做了部分技术性的校对工作，在此向他们表示感谢。陕西师范大学出版总社承担本书的正式出版事务，使得本书得以顺利问世，谨在此表示衷心的谢意。

艾　冲

2018年9月4日

记于陕西师范大学长安校区

目录

战国至西汉郡县制在鄂尔多斯高原的建立、发展与分布　艾　冲 __ 001

东汉州郡县体制在鄂尔多斯高原的恢复、调整和迁徙　艾　冲 __ 017

两汉时期朔方郡建制沿革考论　孟洋洋 __ 031

战国秦汉时期北地郡、安定郡的置废述论　李小明 __ 044

西汉时期上郡诸县治城位置新探　艾　冲 __ 059

鄂尔多斯高原西汉时期西河郡属县治城位置新考　艾　冲 __ 079

西汉朔方郡属县治城考　孟洋洋 __ 099

西汉北地郡属县治城考　孟洋洋 __ 114

西汉时期五原郡属县治城新考　白　雪 __ 137

西汉云中郡属县治城位置新考　吴丰享 __ 152

西汉安定郡属县治城新探　李小明 __ 164

两汉时期大城县故城位置初考　艾　冲 __ 187

两汉上郡龟兹县治城位置新探　艾　冲　陈　娇 __ 199

汉代美稷故城新考　王兴锋 __ 210

西汉五原属国都尉府驻地——蒲泽县城初探　王兴锋 __ 224

两汉朔方郡治城新探　孟洋洋__234

东汉度辽将军府驻地考实　孟洋洋__246

东汉初期卢芳伪"汉"政权都城——五原郡城考论　艾　冲__260

论东汉初期北部边疆卢芳割据政权的控制地域　艾　冲__272

东汉永和年间南匈奴句龙部叛乱的探析　刘晓姗__283

东汉永初年间南匈奴单于檀叛乱的探析　马伊明__294

东汉时期南匈奴逢侯叛乱探析　翟　飞__306

东汉中期滇零叛羌割据政权的控制地域及都城初探　艾　冲__317

后　记__329

战国至西汉郡县制在鄂尔多斯高原的建立、发展与分布

艾 冲

鄂尔多斯高原，亦称"河套"地区。鄂尔多斯高原地区历史上郡县两级行政区划建制的出现是在战国时期。其后，历经秦朝、西汉两个时期，地方行政区划经历郡县建制单位逐步增加、管辖区域调整，乃至演变为东汉州郡县三级制的进程。其发展演变的时间和空间过程诸多细节，今人已不甚清楚，实有复原该时段历史政区地理真相的必要。本文试做探究，就教于学界大家。

一、战国时期郡县两级政区建制在鄂尔多斯高原及毗邻区的创立

论及鄂尔多斯高原历代行政区划的发展与演变，必上溯至春秋战国时期。距今2300年前，赵、秦两国对鄂尔多斯高原及毗邻之银川平原与河套平原的开拓与经略，成为郡县两级政区出现在鄂尔多斯高原的序幕。赵、秦两国创立的郡县两级行政建制推广至鄂尔多斯高原，使本地区进入中国政治历史的新纪元。

（一）赵国创建郡县制于阴山南麓与鄂尔多斯高原——云中郡及其属县

赵国国君——赵武灵王在推行"胡服骑射"变革之后，向北拓展疆土，并在北疆创置郡县两级管理体系。据《史记》载："而赵武灵王亦变俗胡

服，习骑射，北破林胡、楼烦。筑长城，自代并阴山下，至高阙为塞。而置云中、雁门、代郡。"①赵国创置三郡的时间至迟应在赵武灵王二十六年（前300）。《史记·赵世家》载：赵武灵王"二十六年，复攻中山，攘地北至燕、代，西至云中、九原"②。据此可知，是年已置云中郡。其中，云中郡治所在今内蒙古托克托县驻地东北40里的古城村古城。其辖域既包括今大青山与乌拉山南、黄河北的狭长平原地带，也包括黄河以南的鄂尔多斯高原东北部，略当今达拉特旗和准格尔旗的北部。

赵国的云中郡管辖的属县究竟有多少？今难得其详。仅知其属县之一——九原县，其治城即今包头市九原区的麻池古城。其他属县何名？治所何地？尚待今后续探。

但是，赵国在鄂尔多斯高原的控制范围还包括"榆中"地区在内。

赵国的"榆中"地区究竟在哪里呢？《史记·赵世家》载：赵武灵王"二十年，王略中山地，至宁葭；西略胡地，至榆中。林胡王献马。归，……代相赵固主胡，致其兵"③。据此可知，"榆中"就是"林胡王"部落游牧地区。赵国此次征服"林胡王"部落，将该地区合并入赵国版图。赵武灵王二十年，即公元前306年。"致其兵"的"致"，动词，意为招引、得到、获取、接收。

"榆中"地区位于"西河"的西方。战国时期赵国人所谓"西河"，即指今山、陕两省间的黄河峡谷河段。据《史记·赵世家》其他记载，"林胡王"部落游牧的"榆中"地区居于黄河之西。赵武灵王在推行"胡服"之前，曾于十九年（前307）西行登上黄河东岸的黄华山，纵论赵国面临的天下形势。即"十九年春正月，大朝信宫。召肥义与[之]议天下，五日而毕。王北略中山之地，至于房子，遂之代，北至无穷，西至[西]河，登黄华[山]之上。召楼缓谋曰：'……今中山在我腹心，北有燕，东有胡，西有林胡、楼烦、秦、韩之边，而无强兵之救，是亡社稷，奈何？夫有高世之

---

① 〔汉〕司马迁：《史记》卷一百一十《匈奴列传》，中华书局，1982年，第2885页。
② 《史记》卷四十三《赵世家》，第1811页。
③ 《史记》卷四十三《赵世家》，第1811页。

名，必有遗俗之累。吾欲胡服。'楼缓曰：'善。'群臣皆不欲"。①赵武灵王伫立在黄河东岸的黄华山上与楼缓讨论赵国面临的宏观政治环境时提到"西有林胡、楼烦"，表明这两个族群活动在他脚下的黄河以西，也就是今鄂尔多斯高原。因此，"榆中"地区必定在今鄂尔多斯高原东部。是岁，赵国展开"遂胡服招骑射"的变革。

至赵武灵王二十年（前306），就取得"胡服骑射"改革的辉煌战果。赵军"西略胡地，至榆中。林胡王献马"。赵武灵王二十六年，向西北略地达阴山南麓，即"攘地……西至云中、九原"。攻取今内蒙古土默川平原及附近地方。二十七年（前299），"五月戊申，大朝于东宫，传国，立王子何以为［赵国］王。……是为惠文王……武灵王自号为主父"。②

其时（前299），赵武灵王的战略构想是完全夺取林胡、楼烦游牧的"榆中"地区（今鄂尔多斯高原东部），并据此为跳板而南下攻取秦国北部地区。史载："主父欲令子主治国，而身［着］胡服将士大夫西北略胡地，而欲从云中、九原直南袭秦，于是诈自为使者入秦。秦昭王不知，已而怪其状甚伟，非人臣之度，使人逐之，而主父驰［骋］已脱关矣。审问之，乃主父也。秦人大惊。主父所以入秦者，欲自略地形，因观秦王之为人也。"③此次赵武灵王（主父）隐瞒真实身份访问秦国而能迅速脱身，即"主父驰已脱关矣"，其实是非常危险之举。他隐身于内的赵国使团从云中郡九原县出发，南经"榆中"地区，再进入秦国境内。使团返回时必然循原路而行，"主父驰已脱关矣"，因为"主父"的主要目的是"欲自略地形"，即侦察军事地理形势。

赵惠文王二年（赵武灵王二十九年，前297），赵国吞并了"楼烦王"部落所在地区。是年，"主父行新地，遂出代［地］，西遇楼烦王于西河，而致其兵"。在接收"楼烦王"部落地区后，赵国完全控制着"榆中"地

---

① 《史记》卷四十三《赵世家》，第1805—1806页。
② 《史记》卷四十三《赵世家》，第1811—1812页。
③ 《史记》卷四十三《赵世家》，第1812—1813页。

区。赵惠文王三年（前296），赵军"灭中山，迁其王于肤施"。①肤施，属于赵国"榆中"地区南部的城邑，故城即今榆阳区鱼河镇米家园城址。延至赵惠文王三十五年（秦昭王三十六年，前271），肤施城被秦国兼并，划归上郡。赵惠文王四年（前295），主父因内乱被困死于沙丘宫。②赵惠文王十六年（前290），苏厉致信游说赵王曰："……秦之上郡近挺关，至于榆中者［一］千五百里"。③可知，秦国的上郡辖区是年尚局限在今陕西延安市域南部。赵国的挺关，处在"榆中"地区的南部边缘，当在今大理河北侧山区。有学者认为，"挺关"故址在今榆林市榆阳区牛家梁村西侧、榆溪河畔的瓦片梁遗址；或曰在今榆阳区榆溪河上游东支流——五道河源头附近。两说皆过于偏北，不予采信。若自秦国上郡驻地——今陕西甘泉县境起算，至赵国"榆中"核心地区所在今内蒙古伊金霍洛旗驻地——阿勒腾席热镇，约合《史记》记载的秦上郡城至赵"榆中"1500里之遥的记载。

综上所述，笔者认为："榆中"地区应在云中郡管辖之内。"榆中"区域的探索，成为史学界多年来孜孜努力而未能破解之谜题。综合前所引《史记·赵世家》的记载可知，"榆中"地区在"西河"（今山、陕黄河峡谷）之西、"挺关"（在今大理河北侧）之北，今东胜梁之南地带，包括今榆溪河、葭芦河、秃尾河、窟野河、黄甫川在内的区域。"肤施"很可能是赵国云中郡属县之一，故城在今榆阳区鱼河镇米家园城址。而赵武灵王乔装成赵国使团成员赴秦国都城咸阳窥探秦国虚实之举，也可证明由云中郡九原县南下必经"榆中"区域，方可进入秦国边境。这就反证在赵惠文王十六年前"榆中"属赵国。④既然如此，"榆中"区域自然归属云中郡管辖无疑。

（二）秦国推行郡县制至河南地——创建北地郡和扩展上郡的辖域

秦国在秦昭襄王三十六年（赵惠文王三十五年，前271）发动吞并义渠戎部族政权的战争，一举灭之。遂在义渠戎故地及其属部所在地区建置北地

---

① 《史记》卷四十三《赵世家》，第1813—1814页。
② 《史记》卷四十三《赵世家》，第1815页。
③ 《史记》卷四十三《赵世家》，第1818页。
④ 《史记》卷四十三《赵世家》，第1813页。

郡；并乘胜向北开拓，将统治范围扩展至今陕西榆林市域和内蒙古准格尔旗与伊金霍洛旗东部，置于上郡的管治下。

1. 创立北地郡

北地郡创立于秦昭襄王三十六年。据《史记》载："秦昭王时，义渠戎王与宣太后乱，有二子。宣太后诈而杀义渠戎王于甘泉，遂起兵伐残义渠。于是秦有陇西、北地、上郡，筑长城以拒胡。"[1]同书又载："当是时，[秦]昭王已立三十六年。南拔楚之鄢郢，楚怀王幽死于秦。……于是，范雎乃得见于离宫，详为不知永巷而入其中。……昭王至，闻其与宦者争言，遂延迎，谢曰：'寡人宜以身受命久矣，会义渠之事急，寡人旦暮自请太后。今义渠之事已，寡人乃得受命'。……范雎辞让"。[2]所谓"义渠之事"，即指秦国起兵消灭义渠戎国之战。建置三郡即在该战后的同年。此时，在秦国开置的三郡中，北地郡、上郡的管辖区已伸入鄂尔多斯高原南部区域。

北地郡创立之初，治义渠县（今甘肃省庆阳市西峰区），管辖区域包括今甘肃省陇山以东的平凉、庆阳两个地级市域，以及宁夏固原市、吴忠市域的局部。其中，北地郡北境应伸至朐衍戎活动区域（今宁夏盐池县、陕西定边县及内蒙古鄂托克前旗南部地），并建置朐衍县（或作朐衍，故城即今宁夏盐池县北部的张家场古城）。早在秦昭王之前，秦国势力已到达这个区域。其后，朐衍戎活动区域一直在秦国控制下。史载：公元前246年，"秦孝文王五年，游朐衍（县境），有献五足牛者"。颜师古注"曰：'朐衍，地名，在北地。朐音许于反'"。[3]可证"朐衍"乃战国时期秦国北地郡属县之一。在此需要辩证的是，秦孝文王在位仅一年而逝世，由秦庄襄王继承王位，在位四年谢世，由秦王政（后称秦始皇）继承王位。因此，秦王嬴政即位之年，即公元前246年。北游朐衍县地者，非秦庄襄王，即秦王政也。"朐衍县"位于今泾河与山水河的分水岭以北，属于鄂尔多斯高原南

---

[1] 《史记》卷一百一十《匈奴列传》，第2885页。
[2] 《史记》卷七十九《范雎蔡泽列传》，第2404—2406页。
[3] 〔汉〕班固：《汉书》卷二十七《五行志第七下之上》，中华书局，1962年，第1447页。

部范围。

2.扩展上郡的辖域

上郡建制并非创自秦国,乃继承魏国上郡而来。魏国的上郡辖域原在今黄土高原上,即今陕西延安市域南部和铜川市域。秦国在商鞅变法后,积极东进,攻击魏国在黄河以西的西河郡、上郡两个地区。秦惠文王八年(魏惠王后元六年,公元前330年),秦军先夺取关中东部的魏国西河郡地。① 至翌年(公元前329年,即秦惠文王九年、魏惠王后元七年),魏国在黄河以西地区已呈势穷力竭之态,于是,"魏尽入上郡于秦",即"魏纳上郡十五县[于秦]"。② 正如《史记》所称:秦"惠王击魏,魏尽入西河[郡]及上郡于秦"。③

自秦惠文王九年(前329)起,秦国接管魏国的上郡,作为其地方行政单位。及至秦昭襄王三十六年吞并义渠戎部族政权后,秦国将上郡管区向北大幅度扩展,推移至陕西榆林市域的靖边、横山、榆阳、神木诸县境,及内蒙古准格尔旗、伊金霍洛旗境,即赵国的"榆中"地区南部。在此期间,上郡驻地向北迁至肤施县城,即今陕西榆林市榆阳区鱼河堡镇米家园城址。

(三)郡县制出现在鄂尔多斯高原的历史意义

《史记》论述秦、赵、燕三国创置郡县制、构筑长城之后,称:"当是之时,冠带战国七,而三国边于匈奴。"④ 战国时期,赵国、秦国相继于公元前306年、公元前271年进入今鄂尔多斯高原,并先后于公元前300年和公元前271年创立管辖至该区域的郡县体系,即赵国的云中郡、秦国的北地郡、上郡,以及其诸属县。

郡县制作为初期封建国家的地方行政区划和行政建制单位,一切军政财经事务听命于中央政府,官员的任免与考核权也由国君掌握,从而开创出中央与地方的新型隶属关系,开创了地方管理制度史的新纪元,使国家机器的

---

① 《史记》卷五《秦本纪》,第205—206页;卷四十四《魏世家》,第1848页。
② 《史记》卷四十四《魏世家》,第1848页;卷五《秦本纪》,第206页。
③ 《史记》卷一百一十《匈奴列传》,第2885页。
④ 《史记》卷一百一十《匈奴列传》,第2886页。

职能更加完善。正因如此，鄂尔多斯高原的历史从此进入新的阶段。

二、秦代鄂尔多斯高原及邻区郡县建制的发展

秦王政二十六年（前221），秦国通过军事手段吞并山东六国，建立政治统一的秦帝国。秦始皇三十二年（前215），秦始皇遣将军蒙恬率军十万北击匈奴。《史记》载："后秦灭六国，而始皇帝使蒙恬将十万之众北击胡，悉收河南地。因河为塞，筑四十四县城临河，徙谪戍以充之。而通直道，自九原至云阳。因边山险堑溪谷可缮者治之，起临洮至辽东万余里。又渡河据阳山北假中。"①秦朝接管且控制了河南地，即今鄂尔多斯高原，以及毗邻的贺兰山和阴山地区。

（一）接管赵国的云中郡、析置九原郡

秦在统一战争中，相继接管山东六国既有的郡县建制单位，同时增置新的郡县建制。

秦灭赵后，接管赵国的北疆三郡——代郡、雁门郡和云中郡，及其属县。特别是接管云中郡及其属县。因此，云中郡建制仍存，其治城亦照旧，唯管区较前有收缩，仅包括今土默特右旗及其以东区域。其属县沙南县位于黄河之南，即今准格尔旗北部之地。

并在云中郡西部的九原县城增置新郡——九原郡。据《汉书·地理志》载：汉"五原郡，秦九原郡，武帝元朔二年更名"。②九原郡的增置时间，应是在秦始皇三十二年至三十三年（前215—前214）间，即蒙恬北征期间。九原郡既已增立，其治城（今内蒙古包头市九原区麻池古城）遂成为秦帝国北疆的军政中枢——最重要的城市。由都城咸阳延伸而来的国道——"直道"直达九原郡城，使之更具有特殊的战略地位。③

九原郡的管境，既包括原云中郡之西境黄河南北之地，也包括秦朝新

---

① 《史记》卷一百十《匈奴列传》，第2886页。
② 《汉书》卷二十八《地理志》，第1619页。
③ 魏坚、郝园林：《秦汉九原—五原郡治的考古学观察》，《中国历史地理论丛》2012年第4期，第42—49页。

取得而"徙谪戍以充之"的"筑四十四县城临河"的河南地北部地区，以及"又渡河据阳山、北假中"的地带。该区域相当今内蒙古包头市境、固阳县、达拉特旗、准格尔旗西北部、杭锦旗、鄂托克旗北部、磴口县、杭锦后旗、临河区、五原县和乌拉特前旗，以及乌拉特中旗、乌拉特后旗的狼山地区。这个区域包括狼山山脉秦代长城以南的后套平原、鄂尔多斯高原都思兔河北侧的分水高地和东胜梁以北的区域。秦朝向该地区移入众多内地人口，以充实塞下空旷地带，即"徙谪戍以充之"。

（二）北地郡管区的北扩

秦朝继续沿袭战国时期创立的北地郡（治义渠县城，今甘肃庆阳市西峰区）建制，并将其管区扩张至今宁夏平原和河南地西南部地区。最突出的事例就是增置富平、灵武两县于今宁夏平原。①富平县故治在今吴忠市利通区扁担沟镇扁担沟村古城。灵武县故治在今青铜峡市西北部的邵岗镇附近。两县创立时间当在公元前214年（一说在西汉初年）。②廉县可能也系秦代所建，但对此尚无确凿证据。

可以肯定的是，秦代北地郡管区西部扩展至今宁夏平原地区，可能达至该平原北缘；其东部则向北扩展至今鄂尔多斯高原西部的都思兔河流域，北界略当今鄂托克旗北部的木凯淖尔乡、沙井镇、新召苏木、阿尔巴斯苏木所在分水高地一线。

（三）沿黄河创置三十四县城（一说四十四县城）

所谓"因河为塞，筑四十四县城临河，徙谪戍以充之"是指在西南自"榆中"（今甘肃兰州东）起始，循黄河内侧向北、再向东直抵"阳山"（今内蒙古乌拉山与大青山系）止的地带，秦朝创建34个建制县（或谓44县城）。然而，关于这"三十四县城"的名称和方位，因秦朝末年咸阳遭受战火焚毁，秦朝档案尽亡，史书无载，遂使后人无法定位。

若以今鄂托克旗北部的桌子山、阿尔巴斯苏木与沙井镇所在分水高地为界，"四十四县城"分布区的南半部应属北地郡，北半部实属九原郡管辖。

---

① 《汉书》卷二十八《地理志》，第1616页。
② 杨森翔：《城市记忆》，中国文化出版社（香港），2008年，第27、36页。

史书仅留下若干障城的名称,诸如"神泉障"、"浑怀障"(今银川市兴庆区月牙湖乡黄里岗村南兵沟遗址)、"翁龙障"、"埤是障"、"原高障"、"田辟障"等等。①但是,障城和县城在名称上显然有别。至于其功能有无重合之处,就目前可见资料而言,尚难肯定。因此,我们期待在鄂尔多斯高原西、北边缘地带的考古调查或考古发掘的新材料,以提供新的可靠证据。

三、西汉时期鄂尔多斯高原及邻区郡县两级政区的调整与发展

在秦末汉初的战乱期间,河南地再度被匈奴部落占据。正如《史记》所载:"当是之时,东胡强而月氏盛。匈奴单于曰头曼,头曼不胜秦,北徙。十余年而蒙恬死,诸侯畔秦,中国扰乱,诸秦所徙谪戍边者皆复去,于是匈奴得宽,复稍度河南与中国界于故塞。"②即所谓"……冒顿上马,令国中有后者斩,遂东袭击东胡。东胡初轻冒顿,不为备。及冒顿以兵至,击,大破灭东胡王,而虏其民人及畜产。既归,西击走月氏,南并楼烦、白羊河南王。悉复收秦所使蒙恬所夺匈奴地者,与汉关故河南塞,至朝那、肤施,遂侵燕、代。是时,汉兵与项羽相距,中国罢于兵革,以故冒顿得自强,控弦之士三十余万"。"后北服浑庾、屈射、丁零、鬲昆、薪黎之国。于是匈奴贵人大臣皆服,以冒顿单于为贤"。③

(一)西汉政府在鄂尔多斯高原及后套平原增置朔方郡

西汉王朝建立伊始,北疆形势不稳。数年间,相继出现陈豨、韩王信、卢绾叛降匈奴的事件。

特别是"平城之围"后,汉高祖对匈奴采取"和亲"政策,即"汉亦引兵而罢,使刘敬结和亲之约"。所谓"和亲之约",指"是时,匈奴以汉将众往降,故冒顿常往来侵盗代地。于是汉患之,高帝乃使刘敬奉宗室女公

---

① 《汉书》卷二十八《地理志》北地郡富平县、西河郡、五原郡成宜县诸条,第1616—1619页。
② 《史记》卷一百一十《匈奴列传》,第2887—2888页。
③ 《史记》卷一百一十《匈奴列传》,第2889—2893页。

主为单于阏氏,岁奉匈奴絮缯酒米食物各有数,约为昆弟以和亲。冒顿乃少止。"①其后,孝惠帝、吕太后、孝文帝、孝景帝时期仍实行和亲政策。同时,汉朝平定陈豨、韩王信和卢绾之乱。

在此期间,汉朝未能稳定有效地控制"河南故塞"以北地区。

1. 继承秦朝诸郡

西汉初期,云中郡仍在汉朝控制中。据《史记》载:"居无几何,陈豨反,又与韩[王]信合谋击代。汉使樊哙往击之,复拔代、雁门、云中郡县,不出塞。"②据此可知,汉朝初年,仍控制着鄂尔多斯高原东北隅及黄河对岸的云中郡地区。

上郡、北地郡也在汉朝控管之下。《史记》载:"至孝文帝初立,复修和亲之事。其三年五月,匈奴右贤王入居河南地,侵盗上郡葆塞蛮夷,杀略人民。"③可见,上郡建制依旧存在。再如"汉孝文皇帝十四年,匈奴[老上]单于十四万骑入朝那、萧关,杀北地[郡]都尉卬,虏人民畜产甚多,遂至彭阳"。④据此可知,汉朝控制着北地郡地区。唯有秦代九原郡之地——河南地被匈奴右贤王诸部占据。

上郡的管区在尚未析置西河郡的时期——汉高祖元年(前206)至武帝元朔四年的82年间,辖域分布在秦昭王长城之内、今山陕黄河峡谷之西,元朔二年(前127)北扩至今东胜区北界一线。⑤在元朔四年析置西河郡后,上郡的管区北境收缩乌审旗北界一线、东北界收缩至今秃尾河中上游及葭芦河一线。其原先辖域的北部被划归新建的西河郡。⑥

北地郡的管区在尚未析置安定郡的时期——汉高祖元年至武帝元鼎三年(前114)的93年间,辖域包括今甘肃榆中县至宁夏中卫段黄河及其北方的贺兰山脉以东、陕甘两省间的子午岭和内蒙古乌审旗西界的阿拉陶勒盖山

---

① 《史记》卷一百一十《匈奴列传》,第2895页。
② 《史记》卷一百一十《匈奴列传》,第2895页。
③ 《史记》卷一百一十《匈奴列传》,第2895页。
④ 《史记》卷一百一十《匈奴列传》,第2901页。
⑤ 谭其骧:《中国历史地图集》(第二册),"秦关中诸郡",中国地图出版社,1982年。
⑥ 《中国历史地图集》(第二册),"并州、朔方刺史部"。

梁以西、岐山以北、都思兔河以南的区域，北界略当今鄂托克旗北部的木凯淖尔乡、沙井镇、新召苏木、阿尔巴斯苏木所在分水高地一带。北邻朔方郡境、东接上郡之地。①在析置安定郡后的时期——武帝元鼎三年至汉平帝元始五年（5）的110年间，其西界向东移至今宁夏大罗山、牛首山、贺兰山一线，其他三面界限依旧。②

2.重置九原郡，增置朔方郡

在汉军于元朔二年通过"河南之战"收复河南地后，汉朝在河南地及毗邻区重置九原郡，并改称"五原郡"，其治所仍在九原县城。③

与此同时，析出秦代九原郡西部，增建一个新郡——朔方郡。《汉书》载：元朔"二年……春正月……遣将军卫青、李息出云中，至高阙，遂西至符离，获首虏数千级。收河南地，置朔方、五原郡"。④《史记》载："其明年，卫青复出云中以西至陇西，击胡之楼烦、白羊王于河南，得胡首虏数千，牛羊百余万。于是汉遂取河南地，筑朔方，复缮故秦时蒙恬所为塞，因河为固。……是岁，汉之元朔二年也。""匈奴右贤王怨汉夺之河南地而筑朔方，数为寇，盗边，及入河南，侵扰朔方，杀略吏民甚众"。⑤所谓"筑朔方"，即指构筑朔方县城，作为朔方郡治城。朔方郡创立之初，治朔方县城（今杭锦旗独贵特拉镇西南那林霍拉霍遗址）。

关于元朔二年建立朔方郡的军事背景和具体过程，史书记载详略不一。《史记·卫将军骠骑列传》云：元朔二年，汉廷"令车骑将军［卫］青出云中以西，至高阙，遂略河南地，至于陇西，捕首虏数千，畜数十万，走白羊、楼烦王。遂以河南地为朔方郡。以三千八百户封青为长平侯。青［之］校尉苏建有功，以千一百户封建为平陵侯。使［苏］建筑朔方城。""将军苏建，杜陵人。以校尉从卫将军青，有功，为平陵侯，以将军筑朔方。"⑥

---

① 《中国历史地图集》（第二册），"秦关中诸郡"。
② 《中国历史地图集》（第二册），"并州、朔方刺史部"。
③ 《汉书》卷二十八《地理志第八下》，第1619页。
④ 《汉书》卷六《武帝纪第六》，第170页。
⑤ 《史记》卷一百一十《匈奴列传》，第2906—2907页。
⑥ 《史记》卷一百一十一《卫将军骠骑列传》，第2923页、第2943页。

亦见《汉书·武帝纪第六》：元朔"二年……春正月……遣将军卫青、李息出云中，至高阙，遂西至符离，获首虏数千级。收河南地，置朔方、五原郡"。同年夏季，"募民徙朔方十万口"。①据此可知，苏建是朔方郡诸城营造工程的总指挥者。

当时，汉廷内部曾就是否创置朔方郡、营筑朔方郡城出现激烈的争论。争论双方分别是以公孙弘为代表的反对方和以朱买臣、主父偃为首的支持方，争辩的结果是朱买臣获胜。史载："元朔三年，张欧免，以弘为御史大夫。是时，通西南夷，东置沧海，北筑朔方之郡。弘数谏，以为疲敝中国以奉无用之地，愿罢之。于是天子乃使朱买臣等难弘［以］置朔方之便。发十策，弘不得一。弘乃谢曰：'山东鄙人，不知其便若是，愿罢西南夷、沧海而专奉朔方。'上乃许之。"元朔三年春秋两季，相继"罢苍海郡""罢西南夷"两个方向的边疆经略活动，全力构筑朔方郡诸城，即"城朔方城"。②在这场大讨论中，主父"偃盛言朔方地肥饶，外阻河，蒙恬城之以逐匈奴，内省转输戍漕，广中国，灭胡之本也。上览其说，下公卿议，皆言不便。公孙弘曰：'秦时常发三十万众筑北河，终不可就，已而弃之。'主父偃盛言其便，上竟用主父计，立朔方郡"。③

元朔二年所置朔方、五原两郡，具体情况存在差异。五原郡是秦代九原郡的重置与更名，而朔方郡是汉朝增置的郡级单位。

朔方郡的管区范围，略当今东胜梁以北、狼山与查石太山脉以南、毛布拉孔兑沟与黄河北至乌不浪山口以西、乌兰布和沙漠及其以东的区域。《中国历史地图集》有关朔方郡的南界及东界位置的标绘存在不妥之处。④

五原郡的辖域在朔方郡以东，即毛布拉孔兑沟与黄河北至乌不浪山口以东、呼斯太河与五当河及昆都仑河源头以西、东胜梁以北、阴山秦汉长城以

---

① 《汉书》卷六《武帝纪》，第170页。
② 《史记》卷一百一十二《平津侯主父列传》，第2950页。
③ 《史记》卷一百一十二《平津侯主父列传》，第2961—2962页。关于汉朝增置苍海郡之事见《汉书》卷六《武帝纪》，第169页：元朔元年秋，"东夷秽君南闾等口二十八万人降，为苍海郡"。第171页：元朔"三年春，罢苍海郡"。
④ 《中国历史地图集》（第二册），"并州、朔方刺史部"。

南的区域。《中国历史地图集》有关五原郡的南界及东界位置的标绘存在不妥之处。①

（二）西汉在鄂尔多斯高原中东部析置西河郡

战国时期，魏国曾置西河郡。但是，彼西河郡非此西河郡，只是政区名称相同而已。两者不仅建置时间不同，而且其建置地区也明显不同，并无承袭关系。西汉析置西河郡之际，魏国西河郡早就不存。

据《汉书·地理志》载，西河郡析置于汉武帝元朔四年。②其建立时间较朔方郡大约晚两年。西河郡辖域横跨黄河东西地带，东半部兼有今山西省吕梁市、忻州市局部区域，包括今山西石楼县以北，孝文、汾阳、岚县、五寨以西，偏关、河曲以南之区域。其西半部相当今陕西延安市、榆林市濒临黄河地带，内蒙古鄂尔多斯市准格尔旗、伊金霍洛旗、东胜区、杭锦旗东南部、鄂托克旗东部和达拉特旗南部诸地。③西河郡建置之初，治平定县城（今鄂尔多斯市伊金霍洛旗红庆河古城）。

在汉武帝元朔四年析置西河郡后，其辖域除黄河以东部分外，在鄂尔多斯高原的管区范围，南抵秃尾河上游及乌审旗北界附近、西至鄂托克旗沙井镇西侧与柴登河一线、北界在东胜梁北缘、东限于黄河。《中国历史地图集》有关西河郡的南界、西界及北界位置的标绘存在不妥之处。④

（三）属国建制在鄂尔多斯高原的创立及"匈归都尉"建制

关于"属国"的定义，《汉书》颜师古注曰："凡言属国者，存其国号而属汉朝，故曰属国。"⑤但此说有误，"而属汉朝"是实，但"存其国号"则为虚语，因为匈奴部落本无国号，又焉能存其国号呢？实际上，应是全其部落、集中聚居、保持匈奴族固有社会架构与风俗文化而属于汉朝，故曰属国为妥。

1.属国制在鄂尔多斯高原的创立

元狩二年（前121），骠骑将军霍去病发动"河西之战"，给匈奴右部

---

① 《中国历史地图集》（第二册），"并州、朔方刺史部"。
② 《汉书》卷二十八《地理志》，第1618页。
③ 《中国历史地图集》（第二册），"并州、朔方刺史部"。
④ 《中国历史地图集》（第二册），"并州、朔方刺史部"。
⑤ 《汉书》卷六《武帝纪》，第177页。

以重创。同年秋季，匈奴右部的昆邪王率本部和休屠王部牧民四万余人归降汉朝。即是年"秋，匈奴昆邪王杀休屠王，并将其众合四万余人来降，置五属国以处之。以其［原居］地为武威、酒泉郡"。①其年，汉朝所建置五个匈奴族"属国"特殊政区，并未指明其具体名称。但参照《汉书·地理志》相关郡县资料的记载，可知匈奴族五个属国的大多数分布在今鄂尔多斯高原地区。这就是《汉书·地理志》所载：安定郡属国都尉治三水县城（今宁夏同心县红城水古城），上郡属国都尉治龟兹县城（在今内蒙古乌审旗敖柏淖尔古城），西河郡属国都尉治美稷县城（今内蒙古准格尔旗暖水镇榆树壕古城），五原郡属国都尉治蒱泽县城（今达拉特旗白泥井镇城圪梁村附近）；以及毗邻今鄂尔多斯高原的金城属国，其都尉府治勇士县城（在今甘肃榆中县境）。若不计入金城属国，则西汉中后期鄂尔多斯高原共建置四个匈奴族属国都尉府。实乃元狩二年创置的五属国之绝大多数。这就表明：河南地是西汉王朝安置归降匈奴牧民的主要区域。

与此同时，汉朝一方面减少边疆驻军数量，即元狩三年（前120）秋，汉朝"减陇西、北地、上郡戍卒半"；另一方面继续向边疆地区大规模迁入内地的贫苦农民，以充实空旷之地，发展边疆社会经济。截止元狩"四年（前119）冬，有司言关东贫民徙陇西、北地、西河、上郡、会稽凡七十二万五千口，县官衣食振业，用度不足，请收银锡造白金及皮币以足用。""五年春……徙天下奸猾吏民于边（疆）。"②平均计算，每郡接收的内地贫民人数约为14.5万人。据此合计，北地、西河、上郡共接收内地人口达43.5万人。若除去非本区域诸县人口约20万人，则有23.5万人迁入今鄂尔多斯高原地域。

2.关于"上郡匈归都尉府"的管理机构

除专门安置匈奴族牧民的"属国"建制单位之外，西汉时期的鄂尔多斯高原也存在管治匈奴族人口的上郡匈归都尉府建制。上郡匈归都尉府，治塞外匈归障（今鄂托克前旗城川镇大场子村古城址；或云今地待考）。塞，指

---

① 《汉书》卷六《武帝纪》，第176—177页。
② 《汉书》卷六《武帝纪》，第178—179页。

战国时期秦昭王长城。塞外，即塞北。大场子村古城址恰好位于秦昭王长城之北。

至于"葆塞蛮夷"族群，史书记载无多，应归上郡郡政府管理。

（四）附论：监察区域——朔方州刺史部的设置

汉武帝元封五年（前106），将全国分划成十三个大区，形成十三州刺史部的现实监察区划制度。据《汉书·武帝纪》载：元封五年"冬，大司马大将军［卫］青薨。初置刺史部十三州"。① "部"者，监管也，监督也。汉朝设置诸"州刺史"的动机，就是监督地方郡县两级军政官员，以及地方豪强的违法行为。特别需要强调的是，西汉时期的"十三州"并非行政区划。

在十三州监察区划中，地理位置在最北方者乃朔方州刺史部。朔方州刺史承担着巡查、监督本区域5个郡级行政单位的重大责任。这五郡是：北地郡、上郡、西河郡、朔方郡、五原郡，分布在今鄂尔多斯高原和毗邻的阴山以南、贺兰山以东地带，以及黄土高原北部区域。②

四、结语

鄂尔多斯高原地区历史上郡县两级行政区划建制的出现是在战国时期。秦西汉时期，鄂尔多斯高原地区郡县两级政区格局呈现动态时空发展与变化。

赵、秦两国对鄂尔多斯高原及毗邻之河套平原与银川平原的开拓与经略，成为郡县两级政区出现在鄂尔多斯高原的序幕。其后，赵、秦两国创立的郡县两级行政建制被推广至鄂尔多斯高原地区。赵国郡县制出现在鄂尔多斯高原的时间至迟应在赵武灵王二十六年。而在赵武灵王二十年，赵国就合并了林胡、楼烦诸部活动的"榆中"区域。秦国在秦昭襄王三十六年吞并义渠戎部族政权后，郡县制也推行至鄂尔多斯高原地区南部。

秦统一天下后，增置九原郡，并向北扩展北地郡、上郡的辖域，形成四郡并存的行政区划格局。

---

① 《汉书》卷六《武帝纪》，第197页。
② 《汉书》卷二十八《地理志》，第1616—1619页。《中国历史地图集》（第二册），"西汉并州、朔方刺史部"。

西汉在继承秦代北地郡、上郡、云中郡的基础上，于元朔二年后相继重置九原郡——更名为五原郡，增置朔方、西河两郡。此后，形成六郡分治的政区格局，诸郡的边界随之发生相应的变动。元狩三年，在河南地创建五个匈奴族属国作为特殊行政建制。安定郡属国都尉治三水县城，上郡属国都尉治龟兹县城，西河郡属国都尉治美稷县城，五原郡属国都尉治蒲泽县城；以及毗邻今鄂尔多斯高原的金城属国，其都尉府治勇士县城。上郡匈归都尉府，治塞外匈归障。朔方州刺史部的监察区域包括北地郡、上郡、西河郡、朔方郡、五原郡五个地方高层行政单位。

（原载于《陕西师范大学学报》2014年第6期）

东汉州郡县体制在鄂尔多斯高原的恢复、调整和迁徙

艾 冲

在我国历史上,"州"作为地域的通名出现很早。先秦的一些文献中就记载着大禹治水后划野分州的传说,例如:《尚书·禹贡》就记载夏禹时期"九州"之区划,且有较为具体的州名和范围。①当然,我们今天看来,这只是先秦学者美好的理论构想而已,反映了那时人们厌恶战乱、渴望统一的心声。至汉武帝统治时期,先秦学者的构想变成了现实的地方区划制度,即西汉于元封五年(前106)创立的地方监察区划制度——州制。是时,划分全国疆土为十三个大区,以"州"作为区域通名。②征和四年(前89),又置司隶校尉部,察举京师百官和近京七郡(三辅、三河与弘农郡)。③于是,汉朝形成十四州部的监察区划体系。汉成帝绥和元年(前8),"十二月,罢部刺史,更置州牧,秩二千石"。④汉哀帝建平二年(前5),"夏四月……罢州牧,复刺史"。⑤两汉交替之际的战乱期间,各州长官的权力扩至行政、军事、财税领域,完成由监察区划向行政区划的演变,从而奠定了东汉初期州制转变为行政区划的职权基础。

---

① 〔汉〕班固:《汉书》卷二十八《地理志》,中华书局,1962年,第1523—1538页。
② 《汉书》卷二十八《地理志》,第1543页。
③ 〔南朝宋〕范晔:《后汉书》志二十七《百官四》,中华书局,1965年,第3613页。
④ 《汉书》卷十《成帝纪》,第329页。
⑤ 《汉书》卷十一《哀帝纪》,第339页。

一、州郡县体制的确立——朔方州的撤销和并州辖域的扩大

东汉建立伊始，维持新朝时期王莽对州制的变革，并不断扩大州牧的权力，终于使之转变为地方高级军政长官。州建制遂演变为地方高层行政区划。

州级政区确立的时间是在汉光武帝刘秀建武十一年（35）。在此年，汉朝调整州级单位数量，废除朔方州，将其地划归并州，即"是岁，省朔方[州]牧，并并州"，从而使州部数量降至13个。①同时，改交趾州为交州，改司隶校尉部为司隶，即东汉"建武中复置，并领一州。"②使州部名称整齐划一。汉光武帝还特别颁发一道诏书，"初断州牧自还奏事"，为各州主官指定固定的驻所，使之长期驻在地方，年终派遣属吏上京汇报即可。③东汉政府继续扩大州牧的权限。在履行监察地方官员的传统职责之外，掌握着陟黜郡国官员之权、统兵权、财赋征收转运权、赈灾权等等。建武十八年（42），汉朝"是岁，罢州牧，置刺史"。④因此，州制的性质已转变为行政区划，即州级政区确立于公元35年。

其后，我国地方行政区划体系发展至州郡县三级制。⑤东汉地方高级行政区划是13州，即：司隶（司州）、凉州、并州、幽州、冀州、青州、兖州、徐州、豫州、扬州、荆州、益州和交州。至汉顺帝永和五年（140），全国共有州级建制单位13个，郡国级建制单位105个，县、邑、道、侯国（含公国在内）1180个。⑥其中，并州管辖西汉时期的朔方州、并州之地。周振鹤认为："但依《后汉书·阜陵王传》，此时应有该[阜陵]王国存

---

① 《后汉书》卷一《高帝纪》，第58页。
② 《后汉书》志二十九《百官四》，第3613页。一说东汉末期献帝时改名，参见周振鹤：《中国地方行政制度史》第四章《体国经野之道——历代行政区划的变迁》，上海人民出版社，2005年，第93页。
③ 《后汉书》卷一《光武帝纪》，第58页。
④ 《后汉书》卷一《光武帝纪》，第70页。
⑤ 艾冲：《论汉代州政区的确立时间》，《中国方域》1997年第5期。
⑥ 《后汉书》志二十三《郡国五》，第3533页。

在，故永和五年时应有106个郡国之数"。①这可备一说，有待详细核实。

在此州郡县三级体制的大背景中，鄂尔多斯高原地区诸郡县大多数被划归并州统辖，少数划入凉州管内。首先，东汉时期，并州（刺史部）越过黄河峡谷向西包括今陕西榆林市全部和延安市大部、内蒙古鄂尔多斯市全部和乌海市黄河以东部分。而今宁夏同心县大罗山、徐斌水以北地区则被划归凉州（刺史部）北地郡管治。鄂尔多斯高原区域的郡县建制乃承继自西汉旧制，仍分划成七郡：上郡（治肤施县城）、西河郡（治平定县城）、云中郡（治云中县城）、五原郡（治九原县城）、朔方郡（治临戎县城）属于并州。其次，北地郡（治富平县城）、安定郡（治临泾县城）的域内数县被划入凉州部内。②但是，各郡属县数量较西汉而言大幅减少，人口统计数据也随着缩小。

此外，由于地方战乱等因素影响，在一段时间内鄂尔多斯高原及其南邻黄土高原的若干郡县几度内迁，从而形成中国历史上最早的一批侨置郡县。待下节详细论析。

二、东汉时期鄂尔多斯高原郡县建制的恢复、调整与迁徙

东汉初期，中央政府鉴于西汉末年战乱引起人口大量流亡，致使一些地方行政单位名存实亡，遂果断地裁撤之。其结果省并了400多个县级单位、10余个郡级单位。史载：建武六年（30）"六月辛卯，诏曰：'夫张官置吏，所以为人也。今百姓遭难，户口耗少，而县官吏职所置尚繁，其令司隶、州牧各实所部，省减吏员。县国不足置长吏可并合者，上大司徒、大司空二府。'于是，条奏并省四百余县。吏职减损，十置其一"。③与此同时，也裁撤部分郡级单位和相关职官编制。建武六年，"是岁，初罢郡国都尉官"。建武十三年（37）二月，"省并西京十三［王］国。广平［王国］

---

① 周振鹤：《中国地方行政制度史》，上海人民出版社，2005年，第92页。
② 《后汉书》志二十三《郡国五》，第3524—3526页、第3516—3517页。《中国历史地图集》（第二册），"东汉并州刺史部"。
③ 《后汉书》卷一下《光武帝纪》，第49页。

属钜鹿［郡］，真定属常山，河间属信都，城阳属琅邪，泗水属广陵，淄川属高密，胶东属东海，六安属庐江，广阳属上谷。"①

东汉时期，由于匈奴犯塞、南匈奴归附、羌民变乱等诸多政治、民族、军事因素的影响，鄂尔多斯高原及邻区诸郡县经历过三次迁徙。因此，形成中国历史上早期的侨置郡县。下面试做论析。

（一）东汉建武年间（25—57）北边郡县的首次内迁

东汉建武元年（更始三年，公元25年），安定郡人卢芳诈称汉武帝曾孙而起兵于三水县。②在匈奴贵族支持下，卢芳以五原郡城为中心，建立以"汉"为国号的北疆割据政权，控制着朔方、五原、云中、定襄、雁门、代郡等六郡地区。至建武六年十一月，"卢芳遣使乞降。十二月甲辰，封芳为代王"。③但是，卢芳割据势力并未真诚归降。

汉光武帝刘秀鉴于北疆受到匈奴、卢芳等政治割据势力的破坏，局势动荡，遂相继撤销及迁徙北疆诸郡与其属县。建武九年（33）春二月，"徙雁门［郡］吏人于太原［郡］"。④建武十年（34），"是岁，省定襄郡，徙其民于西河［郡］"。⑤建武十二年（36），"省金城郡，［地］属陇西［郡］"。⑥至建武十五年（39）二月，汉朝采取大规模废郡迁民的行动，"二月，徙雁门、代郡、上谷三郡民，置常山关、居庸关以东"。建武二十年（44），"是岁，省五原郡，徙其吏人置河东［郡］"。⑦

新朝崩溃之际（地皇四年，公元23年），上郡建制则因王莽任命的郡太守马员擅自离职而解体。史载："及莽败，［马］援兄［马］员时为增山连率，与援俱去郡，复避地凉州。世祖即位，员先诣洛阳，帝遣员复［上］郡，卒于官"。⑧增山郡，即上郡也，连率，即郡太守也，乃王莽主政时所

---

① 《后汉书》卷一《光武帝纪》，第61页。
② 《后汉书》卷一《光武帝纪》，第25页。
③ 《后汉书》卷一《光武帝纪》，第67页。
④ 《后汉书》卷一《光武帝纪》，第55页。
⑤ 《后汉书》卷一《光武帝纪》，第57页。
⑥ 《后汉书》卷一《光武帝纪》，第60页。
⑦ 《后汉书》卷一《光武帝纪》，第73页。
⑧ 《后汉书》卷二十四《马援列传》，第828—829页。

改。建武元年，马员受汉光武帝的派遣而返回上郡辖区，重建郡政府。更始元年后，窦融担任张掖属国都尉、保守河西五郡地区，社会秩序安定，上郡流民大量迁入河西。即所谓"其后匈奴惩义，稀复侵寇，而保塞羌胡皆震服亲附，安定、北地、上郡流人避凶饥者，归之不绝"。①至建武六年，冯异挥师进取义渠县，并领北地郡太守事。是时，"青山胡率万余人降异。异又击卢芳将贾览、匈奴奥鞬日逐王，破之。上郡、安定皆降，异复领安定太守事。"②可知，东汉此时正式恢复上郡建制。

至建武二十六年（50），因南部匈奴单于降附，北疆秩序趋稳。汉朝遂决定将此前内迁的郡县返回其旧地。史载：此年，"遣中郎将段郴授南单于［以］玺绶，令入居云中，始置使匈奴中郎将，将兵卫护之。南单于遣子入侍，奉奏诣阙。于是云中、五原、朔方、北地、定襄、雁门、上谷、代八郡民归于本土。遣谒者分将施刑［徒］补理［八郡原治所的］城郭。"③换言之，东汉政府将此前陆续东南迁的诸郡县重新移回其本管区。其中，云中、五原、朔方、北地四郡皆于此年返回各自的管域。中央政府同时派出"谒者"率领大批驰刑徒修缮各郡县旧城。但据《东观汉记》载：是时，经历多年战乱后，诸郡县旧城呈现"时城郭丘墟，扫地更为，上悔前徙之"。④因重筑郡县城郭工程量太大，汉光武帝悔之晚矣。东汉政府及时督促徙居内地的边郡居民返乡，所谓"发遣边民在中国者，布还诸县，皆赐以装钱，转输给食。"⑤至此，北疆郡县第一次移徙宣告结束。其后，鄂尔多斯高原诸郡县建制保持较长的相对稳定态势。

（二）东汉永初年间（107—113）北边郡县的再次内迁

东汉时期（25—220），羌族人口的分布范围已扩大至北地郡（治富平，今宁夏吴忠市利通区扁担沟镇扁担沟村古城）、上郡、西河郡地区。汉安帝永初元年（107）七至八月间，东汉决定将西域都护府及其屯田者迁回

---

① 《后汉书》卷二十三《窦融列传》，第797页。
② 《后汉书》卷十七《冯岑贾列传》，第651页。
③ 《后汉书》卷一《光武帝纪》，第78页。
④ 《后汉书》卷一《光武帝纪》，第79页。
⑤ 《后汉书》卷一《光武帝纪》，第78页。

内地。为此征调金城、陇西、汉阳（天水）三郡的羌族青壮年随军接应。羌民不愿前往，途中纷纷逃亡，遭到官军和地方官府的堵截镇压。由此激起长达十余年的羌民之乱，兵连祸接，漫延于潼关以西地区。其中，主要战乱区域是在金城、陇西、汉阳（天水）、安定、北地、三辅诸郡。

永初二年（108）十一月，羌族先零部首领"滇零"率其众攻取北地郡首府——富平县城，并在此自称"天子"，建立割据政权。滇零指挥各地反叛势力，"遂寇三辅，东犯赵、魏，南入益州，杀汉中太守董炳"。①其后，永初三年九月，雁门郡乌桓及鲜卑诸部亦叛；同年冬十月，南匈奴单于亦叛，围中郎将耿种于美稷县城。②

在"河南"地区政局动荡的背景下，东汉孝安皇帝于永初五年（111）三月下诏，将动乱地区的四郡——陇西郡、安定郡、北地郡和上郡与其属县内迁至关中平原和黄土高原地带。即所谓"三月，诏陇西［郡］徙襄武［县］，安定［郡］徙美阳［县］，北地［郡］徙池阳［县］，上郡徙衙［县］"是也。③其中，北地郡、上郡的北半部属于鄂尔多斯高原及宁夏平原区域。北地郡的富平、灵州、廉诸县迁至今陕西泾阳、高陵、富平诸县境。陇西郡从狄道县东迁至襄武县，即在今甘肃天水市境；安定郡南迁至美阳县，即在今陕西武功县北部；北地郡南迁至池阳县，即在今陕西泾阳县北部；上郡南迁至衙县，即在今陕西白水县东北部。迁郡的起因却是："羌既转盛，而二千石、令、长多内郡人，并无守战意，皆争上［奏请］徙郡县以避寇难。朝廷从之，遂移陇西［郡］徙襄武，安定徙美阳，北地徙池阳，上郡徙衙。"④而这次迁徙郡县之举给边郡百姓造成极大的生命与财产损失。即当时"百姓恋土，不乐去旧，［官府］遂乃刈其禾稼，发彻室屋，夷营壁，破积聚。时连旱蝗饥荒，而［官府］驱蹙劫掠，流离分散，随道死亡，或弃捐老弱，或为人仆妾，丧其太半"。⑤这就形成中国历史上最

---

① 《后汉书》卷五《孝安帝纪》，第211页。
② 《后汉书》卷五《孝安帝纪》，第213页。
③ 《后汉书》卷五《孝安帝纪》，第216页。
④ 《后汉书》卷八十七《西羌传》，第2887—2888页。
⑤ 《后汉书》卷八十七《西羌传》，第2888页。

早的侨置郡县。

羌民之乱历经10余年（永初元年至元初五年，公元107—118年），终被官府分化镇压而失败。元初三年（116）五月"癸酉，度辽将军邓遵率南匈奴击先零羌于灵州［县旧地］，破之"。同年"六月，中郎将任尚遣兵击破先零羌于丁奚城"。"十二月丁巳，任尚遣兵击破先零羌于北地［郡旧地］"。①但直至汉顺帝永建四年（129）九月，经尚书仆射虞诩奏请，方将内迁三郡重新迁回其故地，即"复安定、北地、上郡归旧土"。至此，侨置于内地达18年（111—129）的安定郡、北地郡、上郡与其诸县才迁回原行政区。史载："至［永建］四年，尚书仆射虞诩上疏曰……书奏，帝乃复三郡。使谒者郭璜督促徙者，各归旧县，缮城郭，置候驿。既而激河浚渠为屯田，省内郡费岁一亿计。遂令安定、北地、上郡及陇西、金城常储谷粟，令周数年。"②永建五年（130）冬十月丙辰，复"诏郡国中都官死罪系囚皆减罪一等，诣北地、上郡、安定戍"。③

（三）东汉永和年间（136—141）北边郡县的第三次内迁

时隔10年之后，永和三年（138）冬十月，陇西、金城二郡再度爆发烧当部羌民叛乱，以及北地郡巩唐部羌民之乱；永和五年四月，西河郡爆发南匈奴左部句龙大人吾斯、车纽为首的叛乱。鄂尔多斯高原又处在风雨飘摇之中。东汉政府遂于同年九月"丁亥，徙西河郡居离石［县］，上郡居夏阳［县］，朔方［郡］居五原［县］"。④永和六年（141）"冬十月癸丑，徙安定居扶风［县］，北地居冯翊［县］"。⑤当时，北地郡太守贾福将北地郡与其属县内迁至左冯翊之境。⑥这次内迁的诸郡在后来是否回迁本土，究竟在何时回迁本土，史无明文，尚待深究。可以肯定的是，安定、北地、上郡是回迁其旧地的。

---

① 《后汉书》卷五《孝安帝纪》，第225—226页。
② 《后汉书》卷八十七《西羌传》，第2893页。
③ 《后汉书》卷六《孝顺孝冲孝质帝纪》，第257页。
④ 《后汉书》卷六《孝顺孝冲孝质帝纪》，第270页。
⑤ 《后汉书》卷六《孝顺孝冲孝质帝纪》，第271页。
⑥ 《后汉书》卷八十七《西羌传》，第2896页。

20年后的汉桓帝延熹二年（159），西北地区爆发第三次羌民之乱。至延熹四年，战乱扩大至三辅地区，波及并、凉、益、司四州。①东汉起用皇甫规、段颎、张奂，采取招抚与镇压兼施的方略，扑灭上郡、北地郡、安定郡的羌民起义。②又过20余年，第四次羌民起事发生在中平元年（184）。即"中平元年，北地降羌先零种因黄巾大乱，乃与湟中羌、义从胡北宫伯玉等反，寇陇右"，波及三辅地区。③

　　据此可知，汉灵帝中平元年后，鄂尔多斯高原及邻区的安定、北地、上郡、西河诸郡渐次内迁与废弃，众多郡城、县城从此成为空城废垒，湮没于荒草野蔓之中。鄂尔多斯高原北部的朔方、五原、云中三郡亦然。据历史文献记载，汉献帝建安二十年（215），撤销朔方、五原、云中、定襄4郡，各郡分别改置1县，领其郡遗民。并合4县而改置新兴郡。④这个行政建制荒废变化过程至汉献帝时期结束，历时大约36年（184—220）。于是，汉代朔方、五原、云中和定襄4郡行政管理的历史使命被终结。

　　至此，中国历史时期第一阶段行政区划建制在鄂尔多斯高原及毗邻的宁夏平原和河套平原退出政区舞台。郡县建制被撤废后，遗留的部分治城又被魏晋时期"羌胡"游牧民众所利用，而冠以"羌胡"民族语言的城名，诸如"什贲城""榆多勒城"等等。

　　北地郡富平县自永和六年内迁后就未再返回故地，成为今陕西富平县的渊源。汉灵帝中平二年（185），富平县在侨置46年后，汉廷欲迁归原址。但是，富平县府北行至彭阳（今甘肃镇原东偏南），因前途形势不靖，又退至左冯翊万年县西北部，定居于此（今陕西富平县）。⑤

---

① 《后汉书》卷八十七《西羌传》，第2897页。
② 《后汉书》卷八十七《西羌传》，第2897—2898页。
③ 《后汉书》卷八十七《西羌传》，第2897—2898页。
④ 《后汉书》志二十三《郡国五》，第3526页，注释[1]转引《魏志》文。〔晋〕陈寿：《三国志·魏书》卷一《武帝纪》，中华书局，1982年，第45页。〔唐〕房玄龄等：《晋书》卷十四《地理志上·并州》，中华书局，1974年，第428页。
⑤ 杨森翔：《城市记忆》，中国文化出版社（香港），2008年，第27—30页。

三、郡县建制单位的兴废与调整——空间分布的变化

据《后汉书·郡国志》的记载，延至东汉中叶（汉顺帝永和五年，公元140年），郡国总数并无太大的变化，全国共计105个郡国。但在河南地范围，七郡的属县数量较西汉大为减少。西汉末年犹存的部分县级建制，至东汉前期不复存在，显然已被撤销。究其原因，主要是受到地方局势动荡、农业人口减少、中央政府的政区政策调整之影响。

与西汉末期相比，东汉中期今鄂尔多斯高原的县级建制单位数量大幅度减少。西汉末期北地、安定、上郡、西河、朔方、五原、云中7郡共领136县，至东汉中期7郡尚存64县。其中，在今鄂尔多斯高原与其邻区，西汉末期7郡共领75县，至东汉中期犹存35县。

（一）东汉中期北地郡的属县及安定郡的1县

西汉末期北地郡管辖着19个县，而至东汉中期仅存6个县。其中，在今鄂尔多斯高原和宁夏平原范围，西汉末期北地郡管辖10个县，至东汉中期仅存4个县。县数减少6个，存在4县：富平、灵州、廉县、弋居。西汉末期安定郡辖21县，至东汉中期安定郡辖8县，仅有1县——三水县在今鄂尔多斯高原。这种状况反映出战乱后的政区格局。①（参见表1）

表1　东汉中期凉州北地郡属县与安定郡1属县简表

序号	县名	郡名	治所今地	备注
1	富平	北地郡	今宁夏青铜峡市峡口镇巴闸村、谭桥村一带	北地郡治城；6县；县境有丁奚城；属于鄂尔多斯高原
2	灵州	北地郡	今宁夏吴忠市古城湾村西侧	属于宁夏平原
3	廉县	北地郡	今宁夏平罗县崇岗镇暖泉村古城	属于宁夏平原
4	弋居	北地郡	今陕西定边县沙场村古城	属于鄂尔多斯高原
5	泥阳	北地郡	今甘肃正宁县西部	属于黄土高原
6	参䜌	北地郡	（待考）	属于黄土高原
7	三水	安定郡	今宁夏同心县红城水古城	属于鄂尔多斯高原

---

① 《汉书》卷二十八《地理志》，第1615—1616页。《后汉书》志二十三《郡国五》，第3519—3520页。

续表

序号	县名	郡名	治所今地	备注
8	临泾	安定郡	今甘肃泾川北	安定郡治城 8县 属于黄土高原
9	鹑觚	安定郡	今甘肃泾川县东南	属于黄土高原
*10	阴盘	安定郡	（待考）	属于黄土高原
11	彭阳	安定郡	今甘肃镇原东偏南	属于黄土高原
12	乌氏	安定郡	今甘肃泾源	属于黄土高原
13	朝那	安定郡	今宁夏固原东南	属于黄土高原
14	高平	安定郡	今宁夏固原	属于黄土高原

资料来源：《后汉书》志第23《郡国五》，第3519—3520页。

（二）东汉中期上郡的属县（10县）

西汉末期上郡管辖23个县，而至东汉中期仅存10个县。其中，在今鄂尔多斯高原范围，西汉末期上郡管辖16个县，至东汉中期仅存6个县。县数减少10个，存在6县：肤施、龟兹、白土、桢林、奢延、候官。[1]（参见表2）

表2 东汉中期并州上郡属县简表

序号	县名	治所位置	备注
1	肤施	今陕西榆阳区鱼河堡镇米家园城址	上郡治所 在鄂尔多斯高原
2	龟兹属国	今内蒙古乌审旗嘎鲁图镇敖柏淖尔古城	上郡属国都尉治所 在鄂尔多斯高原
3	白土	今陕西神木大保当古城	在鄂尔多斯高原
4	桢林	今陕西横山县赵石畔乡驼巷村城址	在鄂尔多斯高原
5	奢延	今陕西靖边县红墩界乡统万城东城	在鄂尔多斯高原
6	候官	（待考）	在鄂尔多斯高原
7	高奴	今陕西延安市宝塔区古城	在黄土高原
8	定阳	今陕西延安市东南部南泥湾	在黄土高原
9	漆垣	今陕西宜君县境	在黄土高原
10	雕阴	今陕西甘泉县道镇古城	在黄土高原

资料来源：《后汉书》志第23《郡国五》，第3524页。

（三）东汉中期西河郡的属县（13县）

西汉末期西河郡管辖着36个县，而至东汉中期仅存13个县。其中，在今

---

[1] 《汉书》卷二十八《地理志》，第1617页。《后汉书》志二十三《郡国五》，第3524页。

鄂尔多斯高原范围，西汉末期西河郡管辖30个县，至东汉中期仅存9个县。县数减少21个，存在9县：美稷、广衍、平定、圁阴、圁阳、中阳、乐街、平陆、益兰。① （参见表3）

表3 东汉中期并州西河郡属县简表

序号	县名	治所位置	备注
1	离石	今山西吕梁市离石区西南三川河下游北岸	西河郡治所在黄土高原
2	美稷	今内蒙古准格尔旗暖水镇榆树壕古城	南匈奴属国单于庭；县境有西汉西河属国故城；在鄂尔多斯高原
3	广衍	今内蒙古准格尔旗乌日图高勒乡川掌村古城址	在鄂尔多斯高原
4	平定	今内蒙古伊金霍洛旗红庆河古城	在鄂尔多斯高原
5	圁阴	今陕西佳县葭芦河上游东岸、王家砭乡柳树会村古城址	在鄂尔多斯高原
6	圁阳	今陕西神木县高家堡镇秃尾河东岸、喇嘛河村古城址	在鄂尔多斯高原
7	蔺县	今山西离石区西部	在黄土高原
8	皋狼	今山西离石区西北部	在黄土高原
9	中阳	今内蒙古杭锦旗古城梁村古城	在鄂尔多斯高原
10	平周	今山西孝义县西南部	在黄土高原
11	乐街	今内蒙古准格尔旗沙圪堵镇佛爷庙村古城址	在鄂尔多斯高原
12	平陆	今陕西府谷县大昌汗乡大昌汗村古城址	在鄂尔多斯高原
13	益兰	今陕西神木县秃尾河发源地中鸡镇何家圪台村城址	在鄂尔多斯高原

资料来源：《后汉书》志第23《郡国五》，第3524页。

（四）东汉中期云中郡的属县 （11县）

西汉末期云中郡管辖11个县，而至东汉中期仍辖11县。其中，在今鄂尔多斯高原范围，西汉末期云中郡管辖1个县，至东汉中期仍是1县——沙南县。② （参见表4）

---
① 《汉书》卷二十八《地理志》，第1618页。《后汉书》志二十三《郡国五》，第3524页。
② 《汉书》卷二十八《地理志》，第1620页。《后汉书》志二十三《郡国五》，第3525页。

表4　东汉中期并州云中郡属县简表

序号	县名	治所位置	备注
1	云中	今内蒙古托克托县东北	云中郡治所 在前套平原、黄河外
2	咸阳	今内蒙古土默特右旗东部	在前套平原、黄河外
3	成乐	今内蒙古和林格尔县土城子	故属定襄郡 在前套平原、黄河外
4	定襄	今内蒙古呼和浩特市区东南方	故属定襄郡 在前套平原、黄河外
5	武进	今内蒙古和林格尔县东方	故属定襄郡 在前套平原、黄河外
6	沙陵	今内蒙古托克托县北侧	在前套平原、黄河外
7	原阳	今内蒙古呼和浩特市区东南	在前套平原、黄河外
8	沙南	今内蒙古准格尔旗十二连城古城	县境有兰池城 在鄂尔多斯高原
9	北舆	今内蒙古呼和浩特市区	在前套平原、黄河外
10	武泉	今内蒙古呼和浩特市区东北	在前套平原、黄河外
11	箕陵	今内蒙古托克托县东南	在前套平原、黄河外

资料来源：《后汉书》志第23《郡国五》，第3525页。

（五）东汉中期五原郡的属县（10县）

西汉末期五原郡管辖16个县，而至东汉中期尚存10县。其中，在今鄂尔多斯高原与前套平原西部范围，西汉末期五原郡管辖11县，至东汉中期尚存9县，即：九原、五原、临沃、宜梁、成宜、西安阳、河阴、曼柏、文国。①（参见表5）

表5　东汉中期并州五原郡属县简表

序号	县名	治所位置	备注
1	九原	今内蒙古包头市南郊麻池古城南城	五原郡治所 在前套平原、黄河外
2	五原	今内蒙古包头市南郊麻池古城北城	在前套平原、黄河外
3	临沃	今内蒙古包头市九原区敖陶窑古城	在前套平原、黄河外
4	宜梁	今内蒙古包头市西郊孟家梁村古城	在前套平原、黄河外
5	成宜	今内蒙古乌拉特前旗三顶帐房古城	在前套平原、黄河外
6	西安阳	今内蒙古乌拉特前旗张连喜店古城	在前套平原、黄河外

---

① 《汉书》卷二十八《地理志》，第1619—1620页。《后汉书》志二十三《郡国五》，第3524—3525页。

续表

序号	县名	治所位置	备注
7	河阴	今内蒙古达拉特旗城拐子古城	在鄂尔多斯高原
8	曼柏	今内蒙古达拉特旗盐店乡哈勒正壕村古城	在鄂尔多斯高原
9	武都	今内蒙古固阳县新建乡下城湾古城	在大青山区
10	文国	今内蒙古达拉特旗敖楞陶勒盖村附近	在鄂尔多斯高原

资料来源：《后汉书》志第23《郡国五》，第3524页。

（六）东汉中期朔方郡的属县（6县）

西汉末期朔方郡领辖10个县，而至东汉中期尚存6县。其中，在今鄂尔多斯高原范围，西汉末期朔方郡管辖6个县，至东汉中期尚存5县，即：临戎、沃野、广牧、朔方、大城。①（参见表6）

表6　东汉中期并州朔方郡属县简表

序号	县名	治所位置	不同的治所判定	备注
1	临戎	今内蒙古磴口县河拐子古城		朔方郡治所 在后套平原、黄河外
2	三封	今内蒙古磴口县麻弥图古城		在后套平原、黄河外
3	沃野	今内蒙古临河区脑高村古城		在鄂尔多斯高原
4	广牧	今内蒙古乌拉特前旗西局子古城		在鄂尔多斯高原
5	朔方	今内蒙古杭锦旗那林霍拉霍古城	今什拉召古城	在鄂尔多斯高原
6	大城	今内蒙古杭锦旗霍洛柴登古城		县境有大城塞， 在鄂尔多斯高原

资料来源：《后汉书》志第23《郡国五》，第3526页。

四、结语

东汉建立伊始，在州郡县三级制的大背景下，今鄂尔多斯高原及毗邻区存在7个郡，其大多数被划归并州统辖，少数划入凉州管内。具体来说，上郡、西河、云中、五原和朔方5郡归属于并州部内，北地、安定2郡归属于凉州所部。东汉时期，7郡相继经历建武年间、永初年间、永和年间的三次迁徙。汉灵帝中平元年后，鄂尔多斯高原及邻区的安定、北地、上郡、西河诸郡渐次内迁与废弃。至汉献帝建安二十年，撤销朔方、五原、云中、定襄4

---

① 《汉书》卷二十八《地理志》，第1619页。《后汉书》志二十三《郡国五》，第3526页。

郡。4郡分别改置1县，领该郡遗民，并合4县而改置新兴郡。新兴郡治九原县（今山西忻州市），管区分布于今山西省中部滹沱河南北地区。于是，汉代朔方、五原、云中和定襄4郡被终结其行政管理的历史使命。[①]至此，中国古代第一阶段行政区划建制在鄂尔多斯高原及毗邻的宁夏平原和河套平原退出历史舞台。

导致东汉时期今鄂尔多斯高原郡县几度移徙、数量减少的原因较为复杂，包括：频繁的战乱、游牧族群迁入、社会秩序混乱、农耕人口减少、地方官员的畏难心理和中央政府的调整措施等因素。透过对近两千年前鄂尔多斯高原行政区划演变的探讨，可为区域经济社会发展、民族团结和谐提供历史借鉴。

（原载于《陕西历史博物馆馆刊》第21辑，三秦出版社，2014年）

---

① 《汉书》卷二十八《地理志》，第1619页。《后汉书》志二十三《郡国五》，第3526页。

两汉时期朔方郡建制沿革考论[①]

孟洋洋

两汉时期,朔方郡与其属县建置经历创建、更名、徙治、中废、复置、析并、终废等复杂变化过程。探明朔方郡建置沿革,对于深刻认知汉代北部边疆历史和边疆历史地理真相具有重大作用。本文对此试做探索,以就教于学界前辈与同志。

西汉朔方郡始建于汉武帝元朔二年(前127),领辖10县。至王莽时期,朔方郡以及其属县的名称虽被更改,但无实质变化。东汉光武帝建武五年(29),朔方郡被卢芳割据势力盘踞,过了两年,被刘秀集团接管。其后,曾短暂被撤。至建武二十七年(51)复置,此后一直延续至汉献帝建安二十年(215)才最终撤销。曹魏明帝青龙三年(235),朔方郡虽得重置,但已不属汉代政区建制。两汉时期朔方郡的建置沿革,与鄂尔多斯高原西北部及其毗邻地区的政治、军事局势的变化,以及中原王朝的战略部署和边疆民族关系密切相关。本文旨在考述两汉时期朔方郡的建置沿革,并以此为纲,探究其建制兴废背后的动因。论述不当之处,敬请方家指正。

一、西汉汉武帝时期初置朔方郡

西汉朔方郡是在元朔二年卫青收复河南地后,汉武帝力排众议建立的郡

[①] 本文系2011年度国家社科基金重大项目"鄂尔多斯高原历史地理研究"(11&ZD097)阶段性成果。

级建制单位。西汉朔方郡的设立因应当时的现实局势需要,有其深层的历史原因。

(一)汉武帝创立朔方郡的背景

第一,卫青收复河南地是朔方郡创立的前提。

西汉朔方郡始建于汉武帝元朔二年。其建立的政治背景是此年卫青北击匈奴并收复了自秦末汉初以来为匈奴控制的河南地。据《史记》载:"元朔元年春……明年,匈奴入杀辽西太守,虏略渔阳二千余人,败韩将军军。汉令将军李息击之,出代。令车骑将军[卫]青出云中以西至高阙。遂略河南地,至于陇西,捕首虏数千,畜数十万,走白羊、楼烦王。遂以河南地为朔方郡。"①所谓河南地,即秦汉黄河主河道北河(今内蒙古巴彦淖尔市狼山南侧的乌加河)以南,靠近秦昭襄王长城的黄河河道以东,秦昭襄王长城以北、以西的广大地域。同书又载:"其明年,卫青复出云中以西至陇西,击胡之楼烦、白羊王于河南,得胡首虏数千,牛羊百余万。于是汉遂取河南地,筑朔方,复缮故秦时蒙恬所为塞,因河为固。汉亦弃上谷之什辟县造阳地以予胡。是岁,汉之元朔二年也。"②所谓"故秦时蒙恬所为塞",即蒙恬沿黄河所筑军事设施,以及稍后在阳山所筑长城、亭障等。可见,卫青于元朔二年收复河南地不久,汉军控制区的北界已推至阳山地带,大略与秦代相同。其时,汉朝在河南地创建朔方郡就有空间上的可能性。

第二,汉武帝元朔年间财力充足,为朔方郡的建立提供了物质保障。

西汉经70多年的休养生息,至元朔年间,府库充盈,国力日渐强盛,有较充足的财力在河南地建郡筑城。据《史记》载:"至今上即位数岁,汉兴七十余年之间,国家无事,非遇水旱之灾,民则人给家足,都鄙廪庾皆满,而府库余货财。京师之钱累巨万,贯朽而不可校。太仓之粟陈陈相因,充溢露积于外,至腐败不可食。众庶街巷有马,阡陌之间成群,而乘字牝者傧而

---

① 〔汉〕司马迁:《史记》卷一百一十一《卫将军骠骑列传》,中华书局,1982年,第2923页。
② 《史记》卷一百一十《匈奴列传》,第2906页。

不得聚会。"①此记载或有夸张，但其时的财力、物力无疑是西汉最充足之时。这就为元朔年间朔方郡的创建提供了一定的物质保障。虽然其后因朔方筑城、移民开垦而耗资巨大，府库有所吃紧，但元朔二年前后无疑是西汉在此地设郡的最佳时机。

（二）创立朔方郡的必要性

卫青于元朔二年收复河南地后，关于是否在此地立郡筑城，汉朝内部意见不一，反对意见占主流。据《史记》载："[主父]偃盛言朔方地肥饶，外阻河，蒙恬城之以逐匈奴，内省转输戍漕，广中国，灭胡之本也。上览其说，下公卿议，皆言不便。公孙弘曰：'秦时常发三十万众筑北河，终不可就，已而弃之。'主父偃盛言其便，上竟用主父计，立朔方郡。"②由此可见，在设立朔方郡之前的朝议中，反对意见是主流。《汉书》亦载："[主父]偃盛言朔方地肥饶，外阻河，蒙恬筑城以逐匈奴，内省转输戍漕，广中国，灭胡之本也。上览其说，下公卿议，皆言不便。公孙弘曰：'秦时尝发三十万众筑北河，终不可就。已而弃之。'朱买臣难诎弘，遂置朔方，本偃计也。"③《史记》又载："元朔三年，张欧免，以弘为御史大夫。是时通西南夷，东置沧海，北筑朔方之郡。弘数谏，以为罢敝中国以奉无用之地，愿罢之。于是天子乃使朱买臣等难弘置朔方之便。发十策，弘不得一。弘乃谢曰：'山东鄙人，不知其便若是，原罢西南夷、沧海而专奉朔方。'上乃许之。"④据此可知，在汉武帝元朔二年下令建立朔方郡后，御史大夫公孙弘仍持反对意见。

汉武帝之所以力排众议，采纳主父偃的建议，在河南地北部及邻区创置朔方郡有其深层次的原因。最根本的原因是：在后套地区设立朔方郡是"灭胡之本也"。所谓"灭胡"包含抵御匈奴和反击匈奴两个层次。匈奴是西汉政权最大边患。抵御匈奴对关中的直接军事威胁、进而反击匈奴是汉

---

① 《史记》卷三十《平准书》，第1420页。
② 《史记》卷一百一十二《平津侯主父列传》，第2961—2962页。
③ 〔汉〕班固：《汉书》卷六十四《主父偃传》，中华书局，1962年，第2803页。
④ 《史记》卷一百一十二《平津侯主父列传》，第2950页。

廷梦寐以求的战略宏图。活动在河南地的匈奴密迩关中地区，对西汉的国都——长安城威胁很大。据《史记》载："刘敬从匈奴来，因言'匈奴河南白羊、楼烦王，去长安近者七百里，轻骑一日一夜可以至秦中。……'"① 所谓"秦中"，就是长安城所的关中地区，处于其北方的匈奴轻骑由今鄂尔多斯高原驰骋一日一夜就可抵达西汉的京畿区域，这无疑是腹心之患。何况河南地对秦中居高临下，亦有形胜之利。自汉高祖至武帝元朔年间之前，匈奴骑兵南下中原而载于史书者不胜枚举。最直接严重的莫过于孝文帝十四年（前166）匈奴十四万铁骑攻入萧关、朝那，致使国都震动的史事。史载："汉孝文皇帝十四年，匈奴单于十四万骑入朝那、萧关，杀北地都尉印，虏人民畜产甚多，遂至彭阳。使奇兵入烧回中宫，候骑至雍甘泉。于是文帝以中尉周舍、郎中令张武为将军，发车千乘，骑十万，军长安旁以备胡寇……单于留塞内月余乃去，汉逐出塞即还，不能有所杀。匈奴日已骄，岁入边，杀略人民畜产甚多，云中、辽东最甚，至代郡万余人。汉患之，乃使使遗匈奴书。单于亦使当户报谢，复言和亲事。"② 由此可见，河南地不保则关中危险。使匈奴远离河南地、远离关中至关重要。就连公孙弘在无奈之下，也从西南夷、沧海、朔方三大事项中首先选择肇筑朔方郡诸城。可见，公孙弘同样认为匈奴是西汉最大的边患。因此，在卫青收复河南地后，长期控制住河南地是极为重要的大事。从地利方面讲，对河南地最北部后套地区的有力控制是牢固控制河南地，进而解除匈奴对关中威胁的战略进程中最紧要的一环。这是由后套地区的战略地位决定的，分析如下：

第一，从军事地理形势观察河南地。

河南地，特别是其北部的河套地区和阴山山系对于汉匈双方都具有极其重要的战略价值。后套地区是河南地的门户，是西汉与匈奴斗争的前沿地带。后套平原的北面和西面有阳山（今狼山山脉）阻隔，汉军控制山谷通道就能拒匈奴于河南地之外。阳山南侧存在黄河及可修缮的秦代万里长城作为第二道屏障。事实上，这是汉军出河南地往正北而去最好的防御地带。若

---

① 《史记》卷九十九《刘敬列传》，第2719页。
② 《史记》卷一百一十《匈奴列传》，第2901页。

匈奴渡过阳山和黄河，汉军则没有天然屏障可阻御匈奴骑兵，关中将正面受敌。因此，汉朝必须牢牢控制后套地区。

同时，汉朝控制河南地，据守黄河和阴山山系，从而将匈奴势力排挤到阴山山系以北，使匈奴失去此战略要地也是对匈奴的重大打击。汉元帝时，郎中侯应针对呼韩邪单于"请罢边备塞吏卒，以休天子人民"事提出的反驳，就道出内中玄机。史载："单于欢喜，上书愿保塞上谷以西至敦煌，传之无穷，请罢边备塞吏卒，以休天子人民。天子令下有司议，议者皆以为便。郎中侯应习边事，以为不可许。上问状，应曰：'周秦以来，匈奴暴桀，寇侵边境，汉兴，尤被其害。臣闻北边塞至辽东，外有阴山，东西千余里，草木茂盛，多禽兽。本冒顿单于依阻其中，治作弓矢，来出为寇，是其苑囿也。至孝武世，出师征伐，斥夺此地，攘之于幕北。建塞徼，起亭隧，筑外城，设屯戍，以守之，然后边境得用少安。幕北地平，少草木，多大沙，匈奴来寇，少所蔽隐，从塞以南，径深山谷，往来差难。边长老言匈奴失阴山之后，过之未尝不哭也。如罢备塞戍卒，示夷狄之大利，不可一也。……'"①由此可见，失去阴山对于匈奴的日常生活、军资需求以及南下军事行动都是重大的打击。与此同时，若汉朝失去对阴山山系的控制，匈奴进入阴山及地势起伏的河南地，一旦交战，则是以中国之短击匈奴之长，对汉军不利。晁错对此曾言："今匈奴地形、技艺与中国异。上下山阪，出入溪涧，中国之马弗与也。险道倾仄，且驰且射，中国之骑弗与也；风雨罢劳，饥渴不困，中国之人弗与也：此匈奴之长技也。"②因此，汉军控制住此地域是极为必要的。

第二，从农业经济地理形势观察河南地。

西汉政权若要控制后套，进而控制河南地、屏障关中，需要在边塞驻扎足够的军队。农耕民族与游牧民族在此边地的博弈中，农耕民族更多的是以守为攻。这就需要大军长期戍边。而充足稳定的军资供给是汉军长久驻扎河南地，进而保卫河南地、屏护京师的关键。而在元朔年间（前128—前

---

① 《汉书》卷九十四《匈奴传》，第3803页。
② 《汉书》卷四十九《晁错传》，第2281页。

123）之前，边地的粮食是无法满足戍边军队需求的。晁错就此曾言："匈奴数侵盗北边，屯戍者多，边粟不足给食当食者。"①若中原王朝从关中或者关东运输物资到边地，则耗费巨大，得不偿失。主父偃曾以蒙恬戍边为例而言："秦皇帝不听，遂使蒙恬将兵攻胡，辟地千里，以河为境。地固泽卤，不生五谷。然后发天下丁男以守北河。暴兵露师十有余年，死者不可胜数……又使天下蜚刍挽粟，起于黄、腄、琅邪负海之郡，转输北河，率三十钟而致一石。男子疾耕不足于粮饟，女子纺绩不足于帷幕。百姓靡敝，孤寡老弱不能相养，道路死者相望，盖天下始畔秦也。"②因此，不论晁错，还是主父偃，所言都从不同层面反映出就近提供充足的军粮对边疆军事驻防及社会稳定的极端重要性。

解决军需供给的最好办法是就地发展农业经济，就近供给军队的需求。河南地的北部——今后套平原地形平坦、土地肥沃，水资源充足便利，最适宜发展农耕经济，极具开发潜力。而鄂尔多斯高原大部及其南侧的黄土高原在气候、水文、土壤及地貌条件方面，则不适宜发展农业，而以畜牧业为宜。至少在西汉时期是如此。据《史记》载："天水、陇西、北地、上郡与关中同俗，然西有羌中之利，北有戎翟之畜，畜牧为天下饶。然地亦穷险，唯京师要其道。"③又载："于是上北出萧关，从数万骑，猎新秦中，以勒边兵而归。新秦中或千里无亭徼，于是诛北地太守以下，而令民得畜牧[于]边县，官假马母，三岁而归，及息什一，以除告缗，用充仞新秦中。"④新秦中与河南地的区域范围差不多，既然汉武帝令此地边县之民发展畜牧，自然是因为此地更适合畜牧。此外，从对新秦中地域的赋税征收情况看，也表明此地不宜发展农业。据《二年律令·田律》载："入顷刍稾，顷入刍三石；上郡地恶，顷入二石；稾皆二石。"⑤上郡西部的自然条件与

---

① 《史记》卷三十《平准书》，第1419页。
② 《史记》卷一百一十二《平津侯主父列传》，第2954页。
③ 《史记》卷一百二十九《货殖列传》，第3262页。
④ 《史记》卷三十《平准书》，第1438页。
⑤ 张家山二四七号汉墓竹简整理小组：《张家山汉墓竹简·二年律令·田律》，文物出版社，2006年，第41页。

河南地中、南部有诸多相似之处，多沟壑、地势起伏。据此推知，河南地中南部的土地农耕条件较差。

因此，控制农耕条件优越的后套地区对于汉朝极为必要。蒙恬渡河，据阳山、北假中，也可能是出于这样的考虑。而长久控制后套地区最好的办法就是建郡筑城。因为开垦此地而使其真正成为粮仓，则需要大量人力长期、稳定地开发，更需要朝廷的大力扶持与引导。这仅依靠承担军事驻防重任的戍边官兵屯田是很难实现的。最好的办法就是大量移民于此区域，使其定居而从事农耕，为军队解除后顾之忧。历史进程证明此后汉朝大量移民充实此地，并开垦之。在这种现实需求下，于此建郡筑城就显得十分必要。因为这就意味着将此地边民有组织地纳入西汉的郡国体系之中，既有利于管理，也有利于有组织地从事社会经济活动。更重要的是赋税可就地征收，再就近转运到各个军事据点以保障军队后勤供给，再无自关中、关东远途转运物资而产生巨大消耗之弊。这种在新近统一地区建立正规政区体制、移民实边的方式收到很好的经济政治效果。

基于以上论述的背景和原因，汉武帝于元朔二年创置朔方郡。朔方郡的设立，不但使汉朝占据着地利，也为戍边军队提供了后勤保障。汉军既可坚守、以逸待劳，又可主动出击。纵观武帝及后嗣诸帝时期，在朔方郡集结军队、出塞征伐匈奴之事屡见不鲜，就是明证。

朔方郡于元朔二年创置后，汉朝相继在其辖区内开设10县，即：朔方、三封、修都、临河、呼遒、窳浑、渠搜、沃野、广牧、临戎10县。这种行政区划格局延续至王莽时期，才在政区名称上有所变动。在王莽主持下，将朔方郡易名为沟搜郡，属县亦各有更名，其他方面无变动。史载："朔方郡，（武帝元朔二年开。西部都尉治窳浑。莽曰沟搜。属并州。）户三万四千三百三十八，口十三万六千六百二十八。县十：三封，（武帝元狩三年城）。朔方，（金连盐泽、青盐泽皆在南。莽曰武符。）修都，临河，（莽曰监河。）呼遒，窳浑，（有道西北出鸡鹿塞。屠申泽在东。莽曰极武。）渠搜，（中部都尉治。莽曰沟搜。）沃野，（武帝元狩三年城。有盐官。莽曰绥武。）广牧，（东部都尉治。莽曰盐官。）临戎。（武帝元朔五年城。莽曰推武。）"①王莽之所以将朔方郡县易名，与其全国性的政治改制有关，而非仅针对朔方郡一地。

二、东汉时期朔方郡的建置变化

东汉时期，朔方郡的管区、治所和属县数量，以及置废，皆发生过明显的变更。一些属县被撤销，个别属县被划归其他郡级单位，于是其管区与驻地也出现变动。

（一）光武帝时期朔方郡的属县变动与兴废

至东汉光武帝年间，朔方郡所辖之县级建制单位有所调整。其时，撤销了修都、临河、呼遒、窳浑、渠搜5县，又将原属于西河郡的大城县划归朔方郡。《后汉书》载："朔方郡，（六城，户千九百八十七，口七千八百四十三。）临戎；三封；朔方；沃野；广牧；大城，故属西河。"②同书又载："《汉书·地理志》记天下郡县本末，及山川奇异，风俗所由，至矣。今但录中兴以来郡县改异，及《春秋》、三史会同征伐地名，以为《郡国志》。凡《前志》有县名，今所不载者，皆世祖所并省也。前无今有者，后所置也。凡县名先书者，郡所治也。"③据此可知，东汉光武帝时不仅废除王莽妄改的政区名称、恢复朔方郡及属县的原有名称，而且对朔方郡的属县建制进行析并与调整。但是，光武帝具体在哪一年对朔方郡属县进行调整？史书却无明确记载。此外，在建武年间，朔方郡还曾被撤废。

第一，东汉光武帝时期调整朔方郡属县的时间。

刘秀曾于建武六年因户口耗少而县级官吏尚繁之故，并省县级单位。据《后汉书》载："［建武六年］六月辛卯，诏曰'夫张官置吏，所以为人也。今百姓遭难，户口耗少，而县官吏职所置尚繁。其令司隶、州牧各实所部，省减吏员。县国不足置长吏可并合者，上大司徒、大司空二府。'

---

① 《汉书》卷二十八《地理志》，第1619页。
② 〔南朝宋〕范晔：《后汉书》志二十三《郡国五》，中华书局，1965年，第3526页。
③ 《后汉书》志十九《郡国一·序》，第3385页。

于是，条奏并省四百余县，吏职减损，十置其一。"①从东汉大量减省郡县职官可推知，其调整朔方郡属县盖因户口减少而县级政区官吏诸职尚繁之故。朔方郡诸县居民数量为何缩减呢？早在王莽主政时期，汉与匈奴关系恶化导致边地郡县人口锐减。据《汉书》载："初，北边自宣帝以来，数世不见烟火之警，人民炽盛，牛马布野。及莽扰乱匈奴，与之构难，边民死亡系获，又十二部兵久屯而不出，吏士罢疲。数年之间，北边虚空，野有暴骨矣。"②再加上两汉交替之际，天下大乱，狼烟四起，地方残破，人口大量损耗。在此背景下，东汉对地方政区进行调整，既可精简机构、减少开支，也有助于行政管理与控制，符合现实需要。

但是，关键问题在于这次并省四百余县，是否涉及朔方郡？却难于确定。笔者认为，建武六年省并县级行政单位之举应未包括朔方郡。因为刘秀此时尚未统一天下，各地存在着公孙述、隗嚣、卢芳等割据势力，尤其是朔方郡地是在卢芳集团的控制下，并非被刘秀所控制。因此，彼时并省四百余县应是在刘秀实际控制区域内进行的，而非在全国范围内实施。因此，朔方郡属县的调整应当是在刘秀接管朔方郡后才完成的。《后汉书》载："建武四年，单于遣无楼且渠王入五原塞，与李兴等和亲，告兴欲令[卢]芳还汉地为帝。五年，李兴、闵堪引兵至单于庭迎芳，与俱入塞，都九原县。掠有五原、朔方、云中、定襄、雁门五郡，并置守令，与胡通兵，侵苦北边。"③直到建武七年（31）冬，朔方郡才被刘秀集团接管。史载："七年春正月……冬，卢芳所置朔方太守田飒、云中太守乔扈各举郡降。"④据此，刘秀集团对朔方郡属县实施调整只能在建武八年（32）及其后。大致说来，这可能存在两个时间段：即建武八年至撤销朔方郡之年的时段内、复置朔方郡至刘秀逝世之建中二年（57）间。李晓杰先生称："颇疑此五县在建武二十六年朔方郡重返旧土时即未再恢复。"⑤颇有道理，但也只是怀疑，

---

① 《后汉书》卷一《光武帝纪》，第49页。
② 《汉书》卷九十四下《匈奴传》，第3826页。
③ 《后汉书》卷十二《卢芳传》，第506页。
④ 《后汉书》卷一《光武帝纪》，第53页。
⑤ 李晓杰：《东汉政区地理》，山东教育出版社，1999年，第135页。

并未列出可靠证据。

第二，建武年间朔方郡县被一度撤销的问题。

建武年间，朔方郡及其属县曾一度被撤销，稍后复置。关于其撤销与复置的时间，唐代后期成书的《元和郡县图志》载："夏州，……禹贡雍州之域……汉武帝分置朔方郡。后汉建武二十年罢，二十七年复置。灵帝末，羌胡为乱，塞下皆空。"①由此可见，唐代人认为：东汉朔方郡撤销于建武二十年，复置于建武二十七年。

但是，《后汉书》载："［建武］二十六年［春］正月……遣中郎将段郴授南单于玺绶，令入居云中，始置使匈奴中郎将，将兵卫护之。南单于遣子入侍，奉奏诣阙。于是云中、五原、朔方、北地、定襄、雁门、上谷、代八郡民归于本土。遣谒者分将施刑补理城郭。发遣边民在中国者，布还诸县，皆赐以装钱，转输给食。二十七年夏四月……"②此事发生在建武二十六年至二十七年（50－51）夏四月间。同书又载："二十六年……冬，前畔五骨都侯子复将其众三千人归南部，北单于使骑追击，悉获其众。南单于遣兵拒之，逆战不利……令西河长史岁将骑二千、弛刑五百人，助中郎将卫护单于，冬屯夏罢，自后以为常。及悉复缘边八郡。"③汉北部缘边地区通常指并州下辖八郡，朔方郡为其八郡之一。有史为证："第九星主并州，常以五申日候之，甲申为五原、雁门，丙申为朔方、云中，戊申为西河，庚申为太原、定襄，壬申为上党，凡八郡。"④由此获知"悉复缘边八郡"是在建武二十六年冬或二十七年。关于朔方郡是建武二十六年冬恢复，还是建武二十七年夏四月前恢复，可惜没有明确的记载。因此，可以肯定李吉甫所言建武二十七年复置应是可信的。

但是，朔方郡居民并非建武二十年内徙，朔方郡也非建武二十年撤废的。建武二十年被撤销的郡县中，记载明确者就是五原郡。《后汉书》载：

---

① 〔唐〕李吉甫：《元和郡县图志》卷四《关内道四·夏州条》，贺次君辑校，中华书局，1983年，第99页。
② 《后汉书》卷一《光武帝纪》，第77—78页。
③ 《后汉书》卷八十九《南匈奴列传》，第2945页。
④ 《后汉书》志十《天文上·序》，第3213页。

"是岁（建武二十年），省五原郡，徙其吏人置河东。"①但并无确切记载表明朔方郡也被废除。五原郡和朔方郡毗邻，同为缘边八郡。若此年废除朔方郡，失载的可能性很小。其次，建武二十七年恢复的"缘边八郡"也并非同年所省。正如《后汉书》载："［建武九年］徙雁门吏人于太原""是岁（建武十年），省定襄郡。徙其民于西河。""［建武十五年］二月，徙雁门、代郡、上谷三郡民，置常［山］关、居庸关以东。"②因此，建武二十年省五原郡，并不意味着也省掉朔方郡。唐人所谓"后汉建武二十年罢"朔方郡，显然证据不足。

此外，建武十一年撤销朔方郡之说也难于成立。据《晋书》载："汉武帝置十三州，并州依旧名不改，统上党、太原、云中、上郡、雁门、代郡、定襄、五原、西河、朔方十郡，又别置朔方刺史。后汉建武十一年，省朔方入并州。"③《后汉书》亦载：建武"十一年，省朔方刺史属并州"。④"是岁（建武十一年），省朔方牧，并并州。初断州牧自还奏事。"⑤由此可知，《晋书》所谓"省朔方"是指撤销朔方州刺史部，而非朔方郡。"省朔方入并州"是指将朔方州刺史部所管区域划归并州刺史部。因此，不能妄言朔方郡至建武十一年被省并。

据《三国志·魏书》载："……建武二十五年，乌丸大人郝旦等九千余人率众诣阙，封其渠帅为侯王者八十余人，使居塞内，布列辽东属国、辽西、右北平、渔阳、广阳、上谷、代郡、雁门、太原、朔方诸郡界，招来种人，给其衣食，置校尉以领护之，遂为汉侦备，击匈奴、鲜卑。"⑥据上文所述，雁门、代郡、上谷的部分属县在建武十五年就已内徙，直到建武二十六年后才恢复。朔方郡于此跟其他诸郡并列，只说明是作者依旧使用先前的政区名称，并不能证明朔方郡内徙与否。

---

① 《后汉书》卷一《光武帝纪》，第73页。
② 《后汉书》卷一《光武帝纪》，第64页。
③ ［唐］房玄龄等：《晋书》卷十四《地理志上·并州》，中华书局，1974年，第428页。
④ 《后汉书》卷三十一《郭伋传》，第1092页。
⑤ 《后汉书》卷一《光武帝纪》，第58页。
⑥ ［西晋］陈寿：《三国志·魏书》卷三十《乌丸传》，中华书局，1982年，第834页。

李晓杰先生依据建武十一年省朔方刺史部,以及建武十年至建武二十年间定襄、雁门、代、五原等郡相继内迁,臆断:"倘将朔方郡省弃之年定于建武十年至二十年间,应大体无误。"①这个推断并无有力的证据。刘秀撤销朔方郡的上限应当上溯到建武八年、下限应当延迟到建武二十六年冬。

综上所述,朔方郡在建武年间曾被废除(或名存实亡),直到建武二十六年冬至建武二十七年夏四月间才得复置。至于其被废除的时间上限,当不会早于建武八年。

(二)汉献帝时期废除朔方郡

东汉时期,朔方郡经过光武帝刘秀调整后,虽有永和五年"朔方居五原"之举,②但朔方郡建制依旧存在。据《三国志》载:建安"二十年春正月,天子立公中女为皇后。省云中、定襄、五原、朔方郡,郡置一县领其民,合以为新兴郡。"③由此可知,直至汉献帝建安二十年,朔方郡遂被最终撤销建制,其辖地并入新设的新兴郡。

其被废原因,实际与诸胡部人频繁进犯、导致郡民流散存在着直接关联。据《晋书》载:"灵帝末,羌胡大扰,定襄、云中、五原、朔方、上郡等五郡(民)并流徙分散。建安十八年,省入冀州。二十年,始集塞下荒地立新兴郡,后又分上党立乐平郡。魏黄初元年,复置并州,自陉岭以北并弃之。至晋,因而不改。并州统郡国六,县四十五,户五万九千三百。"④因此,在北部边地政局动荡、人烟稀少的形势中,对其政区进行整合是完全必要的。两汉时期的朔方郡建制自此消失于中国历史舞台。

至于曹魏明帝青龙三年,朔方郡虽得重置,但已不属汉代政区建制。无论其治所、辖区、属县皆与两汉朔方郡有所不同,且已超出本文论述的时间范围,故在此从略。

---

① 《东汉政区地理》,第135页。
② 《后汉书》卷六《孝顺帝纪》,第270页。
③ 《三国志·魏书》卷一《武帝纪》,第45页。
④ 《晋书》卷十四《地理志上·并州》,第428页。

三、结语

两汉时期，朔方郡域的战略地位极其重要，这里是汉与匈奴博弈的重点地区。朔方郡的建置兴废，与汉匈双方在该地域政治经济实力的消长、北疆民族关系发展有着极为密切的关联。

西汉朔方郡始建于汉武帝元朔二年，辖10县。那是在卫青收复河南地后，汉武帝出于解除匈奴威胁的战略考虑而建立的郡级行政单位。至王莽时期（9—24），只更改朔方郡以及属县的政区名称，该郡并无实质变化。两汉之际，天下纷扰，朔方郡在建武五年被卢芳割据，于两年后被刘秀集团接管。朔方郡在建武年间曾短期被撤，其时间当在建武八年及其后，后于建武二十六年冬至建武二十七年夏四月间复置。东汉光武帝时期也对朔方郡的属县进行调整，朔方郡仅辖6县，较西汉晚期大为减少。调整时间当在建武七年冬之后，至于属县变动的具体时间，还有待挖掘新的证据而继续研究。汉献帝建安二十年，朔方郡建制最终被撤销，其地并入新兴郡。至此，汉代朔方郡退出历史舞台。直至曹魏青龙三年，重新出现一个朔方郡，但已是另一时代的地方行政单位，与汉代政区体系无关。

表1 两汉时期朔方郡及属县名称变动简表

时期	郡名	辖县									
西汉	朔方	窳浑	三封	临戎	临河	呼遒	渠搜	朔方	修都	广牧	沃野
新莽	沟搜	极武	三封	推武	监河	呼遒	沟搜	武符	修都	盐官	绥武
东汉	朔方	三封	临戎	朔方	广牧	沃野	大城				

（原载于《阴山学刊》2014年第6期）

战国秦汉时期北地郡、安定郡的置废述论

李小明

后晓荣《战国政区地理》①《秦代政区地理》②，周振鹤《西汉政区地理》③，谭其骧《新莽职方考》④，李晓杰《东汉政区地理》⑤等著作基于相应的时空框架，分别对北地郡、安定郡的属县进行了考证。但是，各部著作研究时段不同，遂形成断代性的论述，因而皆未系统地讨论北地郡、安定郡在特定宏观时空范围的联系与变化。艾冲《战国至西汉郡县制在鄂尔多斯高原的建立、发展与分布》⑥，孟洋洋《西汉北地郡属县治城考》⑦对北地郡建制及其属县故城做出接近历史实际的有益的探索。鲁人勇⑧、张多勇⑨、孙玉荣⑩、汪洁⑪等学者的研究成果，也未能全面地反映出战国至东汉时期的北地

---

① 后晓荣：《战国政区地理》，文物出版社，2013年，第270—274页。
② 后晓荣：《秦代政区地理》，社会科学文献出版社，2009年，第170—177页。
③ 周振鹤：《西汉政区地理》，人民出版社，1987年，第136页。
④ 谭其骧：《长水集》（上册），人民出版社，2011年，第49—93页。
⑤ 李晓杰：《东汉政区地理》，山东教育出版社，1999年，第139—154页。
⑥ 艾冲：《战国至西汉郡县制在鄂尔多斯高原的建立、发展与分布》，《陕西师范大学学报》（哲学社会科学版）2014年第6期，第19—25页。
⑦ 孟洋洋：《西汉北地郡属县治城考》，《西夏研究》2016年第2期，第106—116页。
⑧ 鲁人勇等：《宁夏历史地理考》，宁夏人民出版社，1993年，第3、17—40页。
⑨ 张多勇：《泾河中上游汉安定郡属县城址及其变迁研究》，西北师范大学硕士学位论文，2007年，第1—100页。
⑩ 孙玉荣：《论秦汉时期北地郡的设置及变迁与西北少数民族的活动》，《喀什师范学院学报》2009年第5期，第45—47页。
⑪ 汪洁：《秦汉时期的北地郡》，华中师范大学硕士学位论文，2013年，第1—44页。

郡、安定郡建制及其属县变动的真实情况。因此，笔者在前人研究成果基础上，拟在此系统地梳理战国至东汉时期北地郡、安定郡建制，及其属县的兴废、徙治、析并、增减的演变，并对其影响因素展开讨论。

一、北地郡建制的创立与演变

北地郡始建于战国时期秦昭王三十五年（前272）。延续至西汉武帝元鼎三年，析出北地郡的西部，别置安定郡。其后，北地郡下领19县、安定郡下领21县。其后，两郡建制长期并存于两汉、三国、两晋、北朝时段。

（一）战国时期秦国创建北地郡。

《史记·匈奴列传》："[秦昭王之母]宣太后诈而杀义渠戎王于甘泉，遂起兵伐残义渠。于是秦有陇西、北地、上郡，筑长城以拒胡。"[1]《后汉书·西羌传》："至王赧四十三年，宣太后诱杀义渠王于甘泉宫，因起兵灭之。始置陇西、北地、上郡焉。"[2]周赧王四十三年，即秦昭襄王三十五年。据此，北地郡的创立时间应为秦昭王三十五年。其治所在义渠县城。

从迄今出土的秦封泥印文"阴密丞印"[3]、"安武丞印"[4]、"长武丞印"[5]、"彭阳丞印"[6]、"方渠除丞"[7]、"乌氏丞印"[8]、"归德丞印"[9]、"泾下家马"[10]，以及秦国官印"略畔之丞"[11]、"郁郅"戈[12]、秦

---

[1] 〔汉〕司马迁：《史记》卷一百一十《匈奴列传》，中华书局，1982年，第2885页。
[2] 〔宋〕范晔：《后汉书》卷八十七《西羌传》，中华书局，1973年，第2874页。
[3] 王辉、王伟：《秦出土文献编年订补》，三秦出版社，2014年，第505页。
[4] 《秦出土文献编年订补》，第395页。
[5] 《秦出土文献编年订补》，第402页。
[6] 《秦出土文献编年订补》，第458页。
[7] 《秦出土文献编年订补》，第417页。
[8] 《秦出土文献编年订补》，第486页。
[9] 《秦出土文献编年订补》，第427页。
[10] 《秦出土文献编年订补》，第437页。
[11] 西北大学文博学院：《百年学府聚珍——西北大学历史博物馆藏品选》，文物出版社，2002年，第119页。
[12] 《秦出土文献编年订补》，第346页。

陶文"新城义渠"①、"泥阳"②、"卤市"、"卤"③等不同载体的文字判读,结合文献记载判断:战国时期秦国北地郡领义渠、阴密、安武、彭阳、方渠、泥阳、卤县、郁郅、乌氏、归德、泾阳、朝那、略畔14县,治义渠县城。在谭其骧《中国历史地图集》上,战国时期秦国北地郡仅绘出义渠、郁郅、阴密、焉氏塞(乌氏)4县的空间位置。后晓荣认为战国秦的北地郡置13县。④笔者在其研究成果基础上增补"长武县"为北地郡属县。

战国时期,北地郡管区相当原先的义渠戎国旧地,即"管辖区域包括今甘肃省陇山以东的平凉、庆阳两个地级市域,以及宁夏固原市、吴忠市域的局部。其中,北地郡北境应伸至朐衍戎活动区域(今宁夏盐池县、陕西定边县及内蒙古鄂托克前旗南部地),并建置朐衍县(或作昫衍,故城即今宁夏盐池县北部的张家场古城)"。⑤领14县。

(二)秦代北地郡的管区扩展与稳定

在谭其骧《中国历史地图集》上,仅标绘出秦代北地郡六县,即义渠、泥阳、乌氏、泾阳、朝那、乌氏。马非百《秦集史》标出秦代北地郡11县,在谭其骧研究成果的基础上增加鹑觚、昫衍、除道、直路、郁郅五县。后晓荣认为:秦代北地郡下领泥阳、泾阳、乌氏、朝那、阴密、安武、彭阳、卤县、长武、除道、方渠、郁郅、归德、义渠、略畔15县;否定马非百关于富平、鹑觚、昫衍、直路四县的考证,认为昫衍、富平属于新秦中郡。⑥笔者认为此说欠妥,昫衍、富平也应为秦代北地郡属县;所谓新秦中郡,史籍并未载此郡名。鹑觚县,后晓荣认为只有文献记录而无出土文物与之对应,故不将其纳入秦代北地郡属县内,此言差矣。《太平寰宇记》载:"废鹑觚县,在县西四十里。按周地图记:'鹑觚县者,秦使太子扶苏及蒙恬筑长城,见此原原高水浅,因欲筑城,遂以觚爵奠祭,乃有鹑鸟飞

---

① 《秦出土文献编年订补》,第551页。
② 《秦出土文献编年订补》,第561页。
③ 陶荣:《甘肃崇信出土的秦戳记陶器》,《文物》1991年第1期,第90—94页。
④ 《战国政区地理》,第270—274页。
⑤ 《战国至西汉郡县制在鄂尔多斯高原的建立、发展与分布》,第21页。
⑥ 《秦代政区地理》,第183—185页。

升觚上，以为灵异，因以名县。'"①由此可见，秦代已经设立鹑觚县。故秦代北地郡下领泥阳、泾阳、乌氏、朝那、阴密、安武、彭阳、卤县、长武、除道、方渠、郁郅、归德、义渠、略畔、鹑觚、昫衍、富平18县。郡治义渠县城。

秦代承袭统一六国前秦国创立的北地郡建制。艾冲认为："将其管区扩张至今宁夏平原和河南地西南部地区。突出的事例就是增置富平、灵武两县于今宁夏平原。"②郡，作为秦朝第一级行政建制单位，每郡设置郡守、郡监（隶属御史中丞，负责监察）、郡尉（掌本郡驻军、治安）。其中，郡守职权最大，除郡监、郡尉、县令，其他官员皆由郡守任命。秦朝诸县是第二级行政区划单位，设置县令、县长（据属县人口而定，超过1万人为"令"，小于1万人则为"长"）、县丞、县尉等职官。北地郡亦然。

（三）秦末章邯时期的北地郡

秦朝末年，农民起义此起彼伏。"项羽引兵西屠咸阳，杀秦降王子婴。"③其后，"而三分关中，王秦降将以距塞汉王。项王乃立章邯为雍王，王咸阳以西，都废丘"。④章邯的"雍国"属地包括当时的陇西郡、北地郡、内史郡中西部。汉元年八月，汉军袭击雍国，章邯率军阻击而战败，最终被困于废丘城内。汉二年（前205）六月，汉军水淹废丘城，城陷，章邯自杀。在章邯的"雍国"存在的两年期间，北地郡的建制实废。汉军吞并雍国后，刘邦才依照秦制而恢复北地郡建制。

二、安定郡的析置与演变

北地郡建制延续至西汉武帝元鼎三年，因应于地方行政体系有效管理的实际需要，其管区被一分为二，形成两个郡级政区——东部仍旧称作北地郡，西部改称为安定郡。

---

① 〔宋〕乐史：《太平寰宇记》，中华书局，2007年，第723页。
② 《战国至西汉郡县制在鄂尔多斯高原的建立、发展与分布》，第22页。
③ 《史记》卷七《项羽本纪》，第315页。
④ 《史记》卷七《项羽本纪》，第316页。

（一）西汉中期北地郡、安定郡的分置

西汉初期，"汉孝文皇帝十四年，匈奴［老上］单于十四万骑入朝那、萧关，杀北地［郡］都尉卬，虏人民畜产甚多，遂至彭阳"。① 由此可知，北地郡仍处在西汉政府的有效管治范围。周振鹤认为："元鼎三年前之北地郡应为《汉志》安定、北地两郡之和。"② 艾冲通过解读谭其骧《中国历史地图集》认为：西汉"北地郡的管区在尚未析置安定郡的时期——汉高祖元年（前206）至武帝元鼎三年（前114）的93年间，辖域包括今甘肃榆中县至宁夏中卫段黄河及其北方的贺兰山脉以东、陕甘两省间的子午岭和内蒙古乌审旗西界的阿拉陶勒盖山梁以西、岐山以北、都思兔河以南的区域，北界略当今鄂托克旗北部的木凯淖尔乡、沙井镇、新召苏木、阿尔巴斯苏木所在分水高地一带。北邻朔方郡境，东接上郡之地。在析置安定郡后的时期——武帝元鼎三年至汉平帝元始五年的110年间，其西界向东移至今宁夏大罗山、牛首山、贺兰山一线，其他三面界限依旧"。③

《汉书·地理志》载："汉兴，以其［秦］郡太大，稍复开置。"④ 周振鹤认为："《汉志》云灵州［乃汉］惠帝四年置。惠帝时，故塞外之河南地尽入匈奴，不可能在河水边置灵州县。"⑤ 但是，此说属于推测，缺乏相关证据，在此存疑。可以肯定的是，汉二年至惠帝四年间，北地郡属县依旧承秦18县，无灵州。

关于北地郡建制，《汉书·地理志》称："北地郡，（秦置。莽曰：威成。）户六万四千四百六十一，口二十一万六百八十八。县十九：马领，直路，（沮水出西，东入洛。）灵武，（莽曰：威成亭。）富平，（北部都尉治神泉障。浑怀都尉治塞外浑怀障。莽曰：特武。）灵州，（惠帝四年置。有河奇苑、号非苑。莽曰：令周。）昫衍，方渠，除道，（莽曰：通道。）五街，（莽曰：吾街。）鹑觚，归德，（洛水出北蛮夷中，入河。

---

① 《史记》卷一百一十《匈奴列传》，第2901页。
② 《西汉政区地理》，第136页。
③ 《战国至西汉郡县制在鄂尔多斯高原的建立、发展与分布》，第23页。
④ ［汉］班固：《汉书》卷二十八《地理志》，中华书局，2016年，第1639页。
⑤ 《西汉政区地理》，第136页。

有堵苑、白马苑。）回获，略畔道，（莽曰：延年道。）泥阳，（莽曰：泥阴。）郁郅，（泥水出北蛮夷中。有牧师苑官。莽曰：功著。）义渠道，（莽曰：义沟。）弋居，（有盐官。）大䍙，廉。（卑移山在西北。莽曰：西河亭。"）①

关于安定郡，《汉书·地理志》曰：安定郡，"高平，（莽曰铺睦。）复累，安俾，抚夷，（莽曰抚宁。）朝那，（有端旬祠十五所，胡巫祝，又有湫渊祠。）泾阳，（开头山在西，《禹贡》泾水所出，东南至阳陵入渭，过郡三，行千六十里，雍州川。）临泾，（莽曰监泾。）卤，（灅水出西。）乌氏，（乌水出西，北入河。都卢山在西。莽曰乌亭。）阴密，（《诗》密人国。有瞷安亭。）安定，参䜌，（主骑都尉治。）三水，（属国都尉治，有盐官。莽曰广延亭。）阴槃，安武，（莽曰安桓。）祖厉，（莽曰乡礼。）爰得，昫卷，（河水别出为河沟，东至富平北入河。）彭阳，鹑阴，月氏道。（莽曰月顺。）"。②

《汉书·地理志》所载北地郡与安定郡的属县数量，可据此判断出汉武帝元鼎三年在北地郡西部析置安定郡后的两郡领县情况。即至元始二年，两郡总领县数达40个。那么，在汉惠帝四年至元始二年的190年间，北地郡属县数量应是呈现逐步增长趋势，绝不可能于元鼎三年突然增加21县。人口迁徙，无论是组织移民，还是自然迁徙，都需要一个过程；农业与牧业经济活动都需要一个长时间的发展过程。惠帝四年，北地郡增置灵州县就是明证。因为《史记》记载的时段上至黄帝时代、下至汉武帝太初四年间，而《汉书·地理志》所载新置的属县并未出现在《史记》中，不符合逻辑。汉武帝元鼎三年，析北地郡而置安定郡，是将原属于北地郡19县的泾阳、乌氏、朝那、阴密、安武、彭阳、卤县、长武8县划归安定郡，其余的义渠、除道、方渠、郁郅、归德、大要、略畔、鹑觚、昫衍、富平、灵州11县为北地郡属县。其他21县是何时增置？笔者认为应是在武帝元鼎三年至元始四年间（前114—4）两郡逐步增置的。

---

① 《汉书》卷二十八《地理志》，第1616页。
② 《汉书》卷二十八《地理志》，第1615页。

西汉元始二年，北地郡治马领，下领19县。安定郡治高平，领21县。西汉推行郡县两级制。《汉书·地理志》："凡十三部，置刺史。"①《汉书·武帝纪》：元封五年，"初置刺史部十三州"。②它们分别是：冀州、兖州、青州、徐州、扬州、荆州、豫州、益州、凉州、幽州、并州、朔方州、交趾州刺史部。顾颉刚、周振鹤等认为：北地郡属并州刺史监察区，安定郡属凉州刺史监察区。

（二）新莽时期北地郡、安定郡建制

至新莽时期，将十三州改成十二州。谭其骧认为，王莽时期威戎郡[《汉书·地理志》载为"威成郡"（北地郡）]、安定郡属雍州。③威戎郡领原先北地郡的马领、直路、昫衍、方渠、鹑孤、归德、回获、弋居、大要9县，沿用旧名；威成亭（汉灵武，谭其骧认为《汉书·地理志》作威成亭，以意改。）、特武（汉富平）、令周（汉灵州）、通道（汉除道）、吾街（汉五街）、延年道（汉略畔道）、泥阴（汉泥阳）、功著（汉郁郅）、西亭（汉廉县）9县改用新县名。其中，西亭县，谭其骧疑为归新郡属县④，但是缺乏有力佐证。因此，新莽时期北地郡下领18县。

安定郡原有属县21，即阴槃、卤、安定亭（谭其骧认为安定疑当增一亭字）⑤、彭阳、阴密、爱得、泾阳、朝那、安俾、复累、参䜌、昫卷、鹑阴13县，沿用旧名；铺睦（高平）、监泾（临泾）、安恒（安武）、抚宁（扶夷）、乌亭（乌氏）、月顺（月氏道）、广延亭（三水）、乡礼（祖厉）8县，改用新名。另据谭其骧考证，新莽时期安定新增一县——安民县。⑥《汉书·平帝纪》："元始二年，罢安定呼池苑，以为安民县。"⑦《水经注》渭水注："又西迳略阳道故城北，堥渠水出南山，北迳堥峡北入城。建

---

① 《汉书》卷二十八《地理志》，第1543页。
② 《汉书》卷六《武帝纪》，第197页。
③ 《长水集》（上册），第49页。
④ 《长水集》（上册），第56页。
⑤ 《长水集》（上册），第55页。
⑥ 《长水集》（上册），第56页。
⑦ 《汉书》卷十二《平帝纪》，第353页。

武八年，中郎将来歙与祭遵所部护军王忠、右辅将军朱宠，将二千人，皆持卤刀斧，自安民县之杨城。元始二年，汉平帝罢安定滹沱苑，以为安民县，起官寺市里，从番须、回中伐树木，开山道至略阳，夜袭击嚣拒守将金梁等，皆杀之，因保其城。"①《汉书补注》："案其行兵之道，则安民县属安定郡无疑。其县西汉末置，东汉初即改并。故两志俱未详。"②《读史方舆纪要》："安民县应在［平凉府华亭］县界，今《汉志》不载。"③故元始二年至新莽末期，安定郡领22县。

新莽时期，全国仍置监察州，实行郡县两级体制。谭其骧考证，新莽时期"［州］仍汉旧，置牧。天凤元年，定制，公氏作牧，见礼如三公。地皇元年，赐号大将军。二年，以州牧刺举怠解，更置牧监、副秩，元士冠汝冠，行事如汉刺史。［始］建国元年（9），改郡太守曰大尹；天凤元年（14），置卒正、连率，职如太守……为尹置大夫，六尉、六队之尹也。置卿，保忠信之尹也；地皇元年（20），赐号为偏将军。始建国元年，改郡都尉曰太尉。天凤元年，置属令、属长，职如都尉。为尉置属正，六尉、六队之尉也。缘边又置都尉，以男为之。地皇元年，赐号为祎将军。［县］始建国元年，改县令、长曰宰。地皇元年，赐号为校尉"。④由此可见威戎郡、安定郡两郡的职官设置情况。

（三）卢芳、隗嚣时期的北地郡、安定郡建制

新莽末年至东汉初年，北地、安定两郡动荡不安，中央政府失去有效的控制。《卢芳传》："王莽末，［卢芳］乃与三水属国羌胡起兵。"⑤卢芳与三水属国控制着今山水河流域，占领安定郡北部地区。《隗嚣传》载：更始元年，"嚣乃勒兵十万，击杀雍州牧陈庆，将攻安定。……安定悉降。"⑥隗嚣已经实际控制安定郡，《隗嚣传》：建武二年（26），"得专

---

① ［北魏］郦道元，陈桥驿校证：《水经注校证》，中华书局，2013年，第407—408页。
② 王先谦：《汉书补注》，上海古籍出版社，2008年，第485页。
③ ［清］顾祖禹：《读史方舆纪要》卷五十八，中华书局，2017年，第2783页。
④ 《长水集》（上册），第83页。
⑤ 《后汉书》卷十二《王刘张李彭卢列传》，第506页。
⑥ 《后汉书》卷十三《隗嚣公孙述列传》，第519页。

制凉州、朔方［州］事。"①《光武帝纪》载：建武六年，"隗嚣反……诏曰：'惟天水、陇西、安定、北地吏人为隗嚣所诖误者，又三辅遭难赤眉，有犯法不道者，自殊死以下，皆赦除之。'"②《后汉书·五行志》：建武七年，"隗嚣反，侵安定。冬，卢芳所置朔方、云中太守各举郡降"。③此时，隗嚣已经实际掌控安定、北地两郡局部地方，仍设太守职务。可见，卢芳、隗嚣虽占据安定、北地两郡地方，但保留西汉原有的建制。《光武帝纪》：建武十年，"冬十月，中郎将来歙等大破隗纯于落门"。④在新莽末年至建武十年间，东汉政府对原北地郡管区没有实际管辖权。在这时期，安定郡三水县发生内迁。《后汉书》李贤注曰："《续汉志》曰：三水县有左右谷，故城在今泾州安定县南。"⑤在今甘肃省平凉市灵台县梁原乡出土的陶壶残片，底部有"三水县杜里"的陶文。⑥这就证明三水县内迁的可靠性。

（四）东汉时期北地郡、安定郡建制

东汉时期，由于羌民之乱等原因，北地郡、安定郡迁徙频繁。学界对北地郡、安定郡迁徙的次数始终没有达成共识。笔者通过文献的梳理认为：东汉时期，北地郡迁徙7次，安定郡迁徙8次。

1.东汉北地郡建制沿革

东汉推行州郡县三级制。北地郡、安定郡皆属于凉州。北地郡迁徙7次，大体如下：

《后汉书·冯异传》载：建武六年，"北地［郡］诸豪长耿定等，悉畔隗嚣降……［冯异］并领北地太守事"。⑦《后汉书·光武帝纪》：建武二十六年，"于是云中、五原、朔方、北地、定襄、雁门、上谷、代八郡

---

① 《后汉书》卷十三《隗嚣公孙述列传》，第522页。
② 《后汉书》卷一《光武帝纪》，第48页。
③ 《后汉书》志十八《五行六》，第3358页。
④ 《后汉书》卷一《光武帝纪》，第56页。
⑤ 《后汉书》卷十二《王刘张李彭卢列传》，第506页。
⑥ 张多勇：《历史时期三水县城址的变迁》，《西夏研究》2015年第1期，第122页。
⑦ 《后汉书》卷十七《冯岑贾列传》，第650页。

归于本土"。①这表明更始元年隗嚣始乱至建武二十六年前，北地郡政府机构、官员和民众曾经外迁；至此年，才返回本政区旧地。

《后汉书·孝安帝纪》：永初二年，"先零羌滇零称天子于北地，遂寇三辅，东犯赵、魏，南入益州"②。《后汉书·孝安帝纪》：永初五年，由于爆发羌乱，汉安帝"诏陇西徙襄武，安定徙美阳，北地徙池阳，上郡徙衙"③。《后汉书·西羌传》：永初五年，"羌既转盛……遂移……北地徙池阳"④。至此，北地郡在原址存续时间为建武二十六年至永初五年。十八年后的汉顺帝永建四年，凉州羌乱被平定。同年，"九月，复安定、北地、上郡归旧土"⑤。北地郡迁回旧土后，郡治由马领县城迁至富平县城。

《后汉书·孝顺帝纪》载：永建六年（131），"巩唐羌寇北地……冬十月癸丑，徙安定居扶风，北地居冯翊"。⑥永建六年，北地郡被迫第三度内迁冯翊郡界。《后汉书·郡国五》："北地郡（秦置。雒阳西千一百里。六城，户三千一百二十二，口万八千六百三十七）。富平、泥阳，有五柞亭。弋居有铁。廉、参䜌故属安定。灵州。"⑦《后汉书》的郡国志是司马彪所著，采用的郡国政区数据来自汉顺帝永和五年。《后汉书·郡国一》："凡县名先书者，郡所治也。"⑧据此判断，至汉顺帝永和五年，北地郡已迁回旧土，治富平，领六县。

然而至永和六年，北地、安定两郡又一次南迁。即同年"冬十月癸丑，徙安定［郡］居扶风，北地［郡］居冯翊。"⑨北地郡侨置冯翊地界。何时迁回旧土呢？史无明确记载。此次羌乱到汉桓帝永嘉元年（145）被平息。

---

① 《后汉书》卷一《光武帝纪》，第78页。
② 《后汉书》卷五《孝安帝纪》，第211页。
③ 《后汉书》卷五《孝安帝纪》，第216页。
④ 《后汉书》卷八十七《西羌传》，第2887—2888页。
⑤ 《后汉书》卷六《孝顺孝冲孝质帝纪》，第256页。
⑥ 《后汉书》卷六《孝顺孝冲孝质帝纪》，第271页。
⑦ 《后汉书》志二十三《郡国五》，第3519—3520页。
⑧ 《后汉书》志二十《郡国一》，第3385页。
⑨ 《后汉书》卷六《孝顺孝冲孝质帝纪》，第271页。

至延熹元年无战事,东汉政府不可能任由安定郡、北地郡旧地荒废,因此,安定郡、北地郡应在这期间(145—159)回迁故地。

因而永康元年(167)羌族当煎诸部复反后,"[段]颎上言曰:'……西河、上郡,已各内徙。安定、北地,复至单危……'帝许之。"① 显然,至汉桓帝永康元年,安定郡、北地郡再次内迁。《宋书·傅弘之传》:"傅弘之,字仲度,北地泥阳人。傅氏旧属灵州,汉末郡境为虏所侵,失土寄寓冯翊,置泥阳、富平二县。灵州废不立,故傅氏悉属泥阳。"②《后汉书》"集解"引惠栋曰,顾野王《舆地志》汉末北地郡但有富平、泥阳二县。《魏书·地形志》:雍州北地郡,"魏文帝分冯翊之祋祤置。"③王先谦曰:"汉末,北地郡富平、泥阳二县徙置冯翊[地界],三国魏同。"④表明汉末北地郡徙置冯翊,仅辖两县。

综上所述可知,在东汉时期,北地郡迁徙7次。依次是:永初五年,北地郡首次内迁,永建四年回迁旧土;永建六年,北地郡第二次内迁,至迟于永和五年回归旧土;永和六年,北地郡第三次内迁,永嘉元年至延熹元年期间北地郡又回迁故地;永康元年,北地郡第四次内迁,就滞留关中未再回迁故土。

2.东汉安定郡建制沿革

汉光武帝于建武十年平定隗嚣割据势力后,安定郡正式纳入东汉政府管治下。《后汉书·西羌传》:永初五年:"羌既转盛,而二千石、令、长多内郡人,并无守战意,皆争上徙郡县以避寇难。朝廷从之,遂移陇西徙襄武,安定徙美阳,北地徙池阳,上郡徙衙。"⑤《后汉书·孝安帝纪》载:永初五年:"安定徙美阳。"⑥《后汉书·梁慬传》:"明年(永初五年,111年),安定、北地、上郡皆被羌寇,谷贵人流,不能自立。诏慬发边兵

---

① 《后汉书》卷六十五《皇甫张段列传》,第2148页。
② 〔南朝梁〕沈约:《宋书》卷四十八《傅弘之传》,中华书局,1974年,第1430页。
③ 〔北齐〕魏收:《魏书》卷一百零六下《地形志下》,中华书局,1974年,第2609页。
④ 〔清〕王先谦:《后汉书集解》,中华书局,1984年,第1286页。
⑤ 《后汉书》卷八十七《西羌传》,第2887—2888页。
⑥ 《后汉书》卷五《孝安帝纪》,第216页。

迎三郡太守，使将吏人徙扶风［郡］界。"①建武十年至永初五年前（34—111），就是安定郡建制在原址存在时间。《后汉书·孝顺帝纪》载：至永建四年（129），"九月，复安定、北地、上郡归旧土。"②

《后汉书·西羌传》："于是东、西羌遂大合，……（永建六年，131年）秋，诸种八九千骑寇武威，凉部震恐。于是，复徙安定［郡］居扶风。"③这表明，安定郡于永建四年至永建六年间（129—131）迁回原址。《后汉书·郡国五》："安定郡（武帝置。雒阳西千七百里。八城，户六千九十四，口二万九千六十）。临泾、高平（有第一城）。朝那、乌枝（有瓦亭，出薄落谷）。三水、阴盘、彭阳、鹑觚故属北地。"④此乃汉顺帝永和五年统计数据。显然，安定郡在永和五年前已迁回故地，治临泾，领8县。同时，《后汉书·郡国五》载："武威郡（故匈奴休屠王地）……鹯阴，故属安定。祖厉，故属安定。"⑤将西汉安定郡鹯阴、祖厉两县划归武威郡。

其后仍因羌乱，安定郡于永和六年再度内迁。即同年"冬十月癸丑，徙安定居扶风。"⑥安定郡迁至扶风郡境。大约在永嘉元年至延熹元年（145—159）间迁回其旧地。

永康元年，羌人复叛。战乱导致安定郡第三次内迁。至汉灵帝建宁二年，羌乱被平息，安定郡再度回迁故地。《太平寰宇记》曰："废阴槃县，口口。按《汉书》，武帝元鼎元年立阴盘县，属凉州。灵帝末徙于新丰，其县遂废。"⑦汉灵帝末年，安定郡属县为七。《后汉书·孝献帝纪》载：兴平元年（194）"十二月，分安定、扶风为新平郡"。⑧《太平寰宇记》：

---

① 《后汉书》卷四十七《班梁列传》，第1593页。
② 《后汉书》卷六《孝顺孝冲孝质帝纪》，第256页。
③ 《后汉书》卷八十七《西羌传》，第2896页。
④ 《后汉书》志二十三《郡国五》，第3519页。
⑤ 《后汉书》志二十三《郡国五》，第3520页。
⑥ 《后汉书》卷六《孝顺孝冲孝质帝纪》，第271页。
⑦ 《太平寰宇记》卷三十四《关西道》，第723页。
⑧ 《后汉书》卷九《孝献帝纪》，第377页。

"后汉兴平元年分安定之鹑觚、右扶风之漆［县］，置新平郡。"①显然，汉献帝兴平元年，安定郡仅领6个属县，治临泾县城。

综上所述，东汉时期安定郡前后迁徙8次。依次是：永初五年安定郡内迁，永建四年回迁旧土；永建六年第二次内迁，至迟永和五年安定郡回归旧土；永和六年安定郡第三次内迁，永嘉元年至延熹元年（145—159）期间安定郡又回迁故地；永康元年安定郡第四次内迁，至建宁二年，安定郡又回归故土。

东汉时期，北地郡和安定郡由于羌民动乱而多次迁徙侨置。每次迁徙乃侨置一县之地，并非北地郡、安定郡所有人口皆侨置一县。故北地郡、安定郡的内迁只能是郡治位移而非其所有属县。内迁人口主要以官吏、豪强和内徙的百姓为主。随着羌民动乱的屡次发生，北地郡、安定郡人口数量急剧萎缩，回迁故地后属县减少。一些属县划归其他郡级政府，或向泾河流域迁徙。

三、汉代北地郡、安定郡建制变化原因剖析

在秦昭王三十五年至东汉献帝延康元年（前272—220）的490多年间，北地郡、安定郡建制经历多次置废与迁徙，其属县数量和辖境范围也经历着由小到大、又逐步收缩的演变。影响其原因大体如下：

（一）政治、军事、经济的发展需求是北地、安定两郡建置的主要原因

秦昭王吞灭义渠戎国后建置北地郡，其主要原因是出于扩充国土面积，稳定边疆地区，增加人口、田地、赋税、兵源，为秦国争霸奠定基础。汉武帝时期，击败匈奴武装后，推行徙民实边的政策，划出北地郡西部而析置安定郡，意在巩固对匈奴作战成果。北地郡、安定郡所在的泾河流域、清水河流域、山水河流域，以及所辖黄河干流流域，适合农业发展，适宜放牧经济，使中央政府财政广开税源。

---

① 《太平寰宇记》卷三十四《关西道》，第718页。

（二）朝代更迭与割据战争导致北地郡、安定郡暂时脱离中央政府的控制

秦末，章邯被封为雍王，管治北地郡全境。新莽末年至东汉初年，卢芳、隗嚣割据势力的分裂战争，使北地郡、安定郡在短期内脱离东汉王朝的有效管辖。至东汉中期，陇山山脉东西地区的羌族居民反抗残暴统治的斗争，也使得北地郡和安定郡社会秩序失稳，中央政府无法有效管治。更为严重者是羌族叛乱首领在北地郡富平县建立割据政权，遂使北地、安定二郡成为其核心控制区域。北地郡、安定郡多次内迁侨置。其属县人口大量逃亡或流失。

（三）人口数量的增减导致北地郡、安定郡属县增减的变化

战国至秦代，人口数量总体呈增长趋势，故北地郡属县数量呈增加趋势。秦末农民战争及楚汉争战导致人口锐减。西汉文景之治后，人口才恢复增长。《汉书·地理志》："北地郡（秦置。莽曰：威成。）户六万四千四百六十一，口二十一万六百八十八。县十九……"[1]同书又载："安定郡，（武帝元鼎三年置。）户四万二千七百二十五，口十四万三千二百九十四。县二十一……"[2]显然，西汉中期北地郡的居民人口规模和属县数量，为析出北地郡西部而建置安定郡奠定了人口与县数基础。《后汉书·郡国五》："北地郡（秦置。雒阳西千一百里。六城，户三千一百二十二，口万八千六百三十七）。"[3]同书又载："安定郡（武帝置。雒阳西千七百里。八城，户六千九十四，口二万九千六十）。"[4]新莽末年至光武帝建武十年间，北地郡、安定郡两郡人口锐减。据此可知，随着居民人口数量的减少，两郡属县数量也会被裁减。

---

[1]《汉书》卷二十八《地理志》，第1616页。
[2]《汉书》卷二十八《地理志》，第1615页。
[3]《后汉书》志二十三《郡国五》，第3519—3520页。
[4]《后汉书》志二十三《郡国五》，第3519页。

四、结论

在战国至东汉时期，北地郡历经秦国、秦代、章邯时期；至西汉武帝元鼎三年，自北地郡析置安定郡；其后，北地、安定两郡共同历经西汉、新莽、卢芳与隗嚣、东汉时期。战国时期周赧王四十三年（秦昭襄王三十五年，前272），秦国灭义渠戎而创建北地郡，领14县；秦代继承战国时期的北地郡，领18县；西汉武帝元鼎三年析出北地郡西部而置安定郡，其后，北地郡领县19，安定郡领县21；新莽时期，北地郡领县18，安定郡领县22；新莽末年至建武十年间，卢芳、隗嚣割据势力分别控制北地郡、安定郡局部，东汉短期内失去两郡的实际管治权；隗嚣割据政权覆灭后，东汉政府接管北地郡、安定郡的管治。至东汉中期，受到羌民之乱的破坏与威胁，北地郡政府前后迁徙7次，安定郡政府前后迁徙8次。迁徙过程大体如下：永初五年，北地郡、安定郡首次内迁；永建四年，两郡回迁旧土。永建六年，两郡第二次内迁；至迟永和五年北地郡、安定郡再次回归旧土。永和六年，北地郡、安定郡第三次内迁；永嘉元年至延熹元年（145—159）期间，北地郡、安定郡第三次回迁故地。永康元年，北地、安定两郡第四次内迁；建宁二年后，安定郡回迁旧地。北地郡却未回归其管区。影响北地郡、安定郡建制变动的因素包括：政治、军事、经济的需求，朝代更迭与割据战争、人口数量的增减对北地郡、安定郡属县数量变化具有直接的影响。

（原载于《宁夏大学学报》2018年第4期）

西汉时期上郡诸县治城位置新探

艾 冲

依据《汉书·地理志》的记载，截至西汉孝平皇帝元始二年（2），上郡共管领23个县。这23县的治城位置，后世文献偶有零星记载，近代学者间有考证。但是，直至《中国历史地图集》问世之20世纪90年代初，仍有部分上郡属县的治城难于定位。在其后的20余年间，我国的历史学、考古学、文物学的研究有了长足的进步，为进一步梳理传统的历史文献资料、发现运用新的文物考古资料以继续探索西汉时期上郡属县故城的地理位置提供了新机遇。本文欲在前人研究的基础上试做新尝试，为探明上郡23属县的治城及其分布格局提供一二浅陋的认识。

前人的研究表明：西汉时期上郡23属县的治城大体分布在今陕西北部的黄土高原和跨联今陕西与内蒙古的鄂尔多斯高原地域。上郡辖域按河流地貌可划为南部、中部和北部，其南部在今洛河流域及云岩河流域，北限于劳山；中部在延河流域及清涧河流域，北限于今白于山脉；北部伸入鄂尔多斯高原东部区域，大略以今窟野河上游为其北限。下面就以此三区为框架，透过历史文献、田野调查与文物考古资料的综合与分析，探索西汉时期上郡诸县的行政中心所在地。不妥之处，祈请学界同志指正。

一、今劳山以南区域的上郡南部属县治城

今劳山以南区域，大体包括延安市管区南部的甘泉、宝塔区东南部、宜

川、富县、黄陵、洛川、铜川市管区的宜君、耀县北缘诸地。两千多年前，上郡在此区域的属县约为6个，即：漆垣、浅水、襄洛、雕阴、雕阴道、定阳6个县道。在此试考证其治城位置如下。

（一）漆垣县县城

《汉书·地理志》载："漆垣，莽曰漆墙。"①《中国历史地图集》将该县治标绘在今陕西铜川市西北方、宜君县西南部，基本可信。文物普查资料显示，在今宜君县和黄陵县的西南部存在较大的秦汉时期文化遗址，与此相互呼应。今黄陵县城坐落在洛河西侧支流——沮河北岸，其管区包括沮河绝大部分流域（其南侧支流——青河流域除外）。在该县西南部、南川河上游支流——建庄川的东岸，发现一处秦汉文化遗存——榆树台遗址。据记载：榆树台遗址位于黄陵县腰坪乡杨家台村北500米，属于秦汉时期遗存。其面积约7.5万平方米。地表陶片丰富，其陶质多为素面泥质灰陶，器形可辨罐等。也有外绳纹、内素面或麻点纹的筒瓦、板瓦残片。②如此较大面积的秦汉遗址，可想见当年此地人口较多，且遗存高等级的建筑材料，应是地方行政中心所在。因此，判断汉代漆垣县故城当在今黄陵县腰坪乡榆树台遗址。

此外，还有其他的秦汉遗址作为旁证。例如在榆树台遗址北方、建庄川西侧，还有两个秦汉时期遗址：九庙台遗址和戏楼湾遗址；而在其东方、南川河的阎庄水库西侧，也存在一座战国时期文化遗址：瓦碴台遗址。在其东南方、今铜川市西北隅的玉华村东北，发现一座秦汉时期冶铁手工业作坊遗址——玉华冶铁遗址；在其南方、与玉华村一山之隔的耀县瑶曲镇北部山区的后河村，也发现秦汉时期冶铁手工业作坊遗址——后河冶铁遗址，该遗址位于石川河上游西支流——沮河的东支流——教场坪河上游山区。③而迄今出土的青铜兵器铭文显示，汉代上郡漆垣县境存在发达的金属冶炼与铸造手工业，正与这些冶金手工业遗址相呼应。例如于1985年6月在内蒙古伊金霍

---

① 〔汉〕班固：《汉书》卷二十八《地理志》，中华书局，1962年，第1617页。
② 国家文物局：《中国文物地图集·陕西分册》，西安地图出版社，1998年，第895页。
③ 《中国文物地图集·陕西分册》，第160—165页。

洛旗红庆河乡驻地出土的战国时期秦国的青铜兵器——青铜戈，其内的两面均刻有铭文落款。一侧内面刻铭迄今仍很清晰，共21个字，即"十五年 上郡守寿之造 漆垣工师乘 丞鹥 冶工隶臣牙奇 "；另一侧内面的刻铭多数模糊不清，仅可辨识出"中阳""西都"等铭文。这枚青铜戈的制造年代大约在秦惠文王至秦昭王期间。据此青铜戈铭文可推知，早在战国秦昭襄王统治时期，上郡就管领漆垣、中阳、西都诸县；更为重要的信息是：早在秦昭王时期，上郡漆垣县就是秦国兵器制造手工业作坊的所在地之一。①令人遗憾的是，迄今尚未在今黄陵、宜君和耀县北部找到战国至秦汉时期青铜冶炼铸造手工业作坊的遗址。我们相信它肯定遗留在某个地方，尚待继续探查。耀县西北界上海拔1721米的长蛇岭东至铜川市西北隅海拔1671米的凤凰山段山脉是南流的石川河、北流的沮河水系的分水岭。

（二）浅水县县城

《汉书·地理志》载："浅水，莽曰广信。"《中国历史地图集》未将该县治准确定位，仅大致将该县名称标于今沮河以北。但是，我们今天可借鉴文物调查成果判断其具体位置。陕西省文物调查资料显示：在富县西部葫芦河南侧发现一座秦汉古城遗址——寨子山城址，应相当汉代浅水县故城。寨子山城址坐落在富县张家湾乡山西沟村东北2千米，属于秦汉时期城址。城址平面略呈长方形，东西长约100米，南北宽约60米。分内、外两城，均为夯筑墙体。城墙残高0.5—2米，宽2—4米，夯层厚0.09—0.12米。夯土坚硬，地表陶片丰富，其陶质有泥质和夹砂灰陶，饰绳纹附加堆纹、蓝纹，器形有盆、罐。还有绳纹板瓦、筒瓦。此外，黑水寺城址也可供定位之参考。该城［位于］张家湾乡黑水寺村南50米，时代不详。城址平面略呈长方形，东西长约300米，南北宽约150米。尚存南、北两面部分夯筑墙，残高0.25—2米，基宽3—5米，夯层不清晰。②唯有早期古城遗址因岁月久远而遗物毁灭或流失过多，才无法确定其具体年代。因此，黑水寺村古城很可能是秦汉古城遗址，也就可能是浅水县故城。

---

① 高毅、王志浩、杨泽蒙：《鄂尔多斯史海钩沉》，文物出版社，2008年，第159页。
② 《中国文物地图集·陕西分册》，第909页。

(三)襄洛县城

《汉书·地理志》载:"襄洛,莽曰上党亭"。《中国历史地图集》也未将该县治准确定位,仅大致将该县名称标于今富县西部、葫芦河以北。其实不然,襄洛县城应在洛河之侧畔。"襄"者,高也,如汉代张衡《西京赋》有"襄岸夷涂"的表述。①因此,襄洛县城应位于洛河的高岸地方。我们可借鉴文物调查成果资料判断其具体位置。陕西省文物调查资料显示,在今富县县城东面、洛河东侧较高台地上的确有一座秦汉时期古城址——圣佛峪城址,可确定为汉代上郡襄洛县故城所在。据文物调查资料:圣佛峪城址,位于富县富城镇圣佛峪村北200米、长城西侧约300米,属于战国至秦汉时期古城址。古城平面呈不规则梯形,南北长约1.5千米,东西宽约1千米。分内、外两城,墙体均为夯筑。现存内城城墙残长约200米,残高2—7米,夯层厚0.06—0.13米。外城城墙残长约700米,残高2—5米,夯层厚0.08—0.16米。城内散布大量绳纹板瓦、筒瓦、几何纹砖,以及陶器残片。②但原资料编者认为圣佛峪城址"似为长城的障城遗址",这显然是误判。因为汉代长城沿线的"障城"规模一般是单面城墙长度在100米上下,而圣佛峪城址的南北长约1.5千米、东西宽约1千米,远非小规模"障城"可比。因此,它绝非一般的汉代"障城"!而应是汉代县级政府的驻地,即襄洛县城故址。

(四)雕阴县城

《中国历史地图集》将该县治较为准确地定位于今富县与甘泉县之间。据清代《鄜州志》《甘泉县志》的记载,雕阴县故城在今甘泉县南境,具体位置不详。在今甘泉县南部的道镇境内,的确存在几处战国秦汉时期的古遗址。于是,晚近关于雕阴县故城位置的认识就出现分歧,主要是史家湾城址、寺沟河遗址的孰是孰非。笔者经过比较分析,认为史家湾城址应是雕阴县故城所在。理据是该城址所处地理位置重要和古城占地规模较大,适合作为县级政府驻在地。文物调查资料显示:史家湾城址,位于甘泉县道德乡(艾冲按:即今道镇)北部史家湾村北50米处、洛河与府村川河的汇合点南

---

① 辞海编辑委员会:《辞海》(1999年版缩印本),上海辞书出版社,2000年,第441页。
② 《中国文物地图集·陕西分册》,第906页。

侧，时代不详（艾冲按：应是秦汉古城址）。城址平面略呈梯形，东西长约600米，南北宽约500米。城墙夯筑，残存墙体长约1200米，残高1—5米，夯层厚0.07—0.11米。采集有汉代泥质灰陶的篮纹或绳纹陶器残片。一说为汉代雕阴故城。①史家湾城址扼处在洛河、府村川和清泉沟交汇地带，具有重要的战略地位；古城东西长约600米、南北宽约500米，占地近300 000平方米，其面积相当可观。据此可知，雕阴县故城应即史家湾城址。至于寺沟河遗址，在这两方面皆无可取之处（面积甚小、未见城墙），故不采信。

（五）雕阴道治城

《中国历史地图集》将该道治定位于今甘泉县西北部、洛河河谷，也较为准确。因为在今甘泉县西部、洛河北侧的确存在一座古城——阎家沟城址。有的文物工作者将其定性为隋唐时期的敷政县城。其资料显示：敷政县故城，在甘泉县下寺湾乡阎家沟村西100米，唐代。县文物保护单位。城址平面略呈梯形，东西长约550米，南北宽约480米。城墙夯筑，残高4—5米，基宽6米，夯层厚0.07—0.11米。东、西墙各辟一门，城内曾出土铜印等文物。《延安府志》载，北魏太和元年（477），置因城县于此。唐天宝元年（742），改为敷政县。②但是，"城内曾出土铜印等文物"则昭示阎家沟城址的使用时段上限应追溯到秦汉时期，因为作为地方官员行使权力的凭证——铜印主要流行于秦汉时代。据此，西汉雕阴道故城极可能是在今甘泉县下寺湾乡阎家沟村西侧的阎家沟城址——所谓"敷政县故城"的位置。

（六）定阳县城

关于汉代上郡定阳县故城的地理位置，在北魏郦道元《水经注》中有明确的记述。在此转引该文于下："河水又南，［右］合黑水。［黑］水出定阳县西山，二源奇发，同泻一壑，东南流迳其县北，又东南流，右合定水，俗谓之白水也。［定］水西出其县南山定水谷，东迳定阳县故城南。应劭

---

① 《中国文物地图集·陕西分册》，第924页。
② 《中国文物地图集·陕西分册》，第922页。

曰：'县在定水之阳也'。定水又东注于黑水，乱流东南入于河。"①《水经注》所谓"黑水"及其支流"定水"，即今陕西宜川县北部的汾川河（也称云岩河）。汾川河北源出于延安市宝塔区南泥湾镇西北、劳山山区海拔1463米的大墩梁附近，其南源龙泉沟也出于劳山，两支流至今南泥湾镇南侧汇合后东流，至今临镇镇西南侧接纳源自西南山区的瓦渣河后，流经宜川县北部而注入黄河。《水经注》所谓"黑水"即今汾川河，所谓"定水"即今瓦渣河。而就在瓦渣河中游河道西北，存在一座古城遗址——固县村城址，与《水经注》的记载适相吻合。文物调查资料显示：固县村城址，位于宝塔区临镇镇固县村西北1千米，时代不详（艾冲按：此即战国至汉代古城）。城址平面略呈三角形，东西约400米，南北约300米。城墙夯筑，现存墙段长约350米，残高约3—5米，基宽7米，夯层厚0.1米左右。城内曾出土唐代石佛像，其上题记中有"定阳"字样。一说该地为战国时赵国的定阳故城。②将历史文献记载与古代遗迹相结合考察可肯定：汉代上郡定阳县故城就是今延安市宝塔区临镇镇固县村西北1千米的固县村城址无疑。

二、今白于山以南的上郡中部属县治城

今白于山以南至劳山以北的区域，大略包括延安市管区的宝塔区大部、安塞、子长、延川、延长和志丹诸区县，以及榆林市的清涧县境。汉代上郡在此区域的属县约为4个，即：高奴、阳周、平都和洛都诸县。在此试考证其治城位置如下。

（一）高奴县城

《汉书·地理志》载："高奴，有洧水，可燃。莽曰利平。"《中国历史地图集》将高奴县治定位于今延安市区东北缘，相对而言是比较准确的。但是，其具体地理位置之信息迄今未见披露。依据文物遗址调查成果可知，高奴县故城即今延安市区东北隅的尹家沟城址。该城址坐落在延安市宝塔区

---

① 〔北魏〕郦道元，陈桥驿校证：《水经注校证》卷三《河水》，中华书局，2007年，第87页。
② 《中国文物地图集·陕西分册》，第766页。

桥尔沟乡尹家沟村西200米，属于战国至秦汉时期古城。城址平面略呈三角形，东西约1000米，南北约900米。城墙夯筑。现存北墙及部分东、西墙，共长约2500米，残高3—6米，夯层厚0.09—0.18米。《史记》载项羽封董翳为翟王，王上郡，都高奴[城]。即此城也。①据此，汉代高奴县故城即今延安市宝塔区桥尔沟乡、延河北侧的尹家沟村古城遗址。

（二）阳周县城

《汉书·地理志》载："阳周，桥山在南，有黄帝冢。莽曰上陵田寺。"《中国历史地图集》将阳周县治定位于今子长县北部，实属不妥。迄今，秦汉时期的上郡阳周县故城之地理位置存在较大的争议，主要有龙眼古城说、曹家坬古城说。笔者认为这些判断皆不准确。依据《汉书·地理志》《后汉书·段颎传》《水经注·奢延水》的相关记述，阳周县故城应在今无定河西侧支流——大理河（汉代走马水）上游谷地，且与南侧的桥山、桥门、黄帝冢存在明确的空间关系。在今安塞县北部，延河东侧有一条支流河道——桥川，其源北出自白于山脉东段海拔1604米的鸦行山东侧，流向东南方，历经坪桥乡境，至谭家营乡东南部的黄河石岸村东侧汇入延河干流河道。而在桥川河的发源地——鸦行山附近翻越白于山脉，顺大理河南侧支流河谷而下，经王家湾乡政府驻地，可抵达靖边县南部大理河上游河谷，即今靖边县青阳岔镇卧牛城村附近。②今桥川河—鸦行山—卧牛城附近大理河上游河谷的地理形势，与《水经注》关于走马水（今大理河）的记述完全符合。换言之，桥川河应发源于汉代"桥山"，即今鸦行山一带山地。汉代的黄帝冢、桥门（桥山长城门）应在汉代桥山——今鸦行山上。阳周县故城应在桥山（今鸦行山）北方的走马水（今大理河）上游河谷，即今大理河北侧的卧牛城村、南侧的店家城村一带。③文物调查资料显示：卧牛城遗址，位于青阳岔镇卧牛城村东100米、南100米、500米三地，汉代。遗址面积约12万平方米。采集有外绳纹、内布纹筒瓦、板瓦、

---

① 《中国文物地图集·陕西分册》，第760页。
② 陕西省测绘局：《陕西省地图册》，陕西人民出版社，1981年，第55页。
③ 《陕西省地图册》，第68页。

云纹瓦当，以及泥质灰陶罐等残片。①在卧牛城村附近，人们还发现大量的汉代墓葬群，即位于青阳岔镇卧牛城村的卧牛城墓群，分别属于两汉、西夏。墓群分布于大理河南、北两岸二级台地上，面积数万平方米。20世纪70—80年代，暴露汉代土坑墓和砖室墓数百座，出土陶鼎、罐、壶、灶，以及铜鼎、盆、钟、勺、连弧镜、带钩、弩机、"半两"钱和玉器多件。此外，还出土有西夏褐釉印花碗、扁壶等。②这就表明：汉代阳周县故城当在今靖边县青阳岔镇卧牛城村附近。

此外，在大理河之南，店家城堡址位于青阳岔镇店家城村西北侧，据说其使用时间是北宋时期。堡址平面呈长方形，南北长约200米，东西宽约70米。夯筑城垣，残高2.8米，夯层厚0.2米。堡内采集有夹砂灰陶刻画网格纹陶片，以及豆绿釉瓷片、"政和通宝"铁钱等遗物。③

至于其他两说，由于理据欠缺而不予采信。今子长县北部的石家湾乡曹家圪古城址，应是西汉上郡平都县故城所在，详见下面的论证。而靖边县杨桥畔镇附近、芦河北侧的龙眼古城址，距离汉代"桥山"过于遥远，不符合实际地理形势，也不采纳。

（三）平都县城

《中国历史地图集》将平都县名大体标绘在今子长县西南与安塞县东部之间，并未能具体定位。笔者认为，汉代上郡平都县故城当在今子长县北部的石家湾乡曹家圪古城遗址。首先，我们知悉关于曹家圪城址的基本信息。文物资料表明：该城址即此前所谓"秦代阳周县故城"，位于今子长县石家湾乡曹家圪村西250米，西距所谓"直道支线"2千米，使用时间乃秦汉时期。县级文物保护单位。城址平面略呈长方形，东西长约1500米，南北宽约1000米。城墙夯筑，残高1—4米，残基宽0.4—2米，夯层厚0.07—0.09米。城内出土有秦代陶器、铜车饰、铜镞等。据《史记·蒙恬列传》载，秦将军

---

① 《中国文物地图集·陕西分册》，第724页。
② 《中国文物地图集·陕西分册》，第729页。
③ 《中国文物地图集·陕西分册》，第725—726页。

蒙恬曾在此驻军，后被囚于此。①从曹家峁城址的占地面积达1 500 000平方米来观察，其规模相当广大。其次，其附近出土的汉代铜鼎铭文可证明曹家峁城址的属性。该城址位于大理河南侧支流河谷。在其东北方不远的小理河流域、今横山县高镇乡张家峁村出土一件西汉时期素面铜鼎。鼎身的铭文显示出其属于汉代平都县。文物调查资料表明：该铜鼎通高27厘米，腹径26厘米。铜鼎附耳，鼓腹，三蹄足，鼎盖有环钮3个，腹部饰一周凸弦纹。②而最为重要者是铜鼎铭文。铜鼎口沿下隶书阴刻"平都 绥和元年十月造 铜鼎一合 容三斗 重二十六斤"21字。所谓"绥和元年"，是西汉成帝的年号，即公元前8年。该铜鼎出土地点——横山县东南缘的高镇乡张家峁村，距离子长县北部的石家湾乡曹家峁古城的直线较近，又可循小理河谷地与大理河谷地往来交通，甚为便捷。依此两条证据，可判定汉代平都县故城应在今子长县北部的曹家峁古城遗址。

（四）洛都县城

《汉书·地理志》载："洛都，莽曰卑顺。"《中国历史地图集》并未能将洛都县治标绘在图面上，显然是由于资料无征。笔者认为：此县既然得名"洛都"，想必与洛河相关联，或者坐落在洛河之滨，或者密迩洛河流域。

依循此思路，笔者发现在今志丹县杏河镇侯家河湾村西侧、王窑水库北岸的侯家河湾城址，坐落在杏子河与侯家河交汇口西侧，可初定为汉代洛都县城所在。相关文物调查资料表明："侯市城址（笔者按即侯家河湾城址），［位于］杏河镇侯市村（侯家河湾村），［时代］不详。城址平面呈长方形，东西长约400米，南北宽约120米。遗存夯筑城墙，残长约50米，残高约2—4米，夯层厚0.12—0.15米。城墙壁上有直径0.1米、间距0.8米的柱洞（笔者按：应是梁洞）。"③除此之外，在侯家河湾城址东南方约5.5千米、杏子河北岸，还存在一座秦汉时期文化遗存——杨家崖根遗址。文物资料

---

① 《中国文物地图集·陕西分册》，第809页。
② 《中国文物地图集·陕西分册》，第719页。
③ 《中国文物地图集·陕西分册》，第937页。

显示："杨家崖根遗址，［坐落在］杏河镇吕家村杨家崖根村西北500米，［属于］秦—汉［时期］。其面积约15万平方米。地表遗物较丰富，采集有泥质灰陶素面罐残片，以及绳纹筒瓦残件。该遗址内还可见时代不详的夯筑城墙残段。"依据"遗址内还可见时代不详的夯筑城墙残段"推断，此地应是秦汉古城遗址。

若然，洛都县故城必定在志丹县杏河镇境，对于侯家河湾城址与杨家崖根城址，则非此即彼。就此两城址比较而言，侯家河湾城址相对更为可靠。因此，西汉上郡洛都县故城当以侯家河湾城址为是。

三、今白于山以北的上郡北部属县治城

今白于山以北区域，大体就是通常所称鄂尔多斯高原（亦称河套地区、河套高原）东部，包括今陕西榆林市大部、内蒙古鄂尔多斯市东南部在内。西汉时期上郡在此区域的属县约为13个，即：肤施、奢延、龟兹、独乐、高望、望松、白土、桢林等县，以及京室、木禾、宜都、原都、推邪诸县（《中国历史地图集》未标绘）。在此考证其治城位置或补充资料如下。

（一）肤施县城

《汉书·地理志》载："肤施，有五龙山、帝、原水、黄帝祠四所。"《中国历史地图集》将肤施县治标绘在今榆林市榆阳区南部、无定河与榆溪河汇流地东侧，显然是正确的。因为郦道元《水经注·奢延水》就是如此记述的，两者相符合。此外，文物考古资料也证实肤施县治当在此地，即鱼河镇米家园则村古城遗址。文物调查文献表明：米家园城址，位于今榆林市榆阳区鱼河镇米家园则村东南500米、榆溪河与许家崖沟河交汇处的台地上，属于战国至秦汉时期遗址。城址大部分被黄沙埋压，平面呈长方形，南北长约600米，东西宽约500米。其北部建一郭城，南北长约200米，东西宽约百余米。郭城北垣略呈弧形。各城垣下部夯筑，上部以片石垒砌。北墙和郭城保存较好，残高1—2米。城内最高处有一覆斗形夯台，底边长30米，顶边长15米，残高16米；夯土以黄沙土和黏土相间而筑，黄沙土夯层厚0.08—0.1米，黏土夯层厚0.02—0.03米。台下暴露有灰层、红烧土，采集有绳纹筒瓦、板

瓦、灰陶盆、钵、罐残片，以及铁器残片。关于该城的性质，一说为秦上郡故城，一说为秦长城沿线上沿用赵国要塞的驻军遗址。①笔者坚持秦汉上郡治城——肤施县故城即今榆阳区鱼河镇米家园则古城址的观点。

（二）奢延县城

《汉书·地理志》载："奢延，莽曰奢节。"《中国历史地图集》将奢延县治标绘在今内蒙古鄂尔多斯市乌审旗河南乡（今属无定河镇）三岔河古城遗址，是很不妥当的。经实地调查，三岔河古城建造及使用于宋元时期，跟汉代古城无关。依据《水经注·奢延水》的记述，奢延县故城就是后来被赫连勃勃拓建的统万城东城、北魏的夏州城东城。②今人则称呼统万城为"白城则古城"。由于被大规模的改造与拓建，原先的奢延县故城自然就失去其原貌。也就是说，西汉上郡奢延县故城即今陕西省榆林市靖边县红墩界镇北部的白城子古城。白城则、白城子，其意相同也。

（三）龟兹县城

《汉书·地理志》载："龟兹，属国都尉治。有盐官。"20世纪60—70年代，北京大学侯仁之教授将汉代龟兹县故城考定在榆林县牛家梁乡古城滩古城（今陕西榆林市榆阳区牛家梁镇古城滩）。据此，《中国历史地图集》将龟兹县治标定在同一地点。其后，学界诸多研究者沿用此说。但是，稽诸历史文献，尤其是《水经注》的记载，古城滩之说显然是不能成立的。③经过对《汉书·地理志》《后汉书·南匈奴传》《水经注·奢延水、诸次水》《魏书》的判读与缕析，现在可以肯定地说，两汉时期上郡龟兹县故城就是今内蒙古乌审旗嘎鲁图镇北部的敖柏淖尔古城遗址。④

敖柏淖尔城址（或作昂拜淖尔），位于旧嘎鲁图苏木驻地东北约30千米、敖柏淖尔西南侧1.5千米，处在草原和沙漠环抱中的黄土台地上。城址平面呈长方形，东西约510米，南北约300米。城墙夯筑，基宽约5米，残高

---

① 《水经注校证》卷三《河水》，第83—84页。《中国文物地图集·陕西分册》，第622页。
② 《水经注校证》卷三《河水》，第83页。
③ 《水经注校证》卷三《河水》，第83页。
④ 艾冲、陈娇：《两汉时期上郡龟兹县治城位置新探》《陕西师范大学学报》，2015年第5期。

约2米。城址内现为草地，散布大量的陶、瓷残片、砖瓦等，文化层厚约1米。采集有绳纹砖、瓦、"五铢"钱币、铁犁铧，以及泥质灰陶敛口瓮、罐、折沿盆、钵等残片。古城外有两处汉代墓地：城址西约1千米处有同时代墓葬群，地表均有高大的封土堆，保存较好；城址东南侧100米处有另一汉代墓地，出露墓葬24座，多数已遭到破坏，普通竖穴土坑墓居多。①

（四）独乐县城

《汉书·地理志》载："独乐，有盐官。"《中国历史地图集》将独乐县治标绘在今榆阳区南部的镇川镇上盐湾村附近。这显然是不妥当的做法。据《汉书·地理志》载，西汉政府在上郡独乐县置"有盐官"，即管理食盐生产与运销事务的专门机构。②因此，独乐县境必然存在出产食盐的盐湖（汉代称"盐池"）。依此自然与经济特征判断，独乐县境必定分布在内流河湖地带。凑巧的是，在今榆阳区西部的巴拉素镇与马合乡之间的广阔地带，就属于缺少地表径流的内流河湖区域。就在这个区域内，文物工作者经过实地调查发现一座汉代古城遗址——火连海城址，实可与西汉独乐县故城相对应。

文物调查资料显示，火连海城址，位于今榆阳区巴拉素镇北部的火连海则村西北1千米，属于汉代城址。古城平面呈方形，边长约750米。夯筑城垣，残高1—1.25米。采集有泥质、夹砂灰陶片，纹饰有波浪纹、方格纹，器形有罐等。还发现铁器残片。③由于毛乌素沙漠的流动沙丘覆盖了此区域的地表，汉代"盐池"遗迹尚需继续调查确认。不过，将火连海城址判定为西汉上郡独乐县故城当无大的差误。

（五）高望县城

《汉书·地理志》载："高望，北部都尉治。"《中国历史地图集》将高望县治标绘在今乌审旗嘎鲁图镇西北部的呼和淖尔古城遗址，在今天

---

① 乌审旗文物局：《乌审旗文物志》，2012年，第72页。国家文物局：《中国文物地图集·内蒙古自治区分册》，西安地图出版社，2003年，第581页。
② 《汉书》卷二十八《地理志》，第1617页。
③ 《中国文物地图集·陕西分册》，第623页。

看来显然是不合适的定位。因为迄今已查明，呼和淖尔古城是宋元时期建造的城池。

西汉时期高望县城是上郡北部都尉府的驻地，具有重要的军事地位。因此，其位置应该处在上郡管区北缘交通要冲、地势较高且近水源之地。依此特征去观察，今乌审旗的北邻——杭锦旗东南缘的吉尔庙古城遗址，可当高望县故城所在。

据《杭锦旗文物志》等文献，吉尔庙古城遗址（原文作扎尔庙，今修正），位于杭锦旗东南部的胜利乡扎尔庙嘎查南2千米，坐落在一个盆地的东部边缘，属于汉代。内蒙古自治区文物保护单位。城址内多数为荒地，局部为农田。据地表遗址和初步铲探查明，城址分为内、外两重城圈。内城保存较好，平面略呈方形，基本为正南北方向，东西长350米、南北宽300米。城墙顶部宽6米，残高3—4米，由白色黏土和沙土夯筑而成，夯层厚约0.12米。内城西部和中心地区砖、瓦成堆，明显高于周围地表，应为大型建筑区所在。城内采集的遗物包括：绳纹筒瓦、绳纹或瓦棱纹板瓦、云纹瓦当、菱形纹砖、泥质灰陶折沿深腹盆、敛口鼓腹罐、瓮、高颈壶、盆形甑及夹砂灰白陶敛口直腹缸、敛口广肩圜底缸残片，以及汉代"半两""五铢"铜钱等。陶器多素面，部分饰绳纹、瓦棱纹、弦纹等。内城南、北墙的中部各有一低洼处，似为城门所在。此外，早年城内地表的陶片、铜钱、铜簇等遗物很多。外城地表由于受自然侵蚀严重，保存较差，城墙仅残存西墙和南墙的两段遗迹可辨，北墙和东墙已较模糊。但相对而言，外城的东、南、西三面城墙墙基尚可依稀辨认，边长约1350米，为白泥夯筑，墙基残宽约13米（一说7米），呈土垄状亘于地表。外城西墙与内城西墙的距离约250米，残存长度约600米；外城南墙与内城南墙间距约300米，残存长度700米。外城城门的位置及数量不详。外城地表遗物较少，仅东南与西部散布较多的碎瓦片，推测应为建筑区所在。

在吉尔庙城址附近分布着众多的汉代墓葬。在其东1.5千米，有顶盖敖包汉墓群；西北约3千米，有哈日陶勒盖汉墓群。在外城西100米处，也分布大量墓葬。许多汉墓墓圹已出露地表。①

依城址的形制、规模及其周围汉代墓葬的数量及规模等推断，吉尔庙古城应是汉代西北地区较为重要的城池。因此，判定西汉上郡北部都尉府驻地——高望县故城当在今杭锦旗东南缘的吉尔庙城址。

（六）望松县城

据《汉书·地理志》载，望松县城也是上郡北部都尉府驻地。但是，同一郡级政区绝不会存在两个同名的"北部都尉"机构。因此，此"北部都尉"似应作"东部都尉"才是。若此判断不谬，望松县城当在上郡管区东北部。既然高望县城在今杭锦旗吉尔庙城址，那么，望松县城就应在其东方寻觅。而在这个方向的伊金霍洛旗札萨克镇南部，的确有一座汉代古城——黄陶勒盖村古城遗址，可当汉代望松县故城所在。文物资料显示：黄陶勒盖古城，位于札萨克镇黄陶勒盖村黄陶勒盖社境内，古城坐落在东（胜）—乌（审旗）公路东侧的一个台地上，黄陶勒盖河在城南约500米处由西向东流过。

古城平面略呈长方形，南北长约170米，东西宽约140米。城墙遗迹清晰可见，城墙夯筑，残宽1.5米，最高约3.2米，西墙设瓮城，宽10米，进深15米。城内被荒草覆盖，地表暴露残砖瓦、残陶片等。采集遗物有砖、瓦、陶片等。根据地面遗迹、遗物判断，该城址应是汉代遗址。现为鄂尔多斯市重点文物保护单位。②依其地理方位可知，此城址当是西汉上郡"东部都尉府"驻地——望松县故城所在。

（七）白土县城

《汉书·地理志》载："白土，圁水出西，东入河。莽曰黄土。"在郦道元《水经注·圁水》中，对白土县故城有所记述。据此，可推断其具体位置。在此特转引《水经注》原文如下："［河水］又南过西河［郡］圁阳县东。（西河郡，汉武帝元朔四年置，王莽改曰归新［郡］。圁水出上郡白土县圁谷，东迳其县南。《地理志》曰：'圁水出西，东入河'。王莽更曰

---

① 辛易莲、白志荣：《杭锦旗文物志》（内部印制），2006年，第41—42页。《中国文物地图集·内蒙古自治区分册》，第579页。
② 伊金霍洛旗文物管理所：《伊金霍洛旗文物志》（内部资料），2012年，第67页。

黄土也。东［流］至长城，与神衔水合，水出［白土］县南神衔山，出峡，东［流］至长城，入于圁［水］。）"① "圁水""神衔水"究竟是当代哪条河流呢？澄清这个问题，才能考定白土县城的地理位置。

依据《水经注》所记述北魏时期黄河右侧支流水系的顺序，跟当代黄河右侧支流河川进行仔细地比对，即可确定古代"圁水"就是今窟野河。唯有《水经注》所述"圁水"的源头只是今窟野河上游西南支流之源，而非其正源。此乃郦道元对圁水上游水系并不十分熟悉使然也。《水经注》的"圁水"实乃今窟野河及其上游的乌兰木伦河与其西南侧支流河川"活鸡兔沟"河。这条乌兰木伦河的支流河川——"活鸡兔沟"源出今陕西神木县中鸡镇管区西北隅的胡家壕村，流向东南经公格沟村，转向东北流至大柳塔镇南侧汇入乌兰木伦河，再向东南流至店塔镇北侧与牸牛川汇合点附近，接纳另一西侧支流"考考乌素沟"河。考考乌素沟河就是《水经注》的"神衔水"，源出今神木县中鸡镇东南、秦家圪达村附近，东南流至陈家沟岔村注入乌兰木伦河。而牸牛川口与考考乌素沟河口之间地带，正是战国秦昭王长城遗迹分布之地。这些河川地理形势与《水经注》的记述完全符合。澄清了"圁水"及其支流"神衔水"的位置，就可推知"上郡白土县"的具体位置。在"圁水"东流经过的公格沟村之南约6.5千米处，存在一座秦汉时期古城——河家圪台城址（艾冲按：'河'似应作'何'）。依河家圪台城址所处地理位置及其与"圁水""神衔水"空间对应关系判断，这座河家圪台古城应是西汉白土县故城所在。文物调查资料显示：河家圪台城址，位于今神木县中鸡镇河家圪台村东150米，属于汉代古城。城址平面呈矩形，东西长268米，南北宽233米。城垣夯筑，残高约1米，夯层厚10—12厘米。采集有素面灰陶罐残片。②

（八）桢林县城

《汉书·地理志》载："桢林，莽曰桢幹。"《中国历史地图集》将桢林县治标绘在今准格尔旗西南部的乌日图高勒乡（现更名为川掌镇）东南部

---

① 《水经注校证》卷三《河水》，第83页。
② 《中国文物地图集·陕西分册》，第638页。

的川掌村古城遗址，显然有失精准。其一，上郡行政区的边界线紧紧围绕着所谓"桢林县城"（今川掌古城）的南、东、北三面分布，显得十分不可思议。其二，该城密迩西河郡的所谓"平定"（在南）、"谷罗"、"广衍"（在北）三座县城，四座县城如此之近，却分属两郡，也是不可想象的。显然，川掌古城并非汉代"桢林县城"。

西汉上郡桢林县城究竟在今天哪里呢？按照前述西汉白土县的位置推理，桢林县治城与辖区不会凸入至西河郡境，形成一个锐角状态，而且"桢林县城"的南、东、北三面被郡级政区边界近距离围绕的情形在两千年前根本不可能存在。首先，上郡政区边界应局限于"圁水"（今窟野河）以西地带。汉代桢林县故城也就只能在今窟野河西侧探索。其次，就"桢林"作为政区名称而言，其得名自有来历。"桢林"是指由桢树大面积分布而形成的林带或林地；该县级政区建立伊始当取其绿色植被的优势植物种群特征而命名。那么，"桢"又是什么种类植物呢？实际上，所谓"桢"就是我们熟悉的女贞类植物。据记载："女贞，木樨科，常绿灌木或乔木。叶对生，革质，卵状披针形，平滑无毛。初夏开花，花白色，排成顶生圆锥花序。核果椭圆形，蓝黑色。……果实入药，称'女贞子'"。①现在，女贞通常被作为园林绿化植物，人们大量栽培于街道、庭园、机关单位驻地，作为绿篱树种。在"圁水"——今窟野河的西方、神木县秃尾河上游东岸的瑶镇村附近，发现一座秦汉古城遗址——瑶镇城址，可指认为汉代桢林县故城所在。文物调查成果表明：瑶镇遗址（疑似城址），位于瑶镇乡瑶镇村东100米，汉代。面积约20万平方米。采集有陶器残片、绳纹板瓦、筒瓦，以及"长乐未央""与天无极""千秋万岁"瓦当。遗址内还发现时代不详的夯筑墙垣，残高约1米。②两千多年前，在这一带山坡应生长着桢树（女贞树）占据优势的森林植被。

（九）京室县城

《中国历史地图集》并未将京室县治标绘在地图上。《汉书·地理志》

---

① 《辞海》（1999年版缩印本），第1326页。
② 《中国文物地图集·陕西分册》，第638页、第641页。参见《考古与文物》1987年5期。

曰："京室，莽曰积粟［县］。"依此推测，京室县境应处在地势平缓、靠近水源而土地肥沃之区。循此思路来探寻，笔者认为今靖边县杨桥畔镇芦河北岸的龙眼古城遗址适相符合上述条件。文物资料表明：龙眼城址，位于杨桥畔乡（笔者按：现改为杨桥畔镇）杨桥畔村龙眼水库北侧，汉代。县文物保护单位。城址平面略呈长方形，东西长约1300米，南北宽约600米。城墙夯筑，尚存北墙残长1200米，残高4米，宽约3.3—5.6米，夯层厚0.17—0.22米。城址其余部分被水库淹没。城址地表散布绳纹或网纹砖、绳纹瓦、云纹瓦当、灰陶器物残片等。曾出土钱币、鹰爪形铜灯、铜簇、铜印、铜博山炉，以及陶质圆钱背范残块、青铜铸块等。1982年暴露铜币窖藏，出土铜币5万余枚，计有西汉"半两""五铢""货布""货泉""大泉五十""小泉直一""布泉"等品类。①龙眼城址南临芦河、北望低山，地表平衍，农地肥美，适于发展农业经济。因此，笔者判断西汉上郡京室县故城应在今靖边县杨桥畔镇龙眼城址。

（十）宜都县城

《中国历史地图集》并未将宜都县治标绘在地图上。《汉书·地理志》曰："宜都，莽曰坚宁小邑［县］"。显然，该县城似乎不会占地太大。因此，依据笔者等六人于2014年8月野外考察秦汉古城所获资料推测，今榆阳区红石桥乡古城界城址似可视作西汉时期上郡宜都县故城所在地。文物调查资料显示："古城界城址，［位于］红石桥乡古城界村北侧，汉代。位于［战国］秦长城内侧。城址平面呈不规则长方形，东西长约310米，南北宽约250米。城垣夯筑，残高1—5米，基宽14米，夯层厚0.09米。采集有绳纹泥质灰陶片、绳纹筒瓦等遗物。"②其城区占地规模足以作为县级政府的驻地。

（十一）木禾县城

《中国历史地图集》并未将木禾县治城标绘在地图上。以其政区名称

---

① 《中国文物地图集·陕西分册》，第725页。一说该城为唐宋宥州故城，但城址内未发现唐宋遗物，参见《考古与文物》1985年5期、1987年5期。
② 《中国文物地图集·陕西分册》，第622页。

揣测，木禾县境在两千年前当呈现树木茂盛、田禾茁壮的景象。若此推测不谬，可将今神木县高家堡镇大保当城址判定为木禾县故城所在。考古调查与发掘成果显示：大保当城址（任家伙场城址暨老米圪台遗址），［位于］今神木县大保当乡任家伙场村，汉代。其面积约50万平方米。暴露有东西走向夯筑墙基，夯层厚0.07米。地表散布大量绳纹筒瓦、板瓦、云纹瓦当。采集有新莽钱币、泥质灰陶罐残片等。这无疑是一座占地面积相当可观的秦汉古城，亦应是木禾县故城。①

(十二) 推邪县城

《中国历史地图集》并未能将推邪县治城标绘在地图上。《汉书·地理志》曰："推邪，莽曰排邪。"其得名来历无法揣测，似与汉代人们趋吉避邪的观念相关。在今陕西榆林地区，业已查明为秦汉时期古城者，还有今榆阳区鱼河镇郑家沟城址，似乎可指为西汉上郡推邪县故城。文物资料显示：郑家沟城址，［坐落在］鱼河镇郑家沟村东2.5千米，［时代为］汉、宋—元。城址平面不规则，东西长约500米，南北宽约300米。城垣夯筑，残高1—2米，基宽3.5米。采集有汉代绳纹筒瓦、板瓦残片。还发现大量宋元时期的白釉瓷罐、碗、碟残片，以及铁铲、铜簪残件等，碗内底多书写一个不可辨识文字，其周环以凸弦纹。此外，在郑家沟村南侧还有一处时代为战国至秦汉的大型文化遗址——郑家沟遗址。考古人员于1958年实地调查。其面积约5万平方米，文化层厚度约1米。残留夯筑墙垣，夯层明显，厚0.1米。地表暴露土坑墓一座，出土铜盘、铜盆、铜人、铜龟、铜鹤、绳纹灰陶釜、陶罐等文物。②可见，郑家沟古城遗址及其附近在秦汉时期是一处重要的大型居民点。

当然，这种推测尚需可断明年代的文物和其他旁证支撑，仍待我们继续求索。此外，今无定河下游区域也存在秦汉时期的重要遗址，聊供参考，例如绥德县韭园沟乡李家寨村古城遗址、绥德县河底乡吴家渠遗址等等。

---

① 《中国文物地图集·陕西分册》，第638页。
② 《中国文物地图集·陕西分册》，第623页、第621页。

（十三）原都县城

《中国历史地图集》并未将原都县治城标绘在地图上。就其政区地名而言，揣测所在地区似乎较为平缓，而今乌审旗东北部地势相对平缓的札萨克河上游流域基本符合这样的地形。在此地的瓦片梁遗址似可当西汉原都县故城所在。文物资料显示：瓦片梁遗址，位于今乌审旗图克镇驻地呼日呼村北偏东约7.5千米。其使用年代为汉代、北魏。其面积约5万平方米，文化层厚约1米。采集有汉代绳纹筒瓦、板瓦、云纹瓦当，泥质灰陶敛口、直口折沿盆、小口直沿罐，以及北魏素面瓦、灰陶盘口长径瓶、夹砂大口罐等残片。①之所以被称为"瓦片梁"，正是古代城池随着岁月流转而灭失后地表残存大量的砖瓦建筑碎片而得名。在其他地方也有"瓦碴梁"的地名，其原因亦然。

附论：上郡匈归都尉府驻地——匈归障的地理位置。《汉书·地理志》："上郡……匈归都尉［府］治塞外匈归障［城］"。判断"匈归障"地望须注意"塞外"的限定词，即在战国时期秦昭王长城以北区域。《中国历史地图集》将"匈归障"标绘于今鄂托克前旗城川镇东北方，基本正确，正与大场子古城相吻合。文物调查信息显示：大场子古城遗址，位于鄂托克前旗城川镇大场子村南500米处，汉代古城。城址平面呈长方形，东西约300米，南北约200米。城墙夯筑，基宽3.5米，残高1米，夯层厚0.08—0.1米。城址内文化层厚0.8米。采集有泥质灰陶折沿盆、敛口罐残片，以及铜镜等。②

五、结语

透过前述的逐一探索与判断，得出西汉时期上郡23县治城地望的定位结论。虽然难免出现资料与论证的若干遗漏或舛误，还是再次完成其系统的学术研究。确定了西汉时期上郡23个属县县城的今地，对于复原鄂尔多斯高原（河套高原）战国秦汉时期政区地理真相具有极其重要的学术价值，必将推

---

① 《中国文物地图集·内蒙古自治区分册》，第580—581页。
② 《中国文物地图集·内蒙古自治区分册》，第587页。

进该地域历史地理研究的深入发展，为中国边疆历史地理学、边疆史、民族史、当代边疆治理、区域文化繁荣提供重要的学术参考资料。

当然，若干汉代上郡属县的治城地望仍然有待发现和补充新的证据。笔者期待在鄂尔多斯高原（河套高原）范围寻获新的秦汉遗址、可表明相对或绝对年代的文物（包括墓志、墓碑、砖刻、墓葬壁画、简牍等）诸证据，以便继续坐实前述西汉时期上郡诸县的治城位置，并带动其他相关学科的发展。

（原载于《陕西历史博物馆馆刊》第22辑，三秦出版社，2015年）

鄂尔多斯高原西汉时期西河郡属县治城位置新考

艾 冲

西汉时期，西河郡横跨黄河东西。其河东地区大体包括今山西省吕梁市境的湫水河、三川河、屈产河等河川流域，不属于本文探讨范围。其河西地区为郡域的主体部分，占据今鄂尔多斯高原中部、东南部区域，成为该郡大多数属县的分布地。西汉时期西河郡管辖36个属县，其中近30个属县分布在黄河西侧的鄂尔多斯高原。本文在前人研究的基础上，着重探讨鄂尔多斯高原范围的西汉西河郡诸县治城的地理位置。笔者在论述过程中难免出现欠妥之处，谨请同行指正。

出于便于梳理文献资料的考虑，笔者将以《汉书·地理志》和《水经注》的记载为基础，结合文物考古和田野调查资料，对西汉西河郡部分属县治城进行再次定位。至于《水经注》无载的西汉西河郡属县治城，主要依靠文物考古资料、田野调查资料、地理背景和当代其他学者的研究成果，进行定位探究。

一、关于《水经注》记载的汉代西河郡少数县城的地理位置

在北魏郦道元撰写的《水经注》中，记载着鄂尔多斯高原东南部的几条河川——湳水（今黄甫川）、圁水（今窟野河）、诸次之水（今秃尾河），涉及数个汉代西河郡属县的治城。据此，在下面试作探索。

（一）富昌县城

《汉书·地理志》载："富昌[县]，有盐官。莽曰富成。"①据《水经注》对湳水（今黄甫川）的记述："河水又左（艾冲按：应作右）得湳水口，水出西河郡美稷县[境]，东南流……其水又东南流，羌人因水以氏之。汉冲帝时，羌湳狐奴归化，盖其渠帅也。其水，俗亦谓之为遄波水，东南流入长城东。碱水（艾冲按：今准格尔旗南部圪秋沟河）出长城西碱谷，东入湳水。湳水又东南，浑波水（艾冲按：今准格尔旗南部狮子沟河）出西北穷谷，东南流注于湳水。湳水又东迳西河[郡]富昌县故城南，王莽之富成也。湳水又东[南]流，入于河。"②。据此，前辈学者将富昌县故城判定在今陕西府谷县北境的古城乡古城村古城遗址；《中国历史地图集》也如此标绘。笔者同意这一定位，并补充该古城址资料如下："古城[村]城址[位于]古城乡古城村北侧、黄甫川河北岸台地上，战国—西汉[时期]。城址平面呈方形，边长约500米。残存东、南、北面夯筑城墙，残高0.5—1.5米，基宽约6米，夯层厚0.1—0.12米。城内外散布大量泥质灰陶片、绳纹筒瓦、板瓦，以及铜镞、铜带钩、铜渣、铁片等。"③。其城池规模和出土文物表明这是汉代一座重要的县级城镇，且符合《水经注·湳水》的描述。

（二）鸿门县城

《汉书·地理志》载："鸿门[县]，有天封苑、火井祠，火从地出也。"据《水经注》对圁水流径的记述，鸿门县故城在圁水的西侧地带。《水经注》载：河水"又南过西河圁阳县东。西河郡，汉武帝元朔四年置，王莽改曰归新。圁水出上郡白土县圁谷，东迳其县南。《地理志》曰：'圁水出西，东入河。'王莽更曰黄土也。东至长城，与神衔水合，水出县南神衔山，出峡，东至长城，入于圁。圁水又东[南]迳鸿门县，县，故鸿门亭。地理风俗记曰：'圁阴县西五十里，有鸿门亭、天封苑、火井祠，火从

---

① 〔汉〕班固：《汉书》卷二十八《地理志》，中华书局，1962年，第1618页。
② 〔北魏〕郦道元，陈桥驿校证：《水经注校证》卷三《河水》，第82页。
③ 国家文物局：《中国文物地图集·陕西分册》，西安地图出版社，1998年，第652页。

地中出'"。①神衔水，即今神木县北部的考考乌素沟河，源出今神木县中鸡镇东南、秦家圪达村附近，东南流至陈家沟岔村注入乌兰木伦河。圁水在接纳神衔水后，才流经鸿门县东部。鸿门县城，即故鸿门亭，位于圁阴县故城西〔北〕五十里处。据文物普查成果资料，在今神木县高家堡镇东部的崔家畔村周边分布着几个较大面积的秦汉时期遗址。例如：崔家畔遗址，位于崔家畔村东南侧，面积约2万平方米，文化层厚约0.5米。除发现新石器时代晚期的陶器残片外，还发现秦汉时期泥质灰陶罐残片及绳纹瓦。南山梁遗址，位于高家堡镇崔家畔村之北、包家塔村西北侧，面积约15万平方米，文化层厚0.7米。除新石器时代晚期遗存外，还发现秦汉时期的绳纹筒瓦、板瓦。再如：崔家畔村西遗址，位于崔家畔村西1千米处，属于秦汉时期，面积约5万平方米。采集有泥质灰陶绳纹或麻点纹罐等残片。②这些汉代遗址密集分布于一个小区域，表明此地在汉代的重要性，很可能就是鸿门县故城的所在地。《中国历史地图集》将"鸿门"标绘于今神木县秃尾河西侧，欠妥。

（三）圁阴县城

《汉书·地理志》曰："圁阴〔县〕，惠帝五年置。莽曰方阴。" 仍据《水经注·圁水》记载：继鸿门县之后，"圁水又东〔南〕，梁水注之，水出西北梁谷，东南流，注圁水。圁水又东〔南〕迳圁阴县北，汉惠帝五年立，王莽改曰方阴矣。"③。所谓"梁水"，即今神木县秃尾河西侧支流——柳沟河。依照此地标判断，汉代圁阴县故城当在今神木县太和寨乡槐树塔村西北2千米的松树杆遗址。文物普查资料表明：松树杆汉代遗址的面积约50万平方米，采集有夹砂灰陶和泥质灰、黑陶绳纹或弦纹罐等残片。④此处秦汉遗址位处圁水之西，面积很大，可能是圁阴县故城之所在。《中国

---

① 《水经注校证》卷三《河水》，第83页。
② 《中国文物地图集·陕西分册》，第635页、第638页。此外，神木县西沟乡瓜地渠村东北侧的瓜地渠遗址，亦属汉代。面积约2.8万平方米，文化层厚0.7米。除新石器时代晚期遗存外，出土有汉代的铜镞、铜钱，以及绳纹板瓦、筒瓦等。参见该书第635页。
③ 《水经注校证》卷三《河水》，第83页。
④ 《中国文物地图集·陕西分册》，第638页。

历史地图集》将"圁阴"标绘于今榆阳区秃尾河西侧的卢家铺古城，欠妥，那是北朝时期古城。

（四）圁阳县城

《水经注·圁水》记载：河水"又南过西河圁阳县东。……［圁水］又东［南］，桑谷水注之，水出西北桑溪，东北［南］流，入于圁。圁水又东迳圁阳县南，东［南］流注于河。"①。由此可知，圁阳县故城处在黄河以西、圁水以东区域。依此观察今神木县东部地区的秦汉文化遗址，唯有栏杆堡遗址可以当之。文物资料显示：栏杆堡遗址，位于神木县栏杆堡乡栏杆堡村南100米、东500米，属于新石器时代、秦汉时期。遗址面积约5万平方米，文化层厚约1米。除新石器时代晚期遗存外，也存在秦汉时期的绳纹筒瓦、板瓦、几何印纹砖，以及灰陶盆、罐等残片。还发现时代不详的方形夯土台基，底边长约30米。②据这些不完全的信息，可初步判定汉代圁阴县故城即相当于今神木县栏杆堡乡栏杆堡遗址。《中国历史地图集》将"圁阳"标绘于今神木县南部秃尾河东侧，但并无古城址与之相对应。

（五）阴山县城

《汉书·地理志》："阴山［县］，莽曰山宁。"《水经注》："河水又南合蒲水，西则两源并发，俱导一山，出西河［郡］阴山县，王莽之山宁也。阴山东麓，南水东北［流］与长松水合，水西出丹阳山东，东北流，左入蒲水，蒲水又东北与北溪会，同为一川，东北注河"。③《中国历史地图集》将"阴山"标绘于今陕西宜川县城东北，其具体位置过于偏远，孤悬南方，甚不合理。综合考虑到其政区地名"阴山"必在黄河以西，又应便利与西河郡其他县区往来，《水经注》传播中存在错简的情况，秦汉古城状况，认为汉代西河郡的阴山县域应更靠北方。依照上述四点考察分析，今陕西佳县朱官寨乡石家圪古城址大致符合，因此该古城相当汉代阴山县故城所在。

---

① 《水经注校证》卷三《河水》，第83页。
② 《中国文物地图集·陕西分册》，第635页。在栏杆堡乡马畲村发现的汉代墓葬群，也可作为旁证之一。此外，在神木县沙峁乡王桑塔村发现的沙峁汉墓群，似乎昭示其附近存在着尚未被人们发现的秦汉城址。今后可继续寻觅。参见该书第641页。
③ 《水经注校证》卷四《河水》，第103页。

文物调查资料显示：石家圪古城址，位于佳县朱官寨乡西部的五女川之北、石家圪村南侧，使用年月为秦汉至宋代。古城依山而建，平面呈不规则长方形。墙体夯筑，现存东、西墙和部分北墙。东墙长207米，残高4.2米，基宽2米，顶宽1米，夯层厚0.08—0.18米；西墙长130米，残高4米，基宽5米，顶宽3米，夯层厚0.05—0.12米，夯窝径0.04—0.06米；北墙残长约110米；西墙南端折向西一段长210米，残高2.7米，基宽3米，顶宽1米，夯层厚0.05—0.11米。城址内散布秦汉时期外绳纹、内麻点纹或布纹板瓦、灰陶方格印纹罐残片，以及宋代板瓦等。[1]

二、西河郡太守府、都尉府驻地的四县治城

西汉时期西河郡属县县城被《水经注》记载者仅是极少数。绝大多数县城并未得到该书作者郦道元的注意，可以说是挂一漏十。因此，探讨西汉西河郡诸县故城的位置，不能仅仅依靠这部古代文献。关于《水经注》缺载的汉代西河郡部分县城的地理位置判断，须收集分析其他重要资料。在本节，笔者主要探讨西河郡太守府、都尉府驻地的4县故城位置。

（一）平定县城

《汉书·地理志》："平定，莽曰阴平亭。"西河郡太守府驻地。在此需要分析的是，西河郡治城究竟是在富昌县城还是在平定县城？依《汉书·地理志》叙述体例，首列之属县（县城）即为郡治。因此，学界部分学者认为"富昌"县城就是西河郡治所在地。但是，历史文献记载亦有歧异——"平定"县城说，例如唐代章怀太子李贤等人在为《后汉书》作的注文中就持此说。李贤在注文中解释汉顺帝永和五年（140）"徙西河郡居离石"事件曰："离石，县名，在郡南五百九里。西河[郡]本都平定县，至此徙于离石。"[2]本文采纳"平定"说。

关于西汉西河郡治——平定县城的地理位置，《中国历史地图集》将其标绘于今内蒙古准格尔旗南部的羊市塔乡政府驻地附近，显然不妥，因为迄

---

[1] 《中国文物地图集·陕西分册》，第664页。
[2] 〔南朝宋〕范晔：《后汉书》卷六《孝顺帝纪》，中华书局，1973年，第270页。

今在当地并未发现汉代城址。因此，只能重新确定平定县故城的位置。作为郡级政区的首府城市，应具备这几个必要条件：城池规模较大、地形优越、交通便利、农业经济发达。依照这些要素去寻觅和比较，在今准格尔旗与伊金霍洛旗境内已确定的诸多汉代城址中，唯有伊金霍洛旗红庆河古城可当汉代平定县故城所在。红庆河古城所处地理环境相当优越，地形平缓，水源充足，密迩"直道"，农业繁荣。尤其是其城区面积广阔，布局复杂，呈现三重城圈结构，适合作为郡级政府驻地。文物调查资料显示：红庆河古城址，位于红庆河乡政府驻地。古城所处位置地势较为平坦，北面和东面地形略高，树林茂密，四周多辟为农田、林区，红庆河从古城中间由东南向西北穿过，现代居民村落（包括乡政府）坐落在古城址内。面积约300万平方米。俗称"三套城"，分为外城、内城和子城。外城城墙已不存，主要是由于长年耕种，水土流失严重，地表城垣已模糊不清，无法详辨。内城西墙呈土垄状，稍可辨识。在内城北侧约1000平方米范围内，发现地下有深约1米左右的兽骨堆积。子城保存较好，平面呈长方形，南北长136米，东西宽130米。城墙夯筑，基宽6—10米，最高处4.5米，夯层厚0.05—0.12米。城内的文化层多为黄色沙土及黏土，深度约厚1.2—3米。在子城西侧有一建筑土台。城内地表发现大量的板瓦、子母砖、陶器等残片。采集的遗物包括饰沟纹、棱形纹、"回字"纹、绳纹、布纹的长方砖、方形砖、子母砖、板瓦、筒瓦、柱础石，以及泥质灰陶罐、灶、甑、执壶、纺轮等。从居民中征集城址内出土的遗物有"五铢""大泉五十""开元通宝"等铜钱，以及铜镞、铜臼等文物。①据此，西汉西河郡治——平定县故城当即今伊金霍洛旗红庆河古城。

（二）增山县城

西河郡北部都尉府驻地。《汉书·地理志》："增山[县]，有道西出弦雷塞，北部都尉治。"增山县故城的地理位置，《中国历史地图集》将其标绘于今内蒙古鄂尔多斯市东胜区城梁村古城遗址。经笔者率队实地考察，确认其位置无误。在此补充该古城资料如下：城梁村古城遗址，位于今东胜

---

① 《中国文物地图集·内蒙古自治区分册》，第594页。伊金霍洛旗文物管理所：《伊金霍洛旗文物志》（内部资料），2012年，第63页。

区柴登乡东北部、城梁村南的高台地上。其附近有秦"直道"经过。古城平面呈方形，边长约480米。城内地表多见绳纹陶器残片、筒瓦、板瓦、云纹瓦当，在古城北墙外还发现大型陶水管道、铜镞等文物。①该古城坐落在今东胜梁中部偏北处，恰好在西汉西河郡管区的北缘。

（三）虎猛县城

西河郡西部都尉府驻地。《汉书·地理志》："虎猛[县]，西部都尉治。"虎猛县故城的位置，《中国历史地图集》将其标绘于今内蒙古鄂尔多斯市伊金霍洛旗中部的红庆河古城。这显然是欠妥当的，因为如此标绘就使西部都尉府被安置在北部都尉府的南方，出现空间方位的错乱。而实际上，在今鄂托克旗沙井镇东北侧的水泉村有一座古城——水泉古城遗址，正可判为西汉虎猛县故城所在地。水泉村古城位于今鄂托克旗东部，密迩今伊金霍洛旗和东胜区，正是西汉西河郡的西部地区。关于水泉古城遗址的资料如下所述：水泉城址，位于沙井镇后哈达图村西南约2千米，汉代。平面呈方形，边长约1000米。夯筑土墙，基宽1—5米，残高1—1.5米，夯层厚约0.1米。南墙中部开门。城内文化层厚约0.5米。采集有绳纹筒瓦、"千秋万岁"、"长乐未央"瓦当、陶水管、陶拍，以及灰陶折沿盆等残片。②无论就其城墙长度、占地面积、所处方位和地理环境而言，判定其为虎猛县故城皆无误。

（四）美稷县故城

西河郡属国都尉府治所。《汉书·地理志》："美稷，属国都尉治。"《水经注》谓："河水又左（艾冲按：应作右）得湳水口，水出西河郡美稷县[境]，东南流。"有的前辈学者依此记载而认为：美稷县故城就是今黄甫川上游纳林川东岸的纳林村古城址。其实不然。郦道元在此明白无误地表示，湳水（今黄甫川）发源于美稷县境，并未说湳水东南流经美稷县故城旁边。因此，美稷县故城的地理位置与湳水干流河道无关联，其遗址应在湳水流域之外的地方寻觅。

---

① 《中国文物地图集·内蒙古自治区分册》，第572页。《文物》1975年第10期。
② 《中国文物地图集·内蒙古自治区分册》，第584页。

巧合的是，就在湳水发源地——今准格尔旗德胜西乡境的西方、暖水镇西北隅的平缓山区存在一座汉代古城——榆树壕古城遗址，正可判定为汉代美稷县故城所在。首先，榆树壕古城的东侧山梁就是湳水源头的分水岭，其管区东括湳水发源地带当然是在情理之中。其次，榆树壕古城的占地面积超过纳林村古城址，而且平面呈两重城圈，功能分区清楚，更适合作为西河郡属国都尉府的治城。这是纳林村古城不能比拟的。我们可对这两座古城址做个比较。其一是纳林村古城址，据实地调查：纳林村古城址，位于纳林乡政府驻地西北侧，旗文物保护单位。被其他学者定为汉代西河郡美稷县故城。城址平面呈长方形，南北410米，东西360米。城墙夯筑，基宽2—3.5米，残高1—4米，夯层厚0.15米。四墙各设门。文化层厚约0.5米。城址内采集有灰陶绳纹罐残片及铁斧等。[1]其二是榆树壕城址，实地调查资料表明：榆树壕古城址，位于暖水乡西北隅的榆树壕村内，旗文物保护单位。遗址分为内、外两城。外城平面呈长方形，南北约500米，东西约400米，北墙设三门。内城位于外城西南角，平面呈长方形，南北约270米，东西约205米。北墙偏西部位开门。城墙夯筑，基宽5—10米，残高1—3米，夯层厚0.1—0.15米。采集有汉代铜镞、带钩、和"五铢"、"大泉五十"等铜钱，卷云纹瓦当；西夏泥质灰陶罐、壶，瓷片及"乾祐元宝"铁钱等。城址东南约1.5千米处为汉代墓群。[2]因此，作为西汉西河郡属国都尉府、东汉使匈奴中郎将府治城的美稷县故城应定位于今榆树壕古城遗址。

附论：西河郡南部都尉府治城

《汉书·地理志》云："西河郡，武帝元朔四年置。南部都尉治塞外翁龙、埤是。"此处表明，南部都尉府的驻地并不在县级政府治所，而是在军事城堡内，而且其专名"南部"显示该都尉府在西河郡的部位，即建置于西河郡域的南部地区。但是，《中国历史地图集》并未对其具体定位，仅将其

---

[1] 《中国文物地图集·内蒙古自治区分册》，第608页。又参见《文物参考资料》1958年第2期。

[2] 《中国文物地图集·内蒙古自治区分册》，第608页。

名称标绘于今内蒙古杭锦旗东南部。因此，南部都尉府驻地究竟在今何地？仍有待探索。依其驻在军事城堡、置于西河郡南部、处在"塞外"的要素观察，唯有今陕西神木县高家堡镇北方、秃尾河东侧喇嘛河村附近的古城遗址至为适合。为什么呢？喇嘛河古城遗址西临秃尾河谷、东倚山梁，斜挂在山坡之上。其北、东、南三面城墙高约5—6米，保存状况较好。首先，正因为喇嘛河古城地表向西倾斜，并不适合众多居民定居，所以其并非地方行政中心城镇；反而是可以居高临下地控扼诸次水（今秃尾河）河谷通道的地方性军事城镇。其次，喇嘛河古城所在位置恰好是在西河郡的河西管区之南部，符合南部都尉府的建置区域。第三，喇嘛河古城所在位置也恰好处在秦昭王长城遗址之北，符合"塞外"的方位。据此，喇嘛河古城应是距今两千年前的西汉西河郡南部都尉府治所"塞外翁龙、埤是"所在地。

三、《水经注》缺载的汉代西河郡其余属县治城

对于西汉西河郡的大多数属县治城的地理位置，我们可利用其他文献、田野调查、文物考古等资料，尤其是汉代文物资料，予以梳理和判定。

（一）中阳县城

关于中阳县故城位置，可通过出土文物及其刻铭推知。出土于今杭锦旗阿门其日格乡阿门其日格村附近的汉代中阳青铜漏壶，遂成为推定其位置的物证。该铜漏壶是汉代计时工具，圆筒状青铜铸造壶体。通高47.9厘米，直径18.7厘米，容量6384立方厘米。漏壶壶体近底部处斜出一管状流，用以泄水。底部有蹄状三足。漏壶顶盖上方有双层横梁，壶盖与两层横梁的中部共有上下对应的三个长方孔，用以安插沉箭。漏壶内底部表面铸有阳文"千章"两字。漏壶外表面在流的上方，竖行阴刻16字隶体铭文一行，即"千章铜漏一 重卅二斤 河平二年四月造"。此乃铸造该青铜漏壶时留下的标志铭文，表明是由西河郡千章县的官办铜器铸造手工业作坊生产该铜器。在该漏壶的第二层横梁纵向刻有"中阳铜漏"四个铭文，两字为一组，分布在横梁中部长方孔的左右。此乃该青铜漏壶使用单位——中阳县官府的所有权标

记。①由此可知，该铜漏出土之地属于西汉时期西河郡中阳县境。那么，距离这架青铜漏壶出土地点最近的西汉古城应该就是中阳县古城所在。经过寻找，终于在该铜漏出土地点西南15千米外的胜利乡古城梁村发现一座汉代古城遗址，正可对应西汉西河郡中阳县故城的位置。

关于古城梁古城遗址的平面布局与遗存状况，如下所述：古城梁城址，坐落在胜利乡古城梁村南200米。平面呈长方形，南北约450米，东西约400米。城墙夯筑，基宽约3米，残高1米。城内文化层厚约1米。采集有绳纹瓦、泥质灰陶敛口罐等残片。②显然，中阳县故城应即今杭锦旗胜利乡古城梁古城址。《中国历史地图集》将其标绘于今山西中阳县驻地，似与史实不符。

（二）千章县城

《中国历史地图集》并未将千章县城标绘于地图上。据今杭锦旗阿门其日格村附近出土的汉代中阳铜漏壶铭文可知，该铜漏铸造地在千章县境。依据这个青铜铸造手工业特征，观察迄今发现的鄂尔多斯高原东部汉代古城遗址的遗物。可以肯定，今准格尔旗乌日图高勒乡（现改称川掌镇）川掌村古城遗址恰可对应西汉千章县故城所在。因为在川掌村古城遗址内发现大量青铜铸造手工业遗存物，成为拥有官办青铜铸造手工作坊的千章县故城之确凿实证。

资料显示：川掌村古城址，坐落在乌日图高勒乡川掌村西约1千米、乌尔图沟南岸的台地上，旗文物保护单位。该古城址大部分已被牸牛川冲毁，平面布局现已不清，残存东、北墙。东墙残长390米，北墙残长87米。夯筑城墙，基宽6.7米，残高1.6米，夯层厚0.1—0.15米。城内暴露建筑基址，文化层厚约2米。断崖上暴露的灰土中含有坩埚、铜渣、铁渣、铜器泥范、石范、铜器及陶片、瓦片等。在城内地面采集有圆瓦当、半瓦当，铜削、镞、带钩、带扣，泥范、石范，以及"半两""五铢""大泉五十"等铜钱。

---

① 高毅、王志浩、杨泽蒙：《鄂尔多斯史海钩沉》，文物出版社，2008年，第185—187页。
② 《中国文物地图集·内蒙古自治区分册》，第579页。

在城址周围，有同时代墓葬分布。①从古城遗址断崖出土的坩埚、铜渣、铁渣、铜器泥范、石范、铜器和从地表采集的泥范、石范判断，这些遗物和杭锦旗出土的"中阳铜漏"铭文揭示的千章县拥有官办铸铜手工业作坊的情况相吻合。因此，西汉千章县故城应即今川掌村古城址。

当然，有的学者依据古城址北方墓地出土有"广衍"印文的陶壶考证，认为此城是秦汉广衍县故城。陶壶是易被人们携带而流动性强的生活器具，无法肯定它是当地产品，因此这一看法有待继续证明。

（三）谷罗县城

《汉书·地理志》："谷罗[县]，武泽在西北。"《中国历史地图集》将"谷罗县城"标绘于今准格尔旗南部大路峁乡窑子塔村附近，但无汉代古城遗址与之相对应。显然，这就需要重新做定位研究。武泽，即虎泽。依据历史文献关于永初三年南匈奴单于檀叛乱事件的记载和当今地势地形初步推断：汉代虎泽湖泊大体位于今鄂尔多斯市东胜区西部与伊金霍洛旗或杭锦旗接壤地带。再参照如今该区域古城遗址与现存湖泊或干涸的"海子"遗址的空间关系，应该可以判定虎泽和谷罗县城的具体位置。

在今东胜区西部的泊江海镇南境，的确存在符合历史文献记载的空间对应关系的古城与湖泊。这座古城遗址的名称叫莫日古庆古城，坐落在莫日古庆村的西侧1千米处，东北距解家村（原漫赖乡政府驻地）约8.2千米。这是一座汉代古城址，占地面积较大。莫日古庆古城的平面布局呈东西向的长方形，东西长约300米，南北宽约150米，面积约为4.5万平方米。城墙为夯土版筑，墙基宽约5米，残高0.5—1米，夯层厚约0.1米。东、南、西三面城墙开门。古城址内中心地方有高出地面约0.5米的建筑基址，文化层厚约0.4米。在古城遗址采集到绳纹筒瓦、板瓦、泥质灰陶折沿盆、敛口盆、瓮等残片。②其占地规模符合秦汉时期县级政府治城的需要。在

---

① 《中国文物地图集·内蒙古自治区分册》，第607页。《鄂尔多斯史海钩沉》，第160页。又可参见《文物》1977年第5期。
② 国家文物局：《中国文物地图集·内蒙古自治区分册》，西安地图出版社，2003年，第573页。

其西北方存在一个水面广阔的湖泊，平面呈现为不规则的长方形，这就是泊江海镇境内最大的湖泊——陶日木海子。此湖泊东南距莫日古庆城址约4.1千米。①

依据《汉书·地理志》记载的谷罗县城与虎泽的空间对应关系判断，莫日古庆城址和陶日木海子适相符合。因此，判断今莫日古庆城址即西汉时期的谷罗县故城，今陶日木海子应该就是汉代名为"虎泽"的湖泊。②

（四）鹄泽县城

《中国历史地图集》并未将鹄泽县城标绘于地图上。在此对其位置试做分析。

首先，"鹄泽"的得名缘起于野生飞禽"鹄"。鹄者，天鹅也；泽者，湖泊、沮洳（湖滩湿地）也。鹄泽，即天鹅湖也，指天鹅群栖之湖泊及沮洳（湖滩湿地）地带。《辞海》载："鹄即'天鹅'"。③《辞海》又载："天鹅 亦称'鹄'。鸟纲，鸭科，天鹅属（Cygnus）各种的通称。如大天鹅（C.cygnus），雄体长1.5米以上，雌体较小。颈极长。羽毛纯白色；嘴端黑色，嘴基黄色达鼻孔前方。群栖于湖泊、沼泽地带。主食水生植物，兼食贝类、鱼虾。飞行快速而高。分布极广，冬季见于中国长江以南各地，春季北迁蒙古和中国新疆、黑龙江等地繁殖。另有疣鼻天鹅（C.olor），嘴红色，基部具疣；小天鹅（C. columbianus），体型较小，嘴短，嘴基黄色，未达鼻孔。三种天鹅均为国家二级保护动物。"④据此可知，鹄是一种候鸟，秋末冬初，由北方迁徙至我国长江以南各地的湖泊、沼泽、湿地，在相对温暖气候条件下度过寒冷的冬季；开春后，北方地区气温回暖、草木发芽生长，它们又飞回遥远的北方原栖息地生活。在汉代的河南地（略当今鄂尔

---

① 内蒙古自治区地图制印院编制（苑爱华主编）：《内蒙古自治区交通图册》，中国地图出版社，2007年，第89页。
② 艾冲：《两汉时期"虎泽"地理位置探索》，《陕西历史博物馆馆刊》第23辑，三秦出版社，2016年。
③ 参见辞海编辑委员会：《辞海》（第六版缩印本），上海辞书出版社，2010年，第759页"鹄"条。
④ 参见《辞海》（第六版缩印本），第1859页"天鹅"条。

多斯高原）区域，存在一处名为"鹄泽"的天然湖泊。

其次，汉代适合鹄类飞禽栖息的湖泊在今何地呢？依据天鹅的生活习性、生态环境来判断"鹄泽"的地理位置。一是要有水面广阔、水质良好（淡水）的湖区；二是湖水、湖滨生长着可供天鹅觅食的食物资源——水生动物、植物；三是秉持地理环境动态变化的理念在今鄂尔多斯高原寻觅。遵循上述依据，我们发现在今鄂尔多斯市伊金霍洛旗西部的苏布尔嘎苏木、纳林希里镇、台吉召镇、公尼召乡之间，分布着由北而南的湖泊群体，包括苏布尔嘎苏木南部的伊和日淖尔、哈达图淖尔，台吉召镇西南境的木呼儿淖尔，公尼召乡西境的赤盖淖尔（光明淖尔），纳林希里镇南部的哈达图淖尔、乌兰淖尔，及其与红庆河镇交界地带的其和淖尔，共计7个湖泊。这些湖泊大多数属淡水湖，极少数湖水微咸。[①]

经伊金霍洛旗文物工作者的实地调查，在上述湖泊群的西侧发现一座汉代城址——乌兰敖包古城。它坐落于纳林希里镇（今红庆河镇）北部、乌兰敖包村附近（村西北、河道西侧），东距苏布尔嘎苏木南部（今苏布尔嘎镇西部）的伊和日淖尔、哈达图淖尔两湖的距离约为8千米。再从自然地势上观察，两湖北方是隆起的东胜梁，西为四十里梁高地、东为乌兰木伦河的分水岭，遂形成北高南低、背风向阳的地理形势。乌兰敖包古城址（汉代），位于纳林希里镇乌兰敖包村一社西南2千米的林场内。城址内种满沙柳，墙基上杂草丛生，四周沙化严重，沙丘与古城相连。古城平面呈长方形，长57米，宽54米。残存夯筑城墙呈土垄状，宽2—3.5米，夯层厚0.04—0.14米。南墙中部设门。文化层厚0.8米。在城内外发现有陶片、瓦片、瓷片等。采集有泥质灰陶罐、外饰粗绳纹而内饰布纹的筒瓦、饰宽弦纹的板瓦等残片。[②]虽然，乌兰敖包古城遗址已显露的占地面积较小，但由于流动沙丘覆盖地表，全貌尚未显露出来。它也有可能是西汉时期西河郡鹄泽县故城的局部区域。

[①] 内蒙古自治区地图制印院：《内蒙古自治区地图册》，2002年，第57页"伊金霍洛旗"。
[②] 《中国文物地图集·内蒙古自治区分册》，第594页。《伊金霍洛旗文物志》（内部），第63—67页。

（五）大成县城

《汉书·地理志》："大成［县］，莽曰好成。"《中国历史地图集》将大成县城标绘于今杭锦旗胜利乡古城梁古城，有失偏颇。要判定汉代大成县故城的地理位置，必须透过东汉时期相关重大事件、地方行政区划变动、地理形势予以分析判断。经比较分析，今杭锦旗霍洛柴登古城址适可对应两汉大城（即大成）县城所在。

判断大成县城具体位置的依据如下：首先，从东汉永元六年（94）南匈奴伪可汗逢侯自美稷县城向西逃亡路线、太元十七年（392）后秦朔方郡治——大城、赫连勃勃多次将战争掳获人口共计二万四千户（十二万余口）迁往大城、赫连夏在大城建置幽州牧并以此城为早期都城等文献记载推断，大城县城即今杭锦旗霍洛柴登古城。其次，从自然地理、交通地理、政区地理诸方面考察，大城位于东胜梁西延的余脉北坡而地势较高亢、牧师城西方且扼制东西交通要冲之地、西河郡和朔方郡交界地带，这些地理条件皆与霍洛柴登古城所在地理环境相吻合。再次，从霍洛柴登古城遗址的考古调查与试掘资料看，该古城傍水而建、地势和缓，其城墙长度、占地面积相对而言特别突出，古城的东、南、西分布着为数众多的古代墓葬而反证当年城内人口稠密，城址内外分布着铸币、制陶等手工业作坊遗址。可见，霍洛柴登古城与文献记载"大城"情况适相符合。因此，两汉时期的"大城"县故城相当今杭锦旗原浩绕柴达木苏木北部的霍洛柴登古城址。①

文物考古调查资料表明：霍洛柴登古城址，位于杭锦旗浩绕柴达木村西北约2千米，自治区文物保护单位。该古城平面呈长方形，东西约1446米，南北约1100米。城墙夯筑，基宽13米，残高0.5—2米。城内中部有一条东西向街道，宽约50米；西侧中部有大型建筑台基，其东北有铸钱作坊遗址。城内文化层厚约0.8米。采集有绳纹筒瓦、绳纹和凹弦纹板瓦、菱形纹方砖、"千秋万岁"瓦当等遗物。在古城外东、南、西三面分布着墓葬群，规模较大，有竖穴土坑、砖室、土洞墓等墓型。1971年，发掘墓葬57

---

① 艾冲：《两汉时期大城县故城位置初考》，《中国古都研究》2014年第27辑。

座,出土有泥质灰陶和釉陶仓、灶、井、罐、熏炉,以及铜钫、壶、"五铢"钱等。在古城西侧柴登河东畔,分布着陶窑遗址。

据城内出土的"西河农令"铜印及相关文物等推测,其属西河郡辖地。①换言之,今霍洛柴登古城址即西汉时期西河郡大城县城所在。

(六)盐官县城

《中国历史地图集》并未将盐官县城标绘于地图上。县名为盐官,当与该县境内存在盐池相关。依照此思路考察,今杭锦旗原浩绕柴达木苏木敖楞布拉格古城址可当西汉时期西河郡盐官县城所在。据文物调查资料显示,敖楞布拉格古城址,位于原浩绕柴达木苏木敖楞布拉格嘎查西北约1千米。该古城平面为内、外两重城圈,均呈长方形,内城位于外城西北隅。外城东西约530米,南北约500米。内城南北约160米,东西约130米。城墙夯筑,基宽约5米,顶宽约2.5米,残高约3米。城内文化层厚约1米。采集有绳纹筒瓦、绳纹和凹弦纹板瓦,泥质灰陶敛口瓮、折沿盆残片,以及汉"半两""五铢"铜钱等。在古城外东南侧100米,分布着汉代墓葬群,面积约1万平方米。②而在敖楞布拉格古城址的北方,就是著名的巴彦乌素盐海。两相对比分析,今敖楞布拉格古城应即西汉时期西河郡盐官县城。

(七)广田县城

《汉书·地理志》:"广田[县],莽曰广翰。"《中国历史地图集》并未将"广田"县城标绘于地图上。据《汉书·食货志》,汉武帝时期曾"北益广田至弦雷塞"。而"弦雷塞"在增山县西方,因此,广田县城理应在汉代增山县城(今东胜区城梁古城)西南方向探察。在今东胜区西部的泊江海镇境的确存在一座汉代古城遗址——寨子梁古城,就其地理方位而言,与汉代广田县城相对应。资料显示:寨子梁古城遗址,坐落在原漫赖乡政府驻地——解家村西北约4千米处。城址平面略呈长方形,南北约180米,东西约160米。城墙夯筑,基宽约5米,残高0.1—1米,夯层厚约0.1米。城内中部偏西北有建筑基址2处。文化层厚约1米。采集有云纹瓦当、绳纹筒瓦、板

---

① 《中国文物地图集·内蒙古自治区分册》,第579页。
② 《中国文物地图集·内蒙古自治区分册》,第579页。

瓦，泥质灰陶折沿盆、直领罐、瓮等残片。①据此，西汉时期广田县城相当今寨子梁古城遗址，大致可信。

（八）䭾虞县城

《中国历史地图集》并未将䭾虞县城标绘于地图上。笔者认为，䭾虞县城大体相当今东胜区中部的元圪旦古城遗址。调查成果显示：元圪旦古城遗址，在东胜区罕台庙乡西南部、元圪旦村南约4千米处。城郭平面呈四边形，东墙长约120米，西墙长约80米，北墙长约120米，南墙无存。城墙夯筑，基宽3—5米，残高1—2米，夯层厚0.07—0.1米。采集有绳纹筒瓦、板瓦，泥质灰陶敛口罐、瓮、折沿盆残片，以及"货泉"铜币等。②

（九）西都县城

《汉书·地理志》："西都［县］，莽曰五原亭。"《中国历史地图集》并未将"西都"县城标绘于地图上。从其名称带有方位词"西"观察，笔者认为：西都县城应在西河郡管区西部，郡府驻地之侧近。据此，今红庆河古城东北方的车家渠古城，可以比定为西汉时期西都县城。车家渠古城遗址，坐落在今伊金霍洛旗阿勒腾席热镇车家渠村四社西南1千米。平面呈方形，边长约230米。城墙夯筑，基宽约10米，残高约2米，夯层厚0.08—0.1米。南墙中部设门，宽约7米。城中部有一边长37米、残高2米的方形土台。文化层厚1.5米。地表散布大量残砖、筒瓦、板瓦等建筑材料和陶片等。③

有学者判断，该城址为汉代上郡白土县故城。不知其有何据。

（十）乐街县城

《汉书·地理志》："乐街，莽曰截虏。"《中国历史地图集》并未将"乐街"县城标绘于地图上。从"乐街""截虏"之名观察，其治城当在南北交通线上。而今准格尔旗沙圪堵镇纳林村古城遗址正好对应之，即皇甫川河谷恰是古代南北通行必经之路。纳林村古城址，位于沙圪堵镇北部的纳

---

① 《中国文物地图集·内蒙古自治区分册》，第573页。
② 《中国文物地图集·内蒙古自治区分册》，第573页。
③ 《中国文物地图集·内蒙古自治区分册》，第594页。

林村西北侧、纳林川东岸二级阶地上,旗文物保护单位。古城址平面呈长方形,南北410米,东西360米。城墙夯筑,基宽2—3.5米,残高1—4米,夯层厚0.15米。四墙各设门。文化层厚约0.5米。城址内采集有灰陶绳纹罐残片及铁斧等。(参见《文物参考资料》1958年第2期。)① 该城址被其他学者定为汉代西河郡美稷县故城,笔者未予认同。

(十一)徒经县城

《汉书·地理志》:"徒经[县],莽曰廉耻。"《中国历史地图集》并未将徒经县城标绘于地图上。笔者经过对比分析,认为今伊金霍洛旗纳林陶亥镇古城壕村古城处在窟野河上游河谷,具有一定的交通地位,可比定为西汉时期西河郡徒经县城。资料显示:古城壕古城址,位于新庙乡(今纳林陶亥镇)古城壕村南50米。城址形制不清,仅残存夯筑南墙基一段,宽约10米,夯层厚度0.04—0.12米。采集有灰陶罐、小口鼓腹瓮、绳纹板瓦、筒瓦等残片。征集有灰陶小口鼓腹罐、"五铢"铜钱、铜镞等。②

(十二)益兰县城

《汉书·地理志》:"益兰[县],莽曰香兰。"《中国历史地图集》并未将益兰县城标绘于地图上。经比较分析,今伊金霍洛旗纳林陶亥镇朱开沟村的电石湾古城址似可判定为汉代益兰县城。据调查,电石湾城址,位于纳林陶亥镇朱开沟村六社,当地居民称作电石湾的北山梁上。城址平面呈长方形,长135米、宽130米,面积约1.7万平方米。北墙、西墙痕迹清晰,均用石块垒筑。城内正南部有一长方形建筑台基,长2.3米、宽1.4米,高1.3米。城址地表遗物分布密集,有绳纹筒瓦、板瓦、云纹瓦当、灰陶甑残片等。根据地表采集遗物分析,该遗址应是汉代古城。③

(十三)广衍县城

《中国历史地图集》将广衍县城标绘于准格尔旗川掌村古城址,不妥(参见前节"千章县城"条)。经比较分析,汉代广衍县城当为今准格尔旗

---

① 《中国文物地图集·内蒙古自治区分册》,第608页。
② 《中国文物地图集·内蒙古自治区分册》,第593页。
③ 《伊金霍洛旗文物志》(内部资料),第63—65页。

的城圪梁古城址。据文物调查资料，城圪梁古城址，位于准格尔旗沙圪堵镇西南部的佛爷庙村东北约500米。古城平面呈长方形，南北120米，东西100米。城墙夯筑，夯层厚0.15米，个别地段用自然石块垒砌，基宽4米，上宽2米，高1米。文化层厚0.2—0.5米。采集有泥质灰陶盆、壶、瓮残片和板瓦。城址北500米有汉代墓群。①

（十四）武车县城

《汉书·地理志》："武车［县］，莽曰桓车。"《中国历史地图集》并未将武车县城标绘于地图上。经与实地古城对应比较，大昌汗古城址可推定为西汉西河郡武车县城。大昌汗古城址位于府谷县大昌汗乡大昌汗村北200米，存续时间为战国至汉代。城址平面呈方形，边长约百余米。尚存夯筑残垣长约120米，残高1.5米，基宽3米，夯层厚0.04—0.08米。采集有绳纹瓦残片。②

（十五）饶县县城

《汉书·地理志》："饶［县］，莽曰饶衍。"《中国历史地图集》并未将饶县县城标绘于地图上。在今府谷县南部、黄河西侧支流——石马川河流域有一座汉代古城遗址，即石马川古城址，可比定为汉代西河郡饶县县城所在。文物调查表明：石马川古城址，位于府谷县碛楞乡石马川村西南、石马川河南岸台地上，使用时段相当战国至西汉。古城址平面呈长方形，东西长约200米，南北宽约100米。遗留夯筑城墙残段及城垛，夯层厚约0.1米。地表散布泥质灰陶片及绳纹筒瓦、板瓦。③未被史书记载的是，在汉代该县境还有铸币手工业作坊，即文物调查人员发现的田家寨铸币作坊遗址。该作坊遗址位于石马川河上游的田家寨乡田家寨村，时代属于西汉。面积不详。1984年曾出土"半两"钱范数件。在钱范浇道、分浇道部分有铜质凝聚物四块，其上叠压10枚"四铢""半两"铜钱。④

---

① 《中国文物地图册·内蒙古自治区分册》，第608页。
② 《中国文物地图集·陕西分册》，第651页。
③ 《中国文物地图集·陕西分册》，第651页。
④ 《中国文物地图集·陕西分册》，第653页。参见《文博》1988年3期。

（十六）方利县城

《汉书·地理志》："方利，莽曰广德。"《中国历史地图集》并未将方利县城标绘于地图上。近年来在陕西府谷县北部新发现的古城梁古城址，可比定为西汉时期西河郡方利县城。古城梁古城址，位于府谷县赵五家湾乡柏草峁村北150米处、清水川西侧支流之北，汉代。古城址平面呈不规则长方形。现存夯筑城墙残长约190米，残高约2米，基宽约4米。城址内散布泥质灰陶罐、盆等残片。①

（十七）平陆县城

《中国历史地图集》并未将平陆县城标绘于地图上。今府谷县墙头乡的冯家会古城址，可与汉代西河郡平陆县城相对应。冯家会古城址，位于府谷县墙头乡后冯家村、黄河西岸台地上，时代为战国至汉代。古城平面呈长方形，东西长约150米，南北宽约100米。墙体夯筑，夯层厚约0.1米。采集有泥质灰陶片，饰绳纹、弦纹、方格纹，器形有罐、盆、豆、鼎、釜，以及外饰绳纹、内麻点纹或布纹的筒瓦、板瓦。②

（十八）博陵县城

《汉书·地理志》："博陵［县］，莽曰助桓。"《中国历史地图集》并未将博陵县城标绘于地图上。今府谷县北缘的古城乡前城村古城址，可比定为西汉时期西河郡博陵县城所在，距富昌县较近。前城村古城址，坐落在府谷县古城乡前城村东1千米，利用时段为汉代。县级文物保护单位。古城址平面呈长方形，面积约50万平方米。仅存夯筑东墙，残长492米，残高1—3米。古城内采集有泥质灰陶罐残片，以及绳纹板瓦、筒瓦。在其附近，分布着前城村战国至秦汉墓葬群，分布于两个地方，面积约3000平方米。20世纪70—80年代陆续暴露土坑墓数座，出土战国陶釜、秦代铜矛、汉代铜盆，以及陶罐、陶灶等文物。③

---

① 《中国文物地图集·陕西分册》，第652页。
② 《中国文物地图集·陕西分册》，第651页。
③ 《中国文物地图集·陕西分册》，第652页、第655页。

（十九）宣武县城

《汉书·地理志》："宣武［县］，莽曰讨貉。"《中国历史地图集》并未将宣武县城标绘于地图上。今准格尔旗哈岱高勒乡城圪卜古城址，似可判定为西汉时期西河郡宣武县故城。文物调查资料显示：城圪卜古城址位于准格尔旗哈岱高勒乡寨子上村北500米。城址面积约10万平方米，文化层厚约0.3米。地表建筑被破坏严重，城垣已不明显。在其东偏南方、黄河西岸的大宽滩村断崖上，发现战国时期窑址四座，面积约5000平方米。①

（二十）鰛是县城

《汉书·地理志》："鰛是［县］，莽曰伏鰛。"《中国历史地图集》并未将鰛是县城标绘于地图上。今陕西佳县北部的柳树会古城址，约略相当西汉时期西河郡鰛是县城所在。调查资料显示：柳树会古城址，位于佳县王家砭乡柳树会村北侧，汉代。古城依山而建，平面略呈方形。南墙已毁，现残存东、北、西墙，残高6—7.2米，基宽4米，顶宽0.5—1.5米。东墙长120米，设马面三座；北墙长226米；西墙长50米。墙体下部1—2米为红土夯筑，夯层厚0.03—0.06米；上部为黄土夯筑，夯层厚0.08—0.2米，夯窝径0.06米。城东南、东北角各有一角台。东墙40米外复有一道郭墙，残长约180米。城内散布外绳纹、内布纹板瓦残片。②

四、结语

本文逐一探索鄂尔多斯高原西汉时期西河郡29个属县治城的当代地理位置，基本做到具体定位。这对于复原鄂尔多斯高原汉代政区地理格局具有重大价值，同时对于本地域其他历史地理专题研究也具有一定的推进作用。此外，对于修正、完善早已问世的《中国历史地图集》战国秦汉时期的地图内容，也具有重要的现实意义。

（原载于《西夏研究》2016年第2期）

---

① 《中国文物地图集·内蒙古自治区分册》，第607页。参见《考古》1990年第1期。
② 《中国文物地图集·陕西分册》，第664页。

西汉朔方郡属县治城考

孟洋洋

　　元朔二年（前127），汉武帝在新收复的河南地北端增设新边郡——朔方郡，并陆续设立10个属县。[②]关于西汉朔方郡所辖10县的治城位置，《中国历史地图集》虽有所标注，但未公布文字考证成果，故难以得知是哪一座古城遗址，且其对某些县城位置定位的区域内汉代城址不止一座。侯仁之、王北辰、张郁等学界前辈就某些县城位置有详细探讨，但尚有分歧之处，该问题尚有继续研究的空间。此问题的进一步解决对于研究西汉政区地理、交通地理以及边疆史具有重要的推动作用。笔者在前辈学者研究的基础上，结合文献资料、文物考古资料和实地考察资料等，以"南河"为界，分做南、北两个区域对西汉朔方郡属县的治城位置试做探究，以期系统地复原西汉朔方郡属县治城的空间分布原貌。论述不当之处，敬请方家指证。

一、"南河"以北区域诸县县城位置

　　据《水经注》记载，西汉朔方郡地，可依"南河"为界划作"南河"之南、北两个区域。在"南河"之北、之西区域，大体分布三封、窳浑和临河三县，其治城当在"南河"之北、之西寻觅。

---

① 本文系2011年度国家社科基金重大项目"鄂尔多斯高原历史地理研究"（11&ZD097）阶段性成果。
② 〔汉〕班固：《汉书》卷二十八《地理志》，中华书局，1962年，第1619页。

（一）临河县城

临河县城为今内蒙古五原县塔尔湖镇西北30千米的五星村汉代古城。

关于临河县城的地理位置，据《水经注》载："河水又屈而东流，为北河，……东迳高阙南……河水又东迳临河县故城北……南河上承西河，东迳临戎县故城北，又东迳临河县南，又东迳广牧县故城北。"①可知，临河县城在临戎县城（今河拐子古城）东北，高阙（今狼山两狼山口）东南，广牧县城（今西局子古城）西北，北河（今乌加河）南，南河（今黄河河道附近）北，且距北河近、南河远的区域内。又据《元和郡县图志》载："西受降城……在丰州西北八十里。盖汉朔方郡地，临河县故理处。开元初为河水所坏，至开元十年总管张说于故城东别置新城。"②可知，唐代张仁愿所筑西受降城（今石兰计乡团结嘎查石兰计古城址）可能是汉临河县城，临河县城只是在其附近。

王北辰先生认为："汉临河县城，应该向丰收村古城（实为八一古城址，在今巴彦淖尔市临河区八一乡联丰三社东北）以西的黄河北岸一带去寻求。"③王先生认为张仁愿所筑旧西受降城就是西汉临河县城。这过于武断，且其认为八一古城是唐代张说督筑的新"西受降城"是有问题的。赵占魁先生已与其商榷过。④笔者在此仅补充几点。第一，张说所筑西受降城为乌加河镇的圐圙补隆古城，而非八一古城。故在八一古城西寻找临河县城失去了合理根据。第二，八一古城北距总排干沟约40千米，距离乌加河更远，其处于唐代黄河河道之南，并不符合西受降城在唐代黄河北岸之事实。第三，八一古城之西位于汉高阙西南，与临河县城在高阙东南的记载矛盾。因此，临河县城不在八一古城之西。

---

① 〔北魏〕郦道元、陈桥驿校证：《水经注校证》卷三《河水》，中华书局，2007年，第75—76页。
② 〔唐〕李吉甫：《元和郡县图志》卷四《关内道四》，中华书局，1983年，第116页。
③ 王北辰：《内蒙古后套平原的几个历史地理问题——兼考唐西受降城》，《内蒙古社会科学（文史哲版）》1989年第5期，第71页。
④ 赵占魁：《内蒙古后套平原古城考——兼与王北辰先生商榷》，《内蒙古社会科学（文史哲版）》1993年第4期，第59—60页。

张郁先生认为西汉临河县城即八一古城（在今巴彦淖尔市临河区八一乡联丰三社东北）。①但八一古城北距狼山南麓约50千米，南距今黄河河道最近约7千米，则距汉代南河当更近。而《水经注》言南河流经"临河县南"，而非"临河故城南"，言北河"迳临河故城北"。实因临河县城距北河近、南河远之故。因此，八一古城非临河县城。

笔者认为，临河县城当为五原县塔尔湖镇西北30千米的五星村汉代古城。此城由五原县文物工作者在"三普"时发现。古城"城墙由夯土筑成，长约2千米，宽约1千米。……古城内到处散落着质地细腻、花纹精美的汉代陶片"。②在城北2千米"约10平方千米的范围内分布汉墓300余座，规模相当庞大。……汉墓地表封土已被破坏，在废弃的渠沟两侧，到处散落着青色麻纹砖，这是典型的汉砖"。③

五星村古城在高阙东南约20千米，北到总排干沟约5千米，至乌加河河道约10千米，南距今黄河约40千米，东南至广牧县城约62千米，西南至临戎县城约86千米。符合《水经注》记载。而且，五星村古城恰处于唐代张说所筑西受降城正西略偏南约35千米，张仁愿所筑西受降城正南偏东约15千米，符合《元和郡县图志》的记载。此外，西汉朔方郡北靠汉代阳山和北河，是西汉与匈奴斗争的前线。而五星村古城地处阳山南侧中段、北河南岸，可以较好地兼顾阳山沿线各个山口的防御，而其较大的规模，可以更好地支撑起其应有的职能。因此，五星村汉代古城当为临河县城。

此外，在此地域仍有诸多属于汉代的古城遗址，诸如八一古城遗址、蔡家地古城遗址、五份桥故城遗址等。也许还存在尚未发现的汉代古城遗址。在此有必要对上面列出的汉代古城址逐个进行分析，排除其为西汉临河县城的可能性，并应与其他学者的相关观点进行商榷。

在今五原县胜丰镇蔡家地村东200米有一座蔡家地汉代古城址。该古城

---

① 张郁：《汉朔方郡河外五城》，《内蒙古文物考古》1997年第2期，第86—87页。
② 辛平：《内蒙古河套地区新发现一座汉代古城遗址》，网易新闻中心，2009年11月11日。网址：http://news.163.com/09/1111/14/5NRKHH9C000120GU.html。
③ 白忠义：《五原县首次发现大规模汉墓群》，《北方新报》2009年11月4日第2版。

"边长约400米，夯筑土墙，基宽3.8米，残高约1米，夯层厚0.1—0.15米。南墙中部设门，宽7米。城址四隅有角台。城内地表散见残砖、绳纹和弦纹陶片"。①其东侧有蔡家地汉墓群，面积较小，约5000平方米。其为汉代城址无疑。但是，蔡家地古城在汉代广牧县城（今西局子古城）东北方，而非西北方，并不符合《水经注》所叙方位。此外，该古城城墙基宽只有3.8米，而窳浑、三封、临戎等汉代朔方郡属县治城的城墙基宽都在6米以上，甚至宽达13米。相对而言，它的城墙基宽过窄薄弱，而临河县城处于西汉边疆地区，是与匈奴斗争的前沿阵地，县城的防御能力应当是较强的，而此城城墙似乎太薄弱，不合情理。

在今巴彦淖尔市五原县塔尔湖镇五份桥村东500米处，存在一座五份桥汉代古城址。"此城平面呈长方形，东西长约1000米，南北宽约700米。夯筑土墙，基宽8米，残高1—2米，夯层厚0.1—0.18米。南墙中部辟门，宽7米。"②其附近分布着近7万平方米的五份桥汉代墓群。从空间位置看，五份桥古城处在高阙戍东南，其东南距广牧县城直线距离约34千米。但是，其北距今乌加河约25千米，南至今黄河河道约20千米，则距汉代南河应当更近。如此，就呈现距南河近、北河远之情势，与《水经注》所述临河县城距南河远、北河近的空间形势不符。当然，无论就其规模，还是所处地理位置，以及周边的墓群规模，都表明此城在汉代是极其重要的。关于此城的归属，尚待继续研究。

综合以上分析，后套平原区域的八一古城、蔡家地古城、五份桥古城等在地理位置上并不符合相关文献的记载。显然，它们都不可能是西汉临河县城。至于这些古城的归属，及其与临河县的关系如何，仍需要深入研究。

（二）三封县城

三封县城即今麻弥图汉代古城址，在今内蒙古磴口县沙金套海苏木境

---

① 国家文物局：《中国文物地图集·内蒙古自治区分册》，西安地图出版社，2003年，第621页。
② 《中国文物地图集·内蒙古自治区分册》，第621页。

内。侯仁之先生和张郁先生就认为麻弥图古城址应是西汉三封故城。①

关于三封城的空间位置，历史文献有较为明确的记录。据《水经注》载："河水又东北历石崖山西，……又北过朔方临戎县西，河水东北迳三封县故城东。汉武帝元狩三年置。《十三州志》曰：在临戎县西百四十里。河水又北迳临戎县故城西，元朔五年立，旧朔方郡治，王莽之所谓推武也。"②由此可知，三封县故城在石崖山（今桌子山）西北方，汉代临戎县西、临戎故城（今河拐子古城）西南的黄河西侧。麻弥图古城恰在此区域。

麻弥图古城有大小两城相套的城垣。外城呈不规则的长方形，现今只能找到北面和西面残墙痕迹，各残长约130余米。外城轮廓应是东西约740米、南北约560米。子城位于外城的西北隅，长宽各约118米，南墙留有开设城门的豁口。③这类筑有子城的城垣，是西汉前期出现在北部边疆诸郡的县城新形制，出于晁错的建议。据《汉书》载："陛下幸忧边境，……复为一城其内，城间百五十步。要害之处，通川之道，调立城邑，毋下千家，为中周虎落。"④此外，在城东分布有汉代墓葬。在城址东南侧和西南侧有以中小型砖砌单室墓为主的包尔陶勒盖汉墓群。城址东北侧有三分场汉墓群和小关井汉墓群。汉墓群规模很大，数量也远多于其他地方。这可能与三封县城曾是西汉朔方郡的郡治有关联。

因此，依据麻弥图古城址的存在时段、空间位置、县城形制，以及附近的墓群状况判断，笔者同意侯仁之和张郁两位先生的判断。

（三）窳浑县城

窳浑县城为今内蒙古磴口县沙金套海苏木西南约3千米的土城子古城址。

关于窳浑城的地理位置，据《汉书》载："窳浑，有道西北出鸡鹿塞。屠申泽在东。"⑤《水经注》载："河水又北迤西溢于窳浑县故城东……有

---

① 侯仁之、俞伟超：《乌兰布和沙漠的考古发现和地理环境的变迁》，《考古》1973年第2期，第99—100页。
② 《水经注校证》卷三《河水》，第75页。
③ 《汉朔方郡河外五城》，第81页。
④ 《汉书》卷四十九《晁错传》，第2286页。
⑤ 《汉书》卷二十八《地理志》，第1619页。

道，自县西北出鸡鹿塞……其水积而为屠申泽，泽东西百二十里。故《地理志》曰：屠申泽在县东。即是泽也。阚骃谓之窳浑泽矣。"①土城子古城恰在此区域。在此城以东、以北的广阔地带，地势低洼，具备大型湖泊形成条件。古城东北方约8千米处有大片沼泽地——"后海子"，这可能是汉代屠申泽遗留下来的牛轭湖。土城子西北约20千米为狼山哈隆格乃谷口，谷口西侧台地有石城1座，当为汉代鸡鹿塞遗址。此外，在古城东约500米处，地表存在一条古河床遗址，宽约400米，伸向古城东北方，相传为黄河故道，这表明土城子古城确在汉代黄河西侧。

此城成不规则状，东西最长不过250米，南北最宽处亦仅200米。……南垣中部存有一缺口，约为城门遗迹，全城似仅此一门，并且存在注重防御的瓮城。②经笔者实地考察，现今古城南墙东段和东城墙保存较好，北城墙和西城墙破坏严重。城墙残高最高处约3米多。城墙上方及两侧有汉代砖瓦碎片。在古城周围有沙金套海汉墓群，面积近20平方千米，墓葬约2500座，规模相当庞大。

因此，综合考虑土城子古城址的空间位置、周边墓群及地理形势等，其确为西汉窳浑县城。笔者同意侯仁之和张郁先生的判断。

二、"南河"以南区域诸县县城位置

据《水经注》记载，"南河"以南区域分布着临戎、沃野、广牧、朔方、渠搜五县的治城。此外，朔方郡的呼遒和修都的治城也当在南河以南区域。

（一）临戎县城

临戎县城为今磴口县补隆淖镇河壕村西、京藏高速公路西约500米处的河拐子汉代古城。

关于临戎城的地理位置，据《水经注》载："河水东北迳三封县故城东，汉武帝元狩三年置。《十三州志》曰：在临戎县西百四十里。河水又

---

① 《水经注校证》卷三《河水》，第75页。
② 《乌兰布和沙漠的考古发现和地理环境的变迁》，第98—99页。

北迳临戎县故城西，元朔五年立，旧朔方郡治，王莽之所谓推武也。"①可知，临戎城在汉代黄河东、三封城（麻迷图古城）东北、窳浑城（土城子古城）东南。

河拐子古城恰处于窳浑城东南38千米，黄河故道东约5千米。据侯仁之先生考察：此城"城垣黄土筑成，南、北两垣均长约450米，东垣长约637.5米，西垣长约620米，城垣宽约10米。古城的北部，地面上还保留着高约0.5—2米的残垣；南北部则除少量段落外，已被流沙所湮。"②据笔者实地考察，现今该古城址城墙已不复存在。古城中心低洼，为沙地，苇草丛生。地表曾被推土机破坏，遗物不多，但在京藏高速公路西侧发现许多汉代砖瓦碎片，古城西有补隆淖汉墓群。

在此需注意，河拐子古城位于麻弥图古城正东略偏南约45千米，与《水经注》叙述的临戎城在三封城东北不合。若《水经注》记载准确，则临戎县城应在土城子东南、麻弥图古城东北、河拐子古城北寻找。在此区域内的确存在一座黄羊木头汉代古城址。然而黄羊木头古城为临戎县城的可能很小。第一，黄羊木头古城不论是城址规模，还是其周围的墓群规模，都远小于河拐子古城，这与临戎县城曾长期作为朔方郡治城的地位不符。第二，南河应在土城子古城所处纬线的南面。若黄羊木头古城址为临戎县城，则在其北7千米（黄羊木头古城址北至土城子古城所在纬度的距离）的范围内应有南河、铜口及沃野县城。在如此狭小的区域内分布着沃野与临戎两座县城很不合理。何况在此范围内只有黄羊木头一座汉代古城址。因此，《水经注》关于三封与临戎二城相对方位的记载应存在讹误之嫌。河拐子古城应为西汉临戎县城。

（二）沃野县城

沃野县城为今内蒙古临河区千召庙镇脑高二社南约500米的黄羊木头古城。

---

① 《水经注校证》卷三《河水》，第75页。
② 《乌兰布和沙漠的考古发现和地理环境的变迁》，第97—98页。《汉朔方郡河外五城》，第82—83页。

关于沃野故城的地理位置，《水经注》载："河水又北迳临戎县故城西，元朔五年立，旧朔方郡治，王莽之所谓推武也。河水又北，有枝渠东出，谓之铜口，东迳沃野县故城南，汉武帝元狩三年立，王莽之绥武也。枝渠东注以灌田，所谓智通在我矣。河水又北，屈而为南河出焉。河水又北迤西溢于窳浑县故城东。……南河上承西河，东迳临戎县故城北，又东迳临河县南，又东迳广牧县故城北。"①可知，沃野县城在临戎县城（河拐子古城）东北、铜口渠之北、南河之南，窳浑县城（土城子古城）东南、广牧县城（西局子古城）西南的区域内。黄羊木头古城恰处在汉代黄河河道之东，临戎县城东北约20千米，窳浑城东南约40千米，广牧县城西南约90千米。在其北有黄河古河道遗迹，考虑到历史时期黄河河道南移的因素，该古河道遗迹可能是汉代南河河道。此外，侯仁之先生根据当地地形推断："铜口渠应在今磴口县城迤北20千米外的地区才有可能存在。"②磴口县城北20千米处位于河拐子古城址以北，而黄羊木头古城址位于磴口县城北约33千米处。由此判断，黄羊古城位于南河与铜口渠之间，在空间位置上符合《水经注》的记载。

黄羊木头古城"平面呈长方形，东西约250米，南北约200米，城墙夯筑，基宽8米，高1—3米。南墙中部开门，门宽6.5米，外加筑瓮城；有附郭，间距10米。城内东南角暴露有冶铁作坊，东北角有长方形夯土台基一处，长约30米，宽约20米，残高1.3米。城外东侧分布有大量墓葬。采集有泥质灰陶罐、盆、筒瓦、绳纹砖、铁渣及五铢铜钱等。"③据笔者实地考察，发现该古城址已因修建高速公路大量取土垫路基而被破坏殆尽，已不复存在，今已被辟为玉米地。我们在当地村民的指引下才找到古城的位置。其东南侧的汉墓群已立碑保护，其间夹杂着今日当地人的墓葬。

（三）广牧县城

广牧县城为今巴彦淖尔市乌拉特前旗西小召镇西局子村西北侧的西局子

---

① 《水经注校证》卷三《河水》，第75—76页。
② 侯仁之：《历史地理学的理论与实践》，人民出版社，1979年，第72页。
③ 《中国文物地图集·内蒙古自治区分册》，第615页。

汉代古城址。

关于广牧县城的空间位置，《水经注》载："南河上承西河，东迳临戎县故城北，又东迳临河县南，又东迳广牧县故城北，东部都尉治。王莽之盐官也。径流二百许里，东会于河。河水又南迳马阴山西。"①由此可知，广牧县城在汉代南河之南、马阴山西北。

西局子古城"城址形制不详，仅存夯筑北墙，残长约五百米，基宽6米，残高1—2.5米。墙外有马面2个，城角有角台。地表散布有泥质灰陶弦纹罐残片及绳纹砖等"。②其在今黄河河道北2千米，考虑历史时期南河河道向南摆动，以及附近河道痕迹，可推知西局子古城极可能处在汉代南河河道南。此外，西局子古城在马阴山西麓西北约50千米，乌梁素海西约45千米。从空间位置判断，西局子古城符合《水经注》的记载。

又据《元和郡县图志》记载，汉广牧县城应在唐丰州城附近。其载："九原县，本汉之广牧旧地，东部都尉所理，其九原县，永徽四年重置。其城，周、隋间俗谓之甘草城。"③西受降城"东南渡河至丰州八十里。"④可知，汉广牧县城在唐张说所筑西受降城（今圐圙补隆古城址）东南80唐里（1唐里相当今540米）的丰州城附近。西局子古城恰好位于圐圙补隆古城东南约80唐里。其次，今西局子古城附近仍盛产甘草，暗合唐代丰州城以地方特色而被称为"甘草城"，这符合《元和郡县图志》的记载，也可反证西局子古城为汉代广牧县城。

（四）朔方县城

朔方县城为今内蒙古杭锦旗独贵塔拉镇沙日召嘎查村附近的沙日召古城。

关于西汉朔方县城的地理位置，据《水经注》载："南河上承西河……又东迳广牧县故城北……径流二百里许，东会于河。河水又南迳马阴山

---

① 《水经注校证》卷三《河水》，第76页。
② 《中国文物地图集·内蒙古自治区分册》，第623页。
③ 《元和郡县图志》卷四《关内道四》，第112页。
④ 《元和郡县图志》卷四《关内道四》，第116页。

西……河水又东南迳朔方县故城东北，诗所谓城彼朔方也。汉元朔二年，大将军卫青取河南地为朔方郡，使校尉苏建筑朔方城，即此城也。王莽以为武符者也。按地理志云：金连盐泽、青盐泽并在县南矣。又按魏土地记曰：县有大盐池，其盐大而青白，名曰青盐，又名戎盐，入药分，汉置典盐官。池去平城宫千二百里，在新秦之中。……河水自朔方东转，迳渠搜县故城北。地理志，朔方有渠搜县，中部都尉治，王莽之沟搜也……河水又东，经西安阳县故城南，王莽更之曰漳安矣。"①又据《汉书·地理志》载："朔方，金连盐泽、青盐泽皆在南。"②可知，西汉朔方县城在广牧县城（西局子古城）东南，南河以南，南河和北河汇合后东南流河道的西南，亦在马阴山（今乌拉山）和五原郡西安阳县城西南，金连盐泽和青盐泽（今杭锦旗盐海子）之北区域内，即今杭锦旗东北部。此区域有那林霍拉霍汉代古城址和沙日召汉代古城址。

又据《括地志》载："夏州朔方县北什贲故城是苏建筑，什贲之号盖出蕃语也。"③《元和郡县图志》亦载："朔方县，本汉旧县，今县理北什贲故城，是也。……什贲故城，在县理北，即汉朔方县之故城也。……城西南有二盐池，大而青白。"④由此可知，汉朔方县城即唐代夏州朔方县北的什贲故城。

关于什贲城的位置，据唐人贾耽描述的"夏州塞外通大同云中道"称："夏州北渡乌水……二十八里过横水，五十九里至什贲故城，又十里至宁远镇。"⑤据笔者实地考察，横水上游为今毛卜拉孔兑沟上游，中下游河道大约在今杭锦旗赛音乌素苏木—道劳乌苏—图古日格苏木三点一线附近。唐宁远镇在今杭锦旗沙圪堵淖尔嘎查一带。由横水东北行约59唐里大约抵达今沙日召嘎查。由宁远镇略呈东南行10唐里亦可抵达沙日召嘎查。故什贲故城，

---

① 《水经注校证》卷三《河水》，第76—77页。
② 《汉书》卷二十八《地理志》，第1619页。
③ 〔唐〕李泰，贺次君辑校：《括地志辑校》，中华书局，1980年，第46页。
④ 《元和郡县图志》卷四《关内道四》，第100—101页。
⑤ 〔北宋〕宋祁、欧阳修等：《新唐书》卷四十三《地理志》，中华书局，1975年，第1147—1148页。

即西汉朔方城当在今沙日召嘎查附近。沙日召汉代古城址正在此处。

今杭锦旗独贵塔拉镇西约30千米的那林霍拉霍古城虽然也在《水经注》所描述的区域内，但沙日召古城与之相比，更可能为西汉朔方县城。理据缕析如下：第一，《水经注》强调河水东南流经朔方县故城东北，以及北周保定三年（563），杨忠出武川伐北齐，"留（尔朱）敏据什贲，游兵河上。"①且什贲城至屯根水只有10唐里路程。可知西汉朔方城离东北方的黄河主河道不远。而那林霍拉霍古城东北距乌拉山西南部黄河河道的直线距离大约25千米，距离黄河过远。第二，虽然从那林霍拉霍古城到横水一线也存在约30千米路程的路线。但其抵达宁远镇附近的直线距离约15—20千米，远超10唐里，不符合唐代文献记载。第三，若那林霍拉霍古城为什贲故城，则从胡洛盐池（盐海子）北行过横水再至那林霍拉霍的路线为西北行，如此，由横水至北魏沃野镇城（今乌拉特前旗苏独伦乡的陈二壕城址）道路曲折，舍近取远，不合情理。或有人怀疑，此路线经过丰州城中转至安乐戍，再到沃野镇城。笔者认为无此可能。若真如此，则丰州如此重要的州城为何在文献记载的路线上只字不提？这绝非偶然，实因丰州城本就不在此路线上。反而，若沙日召古城址为什贲故城，此路线的各个地标大致在正北略偏东的直线上，各个地理坐标能合理的连起来，符合《新唐书》所载"夏州塞外通大同云中道"的实际。第四，什贲故城西南方的两个盐池在那林霍拉霍古城正南和东南方向，而在沙日召古城西南。第五，从朔方郡属县县城的分布看，朔方郡属县布局是充分考虑军事防御和开垦两大因素的，绝大多数县城是沿河分布。沙日召古城址距离汉代黄河河道较近，既有利于防御北来之敌，又有利于农垦，符合边郡国防的现实需求。

综上论述，沙日召古城当为西汉朔方县城，至于那林霍拉霍古城所属有待进一步研究。

（五）渠搜县城

渠搜县城当在今乌拉特前旗张连喜店古城址西南、沙日召古城址之东，

---

① 〔唐〕令狐德棻等：《周书》卷十九《杨忠传》，中华书局，1971年，第318页。

即今独贵塔拉镇东部黄河附近。《中国历史地图集》将渠搜县城标于黄河南岸、毛卜拉孔兑沟西侧。①

关于渠搜县城的位置，"河水自朔方东转，迳渠搜县故城北……河水又东，迳西安阳县故城南……又迳河阴县故城北"。②可知，渠搜县应在朔方县城东、西安阳县城（今乌拉特前旗张连喜店古城）西南、河阴县城西（今达拉特旗昭君街道二狗湾村古城）、汉代黄河南寻找。即今独贵塔拉镇东部、黄河两岸一带。但此区域未发现汉代城址及墓群，渠搜县城可能因黄河河道变化而被冲毁，或湮没在今库布齐沙漠中。

（六）呼遒县城

呼遒县城当在杭锦旗原塔然高勒乡政府驻地北不远处，具体城址不详，可能湮没在库布齐沙漠中。《中国历史地图集》将呼遒县城标在毛卜拉孔兑沟入黄口西侧。③

关于汉代呼遒县城的地望，迄今所见历史文献没有明确记录。若呼遒县城在渠搜之东，黄河南岸附近，则《水经注》不记载的可能性极小。《魏书·地形志》所载："代名郡（太安二年置）。领县二。呼酋（太安二年置。有横水）。渠搜（太和二年置）。"④可为推知西汉呼遒县位置提供线索。北魏"呼酋"应是西汉"呼遒"的同音异写。北魏代名郡隶属于夏州，在今乌拉山南。其两个属县名称与汉朔方郡两县同名，极可能是代名郡地处汉代呼遒、渠搜二县故地，借古地名而立县。换言之，北魏两县辖区极可能是汉代朔方郡两县辖区，且两县相邻。北魏呼酋县内的横水当为贾耽笔下的横水。又据《水经注》可知，渠搜县之西为朔方县，之东为五原郡河阴县，之北为西安阳县。因此，汉代呼遒县城当在渠搜县之南，大概在今毛卜拉孔兑沟中上游附近。

此区域虽未发现汉代古城，但在塔然高勒乡亚希力图村北发现有汉代遗

---

① 谭其骧：《中国历史地图集》（第二册），中国地图出版社，1982年，第17—18页。
② 《水经注校证》卷三《河水》，第77—78页。
③ 《中国历史地图集》（第二册），第17—18页。
④ 〔北齐〕魏收：《魏书》卷一百零六《地形志》，中华书局，1974年，第2629页。

址。①在此遗址南部，即今塔然高勒乡政府驻地北有塔布陶勒亥、葬梁、葬圪梁、庙沟等汉墓群。②这表明在汉代这里人类活动密集。笔者推断，西汉呼遒县城应在此区域，可能湮没于沙漠中，尚未发现。

（七）修都县城

修都县城为今杭锦旗原浩绕柴达木苏木敖楞布拉格嘎查西北约1千米处的敖楞布拉格古城。《中国历史地图集》将修都县城标于杭锦旗西北，③但此处不止一座汉代城址。

关于修都县地理位置的记载极少。据《水经注》关于朔方郡其他属县空间分布的记载，可推知修都不在南河与北河之间，不在临戎县以西、以南。其存在区域有两个：一是在临戎县东、广牧县南、朔方县西的区域内；二是在朔方县金连盐泽、青盐泽南或西南。根据此区域的汉代古城址分布状况，排除已定者，符合条件的汉代城址有霍洛柴登古城址、敖楞布拉格古城址、摩林河古城址及提格庙古城址。

杭锦旗库布齐沙漠腹地的提格庙古城址符合第一种推断。此城"平面呈正方形，东西长约1500米，南北宽1400米，基本城正南北方向，略向东偏15度。保存略好，城垣呈土垅状，残宽约6米，残高约0.8米，由白色黏土和黄沙混合夯筑而成，夯层厚约0.12—0.15米。"④在其东约3千米有"呈圆形，东西直径150米，南北直径140米"⑤的敖然敖包城址。该城可能是前者的障城。东汉撤修都县，即便其存在时，关于它的记载极少。这可能与修都在西汉时期地位不重要有关。这种地位可以体现在其地理位置和规模等方面。如此，这么大的城池为修都城则显得不合情理。东汉初年大量省并郡县，规模庞大的城池应当被继续沿用。若其是修都城，为何还要撤修都县呢？若是其他县移治此城，那么撤他县保留修都即可，为何还要多此一举将此城改名呢？本文颇疑此城建于东汉。

---

① 《中国文物地图集·内蒙古自治区分册》，第578页。
② 《中国文物地图集·内蒙古自治区分册》，第579页。
③ 《中国历史地图集》（第二册），第17—18页。
④ 辛易莲、白志荣：《杭锦旗文物志》（内部资料），2006年，第47页。
⑤ 《杭锦旗文物志》（内部资料），第48页。

在伊和乌素苏木林场东北约2千米的摩仁河汉代古城址,虽然在空间位置上有可能是修都县城,但此城"东西约100米,南北约80米"①规模太小,更可能是障城。

在杭锦旗盐海子南约20千米有霍洛柴登汉代古城址。此城"依山环水,地理位置十分重要……东西长约1446米,南北宽约1100米……城西中部地面隆起,地表残瓦密布,为大型建筑区……在其附近发现有铸钱、铸造兵器的场所……在城外东、南、西三面数公里的范围内都分布有大量的墓葬"。②从城址及墓葬出土遗物推测,其时代约相当于汉武帝到王莽阶段。但从出土的文物,如"西河农令"等判断,霍洛柴登古城在西汉当为西河郡所辖。再者此城规格很高,不太可能是一个史书基本无载的修都县所治。

如此,符合条件的汉代城址只剩敖楞布拉格古城址。此城为"内外两重城,平面均成长方形,内城位于外城的西北角。外城东西约530米,南北约500米。内城南北约160米,东西约130米。城墙夯筑,基宽约5米,顶宽约2.5米,残高3米。城内文化层厚约1米。采集有绳纹筒瓦、绳纹和凹弦纹板瓦,泥质灰陶敛口瓮、折沿盆残片及半两、五铢铜钱等。在城外东南部分布有汉墓群"。③据笔者实地考察,此城实为三重城,在外城西北角有内城,在内城西北角还有一处边长约30米的方形夯土层。这可能是诸如角楼等防御性建筑的残存。

综上分析,本文判断敖楞布拉格古城为修都故城。

三、结语

本文在前辈学者的研究基础上,依据文献记载,参稽文物考古资料和实地考察资料,对西汉朔方郡10个属县的治城位置进行了较系统、详细的论述。本文初步结论如表1所示。这一研究可为西汉政区地理、交通地理、边疆史地以及西汉此区域人地关系的研究提供一丝借鉴。

---

① 《中国文物地图集·内蒙古自治区分册》,第578页。
② 《杭锦旗文物志》,(内部),第43—44页。
③ 《中国文物地图集·内蒙古自治区分册》,第579页。

表1　西汉朔方郡属县故城位置简表

县名	故城遗址	故城具体位置
临河	五星村古城	今五原县塔尔湖镇西北30千米五星村
三封	麻迷图古城	今磴口县沙金套海苏木境内
窳浑	土城子古城	今磴口县沙金套海苏木西南约3千米的土城子村旁
临戎	河拐子古城	今磴口县补隆淖镇河壕村西、京藏高速公路西约500米处
沃野	黄羊木头古城	今临河区干召庙镇脑高二社南约500米处
广牧	西局子古城	今乌拉特前旗西小召镇西局子村西北侧
朔方	沙日召古城	今杭锦旗独贵塔拉镇沙日召嘎查村附近
渠搜	城址无考，或湮没于库布齐沙漠中，或黄河冲毁。	今杭锦旗独贵塔拉镇东部、黄河两岸附近
呼遒	城址无考，或湮没于库布齐沙漠中	今杭锦旗原塔然高勒乡政府驻地北
修都	敖楞布拉格古城	今杭锦旗原浩绕柴达木苏木敖楞布拉格村西北约1千米处

通过对西汉朔方郡10个属县县城的系统定位，可发现其地理分布呈现出两个特点：第一，窳浑、三封、临戎、沃野、广牧、临河、渠搜等县城分布在阳山南、北河与南河的附近。这既有利于军事防御，又便于发展灌溉农业，符合边疆地带寓兵于农的政治军事形势需要。第二，呼遒、修都、临戎、窳浑、三封之县城分布在汉代由西河郡沿今东胜梁西去，由鸡鹿塞出塞这一交通线附近。在人口稀少的边郡，置城于交通线附近，扼守交通要道，也是出于军事防御的需要。

（原载于《西夏研究》2016年第3期）

西汉北地郡属县治城考

孟洋洋

北地郡始设于秦昭襄王三十五年（前272）。西汉沿袭秦北地郡建制。汉初，汉匈界于"故塞"，元朔二年（前127），西汉收复河南地，增设郡县，北地郡辖区扩至秦昭襄王长城以北。元鼎三年（前114）汉武帝分北地郡西部及西南部区域新设安定郡。此后，北地郡辖区稳定。西汉不同时段，北地郡属县数量不一。故本文谨以《汉书·地理志》[①]为准，据后世《水经注》《元和郡县图志》《括地志》《太平寰宇记》，以及明清时期地方志等，参稽文物考古资料、田野考察资料等，在近世学者研究的基础上，以秦昭襄王长城为界，分为长城南北两大区域，对元始二年（2）北地郡19县的治城位置试做系统地定位研究，以期为西汉时期北地郡及毗邻地域的历史地理研究添砖加瓦。本文论述不妥之处，敬请方家指正。

一、秦昭襄王长城南侧北地郡属县故城

依据历史资料，西汉北地郡的郁郅、马领、方渠、䴗觚、泥阳、义渠道、略畔道、归德、直路、大要及灵武共11县的治城在秦昭襄王长城南侧。

（一）郁郅县城

汉代郁郅县故城在今甘肃庆城县庆城镇凤城东南数里。《中国历史地图

---

① 〔汉〕班固：《汉书》卷二十八《地理志》，中华书局，1962年，第1616页。

集》亦将其标于此地。①

据《汉书》载："郁郅，泥水出北蛮夷中。有牧师菀官。莽曰功著。"②泥水（今庆阳境内马莲河）当自北向南流过郁郅县。《元和郡县图志》载："顺化县，本汉郁郅县。……隋开皇十六年，于今（庆）州城西南一里置合水县，在马领、白马二水口，因以为名，属庆州。……至德元年改为顺化县。不窋城，在县东二里。"③可知，汉郁郅县即唐顺化县，在马领水（今柔远河）和白马水（今马莲河）交汇处。《太平寰宇记》引《周地图记》亦云："郁郅城，今名尉李城。在白马、马岭两川交口。"④白马、马岭两川即唐马领、白马二水。《读史方舆纪要》载："郁郅城，在（庆阳）府城东，当白马岭两川交口。汉置县于此。……今府城即唐庆州城也。"⑤《大清一统志》亦载："郁郅故城，今安化县治，本义渠戎地。……隋唐时置庆州于此。"⑥

综上判断，郁郅县故城在马领水和白马水交汇处、唐庆州城（明代庆阳府）东南数里处，即今马莲河与柔远河交汇处的庆城县庆城镇凤城（由庆城、北关城、田家城三城组成，因其形如凤，当地称之为凤城⑦）东南约1千米处。因城镇建设，郁郅故城今已不存。但在凤城东北边缘的封家圪村东300米有封家圪汉唐墓群，⑧在凤城北约4.5千米的南庄乡刘家沟门村北500米有坳坳汉墓群。⑨因此，初步判断郁郅故城在今甘肃庆城县庆城镇凤城东南侧。

（二）马领县城

汉代马领县故城即今甘肃庆城县马岭镇马岭村汉代古城址。《中国历史

---

① 谭其骧：《中国历史地图集》（第二册），中国地图出版社，1982年，第17—18页。
② 《汉书》卷二十八《地理志》，第1616页。
③ 〔唐〕李吉甫：《元和郡县图志》卷三《关内道三》，中华书局，1983年，第67—68页。
④ 〔宋〕乐史：《太平寰宇记》卷三十三《关西道九·庆州》，中华书局，2007年，第708页。
⑤ 〔清〕顾祖禹：《读史方舆纪要》卷五十七《陕西六·庆阳府》，中华书局，2005年，第2756页。
⑥ 〔清〕穆彰阿、潘锡恩等：《大清一统志》卷二百六十二《庆阳二·古迹》，上海古籍出版社，2008年，第384页。
⑦ 庆阳县志编撰委员会：《庆阳县志》，甘肃人民出版社，1993年，第52页。
⑧ 国家文物局：《中国文物地图集·甘肃分册》，测绘出版社，2011年，第374页。
⑨ 《中国文物地图集·甘肃分册》，第374页。

地图集》也将其大致标于此地。①

据《元和郡县图志》载："马领县，（中。东南至州六十七里。）本汉旧县，属北地郡。……隋大业元年，分合水县于此置马领县，复汉县之旧名也。十三年陷贼，县废。义宁二年，于今县理北四十里百家堡置马领县，属弘化郡。以县西一里有马领坂，因名。"②自唐庆州城西北行67唐里（合今约36千米）就抵达今马岭镇一带。其后，诸多地志记载的西汉马领故城位置也在今马岭镇一带。如《太平寰宇记》载："废马岭县。在（庆）州北七十里，本汉旧县，属北地郡。"③《大明一统志》载："马岭废县，在环县南一百三十里，汉置，后魏废为镇。"④《读史方舆纪要》载："马领城，（环）县南一百三十里。汉置马领县，为北地郡治。"⑤《大清一统志》载："马领故城，在环县东南。"⑥《新修庆阳府志》载："马岭废县，在（环）县南一百三十里，汉北地郡治。"⑦

综合以上文献可知，西汉马领县故城在今庆城县马岭镇，环江与马岭东沟汇合口附近。今马岭镇马岭村北500米处有一汉代古城遗址。其"东、西、南三面临沟，平面呈不规则长方形。西北墙残长20米，黄土夯筑，基宽8米，顶宽1.5—2米，夯层厚0.12—0.14米。"⑧

在古城东南1.5千米的庙台村东500米有里黄沟汉墓群，⑨村南700米有高台汉墓群。⑩古城西，即马岭东沟和环江之间有一形似马颊的山岭，合乎"马领"形势。此外，在马岭村东1千米还有一处庙台烽火台遗址。综上所述，马岭村汉代古城遗址当为西汉马领县故城。

---

① 《中国历史地图集》（第二册），第17—18页。
② 《元和郡县图志》卷三《关内道三》，第68页。
③ 《太平寰宇记》卷三十三《关西道九·庆州》，第709—710页。
④ 〔明〕李贤等：《大明一统志》卷三十六《庆阳府》，三秦出版社，1990年，第631页。
⑤ 《读史方舆纪要》卷五十七《陕西十一·庆阳府》，第2764页。
⑥ 《大清一统志》卷二百六十二《庆阳府二·古迹》，第385页。
⑦ 〔清〕赵本植：《新修庆阳府志》卷十一《古迹》，《中国地方志集成·甘肃府县志辑》，凤凰出版社，2008年，第265页。
⑧ 《中国文物地图集·甘肃分册》，第373页。
⑨ 《中国文物地图集·甘肃分册》，第374页。
⑩ 《中国文物地图集·甘肃分册》，第374页。

(三)方渠县城

汉代方渠县故城即今甘肃环县曲子镇刘旗村汉代古城遗址。

据《元和郡县图志》载:"定远废城,在(灵)州东北二百里。即汉北地郡方渠县之地。"①"方渠县,(中下。东南至州一百八十里。)古庆匡州仓在马领川内。因渠为名,景龙元年置,取汉县为名。县西北马领山诸谷水,东南流经县所(新)置方渠堡,因名之。"②《太平寰宇记》载:"废方渠县。在(庆)州北一百八十里,汉旧县,废,其地入马岭县。至唐景隆元年,分马岭县以置焉。因方渠水以名也。"③此处说的是唐方渠县城(今环县县城)只是建于汉方渠县境,并未言明唐方渠县城与西汉方渠县城在同处。而且此地附近没有明显的汉代文化遗存。在今环县西南虎洞乡半个城村,虽存在一座汉宋时期"平面呈不规则方形,面积约1万平方米"④的古城遗址。但其处在秦昭襄王长城线上,应为关隘,而非县城。若为县城,则秦昭襄王长城跨越环江之处没有据点,环江谷地无所守,不合情理。

那么,西汉方渠县城在今何处呢?据《大明一统志》载:"方渠废县,在环县南七十里,汉县,后魏废为镇。"⑤《读史方舆纪要》亦载:"方渠城,在(环)县(东)南七十里,本汉县,属北地郡,后汉废。"⑥据此里程推算,方渠故城当在今曲子镇。《中国历史地图集》亦将方渠县城标绘在合道川与环江交汇的曲子镇附近。⑦

在曲子镇刘旗村北200米,有一处汉代古城遗址。此城"平面呈长方形,东西长250米,南北宽80米。目前仅存西侧一段城墙,长60米,夯土版筑,基宽6米,顶宽2—4米,夯层厚0.12—0.14米。城内散见大量砖瓦、灰陶片、残铁件等"。⑧从地理空间看,此处西北为秦昭襄王长城,其扼守环江

---

① 《元和郡县图志》卷四《关内道四》,第96页。
② 《元和郡县图志》卷三《关内道三》,第69页。
③ 《太平寰宇记》卷三十三《关西道九·庆州》,第710页。
④ 《中国文物地图集·甘肃分册》,第382页。
⑤ 《大明一统志》卷三十六《庆阳府》,第631页。
⑥ 《读史方舆纪要》卷五十七《陕西六·庆阳府》,第2764页。
⑦ 《中国历史地图集》(第二册),第17—18页。
⑧ 《中国文物地图集·甘肃分册》,第382页。

谷道，战略地位重要，设方渠故城于此合乎情理。

（四）鹑觚县城

西汉鹑觚县故城在今陕西长武县枣园镇河川口村东北的杨沟秦汉遗址，《中国历史地图集》将其标注在黑河中游北岸、泾川县梁河乡一带。①

《元和郡县图志》载："灵台县，（上。西至州一百里。）本汉鹑觚县，属北地郡，周属赵平郡，隋开皇三年属泾州。天宝元年，改为灵台县。"②可知，唐灵台县城在今甘肃灵台县中台镇，故中台镇周边为汉鹑觚县地。

《太平寰宇记》载："宜禄县，（［邠州］西八十里，依旧八乡。）本汉鹑觚县也……鹑觚原，一名浅水原。宜禄川水，一名芮水，西自泾州鹑觚县界流入。……废鹑觚县，在（宜禄）县西四十里。按《周地图记》：'鹑觚县者，秦使太子扶苏及蒙恬筑长城，见此原原高水浅，因欲筑城，遂以觚爵奠祭，乃有鹑鸟飞升觚上，以为灵异，因以名县。'"③宋代宜禄县在今长武县昭仁镇，宋代邠州在今陕西彬县城关镇。④如此，宋代宜禄县西四十里，即平凉市泾川县原梁河乡一带，为西汉鹑觚县地。又据《周地图记》可知，秦汉鹑觚城当处于地势"很高"的塬上。"水浅"指塬边的河水浅，还是指塬上地下水位浅则未言明。笔者倾向于第一种解释。《中国历史地图集》亦将鹑觚故城定位于黑河中游北岸、泾川县梁河乡一带。在此处确有尚庙沟、七母坪、庄崖土汉墓群，以及上庙沟遗址、杨家坪、宜家山等汉代遗址。但是，此地域并无较大、较高的"塬"，且泾河一级支流黑河中游河段水浅的可能性很小。

顾祖禹认为："鹑觚城，即今［灵台］县。或曰汉县治在今县东，南接邠州长武县之鹑觚原。"⑤今灵台县东南邵寨有"鹑觚原"。⑥此塬面积

---

① 《中国历史地图集》（第二册），第17—18页。
② 《元和郡县图志》卷三《关内道三》，第56页。
③ 《太平寰宇记》卷三十四《关西道十·邠州》，第722页。
④ 国家文物局：《中国文物地图集·陕西分册》，西安地图出版社，1998年，第395页。
⑤ 《读史方舆纪要》卷五十八《陕西七》，第2796页。
⑥ 孙斌儒：《甘肃灵台地名资料汇编》（内部资料），1984年，第72页。

较大，塬面与塬底高差近200米，暗合"原高"之意。在塬北部边缘，沿南河南岸分布着众多周秦汉遗址。塬面北沿的长武县枣园镇河川口村东北有杨沟秦汉遗址。其"面积约10万平方米，文化层厚0.5米，地表散布大量外绳纹、内格纹板瓦、筒瓦残片"。①其西南约5千米有规模庞大的告王河汉墓群。②在空间位置上，杨沟遗址处于南河与黑河交汇口西南侧、南河南畔。其东约7千米，靠近黑河汇入泾河处有秦汉烽燧遗址。此遗址在今彬县西约27千米，灵台东约18千米。因此，判断杨沟遗址当为鹑觚县故城所在。

（五）泥阳县城

西汉泥阳县故城在今甘肃宁县平子镇孟家堡古城遗址。《中国历史地图集》将其标于宁县早胜镇东南、正宁县永正乡西一带。

《汉书》载："泥阳，莽曰泥阴。"应劭注曰："泥水出郁郅北蛮夷中。"③泥水（今马莲河）为自北向南流，山南、水北谓之阳，泥阳县不可能处于泥水之北。颇疑泥阳并非严格按照自然环境命名，或者此处"泥水"另有所指。据《史记》载："汉王赐（郦）商爵信成君，以将军为陇西都尉。别将定北地、上郡。破雍将军乌氏，周类军枸邑，苏驵军于泥阳。"对此，《史记正义》曰：泥阳"故城在宁州罗川县北在三十一里。泥谷水源出罗川县东北泥阳。源侧有泉，于泥中潜流二十余步而流入泥谷。又有泥阳湫，在县东北四十里。"④据《元和郡县图志》载："真宁县，（紧。西北至州七十里。）……隋开皇十八年改为罗川，因县南罗水为名，属宁州。皇朝因之，天宝元年改为真宁县。"⑤可知，罗川县前身为宁州城东南70唐里的真宁县，即正宁县原罗川乡政府驻地四郎河北岸的罗川古城。又载："安定县，（望。郭下。）本汉泥阳县，在今县理东南十五里泥阳故城是也。"⑥据此，泥阳故城在唐宁州治城安定县（今宁县老城）东南15唐里、

---

① 《中国文物地图集·陕西分册》，第408页。
② 《中国文物地图集·陕西分册》，第557页。
③ 《汉书》卷二十八《地理志》，第1616页。
④ 〔汉〕司马迁：《史记》卷九十五《郦商传》，中华书局，1975年，第2661页。
⑤ 《元和郡县图志》卷三《关内道三》，第65页。
⑥ 《元和郡县图志》卷三《关内道三》，第65页。

真宁县（今罗川古城）北31唐里处。但是，分别以真宁县城和安定县城为中心，以上述里数标画，根本无法形成交集点，且相去甚远。据《读史方舆纪要》载："泥阳城，在（宁）州东南五十里。本秦邑，汉初郦商破雍将苏驵军于泥阳，即此。"①《新修庆阳府志》亦言"五十里"。②若依顾祖禹之说画线则能形成交集点。显然，《元和郡县图志》所载"十五里"有误，当为"五十里"。

罗川古城北31唐里、宁县老城东南50唐里，即今宁县平子镇一带。在宁县平子镇东的孟家村西有一座汉代古城遗址，适与汉代泥阳故城对应。此遗址"面积约9万平方米，文化层厚0.5—2.5米，暴露有灰坑、墓葬。采集有周代夹砂灰褐陶片，饰纹多见绳纹。器形有鬲、罐等。另有汉代泥质灰褐陶片，饰纹多见绳纹、弦纹，器形有甑、罐等。还采集有汉代板瓦"。③此城周围分布着安子、后掌、孟家、安底及西坳等汉墓群，墓群面积总计20万平方米以上。④据李宗慈考察："此城位于西沟畔岭台地之上，城址内农田到处散布着绳纹或素面灰陶片，内缘为菱形纹饰的残瓦片。"⑤此外，由孟家村古城址东行，可达子午岭的秦直道；西行过义渠，再可至彭阳县城（今镇原县太平乡彭阳村彭阳古城）。⑥交通顺畅，基本在塬面上，符合班彪《北征赋》⑦所描述的路线。因此，可判定孟家村古城为西汉泥阳县故城。

（六）义渠道城

西汉义渠道故城相当今甘肃宁县焦村乡西沟村西200米的西沟遗址。《中国历史地图集》亦将其标绘于此地。⑧

---

① 《读史方舆纪要》卷五十七《陕西六·宁州》，第2769页。
② 《新修庆阳府志》卷十一《古迹》，第266页。
③ 《中国文物地图集·甘肃分册》，第441页。
④ 《中国文物地图集·甘肃分册》，第445页、第451页。
⑤ 李宗慈：《汉北地郡泥阳县考》，《河南理工大学学报（社会科学版）》2011年第4期，第484页。
⑥ 《中国文物地图集·甘肃分册》，第477页。
⑦ 〔梁〕萧统：《文选》卷九《纪行上·班叔皮北征赋》，〔唐〕李善注，上海古籍出版社，1986年，第425—430页。
⑧ 《中国历史地图集》（第二册），第17—18页。

据《读史方舆纪要》载："宁州，府南百五十里……义渠城，在州西北。"①《大清一统志》亦载："义渠故城，在宁州西北。"②但是，究竟是在清代宁州（今宁县老城）西北多少里，却不得而知。据《庆阳府志》载："义渠故城，在（宁）州西北。春秋时为义渠国，秦灭之，始置北地、上郡。汉置义渠道，属北地郡。"③宁州城西北五十里，大概在今庆阳市西峰区肖金镇东南、宁县焦村乡西北一带。这里有西沟遗址。其附近有沟里、西沟胡同、西尚、西李、吕家咀等众多汉墓群。④此外，此遗址处在董志塬与东南方的和盛塬交接的狭长地带。在此地已发现"石道坡汉魏古道遗迹"。⑤自此处南下经和盛塬可进入泾河谷道，南入关中；东经泥阳可抵达子午岭。义渠城于此扼守交通要冲，合乎情理。习生⑥和张耀民⑦两位学者也认为义渠故城在今西沟村遗址。

（七）略畔道城

西汉略畔道故城当在今甘肃合水县西华池镇杨沟崂村。《中国历史地图集》亦将其标注在此地。⑧

《汉书》载："略畔道，莽曰延年道。"颜师古注曰："有略畔山，今在庆州界。"⑨《元和郡县图志》载："乐蟠县，（中。北至州三十二里。）本汉略畔道地，今县理北五里略畔故城是也。……合水县，中。西至州五十里。本汉略畔道之地，在今县西南三十八里故城是也。"⑩《太平寰宇记》亦载："乐蟠县。（州）南四十里。……略畔道故城，在县东北

---

① 《读史方舆纪要》卷五十七《陕西六·庆阳府》，第2768—2769页。
② 《大清一统志》卷二百六十二《庆阳府二·古迹》，第386页。
③ 《新修庆阳府志》卷十一《古迹》，第266页。
④ 《中国文物地图集·甘肃分册》，第236—237页。
⑤ 《中国文物地图集·甘肃分册》，第369页。
⑥ 习生：《义渠故城考辨》，《庆阳师专学报（社会科学版）》1994年第4期，第45—47页。
⑦ 张耀民：《义渠都城考证琐记——义渠国都在今宁县焦村乡西沟村》，《西北史地》，1996年第1期，第10—12页。
⑧ 《中国历史地图集》（第二册），第17—18页。
⑨ 《汉书》卷二十八《地理志》，第1616页。
⑩ 《元和郡县图志》卷三《关内道三》，第68页。

五里。"①据此,西汉略畔道故城当在唐乐蟠县城(今合水县西华池镇老城②)东北5唐里(合今约2.7千米),唐合水县城(今合水县老城镇的蟠交古城③)西南38唐里(合今约20.5千米),即今合水县西华池镇北、合水塬北端的杨沟崂村。此处虽未发现汉代城址,但周围有杨沟崂、朱胡同、麻家洼及西沟畔等汉墓群,总面积在10万平方米以上。④略畔道故城当在此地。

(八)归德县城

西汉归德县故城当在今陕西吴起县白豹镇政府驻地附近。《中国历史地图集》并未确定县城位置,仅将归德县域定在吴起县西北、秦昭襄王长城外侧、洛河上游——头道川与新安边川及乱石头川之间。⑤

《汉书》载:"归德,洛水出北蛮夷中,入河。有堵苑、白马苑。"⑥《元和郡县图志》载:"华池县,(下。西南至[庆]州一百五十里。)本汉归德县地也。按汉归德县,今洛原县是。……洛原县,(中下。东南至[庆]州二百七十五里。)本汉归德县地,属北地郡。……后魏文帝大统元年,复置归德县。隋大业元年改为洛原县,因洛水所出为名。皇朝因之。洛水,原出白于山,一名女郎山,在县北三十里。"⑦由此推知,西汉归德县当在庆州(今庆城县凤城)西北、白于山南、洛水(今陕西洛河)上游区域。

归德县,本是秦县,又见于《张家山汉简》,可知吕后二年(前186)北地郡已辖有归德县。而此时汉匈大致以秦昭襄王长城为界。鉴于此区域秦昭襄王长城、白于山、洛河的空间关系,归德县治城极可能在秦昭襄王长城之南,当在今华池县与吴起县交界地带,大约在今白豹川河谷区域。此区域汉代遗迹分布密集。在白豹镇政府驻地附近有白豹、圿子、烂庄科等汉墓群,面积合计1.5万平方米。有佛店圿、寺梁峁、柳树峁、打扮山等

---

① 《太平寰宇记》卷三十三《关西道九·庆州》,第709页。
② 《中国文物地图集·甘肃分册》,第407页。
③ 《中国文物地图集·甘肃分册》,第410页。
④ 《中国文物地图集·甘肃分册》,第232、414页。
⑤ 《中国历史地图集》(第二册),第17—18页。
⑥ 《汉书》卷二十八《地理志》,第1616页。
⑦ 《元和郡县图志》卷三《关内道三》,第68—69页。

汉代遗址，面积合计约5.3万平方米。①在白豹川汇入洛河处有楼房坪、庙梁、通沟庙湾、寨山、后园、史咀、新庄科、土佛寺、原梁等汉墓群，面积合计约3万平方米。②这两处汉代遗迹分布密集区，均北距秦昭襄王长城约20千米，位于白豹川两岸，洛河西侧。在地理形势上符合文献记载。因此，初步判定汉代归德县故城当在吴起县白豹镇白豹川沿岸，很可能在白豹镇政府驻地。

（九）直路县城

西汉直路县故城在今正宁县西坡乡政府驻地附近。《中国历史地图集》将其标于今富县直罗镇、葫芦河西南侧，③不妥。

《汉书》载："直路，沮水出西，东入洛。"④勘察洛水流域地理形势，上郡、北地郡及左冯翊的空间关系，可知沮水发源于子午岭，东流入洛河。史念海先生认为：沮水即今铜川市耀州区境内的沮河，并推测直路故城当在今耀县柳林镇西北寻找。⑤但此河为石川河上流，石川河并不汇入洛河。笔者认为今黄陵县境内的沮河，当为沮水。

关于"直路，沮水出西，东入洛。"⑥《汉书》原载为"直路，沮水出东，西入洛。"⑦沮水东入洛水没有疑问。但是，沮水真的出直路县西吗？结合北地郡东部辖区的山川形势，笔者认为，北地郡东南部与上郡西南部及左冯翊西北部大致以子午岭为界，沮水源出子午岭。因此颇疑当时应为"直路，沮水出东，东入洛。"而且《水经·沮水注》载："沮水出北地直路县，东过冯翊祋祤县北，东入于洛。《地理志》曰：沮出直路县西，东入洛。"⑧经陈桥驿先生考证："沮水出直路县西"处的直路县，被注笺本、

---

① 《中国文物地图集·陕西分册》，第949页。
② 《中国文物地图集·陕西分册》，第953—954页。
③ 《中国历史地图集》（第二册），第17—18页。
④ 《汉书》卷二十八《地理志》，第1616页。
⑤ 史念海：《黄土高原历史地理研究》，黄河水利出版社，2001年，第617—620页。
⑥ 《汉书》卷二十八《地理志》，第1616页。
⑦ 《汉书》卷二十八《地理志》，第1616页。
⑧ 〔北魏〕郦道元，陈桥驿校证：《水经注校证》卷十六，中华书局，2007年，第405—406页。

项本、五校抄本、七校本、注释本、张本均作畿县，即沮水出畿县西。①笔者认为这些版本记载没错，沮水确实经左冯翊翟道西，而左冯翊翟道正是畿县。这恰说明沮水出直路县东部。溯沮水而上，其源头在今黄陵县西的子午岭。故子午岭东坡山地（今陕西黄陵县与甘肃正宁县的交界地带）亦是直路县辖区。

从地名学讲，"直路"当因地近子午岭上的秦直道得名。因此，直路县城应在子午岭秦直道西侧、今正宁县东部和旬邑县境内寻找。而旬邑县北部为西汉栒邑县境，故应在正宁县东部寻觅。

秦直道西侧约14千米的正宁县西坡乡政府驻地周围存在较为密集的汉代遗址。诸如侯家山汉代遗址。其"面积约3万平方米，文化层厚0.3—1米，暴露有袋状灰坑。采集有汉代泥质灰陶绳纹、弦纹罐、壶等器物残片"。②丁家山汉代遗址，其"面积约4.5万平方米，文化层厚度不详。采集有泥质灰陶，饰纹多为绳纹和弦纹，可辨器形有侈口方唇壶、卷沿罐即带耳器"。③坡底汉代遗址，其"面积约2.5万平方米，文化层厚2—4米。采集有汉代泥质灰陶饰绳纹、弦纹的罐、盆残片等。"④此外，在西坡乡西有后庄子汉墓群。⑤因此，综合文献资料、地理形势和汉代遗迹，初步判断直路故城当在今正宁县西坡乡政府驻地附近。

（十）大要县城

西汉大要县故城相当今甘肃宁县东约5千米的古城村高崖头汉代遗址。《中国历史地图集》将大要县城标在宁县东南，未能具体定位。⑥

关于西汉大要县城的资料较为匮乏。据《读史方舆纪要》载："大要城，在［宁］州城东。……汉县，属北地郡。东汉初邓禹别攻上郡诸县，

---

① 《水经注校证》卷十六，第421页。
② 《中国文物地图集·甘肃分册》，第429页。
③ 《中国文物地图集·甘肃分册》，第430页。
④ 《中国文物地图集·甘肃分册》，第429页。
⑤ 《中国文物地图集·甘肃分册》，第430页。
⑥ 《中国历史地图集》（第二册），第17—18页。

征兵引毂，归至大要是也。县寻废。"①《新修庆阳府志》亦载："大要故城，在州东南，汉置属北地郡。"②

今宁县县城东约5千米，有一"古城村"。村西约3千米有高崖头汉代遗址。其"面积约6万平方米，文化层厚0.5—1.5米，暴露有灰坑。采集有泥质灰陶片，纹饰以绳纹为主，器形有罐、壶、盆、豆、甑等"。③村北约100米有古城汉墓群。④此外，其附近还有上庙、东山、徐家、陡东、陡沟、柳光等汉墓群，⑤面积合计约26万平方米。⑥高崖头遗址地处春荣塬西南边缘，扼守马莲河、城北河、九龙河交汇口，地势险要。东汉班彪从泥阳至义渠恰经此地。换言之，此地位于长安通向西北的要道上。从地理环境讲，此地合乎"大要"之名。因此，今宁县高崖头汉代遗址当是西汉大要县故城所在。

（十一）灵武县城

西汉灵武县故城在今甘肃环县樊家川乡马驿沟村北的安寨汉代城址。《中国历史地图集》将其标绘在宁夏贺兰县城西北。⑦

关于西汉灵武县故城的地理位置，多见于明清文献资料。据《读史方舆纪要》载："灵武城，在［宁夏］镇南，汉置县，属北地郡，后汉省。"⑧《嘉靖宁夏新志》载："灵武镇，今城南六十里，汉故灵武县。唐镇名。南渡黄河至古灵州五十里，北至怀远镇六十里。宋初灵州都巡检主之。伪夏为顺州，遗迹尚存。"⑨《乾隆宁夏府志》载："灵武废县，

---

① 《读史方舆纪要》卷五十七《陕西六·宁州》，第2769页。
② 《新修庆阳府志》卷十一《古迹》，第266页。
③ 《中国文物地图集·陕西分册》，第442页。
④ 《中国文物地图集·陕西分册》，第449页。
⑤ 《中国文物地图集·甘肃分册》，第236—237页。
⑥ 《中国文物地图集·甘肃分册》，第445、446、448、449、453页。
⑦ 《中国历史地图集》（第二册），第17—18页。
⑧ 《读史方舆纪要》卷六十二《陕西十一·宁夏镇》，第2944页。
⑨ ［明］胡汝砺撰修、管律重修：《嘉靖宁夏新志》卷二《宁夏总镇（续）》，宁夏人民出版社，1982年，第173—174页。

有三。一为汉县，在府西北。"①《大清一统志》载："灵武故城，有三。一为汉县，在宁朔县西北。《地理志》属北地郡。后汉省。"②"宁朔县，附郭。东西距九十一里，南北距二百五十里。……汉北地郡灵武县地。"③这些记载盖来源于李贤注《后汉书》所谓："灵武，县名。有谷，在今灵州怀远县西北。"④据此，西汉灵武多被前人定位在今银川西北，或其西南。

但是，笔者颇疑西汉灵武故城不在贺兰山与鄂尔多斯高原间的银川平原，银川平原东西最宽不过50千米。若其在银川平原，则河水必经其故城附近。但6世纪成书的《水经注》对其毫无记载，而对在银川平原的西汉富平故城、廉县故城、典农城、浑怀障和北魏薄骨律镇城等皆详细记述。若灵武县故城的确在此，郦道元遗漏的可能性极小。笔者认为灵武应在鄂尔多斯高原南部台地一带。据《太平寰宇记》载："灵武城，《地理志》灵武县，属北地郡，今废故城在（马）岭北。"⑤《新修庆阳府志》载："灵武城，在府北一百二十里白马岭之北，汉地理志为灵武县，亦属北地郡。"⑥由此可知，汉代灵武县当在今庆城县西北的马岭北。

在庆阳府西北约120里处有一分水岭，当为白马岭。在此岭西北，今环县樊家川乡马驿沟村北200米有一座安寨汉代城址。此城西北距秦昭襄王长城约10千米，"三面临水，一面靠山。城平面呈长方形，东西长约400米，南北宽约270米。城墙黄土夯筑，夯层厚0.1—0.12米，曾出土有铁锛、铁镢、五铢钱等"。⑦据此，初步判断，安寨汉代城址当为西汉灵武县故城。

---

① 〔清〕张金城修、杨浣雨纂，陈明猷点校：《乾隆宁夏府志》卷四《地理三》，宁夏人民出版社，1992年，第116页。
② 《大清一统志》卷二百六十四《宁夏府一·古迹》，第415页。
③ 《大清一统志》卷二百六十四《宁夏府一·古迹》，第409页。
④ 〔南朝宋〕范晔：《后汉书》卷六十五《段颎传》，中华书局，1965年，第2150页。
⑤ 《太平寰宇记》卷三十三《关西道九·庆州》，第710页。
⑥ 《新修庆阳府志》卷十一《古迹一》，第260页。
⑦ 《中国文物地图集·甘肃分册》，第382页。

二、秦昭襄王长城北侧北地郡属县故城

西汉北地郡的除道、富平、廉县、灵州、昫衍、弋居、回获及五街共8县的治城分布在战国秦昭襄王长城北侧。

（一）除道县城

西汉除道县故城当为今甘肃环县甜水镇甜水街村西2千米的牛毛汉代城址。《中国历史地图集》并未标出其具体位置。

据《汉书》载："除道，莽曰通道。"①分析字面之意，除道当处交通便利或交通咽喉之处。史念海先生认为除道的设立与秦直道有关，可能设在子午岭秦直道的中段或北端。②若除道靠近秦直道，则从北地郡此区域诸县的空间分布看，除道当在子午岭秦直道中段附近，在直路县与归德县之间，即今正宁县北、合水县东、华池县一带。结合地理形势，勘察此地汉代遗存，除道故城可能在秦直道西侧约7千米的合水县蒿咀铺乡白家老庄汉代遗址。③其周边有李家渠、对面山、周家湾、蒿咀铺等汉墓群。④而且，由老庄遗址北至归德县城、南至直路县城的路程相当，在空间布局上也合理。

但是，除道是《张家山汉简》所见北地郡13县之一。根据其余12县的空间分布，可发现吕后二年12县分布在银川平原与秦昭襄王长城南侧两个不相连区域。如此，连接这两个区域的北地郡属县只能是除道县。这两个区域有环江谷道相连。除道设在环江谷地也暗合其名。

在今环县甜水镇甜水街村西2千米有牛毛汉代城址。其"平面呈长方形，东西长约800米，南北宽约500米。城墙夯土版筑，残长600米，基宽7米，顶宽2米，夯层厚0.17—0.32米。此城由于水冲，沟壑纵横，无法辨其门向。城内堆积绳纹板瓦、筒瓦残片及云纹瓦当"。⑤其附近有甜水堡汉墓

---

① 《汉书》卷二十八《地理志》，第1616页。
② 史念海：《黄土高原历史地理研究》，黄河水利出版社，2001年，第619—620页。
③ 《中国文物地图集·甘肃分册》，第406页。
④ 《中国文物地图集·甘肃分册》，第230—231页。
⑤ 《中国文物地图集·甘肃分册》，第382页。

群。①据此，牛毛城址当为西汉除道故城所在。

（二）富平县城

西汉富平县故城当在今宁夏青铜峡口巴闸村附近。《中国历史地图集》将其标在吴忠市西南。②

据《水经注》载："［河水］又北过北地富平县西，河侧有两山相对，水出其间，即上河峡也，世谓之青山峡。河水历峡北注，枝分东出。河水又北迳富平县故城西。……河水又北，薄骨律镇城在河渚上，赫连果城也。……河水又北与枝津合，水受大河，东北迳富平城，所在分裂，以灌田圃，北流入河，今无水。"③《元和郡县图志》载："回乐县，本汉富平县地，属北地郡，在今县理西南富平故城是也。"④据此可知，西汉富平县故城在上河峡（今青铜峡）北、唐回乐县故城（唐灵州城，亦北魏薄骨律镇城，今吴忠市通利区古城镇古城湾村西侧⑤）西南、黄河河道东侧。

目前有学者认为汉代富平故城即今"扁担沟古城遗址"。⑥此城位于唐灵州城正南略偏西约23千米处，勉强符合《元和郡县图志》的记载。但其在青铜峡北口东南约15千米处，不符合《水经注》的记载。显然，扁担沟古城并非西汉富平县故城。

笔者认为西汉富平故城大约在今青铜峡口巴闸村附近。此地符合"在今［回乐］县理西南富平故城是也"的记载。虽然在此地域未发现明显的汉代城址，这极有可能是被黄河改道冲毁了。但是，在巴闸村东侧有李桥、沙渠、关马湖、小梁子、莫次墩、彬草湾等汉墓群，面积合计约4万平方米，已发现墓葬300多座，规模庞大。⑦这当是西汉富平县故城遗存的组成部分。

---

① 《中国文物地图集·甘肃分册》，第389页。
② 《中国历史地图集》（第二册），第17—18页。
③ 《水经注校证》卷三《河水》，第74—75页。
④ 《元和郡县图志》卷四《关内道四》，第93页。
⑤ 艾冲：《灵州治城的变迁新探》，《中国边疆史地研究》2011年第4期，第125—133页。
⑥ 国家文物局：《中国文物地图集·宁夏回族自治区分册》，文物出版社，2010年，第289页。
⑦ 《中国文物地图集·宁夏回族自治区分册》，第291页。

（三）廉县县城

西汉廉县故城即今宁夏平罗县崇岗镇暖泉村南1.5千米的暖泉古城遗址。《中国历史地图集》将其标绘于银川市区西北不远处。①

据《水经注》载："河水又北，薄骨律镇城在河渚上……河水又迳典农城东，世谓之胡城。又北径上河城东，世谓之汉城。……河水又北迳典农城东，俗名之为吕城……河水又东北径廉县故城东，王莽之西河亭。《地理志》曰：卑移山在西北。河水又北与枝津合，水受大河，东北迳富平城，所在分裂，以溉田圃，北流入河，今无水。……河水又东北径浑怀障西……南去北地三百里。"②可知，廉县故城在汉魏黄河河道西、薄骨律镇城北、贺兰山东、浑怀障西南。

据杨森翔先生考证，汉魏时期"'西河'河道大概从今宁夏青铜峡唐徕渠口向北，经青铜峡连湖，永宁县增岗，银川七十二连湖、西湖，贺兰县常信乡再向东北，在陶乐西南与支流汇合；'枝津'一出青铜峡口即向东分出，经吴忠关马湖流至黄沙窝海子，又沿着鄂尔多斯台地西缘向北流去"。③今青铜峡小坝镇—永宁县东—平罗县黄渠桥镇一线分布着众多的牛轭湖即历史时期黄河改道遗留下来的。

关于浑怀障的位置。据《元和郡县图志》载："废灵武城，在（怀远）县东北，隔河一百里。其城本蒙恬所筑，古谓之浑怀障，即浑怀所理道，故谓之灵武。"④可知，秦代浑怀障即唐废灵武城，在唐怀远县东北100唐里（合今54千米）、唐代黄河东侧。而唐代怀远县城的位置，据《元和郡县图志》载："怀远县，（上。南至州一百二十五里。）（故城）在州东北，隔河一百二十里。本名钦汗城，……其城仪凤二年为河水泛损，三年于故城西更筑新城。"⑤可知，唐怀远县城大约在今贺兰县南。又据《读史方舆

---

① 《中国历史地图集》（第二册），第17—18页。
② 《水经注校证》卷三《河水》，第74—75页。
③ 杨森翔：《历史上的灵洲、灵州、灵武谷、灵武城址及其他——订正〈中国历史地图集〉的一个错误》，《宁夏大学学报》2008年第1期，第31页。
④ 《元和郡县图志》卷四《关内道四》，第96页。
⑤ 《元和郡县图志》卷四《关内道四》，第95页。

纪要》载:"(唐)怀远废县,即今镇治。"①明代宁夏镇城(今银川兴庆区)与唐代灵州城的直线距离约55千米,与《元和郡县图志》的记载相差约12千米。考虑到此地河网密布,实际道路里程大于直线距离这一现实,12千米的误差是存在的。因此,顾祖禹的记载可信。笔者认同汪一鸣所谓钦汗城(怀远城)在掌政镇镇河堡一带的观点。②以唐怀远县城为圆心,100唐里为半径画圆,可知浑怀障在今平罗县陶乐镇附近。③陶乐镇处于汉魏黄河主河道东南。其附近有林场汉墓群和黄土梁汉墓群。④据《大清一统志》载:"(灵武故城)一为隋县,即汉浑怀障,在今平罗县东北界。"⑤而今陶乐镇的确位于清代平罗县东北境。《中国历史地图集》亦将浑怀障标于陶乐镇西南。⑥现在普遍认为浑怀障在陶乐镇西南约40千米处的兵沟汉代遗址。但此地在唐代怀远县城正东约22千米,在清代平罗县东南,与《元和郡县图志》和《嘉庆重修大清一统志》描述的方位相矛盾。

综上可知,西汉廉县故城在唐怀远县城(今银川兴庆区旧城区)西北,秦汉浑怀障(今平罗县陶乐镇)西南、汉魏黄河主河道西侧。基本圈定在今贺兰县北部及平罗县南部地域。在此范围内的平罗县崇岗镇暖泉村南1.5千米处有暖泉汉代古城遗址。此城"平面呈长方形,南北长200米,东西宽100米。城垣黄土夯筑,残高1—3米,基宽9米。城内散布有陶器残片、瓦当、砖块及经过冶炼的小铁块和铁矿渣。另外,还发现有灰陶罐等"。⑦其附近有暖泉汉墓群。"墓区南北约3千米,东西约1千米。地面有大小不一的墓冢300余座。……出土遗物有绿釉陶罐、灶、盉、壶、井、仓等。铜器有车马饰件、弩机、矛、五铢钱等。"⑧现今地表城址已不存在。西汉廉县故城当在此处。

---

① 《读史方舆纪要》卷六十二《陕西十一·宁夏镇》,第2943页。
② 汪一鸣:《钦汗城城址考证》,《宁夏社会科学》1983年第1期,第67—71页。
③ 《中国文物地图集·宁夏回族自治区分册》,第286页。
④ 《中国文物地图集·宁夏回族自治区分册》,第286页。
⑤ 《嘉庆重修大清一统志》卷264《宁夏府一》,第415页。
⑥ 《中国历史地图集》(第二册),第17—18页。
⑦ 《中国文物地图集·宁夏回族自治区分册》,第283页。
⑧ 《中国文物地图集·宁夏回族自治区分册》,第260页。

（四）灵州县城

西汉灵州县故城当在宁夏吴忠市利通区古城湾村西侧、黄河河道中。《中国历史地图集》将其标于灵武市西北、银川市西南的黄河西岸，①欠妥。

《汉书》载："灵州，惠帝四年置。有河奇苑、号非苑。莽曰令周。"颜师古注曰："苑谓马牧也。水中可居者曰州。此地在河之州，随水高下，未尝沦没，故号灵州，又曰河奇也。二苑皆在北焉。"②再参考《水经注》所载："河水历峡北注，支分东出。……河水北与枝津合，水受大河，东北迳富平城，所在分裂，以溉田圃，北流入河，今无水。"③可推知，颜师古所讲的"在河之州"是指西汉黄河北出青铜峡后，主流与东派围成的"河渚"地域。西汉灵州县即在此。

据杨森翔先生考证，"'西河'（主流）河道大概从今宁夏青铜峡唐徕渠口向北，经青铜峡连湖，永宁县增岗，银川七十二连湖、西湖，贺兰县常信乡再向东北，在陶乐西南与支流汇合；'枝津'一出青铜峡口即向东分出，经吴忠关马湖流至黄沙窝海子，又沿着鄂尔多斯台地西缘向北流去"。④以上河道所围区域即"河渚"。据《大明一统志》载："灵州城，在卫城南。本汉灵州县。"⑤可知，西汉灵州故城当在"河渚"中南部。东汉"邓遵率南匈奴击先零羌于灵州，破之"。李贤注曰："灵州，县名，属北地郡，故城在今庆州马领县西北。"⑥但未言明西汉灵州故城在唐马领县西北多少里。如此，将灵州故城定位于"河渚"上也讲得通。

在"河渚"区域虽未发现汉代古城，但在其中部，有新桥、东河、横城及二道沟汉墓群。从这些汉墓群的空间分布看，汉代大型居民点应在永宁县

---

① 《中国历史地图集》（第二册），第17—18页。
② 《汉书》卷二十八《地理志》，第1616页。
③ 《水经注校证》卷三《河水》，第74—75页。
④ 杨森翔：《历史上的灵洲、灵州、灵武谷、灵武城址及其他——订正〈中国历史地图集〉的一个错误》，《宁夏大学学报》2008年第1期，第31页。
⑤ 《大明一统志》卷三十七《宁夏卫》，第644页。
⑥ 《后汉书》卷五《孝安帝纪》，第225页。

杨和镇一带。《中国历史地图集》就将灵州城与上河农都尉所在等同，标于此地。但据《元和郡县图志》载："保静县，上。西南至州六十里。……后魏立弘静镇，徙关东汉人以充屯田，俗谓之汉城。……贺兰山，在县西九十三里。"①可知，此地正是唐保静县城，亦《水经注》所载"汉城"所在。

如此，西汉灵州城当在"河渚"南部寻找。笔者认为西汉灵州城即北魏薄骨律镇城的前身。在吴忠市利通区古城湾村西侧，早已被黄河冲毁。但其附近尚有红星汉代遗址。②

（五）昫衍县城

西汉昫衍县故城当是今宁夏盐池县花马池镇张记场汉代古城遗址。《中国历史地图》仅将其地域标注在盐池县一带，未对其城址准确定位。③

《汉书》载："在岐、梁、泾、漆之北，有义渠、大荔、乌氏、昫衍之戎。"④据此，仅知其大体方位。又载："秦孝文王五年，游昫衍，有献五足牛者。"⑤此时国之边境，当在秦昭襄王长城附近，直至秦灭六国后才抵达阴山一线。此外，昫衍不见于《张家山汉简》。因此，可推知西汉昫衍县城当为汉武帝收复河南地后所设，其地当在秦昭襄王长城北侧。

据《括地志》载："盐州古戎狄居之，即昫衍戎之地，秦北地郡也。"⑥而秦在昫衍戎之地设昫衍县，可推知，唐代盐州辖区与秦昫衍县有重合之处。又据《元和郡县图志》载："（盐州）春秋为戎狄所居地。史记：'梁山、泾、漆之北有义渠、昫衍'谓此也。……五原县，（上。）本汉马领县地。"⑦唐五原县城即今定边县红柳沟镇北的沙场子古城。⑧此处提到五原县本汉马领县地，但西汉马领故城在秦昭襄王长城南侧约70千米，本

---

① 《元和郡县图志》卷四《关内道四》，第95页。
② 《中国文物地图集·宁夏回族自治区分册》，第289—290页。
③ 《中国历史地图集》（第二册），第17—18页。
④ 《汉书》卷九十四《匈奴传》，第3747页。
⑤ 《汉书》卷二十七《五行志》，第1447页。
⑥ 〔唐〕李泰等，贺次君辑校：《括地志辑校》卷一，中华书局，1980年，第46页。
⑦ 《元和郡县图志》卷四《关内道四》，第98—99页。
⑧ 艾冲：《唐蕃争夺的盐州治城新考》，《唐史论丛》第16辑，陕西师范大学出版总社有限公司，2013年，第18—28页。

文判断马领北境最北在秦昭襄王长城附近。唐五原县南境在今定边县南部。因此秦昫衍之地大概在盐州北部。

在盐州北部，今宁夏盐池县花马池镇张记场村西500米有一座张记场汉代古城遗址。此城"城址平面呈长方形，东西长约1200米，南北宽约800米。城墙为黄土夯筑，高1—6米，基宽8米，顶宽1—3米，夯层厚20厘米。东西墙各辟一门，门道宽约30米。城中可见东西向的街道遗迹。古城的中部有250平方米的方形建筑基台遗址。城内散布大量绳纹板瓦、卷云纹瓦当残片，出土'大富贵、子孙宜、乐未央'铭文方砖和铜印章、货泉、大泉五十、错金'一刀平五千'钱币、铜璇玑、带钩以及大量的兽骨和陶器残片"。①古城西南有张记场和红梁子汉墓群，东南有宛记沟汉墓群等。②综合判断，张记场古城当为西汉昫衍县故城。

（六）弋居县城

弋居县故城当在今陕西定边县红柳沟镇沙场子古城遗址。《中国历史地图集》只将弋居县标在宁县南、马莲河东侧，未具体定位。③

《汉书》载："弋居，有盐官。"④因此，西汉弋居县境当有大盐池。《后汉书》载："弋居有铁。"⑤但后汉北地郡属县变动很大，弋居之地是否为西汉弋居之地不得而知。若是，则弋居县境当有矿山。据《读史方舆纪要》载："弋居城，在（宁）州南。汉县，属北地郡，后汉因之。"⑥《中国历史地图集》将弋居大概位置标于宁县南部。周振鹤先生亦认为："治所当在今甘肃宁县南与正宁县交界处一带。"⑦在宁县南部，汉代遗址和墓群遍地，分布密集，但在此区域没有盐池遗迹和矿山遗迹，与汉代文献记载不合。故笔者认为宁县南部说不妥。

---

① 《中国文物地图集·宁夏回族自治区分册》，第308页。
② 《中国文物地图集·宁夏回族自治区分册》，第319—320页。
③ 《中国历史地图集》（第二册），第17—18页。
④ 《汉书》卷二十八《地理志》，第1616页。
⑤ 《后汉书》卷一百一十三《郡国志五》，第3519页。
⑥ 《读史方舆纪要》卷五十七《陕西六·宁州》，第2769页。
⑦ 周振鹤：《汉书地理志汇释》，安徽教育出版社，2006年，第375页。

弋居并非秦县，也未见于《张家山汉简》，其极可能是汉武帝收复河南地后，在河南地南部新设的县级单位。通过对北地郡及周边区域自然环境的观察，其辖区的盐池当在今银川平原或鄂尔多斯高原南部台地一带。若弋居在银川平原，则《水经注》不记载的可能性极小。因此，弋居县当在鄂尔多斯高原南部台地。

今定边县红柳沟镇北沙场村有一座古城遗址，发现有汉代遗物，当为西汉弋居县故城。此城之西，即今定边县与盐池县交界区域有一条南北向的"盐川"，分布有众多盐湖，如苟池、莲花池等。这就表明此地域水文环境符合设立盐官的自然环境。因此，沙场村古城当为西汉弋居县故城。

（七）回获县城和五街县城

西汉回获县故城当为今内蒙古鄂托克前旗昂素镇的呼和淖尔汉代古城遗址。西汉五街县故城当为今宁夏盐池县花马池镇左记湾村南1千米的左记湾汉代古城遗址。《中国历史地图集》将二县列为无考之县。

现今关于西汉回获和五街两县位置的资料匮乏，故难于考证其位置。此二县未见于《张家山汉简》，因此，笔者颇疑其为汉武帝收复河南地后所设。二县处在秦昭襄王长城北侧。根据北地郡其余17县的空间分布，以及北地郡与西河郡当界于今都思兔河，故回获和五街当在都思兔河南、宁夏平原东、昫衍县北，即今鄂托克前旗、鄂托克旗南部、乌审旗西部区域内寻找。

在今鄂托克前旗昂素镇呼和淖嘎查西北2千米有呼和淖尔汉代古城遗址。其"平面呈长方形，南北约200米，东西约100米。城墙夯筑，基宽约5米，残高0.5米。城内文化层厚约0.8米。"[①]此城可能是汉代回获县故城。

在今盐池县花马池镇左记湾村南1千米，有左记湾汉代古城遗址。此"城依山势而建，西高东低，平面略呈正方形，边长约650米。……城内地面发现大量的陶器残片，器形有罐、碟、碗等。此外，还有筒瓦残片。"[②]此城可能是西汉五街县故城。

---

① 国家文物局：《中国文物地图集·内蒙古自治区分册》，西安地图出版社，2003年，第587页。

② 《中国文物地图集·宁夏回族自治区分册》，第308页。

三、结语

西汉北地郡沿袭秦代北地郡而来，其属县也多因袭秦县建制。但是，汉初与匈奴界于"故塞"，故北地郡辖区较秦代缩小很多。汉武帝收复河南地后，北地郡辖区延伸至秦昭襄王长城北侧，西汉在此区域增设诸多属县。至元鼎三年，析北地郡西部及西南部设安定郡，北地郡属县减少。此后，西汉北地郡辖区稳定。依据《汉书·地理志》可知，汉平帝元始二年，北地郡有19个属县。笔者综合文献记载、近代文物考古发现和相关区域的地理形势，在借鉴前人研究成果的基础上，对西汉北地郡19个县城的具体位置予以系统考述，结论如下表所示：

表1　西汉北地郡属县治城位置简表

序号	县名	位置	备注
1	郁郅	甘肃庆城县庆城镇凤城东南数里	
2	马领	甘肃庆城县马岭镇马岭村	
3	方渠	甘肃环县曲子镇刘旗村	
4	鹑觚	陕西长武县枣园镇河川口村东北	
5	泥阳	甘肃宁县平子镇孟家村	
6	义渠道	甘肃宁县焦村乡西沟村西200米	
7	略畔道	甘肃合水县西华池镇北的杨沟崂村	
8	归德	陕西吴起县白豹镇政府驻地附近	
9	直路	甘肃正宁县西坡乡政府驻地附近	
10	大要	甘肃宁县县城东约5千米古城村	
11	灵武	甘肃环县樊家川乡马驿沟村北	
12	除道	甘肃环县甜水镇甜水街村西2千米	
13	富平	宁夏青铜峡口巴闸村附近	
14	廉县	宁夏平罗县崇岗镇暖泉村南1.5千米	
15	灵州	宁夏吴忠市利通区古城村西侧黄河河道中	
16	昫衍	宁夏盐池县花马池镇张记场村西500米	
17	弋居	陕西定边县红柳沟镇沙场子村	
18	回获	内蒙古鄂托克前旗昂素呼和淖嘎查西北2千米	
19	五街	宁夏盐池县花马池镇左记湾村南1千米	

资料来源：依据《汉书·地理志》和《中国文物地图集》等

通过对西汉北地郡19个属县治城的系统定位，可以较为全面地复原西汉北地郡属县的空间分布格局。这对于研究秦汉时期此地域的政区地理、军事地理、民族地理等有重要的促进作用。同时，因相关资料稀缺的限制，本文结论不可避免地存在尚待深入探索的地方。这需要继续发掘新资料、寻找新证据，进一坐实和纠正相关结论。

（原载于《西夏研究》2016年第2期）

西汉时期五原郡属县治城新考

——以《水经注》的记载为中心

白 雪

秦汉时期郡县两级行政区划研究，对于复原鄂尔多斯高原历史政区地理真相具有重大的学术价值。五原郡诸县治所定位研究更是如此。《汉书·地理志》记载："五原郡，（秦九原郡，武帝元朔二年更名）……县十六：九原、固陵、五原、临沃、文国、河阴、蒲泽、南舆、武都、宜梁、曼柏、成宜、稒阳、莫䵣、西安阳、河目。"[①]

谭其骧主编的《中国历史地图集·秦西汉东汉卷》标绘出西汉时期五原郡12个属县的治城位置，[②]而未标绘的属县有：蒲泽、莫䵣、固陵、文国4县。就已标绘出的12县而言，其具体依据尚不明晰。况且有的县仅标出其名称，并无具体位置。因此，对秦汉时期五原郡诸县治所还有继续研究的空间。

本文依据《汉书·地理志》《张家山汉简·秩律》《水经注》等古代文献资料现代学者的研究成果、文物考古资料，试对五原郡各县的治城所在再行定位探讨。笔者按照《水经注》所记载由西往东的顺序，将河水流经的今乌拉特前旗、达拉特旗、包头市境的9座县城与考古调查资料相结合，依次进行定位考证。尚有7个属县在《水经注》中未曾明确叙及，笔者也对其治城位置进行初步判定。其中蒲泽、曼柏、南舆、文国4县的治城当在今达拉

---

① 〔汉〕班固：《汉书》卷二十八《地理志》，中华书局，1962年，第1619—1620页。
② 谭其骧：《中国历史地图集》（第二册），中国地图出版社，1982年，第17—18页。

特旗境内，莫𪒠、固陵、武都3县的治城应在今固阳县境。

一、今乌拉特前旗境内的西汉五原郡属县故城

《水经注》所载河水流经五原郡诸属县中，河目、西安阳、成宜、宜梁4县的治城应在今内蒙古乌拉特前旗境内。在此考述如下。

1. 河目县治城

据《水经注·河水》载："河水自临河县东迳阳山南。……南屈迳河目县，在北假中，地名也。"[①]可知，河目县在阳山（今狼山山脉）之南，位于北假地带。《水经注》也提到"北假"的位置："自高阙以东，夹山带河，阳山以往，皆北假也。"[②]对此，《中国历史地图集》将河目县治城标绘在今乌梁素海东南。对于其遗址的具体位置，笔者通过查阅《中国文物地图集·内蒙古自治区分册》（上），判定在今狼山以南、乌加河（北河）曲向南流的河段以东区域。

依据考古调查资料，西汉五原郡河目县故城的具体位置，相当今陈二壕城址。陈二壕城址位于乌拉特前旗额尔登布拉格苏木陈二壕村东北、乌梁素海东南岸。[③]这是隋大同城、唐代天德军故城所在。但该城址也出土了大量的汉代"五铢"铜钱，[④]可佐证此城原为汉代始建，应是河目县故城所在。

2. 西安阳县治城

《水经注》载：黄河流经朔方县东北，转而东流，"河水又东，迳西安阳县故城南"。[⑤]这就表明五原郡西安阳县城坐落在马阴山（今乌拉山）南麓、黄河之北。此外，对西安阳县城的方位记载，还有《读史方舆纪要》

---

① 〔北魏〕郦道元，陈桥驿校证：《水经注校证》卷三《河水》，中华书局，2007年，第76页。
② 《水经注校证》卷三《河水》，第76页。
③ 国家文物局：《中国文物地图集·内蒙古自治区分册》，西安地图出版社，2003年，第270—271页。
④ 《中国文物地图集·内蒙古自治区分册》，第623页。
⑤ 《水经注校证》卷三《河水》，第77页。

卷六十一"西安阳城，在故丰州东北";①《汉书地理志补注》"在故九原城西、阴山南";②《新斠注地理志集释》"在今榆林府城西北、鄂尔多斯界内，在黄河北岸"。③但是，这些文献记载的古城位置都较笼统，都不如《水经注》的记载可靠。

据考古调查，今乌拉特前旗稽亥乡张连喜店村的张连喜店古城遗址，位于乌拉山赵北长城南侧。此古城扼守东西水陆交通要冲，是东来西往的关隘。④古城东墙中部加筑瓮城，采集有灰陶弦纹罐残片及汉代"五铢"铜钱等。⑤而且，张连喜店古城的位置恰好与《水经注》所载"西安阳县故城"相吻合。据此，笔者认为该城址为汉代西安阳县故城所在。

3. 成宜县治城

依《水经注》的河水流径，"河水又东，迳成宜县故城南"。⑥成宜县城实际位于西安阳东、宜梁西，该县境置有盐官。⑦据此判断，其故城应即今乌拉特前旗呼和布拉格苏木公庙沟口的公庙沟口古城遗址。⑧但在乌拉特前旗东部黄河北侧并未发现盐湖，而在黄河南侧沙漠地区存在着盐碱湖。因此，汉代成宜县境的产盐地究竟在今何处？有待继续调查。

4. 宜梁县治城

《水经注》载："河水又东迳宜梁县之故城南。阚骃曰：[宜梁城在]五原西南六十里，今世谓之石崖城。"⑨名为"石崖城"，则说明此城在山脚下。今乌拉山主峰大桦背山就在乌拉特前旗东部。其南麓坐落着乌拉特前

---

① 〔清〕顾祖禹，贺次君、施合金点校：《读史方舆纪要》卷六十一《陕西十》，中华书局，2005年，第2918页。
② 〔清〕吴卓信：《汉书地理志补注》，《二十五史补编·史记两汉书三史补编第二册》，北京图书馆出版社，2005年，第418页。
③ 〔清〕钱坫：《新斠注地理志集释》，《二十五史补编·史记两汉书三史补编第二册》，北京图书馆出版社，2005年，第644页。
④ 《中国文物地图集·内蒙古自治区分册》，第270—271页。
⑤ 《中国文物地图集·内蒙古自治区分册》，第622页。
⑥ 《水经注校证》卷三《河水》，第77页。
⑦ 《汉书》卷二十八《地理志》，第1619—1620页。
⑧ 《中国文物地图集·内蒙古自治区分册》，第270—271页。
⑨ 《水经注校证》卷三《河水》，第77页。

旗黑柳子乡三顶账房古城遗址。①其地势与"石崖城"之称谓相符，应为宜梁县城故址。

其他文献也有近似记载。《读史方舆纪要》载"宜梁城在故丰州东"。②《汉书地理志补注》"宜梁古城在故九原城西"。③《读史方舆纪要》载："大河经宜梁、九原二县间，其津济之处谓金津。"④五原故城在今包头市麻池古城，宜梁县城在五原西南方向，即三顶账房古城遗址。

需要说明的是，《中国文物地图集·内蒙古自治区分册》将三顶账房古城标注为九原郡治城，⑤似误。笔者认为，九原郡故城就是今麻池古城。将在下面对九原县、五原县的治城位置予以论述。

二、今达拉特旗、包头市境内的西汉五原郡属县故城

依据《水经注》的相关记载，汉代五原郡河阴县故城应在今达拉特旗境，五原、九原、临沃、稒阳4县故城应在今包头市境内。在此试考述如下。

1. 河阴县治城

《水经注》载：黄河流经宜梁县故城之后，"（河水）又迳河阴县故城北"。⑥据此可知，河阴县故城在今黄河南侧、达拉特旗西北部地区。关于河阴县故城的具体位置，学术界倾向于黄河支流西柳沟西侧的城拐子古城址（昭君坟城址）作为河阴县故城所在。⑦笔者亦赞同此说。因为城拐子古城址出土了绳纹瓦等汉代遗物，⑧可作物证，并且该城址位置符合《水经注》所载河水与河阴故城的空间关系。

其他文献也有近似的方位判断。《读史方舆纪要》载："河阴城，在丰

---

① 《中国文物地图集·内蒙古自治区分册》，第270—271页。
② 《读史方舆纪要》卷六十一《陕西十》，第2918页。
③ 《汉书地理志补注》，第417页。
④ 《新斠注地理志集释》，第644页。
⑤ 《中国文物地图集·内蒙古自治区分册》，第270—271页。
⑥ 《水经注校证》卷三《河水》，第77页。
⑦ 达拉特旗地名志编委会：《达拉特旗地名志》（内部资料），1983年，第364页。
⑧ 《中国文物地图集·内蒙古自治区分册》，第576页。

州西南"。①《汉书地理志补注》载:"河阴故城在故九原城东。"②《新斠注地理志集释》载:"在今榆林府城东北、鄂尔多斯界内,在黄河西南岸。"③据此,河阴治城故址位于今黄河南岸。这也基本符合城拐子古城址的位置。

2. 九原县治城

据《水经注》记载:"(河水)又东迳九原县故城南。秦始皇置九原郡,治此。汉武帝元朔二年,更名五原也。王莽之获降郡、成平县矣。"④关于五原郡郡治——九原县城所在,学术界存在着不同的观点。《包头文物考古综述》一文认为,麻池古城北城为秦九原城、汉五原郡九原县城,南城为汉五原郡五原县城。⑤前辈学者李逸友认为,三顶账房古城乃战国时期赵国兴筑的九原县城,秦朝置九原郡,西汉改为五原郡,东汉末年其建制被废。⑥《中国历史地图集》则将九原郡治标绘在孟家梁古城位置。⑦李绍钦也认为孟家梁古城为战国时期赵武灵王始筑的九原县城。⑧

九原县故城究竟在今何地呢?参考前辈学者的研究成果及考古调查资料,笔者认为麻池古城南城实为秦九原郡、汉五原郡的治城——九原县故城。其理由如下:首先,麻池古城城址的规模很大。城址的规模决定古城的性质和职能。卫星地图显示,麻池古城是目前在包头及其周边地区发现的面积最大的古城址。⑨其次,麻池古城的地理位置极为重要。麻池古城位于今黄河北侧、昆都仑河东面。在卫星地图上,可清楚看出昆都仑河是大青山

---

① 《读史方舆纪要》卷六十一《陕西十》,第2918页。
② 《汉书地理志补注》,第417页。
③ 《新斠注地理志集释》,第643页。
④ 《水经注校证》卷一《河水》,第77页。
⑤ 包头市文物管理处:《包头市文物考古综述》,《内蒙古文物考古》2000年第1期,第4—5页。
⑥ 李逸友:《内蒙古历史考古学的发现与研究综述》,《内蒙古社会科学》1992年第2期,第69—83页。
⑦ 《中国历史地图集》(第二册),第17—18页。
⑧ 李绍钦:《秦始皇与九原郡》,《包头史料荟要》第2辑,1993年,第155—162页。
⑨ 魏坚、郝园林:《秦汉九原——五原郡治的考古学观察》,《中国历史地理论丛》2012年第4期,第46页。

和乌拉山的分界线，从北向南流过两山之间，形成广阔的河谷地带。"昆都仑"，蒙语的意思是"横"，因其横断阴山山脉而得名，即横断了今大青山和乌拉山。麻池古城恰好位于黄河北曲与大青山距离最近之处，扼守着东西南北的交通要道，具有重要的军事战略地位。"麻池古城是秦汉北方长城地带防御的边城"，[①]从黄河沿岸各个古城的分布格局分析，麻池古城处于绝对的优势地位。第三，考古调查所获证据。麻池古城位于内蒙古包头市九原区麻池镇的西北侧。《史记》载"（秦始皇）而通直道，自九原至云阳"。[②]史念海先生在《秦始皇直道遗迹的探索》中提到在秦直道的起点云阳林光宫发现三个高土台。[③]而在1984年，靳之林考察秦直道，在麻池古城发现了跟秦直道起点近似形制的三个大土台。在秦直道的南北两端均有三个土台，并且麻池古城出土的秦瓦当和西安秦兵马俑坑出土的瓦当形制相同。[④]艾冲老师在2013年7月份考察麻池古城期间，也观察到这三个"品字形"的夯土台（参见图1）。这为我们判断秦直道终点——九原郡治城即今麻池古城，提供了重要佐证。

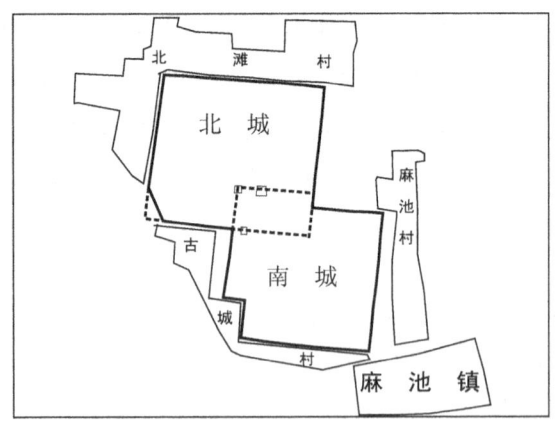

图1　麻池古城平面示意图
（艾冲绘制　图中虚线为推测的城墙位置）

[①] 中国社会科学院考古研究所：《新中国的考古发现和研究》，文物出版社，1984年。
[②] 〔汉〕司马迁：《史记》卷一百一十《匈奴列传》，中华书局，2007年，第2886页。
[③] 史念海：《秦始皇直道遗迹的探索》，《陕西师范大学学报（哲学社会科学版）》1975年第3期，第81页。
[④] 卜昭文：《靳之林徒步考察秦直道记》，《瞭望》1984年第43期，第40—41页。

在20世纪50年代，麻池古城附近曾出土印有"万石"字样的青砖，①1999年5—8月，内蒙古考古研究所对麻池三队遗址（在麻池古城南）进行考古发掘，出土的陶器器底戳印隶书"万石"二字，②这表明麻池古城秦汉时行政级别之高。为我们判定麻池古城即秦九原郡、汉五原郡郡治——九原县故城提供又一佐证。

3. 五原县治城

据《水经注》记载："（河水）又东迳九原县故城南。秦始皇置九原郡，治此。汉武帝元朔二年，更名五原也。王莽之获降郡、成平县。西北接对一城，盖五原县之故城也……"③这说明秦汉九原县城（秦九原郡治、汉五原郡治）和汉五原县故城是呈东南——西北对接的不规则"吕"字形布局。卫星地图显示的麻池古城平面形制也符合这一特征。据"（河水）又东径九原县故城南"，可知九原县故城是相对于五原县故城而言更接近黄河的城址，即九原县故城在南、五原县故城在北。（参见图1）

但对于麻池古城的南城、北城的归属，学者意见不一。《包头境内的战国秦长城与古城》一文提到，这三个夯土台基是在麻池古城北城发现的，确定北城是九原故城无疑，并认为郦道元将九原和五原两城的位置弄混了。而且据《水经注》载九原县"西北接对一城，盖五原县之故城也"，认为麻池古城北城为战国至秦代九原郡郡治、汉代五原郡治——九原县城，而其南城为汉代五原郡五原县的治城。④对此，笔者认为其证据不足，麻池古城南、北城相连，即《水经注》所谓西汉五原县和九原县两城斜向接对成一体。按照《水经注》的记载，南城为秦九原郡治九原县城。南城和北城是相继营建的，首先起筑秦九原郡治城——九原县城，至西汉时期在九原县城的基础上向北扩建新城后再增设五原县，是极有可能的。三个高大的夯土台位于北城

---

① 包头市文物管理处、达茂旗文物管理所：《包头境内的战国秦汉长城与古城》，《内蒙古文物考古》2000年第1期，第86页。
② 内蒙古自治区文物考古研究所：《内蒙古文物考古文集（第三辑）》，科学出版社，2004年，第275页。
③ 《水经注校证》卷三《河水》，第77页。
④ 《包头境内的战国秦汉长城与古城》，第91页。

的南部近中，可能属于秦九原县。据说，三个土台可能是秦朝军队在出征前的祭祀所在。① 若是这样，三个土台就可能是在九原县城近郊地区。麻池古城南、北两城地表遗迹、遗物的不同，也说明南、北城建筑时间是有先后的。1981—1983年，麻池古城南侧的村中先后发现包括"安阳布币"在内的战国钱币，总计40余枚。② 安阳布币是赵国所铸铜币，在麻池古城南城附近出土，可佐证在战国时九原城当是麻池古城南城。笔者认为：在未发现新的证据前，郦道元之说无法否定。故依据《水经注》的记载，判定秦九原郡治、汉五原郡治——九原县故城遗址为麻池古城南城；麻池古城北城则是汉五原郡五原县城遗址。

4. 临沃县治城

《水经注》载："（河水）又东过临沃县南。"石门水"其水自障东南流，迳临沃城东，东南注于河。"③ 按照《水经注》的记载，临沃城在九原县的东方。汉魏时期石门水的流向应与今昆都仑河的流向不同。石门水自石门障流向东南，即"过去是沿今包头市青山区北向南，在今郊区二道沙河一带向南注入黄河的"。④ 而今昆都仑河是自北向南流，在赵北长城南侧由昆都仑河析出一条支流向东南方流出。⑤ 汉魏时期，石门水流过临沃城东面，这就表明临沃县城在石门水西侧、黄河以北。

关于临沃县城的具体位置，李逸友认为麻池古城是西汉临沃县城。⑥ 笔者认为麻池古城为九原县故城，并非临沃县故城。据《水经注》所载，临沃城在九原县以东。九原县城被定在今麻池古城南城。因此，临沃县故城应在麻池古城以东、包头市东河区以西的范围内。笔者依照地理位置判断，临沃县故城应在今敖陶窑古城址。⑦

---

① 《靳之林徒步考察秦直道记》，第40—41页。
② 包头市文物管理所：《包头文物资料》（内部刊物）第1辑，1980年。
③ 《水经注校证》卷三《河水》，第78页。
④ 《包头境内的战国秦汉长城与古城》，第91页。
⑤ 《中国文物地图集·内蒙古自治区分册》，第126—127页。
⑥ 内蒙古文物考古研究所：《内蒙古文物考古文集》第一辑，中国大百科全书出版社，1994年，第12页。
⑦ 《中国文物地图集·内蒙古自治区分册》，第126—127页。

迄今为止，敖陶窑古城被视为唐代中受降城，但并不排除其始建于西汉时期。当然，或者在麻池古城以东、东河区以西的区域，还存在尚未发现的汉代古城址，俟后日破解。

5. 稠阳县治城

在判断汉代稠阳县故城位置之前，先要说明《水经注》的一处字误。即"河水又东迳稠阳城南，东部都尉治"。①而在河水流过临沃故城南之后，又出现"河水又东迳稠阳县故城南。"②因而就出现歧义：稠阳城和稠阳县故城是一个城，还是两个城？按照河水流向，如果是一个城，就显得很矛盾。据段熙仲《水经注·附录》，前者应该是"迳副阳城南"，"副阳，旧本皆如此作，而全、赵、戴三家皆改作稠。"③杨守敬《水经注疏》据"《汉书·地理志》都尉不必治县城"，④认为东部都尉治副阳城，而非县城，因此叙于五原郡之下。若是稠阳，就应叙于稠阳县之下。而《汉书·地理志》及《水经注》稠阳县下，都没有提到东部都尉治。在《水经注》中，先出现的稠阳（副阳）是"河水又东，迳稠阳城南，东部都尉治"。尔后出现的稠阳是"河水又东，迳稠阳县故城南。王莽之固阴也"。可见前一稠阳不是县城，是和原亭、田辟诸城职能近似的都尉治所——副阳城。后者才是五原郡稠阳县城，因为《水经注》在河水经过的西汉故县下都加注王莽时期的名称。"守敬按：副阳城在河阴、九原、临沃之西，稠阳故城在河阴、九原、临沃之东，《注》文叙次分明，截然两城。"⑤就已明确说明这一点。

光绪《山西通志》卷三十《府州厅县考八》："以（水经）注核之，临沃县在包头镇（今包头市东河区）西，稠阳县在包头镇东。"同书卷五十四《古迹考五》："汉稠阳县当在昆都仑沟东之古城湾。"⑥昆都仑沟东面的

---

① 《水经注校证》卷三《河水》，第77页。
② 《水经注校证》卷三《河水》，第78页。
③ 杨守敬：《水经注疏》（影印手稿本），科学出版社，1957年。
④ 《水经注疏》，1957年。
⑤ 《水经注疏》，1957年。
⑥ 王文楚：《从内蒙古昆都仑沟几个古城遗址看汉至北魏时期阴山稠阳道交通》，《复旦学报（社会科学版）》1980年第S1期，第114页。

古城湾,即今包头市东河区古城湾古城。《水经注》"河水又东,迳稒阳县故城南""河水决其西南隅",①可知北魏后期黄"河水"正在冲毁稒阳县故城的西南角。古城湾古城位于黄河北侧、石门水之东,这是符合《水经注》记述的位置。据此断定,包头市东河区古城湾古城是汉代稒阳县故城所在。

三、关于西汉五原郡其余7县故城的位置

西汉五原郡的其他7个属县未曾被《水经注》提及,这就更增加探明其位置的困难。为什么《水经注》对黄河的干道和支流沿岸的郡县故城大多有较全面的记述,却未提到这7县。笔者猜测,出现这样的遗漏并非郦道元的疏忽,可能是7县并未临黄河干流而建,而是在其他地方;或者是郦道元本来就不清楚其所在。笔者参考近年来文物考古的新发现,在此对7县故城位置试做推断。

(一)蒲泽、曼柏、南舆、文国四县位于今达拉特旗境

1. 蒲泽县治城

据《汉书·地理志》记载,蒲泽县城乃五原属国都尉治所,其重要性于此可见一斑。"蒲",通"蒲"。"蒲,水草也,可制草席。"②"泽","下而有水曰泽,言润泽也。"③笔者揣测:蒲泽县故城应在靠近湖泊的地方,处在水草丰茂的自然环境中。

据《读史方舆纪要》"永丰城"条:"蒲泽废县,亦在故丰州东。汉元朔中置,属国都尉治焉。"④可知至清朝初期,蒲泽故城遗址尚在。据文物调查资料,今达拉特旗白泥井镇白泥井村散布着大量汉代墓葬群;白泥井镇城圪梁村也存在规模较大的汉代墓葬群。更重要的信息是,城圪梁村之名称就是因村旁的古城残迹(圪梁)而来。此外,在白泥井镇西北的王爱召镇

---

① 《水经注校证》卷三《河水》,第78页。
② 〔汉〕许慎,〔宋〕徐铉校定:《说文解字》,中华书局,1963年,第17页。
③ 《说文解字》,第231页。
④ 《读史方舆纪要》卷六十一《陕西十》,第2918页。

境内存在小淖村、大淖村，①据地名志资料，早在民国初年此地被称为"硝淖滩"。②可见，这个区域曾存在一个水面广阔的湖泽；湖边生长茂盛的蒲草，蒲泽因此而得名。据上述信息可推定，蒲泽县故城应在白泥井镇城圪梁村附近。③

2. 曼柏县治城

东汉孝明帝时期，创置"度辽将军府"和"曼柏营"于曼柏县城。可见其战略位置是多么重要！

《读史方舆纪要》载："曼柏城，在故胜州西。"④所谓"故胜州"是指今准格尔旗十二连城古城。《新斠注地理志集释》称"在今府谷县北、鄂尔多斯界内，在黄河西岸"。⑤综合史料判断，曼柏县故城应在黄河以南、准格尔旗十二连城以西，恰在今达拉特旗东部。⑥

据文物工作者实地调查，在今达拉特旗盐店乡哈勒正壕村西北约500米、哈什拉川东岸发现一座哈勒正壕古城遗址。其地理位置与汉代曼柏县故城所在相当。哈勒正壕古城平面呈长方形，南北约520米，东西约500米，并出土"五铢"铜钱等汉代遗物。⑦在哈勒正壕村北方有一地方名叫"石拐湾"。石拐，即蒙语"什桂图"的音译，意为"有森林的地方"。这跟"曼柏"词意适相呼应，说明古代此地有大片森林，亦是一证据。据此，西汉曼柏县故城当即今达拉特旗盐店乡哈勒正壕古城。

3. 南舆县治城

南舆县，与云中郡的北舆县遥相呼应。根据《张家山汉简》记载："……武泉、沙陵、南舆、蔓（曼）柏……"，⑧其顺序是沿黄河及大黑河由东向西记载的，南舆县当在曼柏县东方。若如此，南舆县故城应在今达拉

---

① 伊克昭盟地名委员会：《伊克昭盟地名志》，1986年，第275页。
② 《达拉特旗地名志》，第104页。
③ 王兴锋：《论西汉时期鄂尔多斯高原及其邻区的五属国》（打印稿）。
④ 《读史方舆纪要》卷六十一《陕西十》，第2916页。
⑤ 《新斠注地理志集释》，第644页。
⑥ 后晓荣：《秦代政区地理》，社会科学文献出版社，2009年，第182页。
⑦ 《中国文物地图集·内蒙古自治区分册》，第576页。
⑧ 朱红林：《张家山汉简〈二年律令〉集释》，社会科学文献出版社，2005年，第268页。

特旗东南部。

据文物调查资料，在今达拉特旗原马场壕乡城圪梁村东约1.5千米发现一座城圪梁古城遗址。该古城平面呈长方形，南北约200米，东西约100米，城墙夯筑，夯层厚约0.1米。① 显然，这是一座规模较小的县城。据此初步判断，南舆县故城的具体位置，当在今达拉特旗原马场壕乡城圪梁古城位置。

4. 文国县治城

文国县建制始立于西汉时期，经两汉之际的战乱，至东汉犹存。

在今达拉特旗原高头窑镇西部、黑赖沟上游的敖楞陶勒盖村（老楞）和油房梁村附近，文物调查人员发现大片汉代墓葬群，面积达25万平方米，地表封土堆的规模巨大，曾出土大量汉代遗物。此外，位于敖楞陶勒盖墓群南方的郭家渠墓群，也具有一定规模，并出土西汉"五铢""大泉五十"，东汉"五铢"铜钱等遗物。② 敖楞陶勒盖汉墓群和郭家渠汉墓群相距甚近，分别处于黄河支流黑赖沟和布尔日嘎斯太沟上游流域。③ 既然此地汉代墓群规模如此之大，且时间纵跨西汉、东汉两个历史阶段，其附近必然存在一座汉代大型城址。笔者据此认为，这两处汉代墓群应是与西汉五原郡文国县治城相关联的遗址。换言之，五原郡文国县故城应在今达拉特旗原高头窑镇西部、黑赖沟上游的敖楞陶勒盖汉墓群附近地方。

（二）莫䵣、固陵、武都三县位于今固阳县境内

1. 莫䵣县治城

莫䵣县是西汉五原郡16县之一，但在传世文献中几无记载。䵣，意为"白而有黑"之状也。对于莫䵣县故城的位置，笔者推定在今固阳县南部、新建乡下城湾村西南400米的下城湾古城遗址。④ 其理据如下：其一，下城湾古城遗址的规模符合西汉时期县级城市的规格。下城湾古城遗址平面呈长方形，东西542米，南北275米，南北朝向。城址出土有"大泉五十"铜钱等

---

① 《中国文物地图集·内蒙古自治区分册》，第576页。
② 《中国文物地图集·内蒙古自治区分册》，第578页。
③ 《中国文物地图集·内蒙古自治区分册》，第256—257页。
④ 《中国文物地图集·内蒙古自治区分册》，第130—131页。

汉代遗物。①其二，下城湾古城址坐落在大青山区五当河河谷地带，可自成一个由天然界限阻隔的管理区域。其三，下城湾古城密迩今固阳县北部的秦汉长城，可填补迄今尚未在大青山北侧找见汉代县城的遗憾，除"河目县"之外。

2. 固陵县治城

固陵县也是西汉五原郡16属县之一，在传世文献中也几无记载。对于固陵县故城的位置，笔者推定在今固阳县南部、原公益民乡梅令山村西南2千米的梅令山古城址。②其依据如下：首先，梅令山古城址的规模也符合西汉时期县级城市的规格。梅令山古城平面呈长方形，东西约400米，南北约350米。城址出土有灰陶折沿盆、"石门"戳印陶片及"五铢"铜钱等汉代遗物。③其次，梅令山古城址坐落在昆都仑河上游河谷东侧山坡，可自成一个由天然界限阻隔的管理区域。第三，梅令山古城址密迩今固阳县北部的秦汉长城，固陵县治此，可就近加强对五原郡长城地带的日常行政管理。据此，初步判断西汉固陵县故城当在今固阳县原公益民乡梅令山村西南2千米的梅令山古城。

3. 武都县治城

关于西汉时期五原郡武都县城的地理位置，尚未有确切的资料能够作为定位的依据。谭其骧《中国历史地图集》将"武都"标在黄河南岸一条支流上，在今准格尔旗西北部，亦未具体定位。④笔者在此利用考古资料对其位置进行初步推断。

1983年，湖北江陵张家山汉墓出土的张家山汉简记载着汉高祖五年至吕后二年（前202—前186）施行的律令。在《二年律令·秩律》的记载县吏俸禄部分，就提到"武都"秩六百石。⑤而在1983年9月，内蒙古呼和浩特市清水河县贾浪沟村的拐子上古城遗址出土10件战国秦青铜兵器，包括四件戈、

---

① 《中国文物地图集·内蒙古自治区分册》，第66页。
② 《中国文物地图集·内蒙古自治区分册》，第130—131页。
③ 《中国文物地图集·内蒙古自治区分册》，第66页。
④ 《中国历史地图集》（第二册），第17—18页。
⑤ 《张家山汉简〈二年律令〉集释》，第268页。

六件矛。其中，一件矛的骹部铭刻"武都"二字，"武"字反书而写。① 战国时期秦国青铜兵器铭文"武都"县和张家山汉简《秩律》的"武都"县，实为同一个县级行政单位，也就是秦代九原郡、汉代五原郡属县之一。在今清水河县拐子上古城出土的10件战国秦的青铜兵器中，除刻铭"武都"的青铜矛之外，还包括刻着"中阳""广衍"铭文的青铜戈。② 而在《秩律》里，武都、中阳、广衍也同样列入县吏俸禄表中。笔者据此认为，汉初《秩律》的"武都"实乃承继战国与秦代的"武都"。这就表明：武都、中阳、广衍等县是沿承战国时期秦国旧县，同时也佐证"武都"就是秦九原郡的属县，沿袭至西汉。

至于西汉的武都郡与其武都县是在西汉武帝元鼎六年（前111）建置的，跟西汉初年的《二年律令·秩律》的"武都"县无关。③

依"武都"之名称，可知其具有军事性质。笔者揣测，武都县故城也应在黄河以北、接近汉长城的地带。文物考古资料表明，位于今固阳县银号乡碾房村北、长城南100米的碾房村古城址，可当汉代武都县故城。④ 碾房古城平面呈长方形，东西350米、南北400米，具有作为县城的占地规模。在其南、西墙中部开门，西门址有瓮城痕迹，表示该城兼具军事用途。城址内出土了灰陶凹弦纹折沿盆及"大泉五十"铜钱等汉代遗物。⑤ 据此，碾房村古城址当为西汉五原郡武都县故城。

四、结语

透过五原郡各属县治城位置的探讨，笔者提出与《中国历史地图集》西汉五原郡的属县位置与统辖范围不同的学术见解。河目、西安阳、成宜、宜梁4县的治城在今乌拉特前旗境内；五原、九原、临沃、稒阳4县的治城在今

---

① 乌兰察布盟文物工作站：《内蒙古清水河县拐子上古城发现秦兵器》，《文物》1987年第8期，第64页。
② 《内蒙古清水河县拐子上古城发现秦兵器》，第63页。
③ 《汉书》卷二十八《地理志》，第1609页。
④ 《中国文物地图集·内蒙古自治区分册》，第130—131页。
⑤ 《中国文物地图集·内蒙古自治区分册》，第65页。

包头市境；河阴、蒱泽、曼柏、南舆、文国5县的治城在今达拉特旗境；莫䵣、固陵、武都3县在今固阳县境。由此可知，西汉五原郡的统辖区域相当今乌拉特前旗乌梁素海以东、包头市区、固阳县境，以及黄河以南的达拉特旗、准格尔旗北部地区。《中国历史地图集》将西汉五原郡管区标绘成朝东南方延伸的狭长区域，显然不符合常理。①

当然，由于资料匮乏，西汉五原郡的极少数县城定位研究，只是透过既有资料的初步判断，考证依据尚有待继续补充。希望今后能够发现新的历史资料，再行后续补充论证。

（原载于《陕西历史博物馆馆刊》第21辑，三秦出版社，2014年）

① 《中国历史地图集》（第二册），第17—18页。

西汉云中郡属县治城位置新考

吴丰享

云中郡是汉代北部边疆诸边郡之一,在汉朝治理北部边疆过程中具有重要的军政地位,尤其是其北部阴山山脉的"白道谷"则是沟通阴山南北的咽喉要道,从而使云中郡具有极其重要的战略地位。因此,探明云中郡的建置沿革、地理区位和属县治城的地理位置具有重要的学术价值。尽管前辈学者对云中郡建制已有一定的研究,但仍有继续探讨的学术空间。

西汉时期,云中郡管辖范围大体东起卓资县西境、西至包头市古城湾、南至清水河县喇嘛湾,北越大青山到漠南地区。谭其骧《中国历史地图集》将云中郡属县标注在大黑河流域以北的有武泉县、北舆县、犊和县、咸阳县4个县城;标注在大黑河和宝贝河之间的有陶林县、原阳县、云中县、沙陵县4个县城;标注在宝贝河以南的属县有阳寿县、桢陵县、沙南县3个县城。本文以今大黑河(荒干水)和宝贝河(白渠水)为界,分大黑河以北、大黑河和宝贝河之间、宝贝河以南三部分,在前人研究的基础上,对西汉时期的云中郡下辖的11属县治城位置进行再考证。

一、《中国历史地图集》所标绘大黑河以北云中郡4县治城位置再探

在大黑河以北区域,分布着云中郡下属的4个建制县,依照《汉书·地理志》《水经注》和文物考古资料,在此分别对其治城位置给予探索。

（一）武泉县治城

《汉书·地理志》载："武泉，莽曰顺泉。"①《水经注》曰："又有芒干水出塞外，南迳钟山，山即阴山。故郎中侯应言于汉曰：阴山东西千余里，单于之苑囿也。自孝武出师，攘之于漠北，匈奴失阴山，过之，未尝不哭。谓此山也。其水西南迳武皋县，王莽之永武也。又南迳原阳县故城西，又西南与武泉水合，其水东出武泉县故城西南，县，即王莽之所谓顺泉者也。水南流又西屈，迳北舆县故城南。"②由"其水（武泉水，今小黑河）东出武泉县之故城西南。"可知，汉武泉县故城位于武泉水发源地的东北侧、北舆县城东北方向。

对汉代武泉县城的具体位置，已有多位学者进行考证。王文楚、施一揆在《两汉武泉县与北舆县》一文中认为，汉代武泉县城在今呼和浩特市郊区的塔布托古城，又称塔布陀罗亥古城，即在呼和浩特市的东北。③李逸友在《内蒙古历史名城》一书中认为，武泉县城在今乌兰察布盟卓资县三道营村的三道营古城。④孙驰在《两汉武泉县今地考》一文中认为，武泉县城在今托克托县黑水泉古城，⑤曹凤的硕士论文《西汉云中郡与定襄郡》也持此说。⑥《中国历史地图集》将汉代武泉县城标注在今呼和浩特市郊区的塔布陀罗亥古城。

究竟哪种观点符合历史实际呢？只有将原始文献和考古资料相互印证，才能得出符合历史真实的结论。随着文物考古工作的深入开展，为汉代武泉县城位置的再认识提供了新的线索。据《托克托文物志》载：20世纪80年代，在黑水泉村西约200米处的农田（当地人称西关地）里发现了古城墙遗迹。只可见西墙北端一段高出地表1.5米的残墙，夯土筑成，夯层厚度0.07—

---

① 〔汉〕班固：《汉书》卷二十八《地理志》，中华书局，1962年，第1620页。
② 〔北魏〕郦道元，陈桥驿校证：《水经注校证》卷三《河水》，中华书局，2007年，第79页。
③ 复旦大学中国历史地理研究所：《历史地理研究1》，复旦大学出版社，1986年，第422—423页。
④ 李逸友：《内蒙古历史名城》，内蒙古人民出版社，1993年，第18页。
⑤ 孙驰：《两汉武泉县今地考》，《中国边疆史地研究》1998年第3期，第4页。
⑥ 曹凤：《西汉云中郡与定襄郡》，内蒙古大学硕士学位论文，2010年，第18—22页。

0.09米，未发现东、南、北墙。20世纪90年代，地表以上的城墙也因平整土地全部被毁掉，城墙基部被埋入地下1.4米左右。基部夯层厚度仅0.04—0.05米，夯窝直径0.05—0.06米。黑水泉村内及附近地区，地表暴露秦汉式陶片、绳纹筒瓦、板瓦残片，其中有战国时期的树鸟纹瓦当和带有戳印文字的残陶片。此外该村还出土了战国、秦汉时期的陶器、箭镞、铜镜和钱币等。钱币有战国时期的刀币、布币、秦代的半两和两甾钱、汉代的半两和五铢钱等。在村内外发现了古墓葬和埋葬小儿的骨灰罐。1985年，呼和浩特市文物处进行文物普查时，曾在遗址内采集到一块有戳印篆书的"武泉"二字的汉代陶片。2000年5月29日，县文管所的工作人员在黑水泉村西南约150米处地表又采集到一块有戳印篆书"武泉"印记的残陶片。[①]据此，少数学者将汉代武泉县城判定在今托克托县黑水泉村古城。笔者不能认同这一观点，因为这与《水经注》关于武泉县城的具体方位的记载发生矛盾。商品是可以互相流通以及交换的。两块有戳印篆书的"武泉"二字的汉代陶片可以作为商品流通到黑水泉古城，也可以作为赠品携至黑水泉古城。此类旁证甚多，例如1988年在云中郡故城西门外约50米的地方发现一枚"云中"阴文戳印残陶罐，1974年也在托克托县中滩乡哈拉板申村东古城附近也发现一方印文为篆书"云中丞印"铜质官印。我们不能据此将古城村古城和哈拉板申东古城都判定是云中郡郡治云中县吧！因此在出土文物和文献记载发生矛盾时，我们应该理性分析。也有部分学者将汉代武泉县故城判断在今呼和浩特市郊区的塔布陀罗亥古城，笔者也不能认同这一观点，因为该古城规模较大，应不是汉代县级城镇所拥有的规模。塔布陀罗亥古城分内外两城。外城南北约900米，东西850米。内城在外城中部偏北，边长约250米。[②]汉代都尉府治城才应拥有这样的规模。

因此，汉代武泉县故城需要重新思考定位。笔者认为汉代武泉县故城应为呼和浩特市原郊区的北水泉遗址。据文物普查资料，北水泉遗址位于呼和

---

① 《托克托文物志》编撰委员会：《托克托文物志》，中华书局，2006年，第90—91页。
② 国家文物局主编：《中国文物地图集·内蒙古自治区分册》，西安地图出版社，2003年，第12页。

浩特市原郊区保合少乡北水泉村东南约500米，汉代。面积约6万平方米。采集有灰陶绳纹罐、盆等残片。①首先，该遗址面积达6万平方米，符合一般县级治城占地规模。虽无城墙发现，但其城墙遗迹可能历经两千多年的地貌变迁、风雨侵蚀和人力破坏，地表已无城墙遗迹，但其面积足以说明这是汉代一座重要的县级城镇。其次，北水泉村遗址所在位置大体符合《水经注》所在武泉水位于武泉故城西南的这个位置。

（二）北舆县治城

《汉书·地理志》载："北舆，中部都尉治。"②《水经注》曰："其水（武泉水）东出武泉县之故城西南，县，即王莽之所谓顺泉者也。水南流又西屈，迳北舆县故城南。按《地理志》，五原有南舆县，王莽之南利也，故此加北。旧中部都尉治。《十三州志》曰：广陵有舆，故此加北，疑太疏远也。"③由此可知，北舆县故城位于武泉县城的西南方，武泉水（今小黑河）南流西屈的北岸。位于呼和浩特市原郊区（今赛义区）的塔布陀罗亥古城符合《汉书·地理志》和《水经注》的记载，据文物普查资料，塔布陀罗亥古城位于今呼和浩特市原郊区巴彦镇塔利村北约1千米，汉代。方形两重城，平面呈"回"字形，南北向。外城南北约900米，东西850米。内城在外城中部偏北，边长约250米。城墙夯筑，基宽10—15米，残高1.5—3米。城内文化层厚约1.2米。地表散布大量绳纹砖、瓦及陶片。城南约1千米有大型封土堆5座，高3—8米，底径24—48米。采集有灰陶绳纹瓮、罐、盆、碗等残片。④因此，汉代北舆县治城在今呼和浩特市原郊区的塔布陀罗亥古城应无疑问。

（三）犊和县治城

关于犊和县城，史料记载较少，相关研究也相对较少。周振鹤在《汉书地理志汇释》中指出，其治所当在今内蒙古固阳县东南，近土默特左、右旗一带，确地待考。⑤《中国历史地图集》将其含糊地标注在固阳县的东南方

---

① 《中国文物地图集·内蒙古自治区分册》，第11页。
② 《汉书》卷二十八《地理志》，第1620页。
③ 《水经注校证》卷三《河水》，第79页。
④ 《中国文物地图集·内蒙古自治区分册》，第12页。
⑤ 周振鹤：《汉书地理志汇释》，安徽教育出版社，2006年，第390页。

向，未标县治。《山西通志》载：犊和一县，前汉属云中，后汉省。据《魏书·帝纪》：泰常五年，行幸翳犊山，西至五原。太安元年，畋于犊倪山。翳犊、犊倪或是一山，又有犊渚，似皆缘汉县而得名者，地望在五原以东，亦与萨厅界为之，姑类次之。①《归绥识略》载：晋元熙元年，魏主泰常四年，田于犊渚。李延寿曰：犊渚在柞山之西。《方舆纪要》载：山在大同塞外西北四百余里。诗小雅疏，柞木全白，而无赤心，性坚理直，疑今之白杉木也。乌拉特境内有山产杉树甚多，今即名乌拉山，亦曰西山，当即其地。旁水渚数处，不知孰为犊渚，以田猎言，惟五当沟似之。②《绥远通志稿》考证汉代犊和县主要在今萨拉齐县西北大青山中。其主要依据："案犊和之名，见于汉志，其他志地之书，多不著录。故后世考古之士仅据《汉志》知为云中郡属县之一，至其故城何在，则皆疑莫能明也。《水经注》述黄河，凡河水所经之地，苟有故城，必次第列举，并详言迳其某方，以相印证。今此城既不见于郦注，则是云中西部阴山之南、黄河之北，断无此城。良以山河相距，仅三四十里，果有之，岂能遗而不举。此其必在山中，据黄河之处较远也。近时考古家，在归绥县东区山内有二十家村附近，发现一古城废址，经旬日发掘，获古物及印章甚多，其中有刻'犊和'字者，至此，埋没二千年之古县城始复大白于人世。"③《绥远通志稿》关于犊和县的考证是相互矛盾的，一说犊和县在萨拉齐县西北大青山中，萨拉齐县在内蒙古自治区中部偏西，1958年4月撤销，分别划归包头市和土默特旗。一说在归绥县东区山内，归绥县即今呼和浩特市。这两种说法分别位于今天两个不同地方，实在使读者难以信服。笔者认为前一种说法接近历史的真实。因为犊和县不见于《水经注》的记载，当离黄河较远。不然，《水经注》缺载的可能性极小。

笔者认为今土默特左旗大古城村古城应为汉代犊和县城。依据如下：首先，据文物普查资料，大古城村古城位于今毕克齐镇大古城村，汉代。平

---

① 〔清〕王轩等纂修，高可、刘英编：《山西通志》，中华书局，1990年，第2633—2634页。
② 张鼎彝：《绥乘》，泰东图书局，1921年，第66页。
③ 绥远通志馆：《绥远通志稿》（第二册），内蒙古人民出版社，2007年，第61—62页。

面呈长方形，东西350米，南北300米。城墙夯筑，现存南、北墙，基宽6—8米。残高1.5米。城内文化层厚约0.4米。采集有灰陶弦断绳纹罐、盆等残片。①该古城大小符合汉代县级城镇的规模。其次，大古城村古城遗址西南侧有一座山峰，应处于大青山中，而南距黄河较远，并且处于云中郡辖区北部范围之内。故将汉代犢和县初步判定在今土默特左旗大古城村古城。

（四）咸阳县治城

关于汉代咸阳县城，《汉书·地理志》载："咸阳，莽曰贲武。"②《水经注》曰："河水又东迳稒阳县故城南，王莽之固阴也……大河东迳咸阳县故城南，王莽之贲武也。河水屈而流，白渠水注之，水出塞外，西迳定襄武进县故城北，西部都尉治，王莽更曰伐蛮。"③由此可知，汉咸阳县故城位于黄河"几"字形河湾的北岸、稒阳县以东、白渠水以西的地方，即今土默特右旗东部。据文物普查资料，东老藏村古城恰好位于土默特右旗东部，而且符合《水经注》的记载。东老藏村古城，位于今苏波盖乡东老藏村南3千米，汉代。古城平面呈方形，边长150米，夯筑土墙，基宽8.7米，顶宽6米，残高1.5米，夯层厚约0.1—0.12米。城内文化层厚约0.5米。采集有灰陶折沿盆，小口矮领罐等残片。④据此，汉代咸阳县故城应在今土默特右旗苏波盖乡东老藏村南3千米。

二、《中国历史地图集》所标绘大黑河和宝贝河间云中郡4县治城位置再考

在大黑河和宝贝河之间区域，分布着云中郡下辖的四个建制县，现依据《汉书·地理志》《水经注》和文物考古资料，分别给予探讨。

（一）陶林县治城

《汉书·地理志》载："陶林，东部都尉治。"⑤《绥远通志稿》载：

---

① 《中国文物地图集·内蒙古自治区分册》，第21页。
② 《汉书》卷二十八《地理志》，第1620页。
③ 《水经注校证》卷三《河水》，第78页。
④ 《中国文物地图集·内蒙古自治区分册》，第63页。
⑤ 《汉书》卷二十八《地理志》，第1620页。

陶林县，战国至秦，北部为徼外匈奴地，南部隶云中。汉因之，置陶林县，仍为云中郡东部辖境。东汉县省，地复入匈奴。①周振鹤在《汉书地理志汇释》中认为，陶林县故城在今内蒙古呼和浩特市东北。②《中国历史地图集》将其标注在今呼和浩特市东北、武皋西南方、武泉东偏北处。笔者认为在今乌兰察布市卓资县境内原三道营乡土城村古城西城应当是汉代陶林县故城，该古城处于汉代云中郡辖区范围的东部，且靠近长城，古城规模也符合汉代都尉府治城的规模。据文物普查资料，土城村古城位于原三道营乡土城村，从战国一直沿用到明代，位于山谷内，有东、西两城。西城始建于战国，后代分别对其加以改造和增筑。东城年代较晚，以西城东墙为其西墙增筑而成。西城西北角向外凸出，中部偏南有一道东西向隔墙，将城分为南北两部分，南北长约570—690米，东西宽约480米。城墙夯筑，基宽8—12米，残高5—8米，夯层厚0.08—0.15米；南墙中部设门，外加筑瓮城；四角有角楼址，墙外均筑马面。城内有院落、房屋等建筑址。采集有泥质灰陶纹罐、云纹瓦当以及汉"半两"铜钱等。东城平面呈长方形，东西约470米，南北约600米；城墙夯筑，夯层厚0.11—0.15米；四角有角楼址，东、南、北三墙外均筑马面。③因此，笔者将该古城的西城初步判定为汉代陶林县治城。

（二）原阳县治城

《水经注》载："又有芒干水……其水西南迳武皋县，王莽之永武也。又南迳原阳县故城西，又西南与武泉水合。"④由此可知，原阳县在荒干水东畔、武皋县东南。由荒干水先南流经原阳县故城西再西南与武泉水汇合的记述可知，原阳县城应处于荒干水南流又西屈的转弯河道之南或之东，其故地当处于今呼和浩特市东南较适合。《中国历史地图集》也将其标注于此。恰好当地有一座二十家村古城，符合《水经注》的记载。据文物普查资料，二十家古城位于呼和浩特郊区黄合少镇二十家村西南200米，汉代。1959—1961年发掘

---

① 《绥远通志稿》，第一册，第116页。
② 《汉书地理志汇释》，第390页。
③ 《中国文物地图集·内蒙古自治区分册》，第539页。
④ 《水经注校证》卷三《河水》，第79页。

2300余平方米。内外两重城，平面呈方形，南北向。外城周长1800米。内城位于外城西南角，周长1280米；东、南、北墙开门。城墙夯筑，基宽8—10米，残高2—3米。城内发现房址、道路、冶炼场、窑址、作坊等遗迹，文化层厚约1.3米。出土有泥质灰陶绳纹罐、钵、碗，"安陶丞印""定襄丞印"封泥及铁铠甲、"半两"和"五铢"铜钱等。城内文化层发现少量战国遗物。① 据此，汉代原阳故城相当今二十家村古城址应无疑问。

（三）云中县治城

《汉书·地理志》载："云中，莽曰远服。"②《水经注》曰："芒干水又西南，迳云中城北。③白渠水又西南迳云中故城南，故赵地。"④由此可知，云中城应该在荒干水和白渠水之间。《中国历史地图集》将云中县标注在今呼和浩特市西南42千米、托克托县城东北35千米处。⑤今古城村古城恰好位于此地，且符合水经注的记载。据文物普查资料：古城村古城位于古城乡乡政府驻地，从战国一直延续到汉代，据《史记》考证，此城始建于赵武灵王时期，为云中郡治，秦汉因之，北魏设云中镇。古城村古城平面呈不规则方形，南北向，南北1620米，东西1900米，周长约8000米。夯筑城墙，基宽7—11米，残高3—5米，夯层厚0.08—0.12米。城西南部有子城一座，平面呈正方形，边长约130米。文化层厚约1.5米。城中部有建筑址，地表散布有绳纹砖、瓦和灰陶弦断绳纹罐、盆、篦点纹罐等残片。出土北魏"大代太和八年"（484）鎏金铜佛和布币、秦汉"半两"、"五铢"铜钱等。此外有战国至北魏时期的墓葬。⑥尤其是在1988年在云中郡故城西门外约50米的地方发现一残罐底部，直径6.3厘米。罐底左边戳印阴文隶书"云中"二字，两字通高2.3厘米，宽1.5厘米。⑦这一枚"云中"阴文戳印残陶罐的发现，更

---

① 《中国文物地图集·内蒙古自治区分册》，第13页。
② 《汉书》卷二十八《地理志》，第1620页。
③ 《水经注校证》卷三《河水》，第79页。
④ 《水经注校证》卷三《河水》，第78页。
⑤ 《托克托文物志》，第88页。
⑥ 《中国文物地图集·内蒙古自治区分册》，第26页。
⑦ 《中国文物地图集·内蒙古自治区分册》，第26页。

加证明古城村古城是汉代云中县故城。

（四）沙陵县治城

《汉书·地理志》载："沙陵，莽曰希恩。"又载："武进，白渠水出塞外，西至沙陵入河；……武皋，荒干水出塞外，西至沙陵入河。"① 《水经注》曰："河水又东过云中沙陵县南……，白渠水又西北迳沙陵县故城南，王莽之希恩县也。其水西注沙陵湖。又有芒干水出塞外，……西南注沙陵湖，湖水西南入于河。"② 由此可知，沙陵故城应该位于黄河"几"字形河湾的北侧、白渠水以西、沙陵湖以东一带。陈国灿先生在《大黑河诸水沿革考辨》一文中认为白渠水为今宝贝河，荒干水为今大黑河，荒干水和白渠水注入的沙陵湖从汉代至清代中叶一直存在，但今已消失，大致位于今托克托县城北的盐海子村、七星湖一带。③

据此，前辈学者将沙陵县故城定在今哈拉板申村东古城遗址。笔者认同这一定位，现补充资料如下：据文物普查资料，哈拉板申村东古城遗址位于今托克托县中滩乡哈拉板申村东北约30米，汉代，平面呈方形，边长525米，南北向。城内东北角加筑子城，即加筑南、西墙，边长约220米，西墙正中有门址。城墙黄沙土版筑，现存最高处约6米。城内特别是子城内地表散布大量砖瓦碎片。征集有铜钱、铜镞及"侯劲""云中丞印"铜印等。④

三、《中国历史地图集》所标绘宝贝河以南云中郡3县治城位置再剖析

在宝贝河以南及黄河两岸分布着云中郡下辖的3个建制县——阳寿、桢陵和沙南。现依据《汉书·地理志》《水经注》和文物考古资料，分别探讨其3县治城所在。

---

① 《汉书》卷二十八《地理志》，第1620页。
② 《水经注校证》卷三《河水》，第79—80页。
③ 陈国灿：《大黑河诸水沿革考辨》，《内蒙古大学学报》1964年第2期，第105—120页。
④ 《中国文物地图集·内蒙古自治区》，第26页。

(一)阳寿县治城

《汉书·地理志》载:"阳寿,莽曰常得。"①《水经注》没有关于汉代阳寿县城址的记载。成书于唐代前期的《隋书·地理志》载:"榆林郡,统县三:榆林、富昌、金河。(开皇三年置,曰阳寿,……十八年改阳寿曰金河,二十年云州移,二县俱废。仁寿二年又置金河县,带关。)"②这表明隋初仍沿用汉代县名,但并非原地。《山西通志》托克托条记:"隋开皇三年置阳寿县,因汉县为名也。十八年改阳寿曰金河,因县北有金河泊为名也。"③据此,前辈学者将汉代阳寿县城或判定在蒲滩拐古城④,或判定在哈拉板申村西古城。⑤

经过查核与分析,笔者认为此两种观点皆不能令人信服。《水经注》是以记载河道为主的著作。这两个古城皆离黄河较近,《水经注》缺载的可能性极小,故汉代阳寿县城所在地需要重新思考定位。笔者认为今土默特左旗土城村古城应为汉代阳寿县城。该古城离黄河较远、古城大小符合汉代县级城镇的规模,且处于云中郡辖区内。据文物普查资料,土城村古城位于土默特左旗原白庙子乡土城村内,汉代。平面呈长方形,南北560米,东西500米。夯筑土墙,西、北残高1—2米,南墙存部分墙基。采集有绳纹砖、筒瓦、板瓦及灰陶绳纹罐、盆等残片。⑥《中国历史地图集》并未对其具体定位,只将其大体标注在托克托县东南方。笔者对其做出具体定位,完善了《中国历史地图集》的不足。

(二)桢陵县治城

《汉书·地理志》载:"桢陵,缘胡山在西北,西部都尉治。莽曰桢陆。"⑦《水经注》曰:"河水南入桢陵县西北,缘胡山,历沙南县东北,

---

① 《汉书》卷二十八《地理志》,第1620页。
② 〔唐〕魏征:《隋书》卷二十九《地理志》,中华书局,1973年,第813页。
③ 《山西通志》,第2643页。
④ 《西汉云中郡与定襄郡》,第15页。
⑤ 《托克托文物志》,第93页。
⑥ 《中国文物地图集·内蒙古自治区分册》,第21页。
⑦ 《汉书》卷二十八《地理志》,第1620页。

两山、二县之间相出,……县在山南,王莽之桢陆也,北去云中城一百二十里。县南六十许里,有东、西大山,山西枕河,河水南流。"①汉代1里约等于现在415.8米。由此可知,桢陵县在缘胡山南、黄河东岸,与沙南县隔河相望,且北距古城村古城50千米处。据此查考,今托克托县原燕山营乡章盖营村古城符合《汉书·地理志》和《水经注》的记载,实为桢陵县治城所在。据文物普查资料,章盖营村古城位于章盖营村东约500米,汉代。平面呈方形,边长200米,南北向。夯筑城墙,基宽10—12米,残高1—4.2米。采集有灰陶绳纹瓮、釜、罐等残片。②因此,汉代桢陵县治城位于今托克托县原燕山营乡章盖营村东约500米。

（三）沙南县治城

《水经注》载:河水"又东过云中桢陵县南。又东过沙南县北。从县东屈南,过沙陵县西"。③"河水南入桢陵县西北,缘胡山,历沙南县东北,两山、二县之间而出,……县在山南。"④《元和郡县图志》载:"榆林县,本汉沙南县地,属云中郡。汉末北虏侵扰,历魏、晋、周,此地皆无县邑。隋开皇七年置榆林县,地北近榆林,即汉之榆溪塞,因名,属云州,二十年改属胜州。皇朝因之。……金河泊,在县东北二十里。周回十里。云中故城,在县东北四十里。赵云中城,秦云中郡也。"⑤由此可知,汉代沙南县城位于黄河河湾内侧。经过文物工作者实地调查,今准格尔旗十二连城村古城所在位置,恰好符合《水经注》和《元和郡县图志》的记载。据文物普查资料,十二连城村古城位于十二连城村,从汉代一直沿用到明代,俗称十二连城,有五座城圈。据《元和郡县图志》和城南出土的姜义贞墓志推断,东南部三座城址为汉、隋、唐时期的故城;据《明史·地理志》和《山

---

① 《水经注校证》卷三《河水》,第80页。
② 《中国文物地图集·内蒙古自治区分册》,第27页。
③ 《水经注校证》卷三《河水》,第78页。笔者按,此段原为《水经》之文,出现笔误,"桢陵"应为"沙陵","沙陵"应为"桢陵"。郦道元已作驳证。
④ 《水经注校证》卷三《河水》,第80页。
⑤ 〔唐〕李吉甫:《元和郡县图志》卷四《关内道四》,中华书局,1983年,第110—111页。

西通志》考证，西北部一座砖砌城址为明代东胜右卫故城。①因此，汉代沙南县故城应位于今准格尔旗十二连城村古城东南部。

四、结语

本文对西汉时期云中郡所管11个属县治城位置进行新的逐一考述。其中，认同《中国历史地图集》关于咸阳、云中、沙陵、桢陵四县治城位置的标注，但补充了新的资料；对《中国历史地图集》标注不妥的陶林、武泉、北舆、原阳、沙南5县治城位置进行了新的考证。陶林县位于今卓资县原三道营乡土城村古城西城、武泉县位于今呼和浩特市原郊区保合少乡的北水泉遗址、北舆县位于今呼和浩特市原郊区（今赛义区）巴彦镇的塔布陀罗亥古城、原阳县位于今呼和浩特市原郊区黄合少镇的二十家村古城、沙南县位于今准格尔旗十二连城村古城；同时也对《中国历史地图集》未标县治的犊和、阳寿二县治城位置进行了初步定位，犊和县位于今土默特左旗毕克齐镇大古城村古城、阳寿县位于今土默特左旗原白庙子乡土城村古城。（参见表1）本专题研究对于复原西汉时期云中郡政区的历史真相具有重要价值，对本地域其他历史地理专题研究具有一定的参考作用。此外，对于修正和完善《中国历史地图集》西汉时期的地图内容，也有一定的现实意义。

表1 西汉云中郡属县治城位置备注简表

县名	故城遗址	故城位置
武泉县	北水泉遗址	呼和浩特市原郊区保合少乡北水泉村东南约500米
北舆县	塔布陀罗亥古城	呼和浩特市原郊区巴彦镇塔利村北约1千米
犊和县	大古城村古城	土默特左旗毕克齐镇大古城村
咸阳县	东老藏村古城	土默特右旗苏波盖乡东老藏村南3千米
陶林县	土城村古城西城	卓资县原三道营乡土城村
原阳县	二十家村古城	呼和浩特市原郊区黄合少镇二十家村西南200米
云中县	古城村古城	托克托县古城乡乡政府驻地
沙陵县	哈拉板申村东古城	托克托县哈拉板申村东北约30米
阳寿县	土城村古城	土默特左旗原白庙子乡土城村内
桢陵县	章盖营村古城	托克托县原燕山营乡章盖营村东约500米
沙南县	十二连城村古城	准格尔旗十二连城村东南部

（原载于《西夏研究》2017年第1期）

---

① 《中国文物地图集·内蒙古自治区分册》，第608页。

西汉安定郡属县治城新探

李小明

秦昭襄王三十五年（272），创设北地郡。元朔二年（127），西汉收复河南地，北地郡辖区扩至长城以北。对匈奴战争胜利后，徙民实边。武帝元鼎三年（114），析北地郡西部置安定郡，下辖21县。据《汉书·地理志》："高平，（莽曰铺睦。）复累，安俾，抚夷，（莽曰抚宁。）朝那，（有端旬祠十五所，胡巫祝，又有湫渊祠。）泾阳，（开头山在西，《禹贡》泾水所出，东南至阳陵入渭，过郡三，行千六十里，雍州川。）临泾，（莽曰监泾。）卤，（濯水出西。）乌氏，（乌水出西，北入河。都卢山在西。莽曰乌亭。）阴密，（《诗》密人国。有器安亭。）安定，参䜌，（主骑都尉治。）三水，（属国都尉治，有盐官。莽曰广延亭。）阴槃，安武，（莽曰安桓。）祖厉，（莽曰乡礼。）爰得，眴卷，（河水别出为河沟，东至富平北入河。）彭阳，鹑阴，月氏道。（莽曰月顺。）"①至此，安定郡正式出现于历史舞台。

通过梳理前人对西汉安定郡属县地望的研究成果，发现学界就西汉安定郡属县地望达成共识者甚少，实有重新探讨西汉安定郡各属县治所位置的必要。本文结合文献资料、文物考古资料及前人的研究成果，按泾河上游流域、清水河与苦水河流域、祖厉河流域及黄河两岸三个区域，对元始二年安

---

① 〔汉〕班固：《汉书》卷二十八《地理志》，中华书局，2016年，第1615页。

定郡21县的治城位置进行系统探索。论述欠妥之处,敬请方家指正。

一、泾河上游流域12县的治城位置

依据各种资料判断西汉安定郡的阴槃、卤、临泾、安武、安定、彭阳、抚夷、阴密、爰得、乌氏、月氏道、泾阳12县的治城分布在泾河流域上游。

（一）阴槃县治城

《汉书·地理志》仅列有其县名。《中国历史地图集》将阴槃县治城标示在陕西省咸阳市长武县西北25里处。《元和郡县图志》：泾州"潘原县，本汉阴盘县，属安定郡，在今邠州宜禄县西二十三里，阴盘故城是也。地有阴盘驿。"①唐代邠州宜禄县在今陕西咸阳市长武县浅水塬。唐"二十三里"换算成今约12.4千米，向西12.4千米至甘肃平凉市泾川县窑店镇区域。

甘肃泾川县文物资料显示，在窑店镇发现汉墓："岭岭汉墓（窑店镇峪头村西南1.3千米，汉代）夯筑封土地径12米、残高3米，夯层厚约0.1米。采集有五铢钱2枚。"依据汉族丧葬习俗，墓主与其生活地方不远，故西汉阴槃县故城应在泾川县窑店镇峪头村附近，后因羌乱迁徙。《读史方舆纪要》："潘原城在[平凉]府东四十里，本汉阴槃县，属安定郡，后汉因之。"②清平凉府治在今甘肃平凉市，泾河南岸。③故此对汉阴槃县记载有误。有的学者将阴槃县治城定为甘肃省平凉市泾川县泾明乡长武城村吊堡子，④显然不符合《元和郡县图志》的方位、里距记载。《中国历史地名大辞典》将阴槃县治城定在今陕西省长武县西北25里⑤。方位、里距无误。因此，西汉阴槃县治城应在甘肃省平凉市泾川县窑店

---

① 〔唐〕李吉甫：《元和郡县图志》卷三《关内道三》，中华书局，2016年，第57页。
② 〔清〕顾祖禹：《读史方舆纪要》卷五十八《陕西七》，中华书局，2005年，第2778页。
③ 谭其骧：《中国历史地图集》（第八册），中国地图出版社，1996年，第30页。
④ 张多勇：《泾河中上游汉安定郡属县城址及其变迁研究》，西北师范大学硕士学位论文，2007年，第91页。
⑤ 史为乐：《中国历史地名大辞典》，中国社会科学出版社，2005年，第1150页。

镇峪头村附近。

(二)卤县治城

《汉书·地理志》:"卤,濡水出西。"①《中国历史地图集》未能标出卤县治城位置。《中国历史地名大辞典》认为卤县治城约在今甘肃东部或宁夏南部。并未明确指出西汉安定郡卤县的地望。②

据甘肃崇信县文物普查资料显示:"刘家沟遗址(锦屏镇刘家沟村西200米,新石器时代、汉)面积约2.4万平方米,文化层厚1—2.2米,暴露有灰坑白灰面居址、陶窑、墓葬。采集有仰韶文化庙底沟类型的细泥红陶钵、盆、夹砂红陶绳纹罐及汉代云纹瓦当等。"③出土的有秦戳记陶器鼎、罐、盆、釜、甑、茧型壶等共42件陶器上有数量不等的阴文和阳文,皆为"卤"或"卤市"戳记。④据此,西汉卤县治城应在甘肃省崇信县锦屏镇刘家沟遗址。笔者赞同这一观点。

(三)临泾县治城

《汉书·地理志》:"临泾,莽曰监泾。"⑤《中国历史地图集》将临泾县治城标在甘肃省庆阳市镇原县曙光乡川口村洪河北。《元和郡县图志》卷三《关内道》泾州条:"临泾县,(上。东南至州九十里。)本汉旧县,属安定郡。隋大业元年于今县理置湫谷县,取县内湫谷为名。十二年,复为临泾县,皇朝因而不改,按:县有彭阳川,去彭阳县一百步。县界兼有汉安武、安定、彭阳、抚夷四县之地。"⑥《大清一统志》:"临泾故城,在镇原县西二里,汉置,属安定郡。"⑦

---

① 《汉书》卷二十八《地理志》,第1615页。
② 《中国历史地名大辞典》,第1255页。
③ 国家文物局:《中国文物地图集·甘肃分册》,测绘出版社,2011年,第568页。
④ 陶荣:《甘肃崇信出土的秦戳记陶器》,《文物》1991年第5期,第90—94页。
⑤ 《汉书》卷二十八《地理志》,第1615页。
⑥ 《元和郡县图志》卷三《关内道三》,第57页。
⑦ 〔清〕穆彰阿、潘锡恩等纂修:《大清一统志》(第6册)卷二百七十二《泾州直隶州》,上海古籍出版社,2008年,第522页。张多勇将此处引文出处标示为卷二百九,误也,应更正为卷二百七十二。

据甘肃泾川县文物普查文献资料："泾州古城（城关镇水泉寺村，汉—元）始筑于西汉，北周、唐、宋补修。城平面略呈方形，南北长3600米，东西宽3500米。南城墙已毁，北城墙为西汉时筑，残长1500米，削山坡成陡壁以为墙基，圆形夯窝，夯土中夹绳纹、雨点纹版瓦、筒瓦和残砖。西城墙每隔30—100米筑一东西走向的城墩，长20米，有修补痕迹。东城墙残存约900米，有底宽9米、顶宽5米、高9米的墙墩与城墙相连。城墙黄土夯筑，基宽9米，顶宽3米，残高3—7米，夯层厚0.08—0.13米。东西南北四面开门。"①《中国历史地名大辞典》将临泾县治城定在今甘肃镇原县东南五十里屯子（字）镇。②据文物资料显示，屯字镇吴家沟村张山城址为汉代城址，但是古城周长只有200米，规格太小。故西汉安定郡临泾县治城应为甘肃省平凉市泾川县城关镇水泉寺村泾州古城。

（四）安武县治城

《汉书·地理志》："安武，莽曰安桓。"③《中国历史地图集》标绘安武县治城于甘肃省庆阳市镇原县西南平泉乡。《元和郡县图志》："临泾县，……县界兼有汉安武、安定、彭阳、抚夷四县之地。"④《魏书》："平原郡，领县一，阴槃，二汉属安定郡，晋属京兆，后属有安武，安武城。"⑤《大清一统志》："安武废县，在镇原县南，汉置，属安定郡，后汉省。后魏复置，属西北地郡。《魏书·地形志》：阴盘县有安武城，盖当时徙置，非故治也。"⑥对《魏书》的记载给予否定。《甘肃通志》：镇原县"安武废县，在县南，汉置，属安定郡……旧志安武故城在府东北"。⑦安武县应在甘肃镇原县南。

据甘肃镇原县文物调查资料："武亭城址（中原乡武亭村东南1.2千

---

① 《中国文物地图集·甘肃分册》，第528页。
② 《中国历史地名大辞典》，第1859页。
③ 《汉书》卷二十八《地理志》，第1615页。
④ 《元和郡县图志》卷三《关内道三》，第57页。
⑤ 〔北齐〕魏收：《魏书》卷一百零六《地形志》，清乾隆武英殿刻本，第1188页。
⑥ 《大清一统志》卷二百七十二《泾州直隶州》，第522页。
⑦ 〔清〕许容《（乾隆）甘肃通志》卷二十二《古迹》，清文渊阁四库全书本，第400页。

米,汉、宋)城平面呈长方形,东西长200米,南北宽100米。城墙夯土版筑,基宽2米,残高1—3.5米,夯层厚约0.12米。南、北两面辟门。该城系在汉代障城基础上重建。"①《中国历史地名大辞典》将安武县治城定在今甘肃省镇原县西南平泉乡。②《中国历史地图集》将安武县治城标到平泉附近的洪河南岸,有待商榷。一些学者将其定位在甘肃省庆阳市镇原县曙光乡川口村,③应误。西汉安武县治所当在今甘肃省庆阳市镇原县中原乡武亭村东南1.2千米武亭城址。

(五)安定县治城

《汉书·地理志》仅有安定县名,无方位信息描述。《元和郡县图志》载:"保定县,(上。郭下。)本汉安定县地,今临泾县安定故城也,后汉省。"④"临泾县,……县界兼有汉安武、安定、彭阳、抚夷四县之地。"⑤《读史方舆纪要》:"泾川废县,即州治。汉置安定县,属安定郡,后汉省。"⑥《甘肃通志》卷二十二《古迹》:镇原县"安定故城,在县东南,汉置,属安定郡"。⑦《大清一统志》:"安定故城,在州(笔者注:泾州)北十五里。汉置,属安定郡。"⑧基于以上文献分析,符合西汉安定郡安定县治所在镇原县东和州北15里古城只有一座,被《中国文物地图集·甘肃分册》讹为"乌氏城址"。

甘肃平凉市泾川县文物资料显示,该城"(玉都乡太阳墩村北100米)城平面呈正方形,边长100米。城墙夯土版筑,基宽3.5米,残高5米,夯层厚0.1—0.2米。四角有高五米的夯筑角墩,底边长8—10米。门址不详。城内有厚0.8米的瓦砾层。曾采集有绳纹筒瓦、布纹瓦和西秦归义侯窖藏铜器10

---

① 《中国文物地图集·甘肃分册》,第477页。
② 《中国历史地名大辞典》,第1117页。
③ 《泾河中上游汉安定郡属县城址及其变迁研究》,第32页。
④ 《元和郡县图志》卷三《关内道三》,第56页。
⑤ 《元和郡县图志》卷三《关内道三》,第57页。
⑥ 《读史方舆纪要》卷五十八,中华书局,2005年,第2793页。
⑦ 《(乾隆)甘肃通志》卷二十二《古迹》,第400页。
⑧ 《大清一统志》卷二百七十二《泾州直隶州》,第521页。

余件，城南有汉、魏墓群"。①据此，西汉安定县治城应为甘肃省平凉市泾川县玉都镇太阳墩村北100米安定故城。《中国历史地名大辞典》将安定县治城定在今甘肃泾川县北五里水泉寺村。②欠妥，水泉寺村的泾州古城应为临泾县治城。一些学者将其定位为甘肃省庆阳市镇原县城关镇祁家川，③也值得商榷。

（六）彭阳县治城

《汉书·地理志》仅载有"彭阳"县名。《中国历史地图集》将彭阳县治城标在甘肃省庆阳市镇原县彭阳古城。《史记·匈奴列传》："汉孝文皇帝十四年，匈奴单于十四万骑入朝那、萧关，杀北地都尉卬，虏人民畜产甚多，遂至彭阳。使奇兵入烧回中宫，候骑至雍甘泉。"④《括地志辑校》："彭阳故城在泾州临泾县东二十里。"⑤《元和郡县图志》宁州条曰："彭原县，（紧。南至州一百里。）本汉彭阳县地，在今县理西南六十里临泾县界彭阳古城是也"。⑥《甘肃通志》：镇原县"彭阳故城，在县（镇原县）东八十里，汉县以在彭水之阳也。"⑦《读史方舆纪要》："彭阳城，县（笔者注：镇原县）东八十三里。"⑧

甘肃镇原县文物普查资料显示："彭阳古城（太平镇彭阳村）城平面呈正方形，边长250米。现存东、南城墙，为夯土版筑，基宽5米，残高10米，夯层厚0.2—0.3米。城四角有角墩。南、北两面辟门。曾采集有铜镜、铜币和影青瓷碗、盘残片。"⑨据此，西汉彭阳县治城应在甘肃省庆阳市镇原县太平镇彭阳村彭阳古城。笔者赞同谭其骧先生对彭阳县治城的标注。

① 《中国文物地图集·甘肃分册》，第528页。
② 《中国历史地名大辞典》，第1120页。
③ 《泾河中上游汉安定郡属县城址及其变迁研究》，第23页。
④ 〔汉〕司马迁：《史记》卷一百一十《匈奴列传》中华书局，2016年，第2901页。
⑤ 〔唐〕李泰等，贺次君辑校：《括地志辑校》卷一，中华书局，2015年，第41页。
⑥ 《元和郡县图志》卷三《关内道三》，第66页。
⑦ 《（乾隆）甘肃通志》卷二十二《古迹》，第399页。
⑧ 《读史方舆纪要》卷五十八《陕西七》，第2786页。
⑨ 《中国文物地图集·甘肃分册》，第477页。

(七) 抚夷县治城

《汉书·地理志》："抚夷，莽曰抚宁。"① 《中国历史地图集》仅标出抚夷县治城的大致方位。《元和郡县图志》：泾州"临泾县，县界兼有汉安武、安定、彭阳、抚夷四县之地。"② 《魏书》："乌氏，二汉、晋属。有岐山、泾乡城、阳邑城、抚夷城，石堂有自度山。"③ 《读史方舆纪要》："抚夷城，在［泾州］州东北。汉置县，属安定郡，后汉省。"④ 《甘肃通志》卷二十二《古迹》：镇原县"抚夷废县，在县北，汉置属安定郡。后汉省，后魏复置，属陇东郡，隋省"。⑤ 《大清一统志》卷二百七十二："抚夷废县，在镇原县北，汉志属安定郡，后汉省，后魏复置，属陇东郡。又《魏书·地形志》：乌氏县有抚夷城，盖非故治也。隋省。"⑥ 《重修镇原县志》："抚夷故县（辑志）东南七十里，今怀忠东里许，抚夷刘家有城隍庙，土人世传以为抚夷县。考《元和志》云，临泾兼汉抚夷之地，而前志及旧志皆未载。嘉庆八年，余询诸土人始知之。案抚夷，西汉所置，属安定郡。东汉省，入临泾。晋因之，元魏复于其地置县，属陇东郡，后废之。仍并入临泾，明于其地置抚夷堡，讹为附翼云。"⑦ 符合位于镇原县北之方位者，只有乱山梁城址。

甘肃镇原县文物普查资料显示："乱山梁城址（三岔镇高湾村东500米，汉、宋），城平面呈长方形，南北长150米，东西宽100米。城墙夯土版筑，基宽2米，高3米，夯层厚约0.12米。东、西两面辟门。该城系在汉代障城基础上重建。"⑧ 故《中国历史地名大辞典》：将抚夷县治城定在今甘肃省镇

---

① 《汉书》卷二十八《地理志》，第1615页。
② 《元和郡县图志》卷三《关内道三》，第57页。
③ 《魏书》卷一百零六《地形志》，第1188页。
④ 《读史方舆纪要》卷五十八《陕西七》，第2793页。
⑤ 《（乾隆）甘肃通志》卷二十二《古迹》，第400页。
⑥ 《大清一统志》（第6册）卷二百七十二《泾州直隶州》，第522页。
⑦ 焦国理、贾秉机：《重修镇原县志》卷一《地理志上·古迹》，兰州俊华印书馆排印，第255页。
⑧ 《中国文物地图集·甘肃分册》，第477页。

原县北，①符合历史记载。西汉安定郡抚夷县治城应在甘肃省庆阳市镇原县三岔镇高湾村东500米的乱山梁城址。

（八）阴密县治城

《诗·大雅·皇矣》："密人不恭，敢距大邦。"②《史记·秦本纪》［昭襄王］"五十年十月，武安君白起有罪，为士伍，迁阴密"。③"《正义》曰：《括地志》云，阴密故城在泾州鹑觚县西，即古密须国也。"④《汉书·地理志》："阴密，《诗》密人国。有器安亭。"⑤《中国历史地图集》将阴密县治城标于甘肃省平凉市灵台县百里乡。《大清一统志》卷二百七十二："阴密故城在灵台县西五十里。"⑥一些学者认为，西汉安定郡阴密县治城在今灵台县城，因为在灵台县周围出土带有"密""密市"戳记陶器。而据《灵台县志》载，百里城址，即为密须国都城。1972年4月，在灵台县百里乡观音村出土"安定郡库鼎"，出土地点距离百里城址约为2.5千米。"鼎盖及口沿各有阴刻铭文一组，盖铭三竖行，作'安定郡库鼎一，容二斗，重十八斤，二年，冶工偷镥'。口沿铭文六竖行，作'安定郡库鼎一，容二斗，重十八斤，冶工偷镥'"⑦。经过灵台县博物馆原馆长史可辉容量实测，初步推测二年为元封二年。据此判断，今百里城址应为阴密县治城。

甘肃灵台县文物资料显示："百里城址（百里乡，商—宋）平面略呈方形，现存黄土夯筑城垣，东西长530米，南北宽528米，面积约28万平方米。城基宽2.6米，为宋代所筑。北面残留商代墙基，长9.8米、宽2.2米，石块垒筑。……城内外采集有大量的商、周、汉、唐、宋时青铜器、陶器、瓷器残

---

① 《中国历史地名大辞典》，第1179页。
② 朱熹注：《诗经集传》卷六，上海古籍出版社，1987年，第126页。
③ 《史记》卷五《秦本纪》，第214页。
④ 《史记》卷五《秦本纪》，第217页。
⑤ 《汉书》卷二十八《地理志》，第1615页。
⑥ 《大清一统志》卷二百七十二《泾州直隶州》，第521页。
⑦ 史可辉：《安定郡库鼎小考》，2013年8月12日，网址：http://ltbwg.lingtai.gov.cn/info/1013/1057.htm。

片。"①综上，西汉安定郡阴密县治城相当今甘肃省平凉市灵台县百里乡百里城址。《中国历史地名大辞典》将阴密县治城定在今甘肃灵台县西五十里百里乡。②此地望判定是合理的。

（九）爰得县治城

《汉书·地理志》仅记其县名。《中国历史地图集》未能确定爰得县治城具体位置。《魏书·地形志》："爰得，前汉，属安定，后汉晋罢，后复，属有邑，成东魏城。"③《太平寰宇记》卷三十四《关西道》邠州新平县有爰得城："爰得城，《汉书·地理志》云：爰得县属安定郡，后汉省，即此城也。"④《大清一统志》："爰得废县，在［泾］州东南，汉置，属安定郡。后汉省。后魏复置，属新平郡。"⑤依《中国历史地图集》第八册的甘肃省图⑥显示，泾州东南区域包括泾川县和灵台县全境。《中国历史地名大辞典》将爰得县治城定在今甘肃省泾川县东南，⑦只是指出其大致方位。

据甘肃灵台县文物普查资料显示，在灵台县符合在州东南和规模大小者只有付家沟城址，据文物资料显示："付家沟城址（梁原乡付家沟村北1千米，西汉）城平面呈长方形，东西长1500米、南北宽500米，面积约75万平方米。城墙夯筑，基宽2.5米，残高0.5—2米，夯层厚0.08—0.1米。门址不明。地表散见绳纹瓦片、残砖、石条。采集有铜剑、铜镜、铜博山炉。"⑧在付家沟附近的黑河北岸二级阶地上发现了汉墓，出土了大量铜器、铁剑以及五铢钱。⑨《中国历史地图集》未标爰得县确切位置，但所标方位基本

---

① 《中国文物地图集·甘肃分册》，第554页。
② 《中国历史地名大辞典》，第1150页。
③ 《魏书》卷一百零六《地形志》，第1188页。
④ ［宋］乐史，王文楚等点校：《太平寰宇记》卷三十四《关西道十》，中华书局，2013年，第721页。
⑤ 《大清一统志》卷二百七十二《泾州直隶州》，第522页。
⑥ 谭其骧：《中国历史地图集》（第八册），中国地图出版社，1996年，第28—29页。
⑦ 《中国历史地名大辞典》，第1940页。
⑧ 《中国文物地图集·甘肃分册》，第554页。
⑨ 刘得祯、朱建唐：《甘肃灵台发现的两座西汉墓》，《考古》1979年第2期，第122—124页。

正确。一些学者将之定位于黑河乡焦村①，但彼处并没有城址遗存，缺乏证据。因此，西汉安定郡爰得县治城应在甘肃省平凉市灵台县梁原乡付家沟村北1千米的付家沟城址。

（十）乌氏县治城

《史记·匈奴列传》："秦穆公得由余，西戎八国服于秦，故自陇以西有绵诸、绲戎、翟、豲之戎，岐、梁山、泾、漆之北有义渠、大荔、乌氏、朐衍之戎。"②乌氏条下注曰："《括地志》云：乌氏故城在泾州安定县东三十里。周之故地，后入戎，秦惠王取之，置乌氏县也。"③《汉书·地理志》："乌氏，乌水出西，北入河。都卢山在西。莽曰乌亭。"④《后汉书·郡国志》："乌枝，有瓦亭山，出薄落谷。"⑤《读史方舆纪要》："乌氏城，《括地志》：在安定县东三十三里。"⑥顾祖禹关于安定县的记载是从明本《史记正义》抄来，因而顾祖禹取信"三十三里"而非"三十里"。（贺次君《括地志辑校》："乌氏故城在泾州安定县东三十里。"⑦）《大清一统志》："乌支故城，在［泾］州水。"⑧

甘肃泾川县文物普查部门将乌氏城址定位于玉都乡太阳墩村北100米的古城，⑨其主要依据是《大清一统志》的记载，误也。《大清一统志》记载有误，因为它与《居延汉简》记载："月氏至乌氏五十里，乌氏至泾阳五十里"⑩相悖，不符合历史事实。郑炳林、吴炯炯将其定位于宁夏固原市原州

---

① 《泾河中上游汉安定郡属县城址及其变迁研究》，第88页。
② 《史记》卷一百一十《匈奴列传》，第2883页。
③ 《史记》卷一百一十《匈奴列传》，第2884页。
④ 《汉书》卷二十八《地理志》，第1615页。
⑤ 〔南朝宋〕范晔：《后汉书》卷一百一十三《郡国志》，中华书局，1973年，第3519页。
⑥ 《读史方舆纪要》卷五十八《陕西七》，第2793页。
⑦ 《括地志辑校》卷一，第41页。
⑧ 《大清一统志》卷二百七十二《泾州直隶州》，第521页。
⑨ 《中国文物地图集·甘肃分册》，第528页。
⑩ 甘肃省文物考古研究所、甘肃省博物馆等：《居延新简》，文物出版社，1990年，第395页。

区瓦亭附近,①也误。一些学者据《居延汉简》的记载,将乌氏县治所定在平凉市东十里铺,没有将汉里换算成今里,显然与历史实际不符。②乌氏县至泾阳县五十汉里,折合今里约为20.79千米③。其治所应在平凉市崆峒区北后街。

2014年3月9日,在北后街一施工工地清理城墙下土方时发现汉代文化层,内有一汉代龟形铜炉。此地距安国镇油坊庄约为21千米,符合《居延汉简》的记载。《中国历史地名大辞典》将乌氏县定在在今宁夏固原县东南。④有误。一些学者将其定位甘肃省平凉市东十里铺⑤,也误。总之,西汉乌氏县治所当在甘肃省平凉市崆峒区北后街。

（十一）月氏道治城

《汉书·地理志》"月氏道,莽曰月顺。"⑥《中国历史地图》只标

---

① 郑炳林、吴炯炯：《乌氏考》,《中国历史地理论丛》2012年第4期,第37页。
② 张多勇在利用《居延汉简》研究泾阳县距高平县的道路里程140汉里时,认为："140汉里约合今58.2千米,今两地相距与汉里不合。但考虑到古时360步为里,现在人300步（500米）为里,虽古今尺寸变化较大,但古今步伐变化不大。作者据此以为,用步伐量路,古今里长变化不大,古代里长与今里长应该相合。"月氏道与乌氏县同样将汉里等同今里来推断其治所,此论断存在严重的逻辑问题。李并成《河西走廊历史地理》依据《居延新简》确定媪围县、居延置等县治所时,皆将汉里换算成今天的实际里数来确认古城遗址,其他方家学者更是如此。而不是将汉里不经换算直接对应成今里数。笔者质疑张多勇信息和数据来源的可靠性。第一,"古时360步为里。""古时"一词过于笼统,没有具体的指示年代,张多勇也没有证明"古时360步为里"适用于民国以前所有的时代；第二,"古今步伐变化不大。"谬也。古人身高腿长步伐大小很难做到统一量化；今人的平均身高要高于古人,积少成多,距离越远误差越大；第三,古代用步伐量路的结论是荒谬的,与历史事实不符。短距离的度量田亩时用步伐测量有一定的可信度,但是测量官道道路里程有专用的计里车,《古今注·舆服》："大章车,所以识道里也。起于西京,亦曰'记里车'。车上为二层,皆有木人,行一里,下层击鼓,行十里,上层击镯。尚方故事有作车法。"由此可见,古代有专用的记里车。所谓"古代里长与现代里长应该相合"不符合历史事实。每个朝代度量衡大都不尽相同,里、丈、尺寸之间都存在换算关系,不可能只有丈与尺间存在换算关系。而里制世代不变与今相同。故而张多勇依照汉里等同今里来推断西汉乌氏县和月氏道的地望也是欠妥的。
③ 中国科学院《中国自然地理》编辑委员会：《中国自然地理·历史自然地理》,科学出版社,1982年,第261页。
④ 《中国历史地名大辞典》,第462页。
⑤ 张多勇：《从居延E·P·T59·582汉简看汉代泾阳县、乌氏县、月氏道城址》,《敦煌研究》2008年第2期,第68页。
⑥ 《汉书》卷二十八《地理志》,第1615页。

出月氏道治城大致方位，在今宁夏固原市彭阳县境内。《汉书》："列侯所食县曰国，皇太后、皇后、公主所食曰邑，有'蛮夷'曰道。"①《后汉书·西羌传》"及骠骑将军霍去病破匈奴，取河西地，开湟中，于是月氏来降，与汉人错居。"②《居延汉简》："月氏至乌氏五十里，乌氏至泾阳三十里。"③一些学者据此将月氏道标定在甘肃平凉市崆峒区白水乡与花所乡交汇处的瘪家沟④（笔者按：别家沟），将汉里等同今里来探寻月氏道的治所，实误。月氏道距安国镇油坊庄汉里换算成今约41.58千米，而别家沟距安国镇油坊庄约为59.16千米，与《居延汉简》记载不符。据《居延汉简》所载汉里合今41.58千米，且结合文物普查资料推断，月氏道治城在平凉市崆峒区四十里铺镇曹湾村西南1.1千米的潘园古城，距安国镇油坊庄约为40千米。

甘肃平凉市崆峒区文物普查资料显示："潘园故城（四十里铺镇曹湾村西南1.1千米 汉、宋）城为长方形，东西长1500米，南北宽800米。现城墙全部坍塌，仅存北墙一段，长18米，黄土夯筑，基宽6.4米，残高1—6米。夯层厚0.09—0.13米，夯窝呈圆形，断面有较多陶片。四面开门。城址内有厚1厘米左右的瓦砾堆积层，内含汉、唐、宋砖、碗残片及少数子母砖。"⑤潘园古城有汉代文化层，说明潘园古城是在月氏道故城的基础上建立的。潘园故城在泾河北，据文物资料显示汉驿道遗址泾川段也在泾河北岸。⑥《中国历史地图集》将月氏道治城标于宁夏彭阳县境内，实误。因此，西汉月氏道治城应在甘肃省平凉市崆峒区四十里铺镇曹湾村西南1.1千米处潘园古城。

（十二）泾阳县治城

《汉书·地理志》："泾阳，开头山在西，《禹贡》泾水所出，东南

---

① 《汉书》卷十九《百官公卿表》，第742页。
② 《后汉书》卷八十七《西羌传》，第2899页。
③ 《居延新简》，第395页。
④ 《从居延E·P·T59·582汉简看汉代泾阳县、乌氏县、月氏道城址》，第70页。
⑤ 《中国文物地图集·甘肃分册》，第510页。
⑥ 《中国文物地图集·甘肃分册》，第528页。

至阳陵入渭，过郡三，行千六十里，雍州川。"①《中国历史地图集》将泾阳县治城标在甘肃省平凉市崆峒区安国镇油坊庄。《后汉书》："泾阳，县名，属安定，故城在今原州平凉县南也。"②《元和郡县图志》："平凉县，本汉泾阳县地，今县西四十里泾阳故城是也。"③综合上述文献和文物普查资料可以推定西汉安定郡泾阳县治城为今油坊庄遗址。

甘肃平凉市崆峒区文物普查资料显示："油坊庄遗址（安国乡油坊庄村南侧），面积约为40万平方米，文化层厚度0.5—1.5米，暴露有灰坑。采集有齐家文化泥质红陶和夹沙红褐陶片，纹饰主要为绳纹、蓝纹，器形有罐、盆。汉代灰陶片，纹饰以绳纹为主，器形有陶缸，另外发现有大量汉代钱币及绳纹瓦。"④《中国历史地名大辞典》将西汉泾阳县治城定在今甘肃平凉市西北四十里安国镇油坊村。⑤此推论无误。西汉泾阳县治城应为甘肃省平凉市崆峒区安国镇油坊庄南侧油坊庄遗址。

二、清水河与苦水河流域的6县治城位置

依据相关资料，西汉安定郡的朝那、安俾、高平、复累、参䜌、三水共6县治城分布在今宁夏境内的清水河与苦水河流域。

（一）朝那县治城

《汉书·地理志》："朝那，有端旬祠十五所，胡巫祝，又有湫渊祠。"⑥《中国历史地图集》将朝那县治城标绘于宁夏固原市彭阳县境内。《史记·匈奴列传》载：匈奴"灭东胡王，……西击走月氏，南并楼烦、白羊河南王，（侵燕代）悉复收秦所使蒙恬所夺匈奴地者，与汉关故河南塞，至朝那、肤施"。⑦"汉孝文皇帝十四年，匈奴单于十四万骑入朝那、

---

① 《汉书》卷二十八《地理志》，第1615页。
② 《后汉书》卷八《孝灵帝纪》，第329页。
③ 《元和郡县图志》卷三《关内道三》，第59页。
④ 《中国文物地图集·甘肃分册》，第510页。
⑤ 《中国历史地名大辞典》，第1677页。
⑥ 《汉书》卷二十八《地理志》，第1615页。
⑦ 《史记》卷一百一十《匈奴列传》，第2889—2890页。

萧关，杀北地都尉卬，虏人民畜产甚多，遂至彭阳。使奇兵入烧回中宫，候骑至雍、甘泉。"①《史记》卷十《孝文本纪》："十四年冬，匈奴谋入边为寇，攻朝那塞，杀北地都尉卬。"②《史记·封禅书》："及秦并天下，令祠官所常奉天地名山大川鬼神可得而序也。"③"水曰河，祠临晋；沔，祠汉中；湫渊，祠朝那。"④《史记》集解曰："苏林曰：湫渊在安定朝那县，方四十里，停不流，冬夏不增减，不生草木。"⑤《史记》正义曰，《括地志》云："朝那湫祠，在原州平高县东南二十里。湫谷水源出宁州安定县。"⑥《元和郡县图志》卷三《关内道》泾州条："朝那湫，郊祀志云：'湫泉祠朝那。'苏林云：'在安定朝那县，方四十里，冬夏不增减，不生草木。'"⑦《括地志辑校》："朝那故城，在原州百泉县西七十里，汉朝那县也。"⑧《元和郡县图志》卷三《关内道》原州："百泉县，（上，西至州九十里。）本汉朝那县地，故城在今县理西四十五里。"⑨《太平寰宇记》卷三十三《关西道九》原州条："百泉县，（东九十里。五乡。）亦汉朝那县地，故城在今县理西四十五里。后魏正光五年于今县西阳晋川置黄石县，废帝二年改为长城县。隋大业二年改长城为百泉。唐武德八年移于今理。"⑩《大清一统志》："朝那故城在灵台县西北九十里。"⑪

宁夏固原市彭阳县文物资料显示："朝那故城（古城镇驻地，汉）城址平面呈长方形，东西长682米，南北宽480米。城墙存高1—15米，墙基宽14米，顶宽1.5—5米。城周有护城壕，宽10—15米，深1—3米。在城址内出土陶制下水道管、云纹半瓦当和铜鼎。鼎身上刻有铭文三段：'第廿九年朝那

---

① 《史记》卷一百一十《匈奴列传》，第2901页。
② 《史记》卷十《孝文本纪》，第428页。
③ 《史记》卷二十八《封禅书》，第1371页。
④ 《史记》卷二十八《封禅书》，第1372页。
⑤ 《史记》卷二十八《封禅书》，第1373页。
⑥ 《史记》卷二十八《封禅书》，第1373页。
⑦ 《元和郡县图志》卷三《关内道三》，第58页。
⑧ 《括地志辑校》卷一，第45页。
⑨ 《元和郡县图志》卷三《关内道三》，第59页。
⑩ 《太平寰宇记》卷三十三《关西道九》，第705页。
⑪ 《大清一统志》卷二百七十二《泾州直隶州》，第521页。

容二斗二升，重十二斤四两'；'今二斗一升乌氏'；'今二斗一升，十一斤十五两'。鼎重2900克，容积4200毫升。城址破坏严重。"①据此，西汉安定郡朝那县治城即今宁夏固原市彭阳县古城镇的朝那故城。

（二）安俾县治城

《汉书·地理志》仅载"安俾"县名。《中国历史地图集》亦未能具体标示出安俾县治城位置。《中国历史地名大辞典》："安稗县，西汉置，属安定郡。治所在今甘肃平凉地区或宁夏南境，东汉废。"②表达含糊其辞，难以为据。清吕调阳《汉书地理志详释》认为北地郡廉县就是安定郡安俾县，此说经不起推敲，已被后人批驳，此不赘述。西汉安定郡安俾县治城应不在今固原北部地区。《重修镇原县志》卷一："安俾故县，《陕西通志》佛空坪堡，古县也，宋庆历中修筑，捍北边人马来路（辑志）。考郡治汉安俾县，在今县之北，省志所称，当即是矣，俗称安俾为安里。"③宋人韩琦称："臣（尹洙）复见泾原路原州有明朱、灭藏、唐奴三族，广有人力，以居处恃险，从来点集不起，屡杀官军，出入西界买卖，都无忌疑。庆历中，每西人入寇，则前为乡导，同为抄劫。后来，范仲淹遂于三族之北与西界相接处修置靖安、绥宁二寨，佛空坪、耳朵城二堡，其明朱等三族于是不敢作过，听从点集，始为篱落之用。"④可知佛空坪与耳朵城相邻，而耳朵城址在今宁夏固原市彭阳县小岔乡安家川河北岸，⑤已确凿无疑。由此可知，佛空坪也在今彭阳县境内，安里也应在其境内，可断定安俾县治城也应在今彭阳境内。在今彭阳县境，只有两座汉代古城，一座是朝那故城，另一座是南山堡城址。

宁夏固原市彭阳县文物普查资料显示："南山堡城址（古城镇小岔沟村南1.5千米，汉代）城址平面呈椭圆形，依山而筑。城垣已倾圮，东、西、北三面有凸出墩台，面积约3000平方米，基宽3—5米。地面散布砖、板瓦、

---

① 国家文物局：《中国文物地图集·宁夏回族自治区分册》，文物出版社，2010年，第416页。
② 《中国历史地名大辞典》，第1124页。
③ 《重修镇原县志》卷一《地理志上·古迹》，第226页。
④ 韩阴晟：《党项与西夏资料汇编》中卷，宁夏人民出版社，2000年，第3487页。
⑤ 《中国文物地图集·宁夏回族自治区分册》，第417页。

筒瓦残片。破坏严重。"①因此，宁夏固原市彭阳县古城镇小岔沟村南1.5千米南山堡城址当为西汉安定郡安俾县治城。

（三）高平县治城

《汉书·地理志》："高平，莽曰铺睦。"②《中国历史地图集》将高平县治城标于宁夏固原市原州区。《水经注》载："（河水）又东北，高平川水注之，即苦水也，水出高平大陇山苦水谷，……东北流迳高平县故城东。汉武帝元鼎三年置，安定郡治也，王莽更名其县曰铺睦……川水又北出秦长城，城在县北一十五里。"③秦长城在今何处？据考证："秦昭王长城遗址原州段（张易镇、中河乡、开城镇、清河镇、河川乡·战国）……在原州区境内的秦昭王长城，从西向东由西吉县马莲乡东北，经巴都沟进入原州区张易镇樊西堡村南，经闫关、（原文为'阎关'，阎应为'闫'。）红庄村进入中河乡孙家庄南，折向东过海子峡到清河镇吴庄西北，折向北经中河乡苦井村，清河镇长城村又向东北，经清河镇明庄、海堡、郭庄北侧。在此长城分成内外两道。外墙从海堡开始，绕乔洼南王堡，越清水河至郑家磨村，又沿清水河南下至沙窝村。内墙经海堡向东，越清水河至沙窝，与外墙合，然后进入李家塔山，又东南经水泉、吴沟村、蔡家洼，进入河川乡马家坪、海坪、上坪、上黄村。东南行至黄家河、骆驼河，又东南进入彭阳县古城镇东北的田庄，境内全长约90千米。长城就地取土夯筑而成。其中长城梁、明庄、郭庄一带保存较好。现存2—15米，基宽8—12米，夯土层厚10—13厘米。长城每约200米筑一高出墙体的墩台。长城的内侧，修有多处城障。长城沿线散布有绳纹板瓦、半瓦当、筒瓦、回纹空心砖和陶器残片等。"④符合《水经注》记载的这段秦昭王长城应为宁夏固原市原州区明庄、郭庄秦长城遗址。《元和郡县图志》卷三："平高县，本汉高平县，属安定郡。"⑤"长城路东段遗址（市内长城路东，汉代）面积1600平方米，

---

① 《中国文物地图集·宁夏回族自治区分册》，第416页。
② 《汉书》卷二十八《地理志》，第1615页。
③ 《水经注校证》卷二《河水》，第52—53页。
④ 《中国文物地图集·宁夏回族自治区分册》，第393—394页。
⑤ 《元和郡县图志》卷三《关内道》，第58页。

文化层厚2米。1991年施工时发现。有圆形陶窑，径约1米，存深约2米。另外，还发现大量绳纹板瓦、云纹瓦当和五角形陶排水套管、陶井盖等，似为作坊遗址。"①但此处遗址面积过小，与《水经注》记载的里距方位均不符合。北魏时期的一里的长度与今里相差不大，以明庄、郭庄秦长城遗址向西南7.5千米处，再结合固原九龙山发现汉墓群，初步推断，西汉安定郡高平县治城当在宁夏固原市原州区文化西路与中山街交汇的十字区域。

（四）复累县治城

《汉书·地理志》只列出其县名。《中国历史地图集》未能标出复累县治城具体位置。《中国历史地名大辞典》认为复累县治城在今甘肃平凉地区或宁夏南境。②复累县在正史和地方志中均无记载。结合考古发现，在今宁夏固原市西吉县兴隆镇单家集城址属于汉代古城，却无相关文献记载对应。初步判定单家集城址可能是西汉安定郡复累县治城。

宁夏固原市西吉县文物资料表明："单家集城址（宁夏固原市西吉县兴隆镇单家村西150米，汉代）位于葫芦河西岸的台地上。城址平面呈长方形，东西长约400米，南北宽约350米。城墙用河沙土夯筑，夯质松散，残高约3—6米，基宽10米，夯层厚0.1—0.2米，现仅存东西残垣。城内曾出土'五铢''货泉'等钱币。城址周围散布大量的砖、筒瓦、板瓦等建筑残件。"③西汉安定郡复累县治城暂定在宁夏固原市西吉县兴隆镇单家村西150米的单家集城址。

（五）参䜌县治城

《汉书·地理志》："参䜌，主骑都尉治。"④《中国历史地图集》于甘肃庆阳市西北标出参䜌县治城大致方位。《后汉书》："汉安元年，以赵冲为护羌校尉，冲招怀叛羌，罕种乃率邑落五千余户诣冲降。于是罢张乔军屯。唯烧何种三千余落据参䜌北界。"⑤学界对此古城的定位有两种观点，

---

① 《中国文物地图集·宁夏回族自治区分册》，第395页。
② 《中国历史地名大辞典》，第1941页。
③ 《中国文物地图集·宁夏回族自治区分册》，第416页。
④ 《汉书》卷二十八《地理志》，第1615页。
⑤ 《后汉书》卷八十七《西羌传》，第2896页。

一为甘肃庆阳市西北，但没有古城与之对应。一为宁夏同心予旺镇的豫王故城，也经不起推敲。"豫王故城（予旺镇，元明），据《嘉靖固原州志》卷一载，'古有是城，莫考所创，相传为豫王城'。光绪《平远县治》载，宝庆元年（1226），豫王筑城于此，故名豫王城。明成化十二年（1476），设平虏守御千户所于此。弘治十四年（1501），修筑城池及东、西关。"①该城出土文物也未发现汉代遗物。

宁夏吴忠市同心县文物调查资料显示："杨河湾城址（丁塘镇杨家河湾村东北1千米，汉代），平面呈长方形，东西长644米，南北宽452米。东部已毁，城墙倾圮倒塌，现呈一土垄，存高约1.5米，宽约4—6米，开南门。城内文化层厚约2米，遗物有陶片和朱雀、玄武的瓦当图案。"②杨河湾城址的规模符合主骑都尉治城的需求。据此，西汉安定郡参䜌县治城在今宁夏吴忠市同心县丁塘镇杨家河湾村东北1千米杨河湾城址。

（六）三水县治城

《汉书·地理志》："三水，属国都尉治。有盐官。莽曰广延亭。"③《中国历史地图集》将三水县治城标绘在宁夏吴忠市同心县下马关镇红城水古城。史为乐④、鲁人勇⑤等学者赞同这一判定。《水经注》载："肥水又东北出峡，注于高平川，水东有山，山东有三水县故城，本属国都尉治，王莽之广延亭也。西南去安定郡三百四十里。议郎张奂，为安定属国都尉，治此。"⑥"［三水］县东有温泉，温泉东有盐池，故地理志曰：县有盐官。今于城之东北有故城，城北有三泉，疑即县之盐官也。高平川水又北入于河。"⑦《读史方舆纪要》载："三水城，在县东北百里。"⑧

宁夏吴忠市同心县文物普查资料表明："红城水城址（下马关镇红城

---

① 《中国文物地图集·宁夏回族自治区分册》，第324页。
② 《中国文物地图集·宁夏回族自治区分册》，第323页。
③ 《汉书》卷二十八《地理志》，第1615页。
④ 《中国历史地名大辞典》，第54页。
⑤ 鲁人勇、吴忠礼、徐庄：《宁夏历史地理考》，宁夏人民出版社，1993年，第30页。
⑥ 《水经注校证》卷二《河水》，第53页。
⑦ 《水经注校证》卷二《河水》，第54页。
⑧ 《读史方舆纪要》卷五十八《陕西七》，第2787页。

水村北1千米，汉、唐），疑为汉三水县故城，平面呈长方形，东西约530米，南北约560米。城墙黄土夯筑，高约9米，底边宽11米，顶宽4米，夯层厚0.08—0.13米。四面辟门，四墙设有马面。城内文化层厚约2米，发现少量汉代陶片、灰砖和大量唐代陶片、莲花纹瓦当，以及大陶瓮、'开元通宝'等。保存较好。"①"［20世纪］50年代在红城水故城修水库开挖水渠，其土层下埋藏着大量汉代砖头、瓦片，充分说明这里是汉代故城址。"②但张多勇认为此处无汉代遗物。③2017年8月27日笔者与艾冲教授一行考察红城水古城，发现红城水古城有东西两个城区，在西城遗址东北角采集到汉代陶器残片，村中魏姓老者言及20世纪50年代曾在古城内修建水库之事，证实《同心县志》记载的准确性。红城水古城西城是在汉代三水县故城的基础上修建的。西汉三水县治城应即今宁夏吴忠市同心县下马关镇红城水村北1千米的红城水城址西城。

三、祖厉河流域及黄河两岸区域3县的治城位置

依据相关历史文献与实地调研资料，西汉时期安定郡所管眴卷、祖厉、鹑阴3县分布在祖厉河流域及黄河两岸。

（一）眴卷县治城

《汉书·地理志》："眴卷，河水别出为河沟，东至富平北入河。"④《中国历史地图集》仅标出眴卷县治城大致方位，即今宁夏中卫市中宁县东北。而据《水经注》载："河水又东北迳于黑城北，又东北高平川水注之……河水又东北迳眴卷故城西。地理志曰：河水别出为河沟，东至富平，北入河。河水于此有上河之名。"⑤"河水又北过富平县西，河侧有两山相对，水出其间，即上河峡也，世谓之青山峡。河水历峡北注，枝分东出。

---

① 《中国文物地图集·宁夏回族自治区分册》，第323页。
② 同心县志编委会：《同心县志》，宁夏人民出版社，1995年，第8页。
③ 张多勇：《历史时期三水县城址的变迁》，《西夏研究》2015年第1期，第121页。
④ 《汉书》卷二十八《地理志》，第1615页。
⑤ 《水经注校证》卷二《河水》，第51—52页。

河水又北迳富平县故城西"①《读史方舆纪要》:"黄河在[灵州守御千户所]所城北,自宁夏中卫流入界,又东北入卫境。《志》云:黄河经灵州西为河曲,黄河千里一曲,自浇河至故眴卷县,率东北流至富平始曲而北流。《汉志》注:河水自眴卷别出为河沟,东至富平,北入河。"②《大清一统志》亦载:"中卫县在府西南三百八十里……秦北地郡地,汉安定郡眴卷县地,后汉废。"③综合上述文献可以判定,西汉眴卷县治城即今中宁县宁安镇古城子村古城址。

据宁夏中卫市中宁县文物普查资料:"眴卷故城(宁安镇古城子村南1.5千米,汉代),今古城子即汉代眴卷县城。自1959年至今,此地发现大量的汉代板瓦、瓦当、砖等建筑材料和灰陶器残片,在城南侧的台地上有数百座汉代墓葬。"④据此,西汉安定郡眴卷县治城即今宁夏中卫市中宁县宁安镇古城子村南1.5千米的古城村古城。

(二)祖厉县治城

《汉书·地理志》:"祖厉,莽曰乡礼。"⑤《中国历地图集》将祖厉县治城标绘于甘肃白银市会宁县郭城驿镇郭城村。《汉书·武帝纪》:"[元鼎]五年冬十月,行幸雍,祠五畤,遂逾陇,登崆峒,西临祖厉河而还。"⑥《读史方舆纪要》:"祖厉城,[靖虏卫]卫西南百三十里。汉县,属安定郡。"⑦刘满据此认为,祖厉城即今甘肃白银市靖远县平堡乡平堡村平滩堡城址。⑧然而据文物资料显示平滩堡城址为明代古城。⑨那么,西汉时期祖厉县故城究竟在今何处呢?据郦道元《水经注》载:"河水东北流,径安定祖厉县故城西北。汉武帝元鼎三年,幸雍,遂逾陇登空同,西临

---

① 《水经注校证》卷三《河水》,第70页。
② 《读史方舆纪要》卷六十二《陕西十一》,第2951页。
③ 《大清一统志》卷二百六十四《宁夏府》,第410页。
④ 《中国文物地图集·宁夏回族自治区分册》,第349页。
⑤ 《汉书》卷二十八《地理志》,第1615页。
⑥ 《汉书》卷六《武帝纪》,第185页。
⑦ 《读史方舆纪要》卷六十二《陕西十一》,第2964页。
⑧ 刘满:《河陇历史地理研究》,甘肃文化出版社,2009年,第96页。
⑨ 《中国文物地图集·甘肃分册》,第85页。

祖厉河而还，即于此也。"①"李斐曰：音赖。又东北，祖厉川水注之，水出祖厉南山，北流径祖厉县而西北流，注于河。"②（明万历四十三年李长庚刻本《水经注笺》此处记载为"元鼎五年"，清武英殿聚珍版丛书本《水经注》认为：汉武帝元鼎三年案近刻讹作五年。"元鼎三年""元鼎五年"属于版本问题，由于《水经注》版本过于庞杂，此不赘述。版本的错误不对典籍错误负责，此处符合历史事实应为"元鼎五年"。）一些学者认为《水经注》常常"随地为名"，若以此判断武帝西临祖厉河，实际上是到达黄河。而李并成先生持相反的观点，认为汉武帝西临祖厉河非随地为名。③笔者赞同李并成先生的观点。符合《水经注》所谓"河水东北流，经安定郡祖厉县故城西北"的记载。

陈守忠等认为西汉祖厉城在"今靖远县城以西，黄河南岸的和靖地方。"④但是，此说值得商榷。《太平寰宇记》的记载："乌兰县，（州[会州]西北驿路一百八十里，直路一百四十里。三乡。）本汉祖厉县地，属安定郡。后汉属武威郡。前凉张轨收其县人，于凉州别置祖厉县。周武帝西巡于此，置乌兰关，又置县，在会宁关西南四里，后移东北七里平川置。"⑤据甘肃文物普查资料，乌兰故城在今甘肃白银市会宁县头寨子镇马家堡村西100米。⑥《会宁县志（1990—2005）》："马家堡村西南3千米处峡口古关城即北周所置乌兰关，现存南、西、北三面关城残墙，高约2米许，南墙长约6米，西墙长约20米，北墙长约30米……现在古城遗址已被关川河冲毁……20世纪60年代古城西南角残墙尚在。挖掘考察此地文化层深厚，并出土汉陶残片。"⑦据此，西汉安定郡祖厉县治城在今甘肃省白银市

---

① 《水经注校证》卷二《河水》，第52页。
② 《水经注校证》卷二《河水》，第51页。
③ 李并成：《唐代会州故址及其相关问题考——兼谈对于古代城址考察研究的些许体会》，《中国历史地理论丛》2016年第3期，第51页。
④ 陈守忠：《河陇史地考述》，甘肃人民出版社，2007年，第264页。
⑤ 《太平寰宇记》卷三十七《关西道十三》，第781页。
⑥ 《中国文物地图集·甘肃分册》，第94页。
⑦ 会宁县地方志编纂委员会：《会宁县志（1990—2005）》，甘肃人民出版社，2007年，第866页。

会宁县头寨子镇马家堡村西南3千米处。

（三）鹯阴县治城

《汉书·地理志》仅载"鹯阴"县名。《中国历史地图集》只标出鹯阴县治城大致位于靖远县西北、黄河之西。李并成[①]、杜永强、陈辅泰[②]等学者认为，甘肃白银市平川区水泉镇牙沟水村水头社缠州古城可当之。《后汉书·西羌传》："赵冲复追叛羌到建威鹯阴河。军度[未]竟，所将降胡六百余人叛走，冲将数百人追之，遇羌伏兵，与战殁。"[③]李贤注："《续汉书》'建威'作'武威'。鹯阴，县名，属安定郡。"[④]《资治通鉴》载："凉州卢水胡治元多等反，河西大扰。帝召邹岐还，以京兆尹张既为凉州刺史，遣护军夏侯儒、将军费曜等继其后。胡七千余骑逆拒既于鹯阴[河]口，既扬声军从鹯阴，乃潜由且次出武威。胡以为神，引还显美。"[⑤]胡三省注："鹯阴县，前汉属安定郡，后汉属武威郡。鹯阴口，鹯阴河口也。"[⑥]

甘肃白银市平川区文物普查资料显示："鹯阴故城（平川区水泉镇陡城村东北3千米，汉代），城平面略呈长方形，长305米、宽247米。城墙为黄土夯筑，基宽11米、顶宽1.6米、高10米，夯层厚0.1—0.12米。门南开。城内散见大量绳纹板瓦及绳纹夹沙粗黑陶片。"[⑦]鹯阴故城，也就是李并成等人所判定的缠州古城。据此，西汉安定郡鹯阴县治城即今甘肃省白银市平川区水泉镇陡城村东北3千米陡城村古城。

四、结语

汉武帝元鼎三年析北地郡西部增置安定郡，下设21县。本文结合考古和

[①] 《唐代会州故址及其相关问题考——兼谈对于古代城址考察研究的些许体会》，第51页。
[②] 杜永强、陈辅泰：《试论鹯阴城与黄湾汉墓群的关系》，《丝绸之路》2015年第4期，第21页。
[③] 《后汉书》卷八十七《西羌传》，第2897页。
[④] 《后汉书》卷八十七《西羌传》，第2897页。
[⑤] 〔宋〕司马光：《资治通鉴》卷六十九《魏纪一》，中华书局，1956年，第2194—2195页。
[⑥] 《资治通鉴》卷六十九《魏纪一》，第2194页。
[⑦] 《中国文物地图集·甘肃分册》，第81页。

文献资料，在借鉴前人研究成果的基础上逐一对西汉安定郡21个属县故城位置进行再考证，对阴槃、安武、安定、抚夷、爰得、乌氏、月氏道、安俾、复累9县，提出新的治城位置判断；对学界达成共识的卤、临泾、彭阳、阴密、泾阳、朝那、鹑阴7县治所予以简单陈述；对高平、参䜌、眴卷3县，在前人确定大致区域的基础上进行精确的定位。一些学者对三水、祖厉2县故城提出新的见解，笔者基于在前人研究成果进行更为系统的论述和补证。以期缩小争议，减少对诸县故城地望的误判。初步结论如下表所示。

西汉安定郡属县治城位置简表

序号	县名	位置
1	阴槃	甘肃省平凉市泾川县窑店镇峪头村附近
2	卤	甘肃省崇信县锦屏镇刘家沟遗址
3	临泾	甘肃省平凉市泾川县城关镇水泉寺村泾州古城
4	安武	甘肃省庆阳市镇原县中原乡武亭村东南1.2千米武亭城址
5	安定	甘肃省平凉市泾川县玉都镇太阳墩村北100米安定故城
6	彭阳	甘肃省庆阳市镇原县太平镇彭阳村彭阳古城
7	抚夷	甘肃省庆阳市镇原县三岔镇高湾村东500米乱山梁城址
8	阴密	甘肃省平凉市灵台县百里乡百里城址
9	爰得	甘肃省平凉市灵台县梁原乡付家沟村北1千米付家沟城址
10	乌氏	甘肃省平凉市崆峒区北后街
11	月氏道	甘肃省平凉市崆峒区四十里铺镇曹湾村西南1.1千米潘园古城
12	泾阳	甘肃省平凉市崆峒区安国镇油坊庄南侧油坊庄遗址
13	朝那	宁夏固原市彭阳县古城镇的朝那故城
14	安俾	宁夏固原市彭阳县古城镇小岔沟村南1.5千米南山堡城址
15	高平	宁夏固原市原州区文化西路与中山街交汇的十字区域
16	复累	宁夏固原市西吉县兴隆镇单家村西150米单家集城址
17	参䜌	宁夏吴忠市同心县丁塘镇杨家河湾村东北1千米杨河湾城址
18	三水	宁夏吴忠市同心县下马关镇红城水村北1千米处的红城水城址西城
19	眴卷	宁夏中卫市中宁县宁安镇古城子村南1.5千米古城村古城
20	祖厉	甘肃省白银市会宁县头寨子镇马家堡村西南3千米
21	鹑阴	甘肃省白银市平川区水泉镇陡城村东北3千米陡城村城址

（原载于《宁夏大学学报》2017年第6期）

两汉时期大城县故城位置初考①

艾 冲

大城（亦作"大成"），是西汉和东汉时期置于河南地区域的一个建制县。其行政隶属关系前后有变化，西汉时期，大成县隶属于西河郡（新莽更名为"好成县"）；东汉时期，该县改写为"大城"，改隶于朔方郡。②东汉之后，大城县建制虽然被废，但其治城——大城则沿用至十六国时期。东晋十六国时期，割据于鄂尔多斯高原的赫连夏政权早期就以"大城"为其统治中心，换言之，即其早期都城。由于大城跟若干重要历史事件相关联，具有一定的地理指示价值。虽然《中国历史地图集》（第二册）将"大城"标绘在今杭锦旗东南隅，却无考证资料问世。因此，探明其具体位置就显得十分必要。

一、两《汉书》关于西河郡"大城县"的记载

《汉书·地理志》记载的西河郡"大成"县，在《后汉书·郡国志》中则写作"大城"县。

《汉书·地理志下》载："西河郡，（武帝元朔四年置。南部都尉治

---

① 本文系2011年度国家社科基金重大项目"鄂尔多斯高原历史地理研究"（11&ZD097）阶段性成果。
② 〔东汉〕班固：《汉书》卷二十八《地理志下》，中华书局，1962年，第1618页。
〔南朝宋〕范晔：《后汉书》志二十三《郡国五》，中华书局，1965年，第3526页。

塞外翁龙、埤是[两障]。莽曰归新。属并州。）户十三万六千三百九十，口六十九万八千八百三十六。县三十六：富昌，有盐官。莽曰富成。……美稷，属国都尉治。……大成，莽曰好成。……增山，有道西出眩雷塞，北部都尉治。虎猛，西部都尉治"。①

《后汉书·郡国五》载："朔方郡，武帝置。六城，户千九百八十七，口七千八百四十三。临戎；三封；朔方；沃野；广牧；大城，故属西河[郡]"。②

这就清楚地表明：大成县、大城县是指同一行政建制单位。其治城——驻地亦以同名相称。自东汉始，称作"大城县"，其治城亦称大城城，简称大城。

二、大城县故城空间位置的历史文献分析

依据跟"大城"城相关联的历史事件发生、发展的轨迹，判断其所在位置。在下面试做论析。

（一）据东汉永元六年至七年（94—95）南匈奴贵族成员反叛事件判断

东汉永元六年至七年（94—95）间，南匈奴内部发生贵族成员反叛事件。此次叛乱事件涉及"大城"附近的"大城塞"。《后汉书·南匈奴列传》载：东汉永元六年（94）秋，南匈奴亭独尸逐侯鞮单于师子继立不久，"降胡五六百人夜袭师子，安集掾王恬将卫护士与[之]战，破之。于是新降胡遂相惊动，十五部二十余万人皆反叛，胁立前单于屯屠何[之]子奥鞬日逐王逢侯为单于，遂杀略吏人，燔烧邮亭庐帐，将车重向朔方，欲度漠北[去]。于是，遣行车骑将军邓鸿、越骑校尉冯柱、行度辽将军朱徽将左右羽林、北军五校士及郡国积射、缘边兵，乌桓校尉任尚将乌桓、鲜卑，合四万人讨之。时，南单于及中郎将杜崇屯牧师城，逢侯将万余骑攻围之，未下。冬，邓鸿等至美稷，逢侯乃乘冰度隘，向满夷谷。南单于遣子将万骑，及杜崇所领四千骑，与邓鸿等追击逢侯于大城塞，斩首三千余级，得生

---

① 《汉书》卷二十八《地理志》，第1618页。
② 《后汉书》志二十三《郡国五》，第3526页。

口及降者万余人。冯柱复分兵追击其别部，斩首四千余级。任尚率鲜卑大都护苏拔廆、乌桓大人勿柯八千骑，要击逢侯于满夷谷，复大破之。前后凡斩万七千余级。逢侯遂率众出〔朔方〕塞，汉兵不能追。七年（95）正月，军还。……逢侯于塞外分为二部，自领右部屯涿邪山下，左部屯朔方〔郡〕西北〔方〕，相去数百里。八年（96）冬，左部胡自相疑叛，还入朔方塞，庞奋迎受慰纳之。其胜兵四千人，弱小万余口悉降，以分处北边诸郡。……逢侯部众饥穷，又为鲜卑所击，无所归，窜逃入〔朔方〕塞者骆驿不绝。……（元初）四年（117），逢侯为鲜卑所破，部众分散，皆归北虏。五年（118）春，逢侯将百余骑亡还，诣朔方塞降，邓遵奏徙逢侯于颍川郡。""永建元年（126），以辽东太守庞参代为〔度辽〕将军。先是朔方〔郡〕以西障塞多不修复，鲜卑因此数寇南部〔匈奴〕，杀渐将王。单于忧恐，上言求复障塞，顺帝从之"。①

在"降胡五六百人夜袭师子"于美稷城遭到失败之后，20余万人在伪可汗逢侯率领下"将车重向朔方，欲度漠北"。从地理角度观察，美稷城在东方，朔方郡在其西方，其逃亡路线是从东向西方行进。在西行过程中，叛乱者曾围攻牧师城。之后，"乘冰度隘"，向朔方郡西北的满夷谷（今磴口县西北的狼山西段某山谷）撤退，行经大城塞时，被车骑将军邓鸿指挥的近六万官军追击，损失惨重，仓皇向西北逃窜。至满夷谷，又遭受任尚指挥的部族武装的沉重打击，逃出朔方边塞。此后，伪可汗逢侯在朔方郡塞外分叛众为二部，逢侯率其右部驻牧于漠北的涿邪山（今蒙古国巴彦洪戈尔省中部的戈壁阿尔泰山西段）下，左部屯于朔方〔郡〕西北〔方〕漠南之地，相去数百里。其后30年间，其部众相继逃回朔方郡长城之内。他们陆续"还入朔方塞"，"窜逃入〔朔方〕塞者骆驿不绝"，"逢侯将百余骑亡还，诣朔方塞降"；"先是，朔方〔郡〕以西障塞多不修复"。依此史实来看，逢侯率领叛众西逃的方向无疑是"将车重向朔方，欲度漠北〔去〕"，其路径如次：美稷城—牧师城—大城县大城塞—黄河—阴山满夷谷—朔方塞—朔方西

---

① 《后汉书》卷八十九《南匈奴列传》，第2955—2959页。

北方漠南草原—漠北涿邪山下。可见"大城""大城塞"位于美稷城、牧师城的西方。美稷故城，即今准格尔旗暖水镇北隅的榆树壕古城。牧师城，即今东胜区柴登乡城梁村古城。依此两城方位判断，大城、大城塞当在今杭锦旗境内。

（二）由登国六年（391）北魏大军征伐铁弗匈奴刘卫辰的战争推论

北魏道武帝拓跋珪登国六年（东晋孝武帝太元十六年，公元391年）冬，北魏发动讨伐铁弗匈奴刘卫辰部的战争。其军事行动及其后史事涉及"大城"。是年十一月戊子日，魏军"自五原［城］金津南渡黄河。辛卯（艾冲按：渡河后第四日），次其所居悦跋城，卫辰父子奔遁。壬辰（渡河后第五日），诏诸将追之，擒直力鞮。十二月，获卫辰尸，斩以徇，遂灭之。语在《卫辰传》。卫辰少子屈丐，亡奔薛干部。车驾次于盐池。自河以南，诸部悉平。簿其珍宝畜产，名马三十余万匹，牛羊四百余万头。班赐大臣各有差。收卫辰子弟宗党无少长五千余人，尽杀之。……是岁，起河南宫。""七年春正月，幸木根山，遂次黑盐池。飨宴群臣，觐诸国贡使。北之美水。三月甲子，宴群臣于［美］水滨，还幸河南宫。"①

五原，指汉代五原郡故城，即今内蒙古包头市南郊麻池古城。金津，即今达拉特旗西北部黄河昭君坟渡口。悦跋城，亦名"代来城"，故址在今内蒙古鄂尔多斯市东胜区西部。盐池，即今杭锦旗原巴音乌素镇东侧的巴音乌素盐海。屈丐，《晋书》作"屈子"，即赫连勃勃。木根山，暂无考。黑盐池，即今陕西定边县北境的苟池。饗，即"飨"字。美水，古代河流名称，当指今杭锦旗东部的季节性河流——陶勒沟，或指今伊金霍洛旗北部的乌兰木伦河上游河段。河南宫，当在金津（今昭君坟渡口）附近黄河南侧，即今达拉特旗西北部。

（三）依赫连勃勃奉后秦国王姚兴之命镇守朔方相关事件判断

与前述魏军征剿铁弗匈奴刘卫辰部相关联的事件是：刘屈丐（子）投奔后秦的史实。其中，多次述及"大城"。

---

① ［北齐］魏收：《魏书》卷二《太祖纪》，中华书局，1974年，第24—25页。

据《晋书·赫连勃勃载记》：东晋孝武帝司马曜太元十七年（392），匈奴刘卫辰部被北魏军队攻灭后，赫连勃勃逃奔后秦政权。后秦国王姚兴"顷之，以勃勃为使持节、安北将军、五原［郡］公，配以三交五部鲜卑及杂虏二万余落，镇朔方。［是］时，河西鲜卑杜仑［部］献马八千匹于姚兴，济河，至大城，勃勃留之。［又］召其众三万余人伪猎高平川，袭杀没亦于而并其众，众至数万"。① 显然，此"朔方"是前秦及后秦政权北境的行政建制单位——朔方郡。赫连勃勃"镇朔方"，即驻守在朔方郡的中心城镇——大城。正因如此，才可能在此截获河西鲜卑杜仑部向后秦贡献的八千匹战马。其时，河西鲜卑杜仑［部］游牧的黄河（今内蒙古乌海市至杭锦后旗段黄河故道）以西区域，相当今磴口县、阿拉善左旗北部、杭锦后旗、乌拉特后旗西部之地。其献马使团"济河"处，当在今磴口县三盛公水利枢纽工程北侧河段。渡过黄河后，向东偏南行进，就抵大城——后秦朔方郡驻地。依此行进路线判断，自磴口渡过黄河，经今杭锦旗巴拉贡镇、伊和乌素镇、原浩绕柴达木苏木、四十里梁镇，再转往南方。"大城"处在今杭锦旗驻地——锡尼镇的西偏北、原浩绕柴达木苏木北部。

河西鲜卑杜仑［部］为何选择这条进京路线？则因为今宁夏南部被鲜卑乞伏部建立的"西秦"割据政权所控制，无法通达。乞伏国仁建立的割据政权——西秦，都勇士城，事在东晋孝武帝太元十年（西秦建义元年，385年）。②

（四）依据赫连勃勃数次向"大城"移入数以万计的人口推断

在"袭杀没亦于而并其众"后，赫连勃勃公然反叛后秦、攻略其北部地区。并在战争中，曾经连续两次向"大城"移入数以万计的人口，在该城建立州级行政管理机构——幽州。由此可见，十六国时期"大城"仍然是一座繁荣的城镇，而且是州级行政建制单位——幽州政府的驻地。

东晋安帝司马德宗义熙三年（夏赫连勃勃龙升元年，407年），赫连夏

---

① ［唐］房玄龄等：《晋书》卷一百三十《赫连勃勃载记》，中华书局，1974年，第3202页。"河西鲜卑杜仑"，《资治通鉴》误作"柔然可汗社仑"，在此不予采信。
② 《晋书》卷一百二十五《乞伏国仁载记》，第3115页。

割据政权正式建立。同年,赫连夏军队进攻后秦"岭北"诸城,接连克取青石原、木城、高冈、五井、依力川等地。其时,"岭北夷夏降附者数万计,勃勃于是拜置[郡]守[县]宰以抚之"。①接着又进取三城、敕奇堡、黄石固、我罗城等地。史载:"勃勃又攻姚兴将金洛生于黄石固、弥姐豪地于我罗城,皆拔之,徙七千余家于大城,以其丞相右地代领幽州牧以镇之。"②所谓"右地代"者,赫连勃勃之长兄也。其后,勃勃又进攻后秦的平凉地区,夺取定阳城。随后,"勃勃又攻[姚]兴将姚寿都于清水城,寿都奔上邽,徙其人万六千家于大城"。③经过两次大规模的移民,大城的居民数量达二万四千户,尚未计入原居城内的民户数量。若以每户五人计算,约略共有十二万人。再加上原驻大城的居民口数,总人数当更多。由此可见,在当时(距今1600年前)"大城"无疑是一座大型城市。赫连勃勃为什么要向"大城"迁入数以万户计的居民呢?因为此城是他军事崛起的根据地。换言之,"大城"是赫连夏政权在未营建统万城期间的统治中心——都城。

(五)依据"大城"别称"朔方"之名判断

由于"大城"是后秦朔方郡治所,所以亦别称"朔方"。据史载:东晋安帝司马德宗义熙十三年(417),"俄而刘裕灭[姚]泓,入于长安,遣使遗勃勃书,请通和好,约为兄弟。……郝连昌攻[朱]龄石及龙骧将军王敬于潼关之曹公故垒,克之,执龄石及敬送于长安。群臣乃劝进,勃勃曰:'朕无拨乱之才,不能弘济兆庶,自枕戈寝甲,十有二年,而四海未同,遗寇尚炽,不知何以谢责当年,垂之来叶!将明扬仄陋,以王位让之,然后归老朔方,琴书卒岁。皇帝之号,岂薄德所膺!'群臣固请,乃许之。于是为坛于灞上,僭即皇帝位,赦其境内,改元昌武。遣其将叱奴侯提率步骑二万攻[东]晋并州刺史毛德祖于蒲坂,德祖奔于洛阳。以侯提为并州刺史,镇

---

① 《晋书》卷一百三十《赫连勃勃载记》,第3204页。
② 《晋书》卷一百三十《赫连勃勃载记》,第3204页。
③ 《晋书》卷一百三十《赫连勃勃载记》,第3205页。

蒲坂"。①东晋刘裕北伐后秦姚泓，事在义熙十三年（417）。赫连勃勃所谓"以王位让之，然后归老朔方"，虽然是表面虚伪谦让之辞，但其语确有所指，即他让出王位后离开统万城、回至朔方城而颐养天年。所谓"朔方"，即指他最初接受后秦国王姚兴的委任而镇守之地，在此代指"大城"。这就表明，直到此年，大城仍是赫连夏统治区域的重要城镇，其故址在今杭锦旗锡尼镇西方、原浩绕柴达木苏木北部。赫连勃勃称"大城"为"朔方"城，正如同他别称"统万"城为"北京"城一样。②

三、从地理形势和考古调查资料判断"大城"故址

除历史文献记载之外，判断两汉时期"大城"的具体空间位置，还可通过自然地理形势、人文地理条件、文物考古发现诸方面给予论析。

（一）地理形势的证据

1. 从自然地理形势观察，大城县城应处在地势较高亢的地带。东胜梁是鄂尔多斯高原中部的一条东西向的高亢地带，也是高原北部向北流入黄河的诸小河与高原南部流入黄河的诸河川之分水岭，梁面相对平缓，便于东西通行。它东起于准格尔旗暖水乡榆树壕村与东胜区潮脑梁乡店沟村一带（潮脑梁的海拔高度为1399米）；向西横亘，经东胜区巴音脑包乡延至杭锦旗东南部的四十里梁乡而止。再由此地往西，这道高亢梁地继续延伸至桌子山东侧，成为北侧的陶勒沟、摩仁河与南侧都思兔河的平缓分水岭。而由四十里梁转往西北趋摩仁河上游河谷，则杭锦旗浩绕柴达木乡、伊和乌素苏木所在高坡地带，正是大城前往朔方郡临戎县、阴山满夷谷（今狼山西段）的道路必经地带。③

2. 从交通地理维度判断，大城处在东西交通干道上。东汉时期，南匈奴单于庭、使匈奴中郎将府的驻地皆在西河郡美稷县（故治在今准格尔旗暖

---

① 《晋书》卷一百三十《赫连勃勃载记》，第3208—3209页。
② 《晋书》卷一百三十《赫连勃勃载记》，第3210页。
③ 内蒙古自治区地图制印院编制（苑爱华主编）：《内蒙古自治区交通图册》，中国地图出版社，2007年，第89页"东胜区、达拉特旗"图，第91页"鄂托克前旗、鄂托克旗"图。

水镇北隅的榆树壕古城）。由此向西循着今东胜梁而行，经过牧师城（今东胜区柴登乡城梁村古城），再向西行进就抵达朔方郡大城县城（今杭锦旗驻地锡尼镇西方），及其附近的军事驻防设施——大城塞（今杭锦旗驻地锡尼镇西方）。大城县是县级建制单位，加上其附近的军事要塞——大城塞，成为交通要地。东汉永元六年（94），南匈奴伪可汗逢侯率领叛众向朔方郡满夷谷逃亡的路线，就是循今东胜梁而西行，至朔方郡大城塞遭擢追击而溃败。依据自然地理形势，逢侯由大城塞逃向黄河西岸、阴山满夷谷逃窜的路线，应是沿分水岭北坡西北行，顺今摩仁河河谷而下，经今察汗淖尔南侧转向西去，即抵达朔方郡临戎县城附近，渡过黄河，趋向阴山满夷谷（今磴口县西北缘的狼山西段某山谷）。而公元392年，"［是］时，河西鲜卑杜崘［部］献马八千匹于姚兴，济河，至大城，勃勃留之"。更证明上述交通地理格局的真实性。①总之，大城县城处在西去朔方郡临戎县及阴山满夷谷的通道上。

此外，牧师城（今东胜区柴登乡城梁村古城址）也处在秦代"直道"之旁，实际成为南北东西交通的汇聚点，也是重要的交通枢纽。

3.从政区地理维度分析，大城位于汉代西河郡西边、朔方郡东缘。依据前节的文献分析，大城县位于西汉西河郡辖境的西部边缘地带，其治城自然就在西河郡西部边境，毗邻朔方郡界。东汉初期，大城县析属朔方郡，自然也在朔方郡东部边缘。据前辈学者研究，西汉时期西河郡和朔方郡的边界应在今鄂尔多斯市杭锦旗和东胜区与达拉特旗交界附近地带。因此，依据郡县隶属关系观察，大城县及其治城当在今杭锦旗东半部区域。②

（二）文物考古调查所获古城证据——霍洛柴登古城

东汉永元六年（94），南匈奴伪可汗逢侯里领其部众向朔方郡阴山满夷谷逃跑之途，循今东胜梁而西行。起自美稷县城，途中围攻牧师城未克，西

---

① 国家文物局：《中国文物地图集·内蒙古自治区分册》，西安地图出版社，2003年，第572页"秦直道·东胜段"，第608页"榆树壕城址""美稷故城"，第579页"霍洛柴登城址"。

② 谭其骧：《中国历史地图集》（第二册），中国地图出版社，1982年，第17—18页"并州、朔方刺史部"，第59—60页"并州刺史部"。

行至大城塞被击溃。这次事变涉及的几座城镇的遗址，皆有遗迹可觅。分述于下：

南匈奴单于庭所在地、使匈奴中郎将府驻地——美稷县城，学界有一种看法认为在今准格尔旗纳林村古城址。据文物考古调查资料，"纳林村古城址，位于纳林乡政府驻地西北侧，旗文物保护单位。被其他学者定为汉代西河郡美稷县故城。城址平面呈长方形，南北410米，东西360米。占地面积为147600平方米。城墙夯筑，基宽2—3.5米，残高1—4米，夯层厚0.15米。四墙各设门。文化层厚约0.5米。城址内采集有灰陶绳纹罐残片及铁斧等。"①

但是在该城址的西方，还有一座占地面积更宽广的古城——榆树壕古城，似乎更适于被判定为南匈奴单于庭、使匈奴中郎将府驻地——美稷县城所在。依据文物调查资料，"榆树壕古城址，位于暖水乡西北隅的榆树壕村内，旗文物保护单位。遗址分为内、外两城。外城平面呈长方形，南北约500米，东西约400米，占地面积为200000平方米。其北墙设三门。内城位于外城西南角，平面呈长方形，南北约270米，东西约205米，占地55350平方米。其北墙偏西部开门。城墙夯筑，基宽5—10米，残高1—3米，夯层厚0.1—0.15米。采集有汉代铜镞、带钩和'五铢''大泉五十'等铜钱，卷云纹瓦当；西夏泥质灰陶罐、壶，瓷片及'乾祐元宝'铁钱等。城址东南约1.5千米处为汉代墓群。"②依据榆树壕古城的地理位置和平面布局观察，其作为美稷县故城的理据不言自明。

东汉"牧师城"故地，即今东胜区柴登乡城梁村古城。依据文物调查资料，城梁村古城遗址，位于今东胜区柴登乡东北部、城梁村南的高台地上。"其附近有秦'直道'经过。平面呈方形，边长约480米。城内多有绳纹陶片、云纹瓦当，还发现有陶管、铜镞等。"③

美稷城、牧师城的地理位置既已明确，从匈奴伪可汗逢侯率众由牧师城向西逃亡的方向判断，其经由的"大城"及其"大城塞"当在今杭锦旗

---

① 《中国文物地图册·内蒙古自治区分册》，第608页。《文物参考资料》1958年第2期。
② 《中国文物地图册·内蒙古自治区分册》，第608页。
③ 《中国文物地图册·内蒙古自治区分册》，第572页。

东半部区域。而在今杭锦旗锡尼镇西方、原浩绕柴达木苏木（驻亚斯图村，"亚"或作"夭"）北部，的确存在一座占地面积庞大的古城——霍洛柴登古城。它应该就是"大城"故城所在地。据文物考古工作者的调查与试掘，霍洛柴登古城址位于杭锦旗原浩绕柴达木苏木政府驻地西北约2千米，内蒙古自治区文物保护单位。平面呈长方形，东西约1446米，南北约1100米。占地面积达1590600平方米。城墙夯筑，基宽13米，残高0.5—2米。城内中部有一条东西向街道，宽约50米；西侧中部有大型建筑台基，其东北有铸钱作坊遗址。城内文化层厚约0.8米。采集有绳纹筒瓦、绳纹和凹弦纹板瓦、菱形纹方砖、"千秋万岁"瓦当等。

在该城址外东、南、西三面分布着墓葬群，规模较大，有竖穴土坑、砖室、土洞墓等。1971年，发掘墓葬57座，出土有泥质灰陶和釉陶仓、灶、井、罐、熏炉，以及铜钫、壶、"五铢"钱等。在古城西侧的柴登河东畔，分布着陶窑遗址。

概而言之，判定霍洛柴登古城址为两汉时期"大城"故城的理由有下列几点：其一，它坐落在美稷城、牧师城的西方，符合《后汉书》所载逢侯叛众逃亡路线的方向与相对位置。其二，"大城"（大成）县在西汉时期属于西河郡，东汉则改属朔方郡，这就表明它位于西河郡与朔方郡的交界地带，因此具有政区调整的地缘便利条件。霍洛柴登古城完全符合这个条件。其三，该古城平面呈长方形，东西约1446米，南北约1100米，占地面积达1590600平方米。因其占地面积相当广大，适合大量人口入居。符合《晋书·赫连勃勃载记》关于多次向大城移民的记载。其四，霍洛柴登古城的西侧有柴登河由南向北流过，该河的支流也经行于该城的东、北两侧，为众多居民提供了生活用水来源。因而在很长时期内该城拥有众多的居民人口。分布在该古城外侧东、南、西三面的大量墓葬群，既有竖穴土坑、土洞墓，也有砖室墓等，从一个侧面反证该城曾是人口稠密、市井繁荣的大型居民点，而且历时较久。其五，霍洛柴登古城址的北部新近发现汉代铸币手工业作坊遗址，出土熔炉遗址、重达几吨的古代铸币；其西侧发现古代制陶手工业作坊遗址，地表散落大量黑灰色陶片。这些遗物表明该城存在期间工商业活动曾经兴盛活跃。综合判断，霍洛柴登古城显然就是西汉至十六国时期的"大城"故城所在。①

《后汉书》所谓"大城塞"，当是位于大城县城附近的军事要塞。而在霍洛柴登古城西偏北方确有另一座古城——敖楞布拉格古城，可以当之。敖楞布拉格古城，位于原浩绕柴达木苏木敖楞布拉格嘎查西北约1千米。平面呈长方形，内、外两重城圈，内城位于外城西北隅。外城东西约530米，南北约500米，占地面积265000平方米。内城南北约160米，东西约130米。城墙夯筑，基宽约5米，顶宽约2.5米，残高3米。城内文化层厚约1米。采集有绳纹筒瓦、绳纹和凹弦纹板瓦，泥质灰陶敛口瓮、折沿盆等残片，以及汉"半两""五铢"铜钱等。城外东南100米分布着汉代墓葬群，面积约1万平方米。②

四、结语

首先，从东汉永元六年（94）南匈奴伪可汗逢侯自美稷向西逃亡路线、北魏登国六年（391）拓跋珪讨伐匈奴刘卫辰部的进军路线、太元十七年（392）后秦朔方郡治——大城、赫连勃勃多次将战争掳获人口共计24000户（十二万余口）迁往大城、赫连夏在大城建置幽州牧并以此城为早期都城等文献记载分析，"大城"故城即今霍洛柴登古城。其次，从自然地理、交通地理、政区地理诸方面考察，"大城"位于东胜梁西延的余脉北坡而地势较高亢、牧师城西方且扼东西交通线必经之地、西河郡和朔方郡交界地带，这些地理条件皆与霍洛柴登古城所处地理环境相吻合。再次，从霍洛柴登古城遗址调查与试掘资料来看，该古城傍水而建、地势和缓，其城墙长度、占地面积相对而言特别突出，古城的东、南、西分布着为数众多的古代墓葬而反证当年城内人口稠密，城址内外分布着铸币、制陶等手工业作坊遗址。据此

---

① 其他研究者据城内出土的"西河农令"铜印及有关文物推测，其年代相当于西汉武帝至王莽时期，属西河郡辖地。此说不够全面。参见国家文物局主编《中国文物地图册·内蒙古自治区分册》，第579页。
② 《中国文物地图册·内蒙古自治区分册》，第579页。

判断：霍洛柴登古城所处地理条件优越、城内空间广大、人口众多、工商业相当兴盛、历时较久，与文献记载"大城"情况适相符合。

至于"大城塞"，略当今霍洛柴登古城西偏北的敖楞布拉格古城址。

总括而言，两汉至十六国时期的"大城"相当今鄂尔多斯市杭锦旗原浩绕柴达木苏木（驻亚斯图村）北部的霍洛柴登古城址。

（原载于《中国古都研究》总第27辑，三秦出版社，2014年。）

两汉上郡龟兹县治城位置新探

艾 冲 陈 娇

汉时期，上郡龟兹县具有重要的军政地位。《汉书·地理志》"上郡"条记载："龟兹，属国都尉治，有盐官。"①②可见，西汉时期龟兹县域既有"上郡属国都尉"的治所，还置有"盐官"——是重要的食盐产地，表明其军事、经济地位之重要。东汉时期，上郡属县数量锐减。据《后汉书·郡国志》的记载，上郡属县由西汉末期的23县减至东汉中期的10县，13个县级建制单位被撤销。然而，龟兹依旧存在，仅更名为"龟兹属国"。③东汉末年，战乱频仍，龟兹县域被羌胡据有，作为行政建制单位的龟兹县不复存在。但是，龟兹县故城仍然被羌胡等游牧部落所使用，至北魏时期亦然。据《资治通鉴》的记载：南朝宋文帝元嘉十六年（439）六月，北魏征伐北凉，"魏主自云中济河；秋七月，己巳，至上郡属国城。汉置属国于边郡以处降胡，此属国城，汉旧城也。班书地理志：上郡龟兹县，属国都尉治。"④据此可知，直至公元5世纪前期，龟兹县故城仍被时人所沿用。

然而，对于延续四百多年的县级行政单位——龟兹县，史书并未明确记

---

① 笔者颇疑《后汉书·郡国志》上郡"龟兹属国"有脱文。县名"龟兹"之后当脱佚"属国都尉治"的后三字"都尉治"。
② 〔东汉〕班固：《汉书》卷二十八《地理志》，中华书局，1975年，第1617页。
③ 〔南朝宋〕范晔：《后汉书》志二十三《郡国五》，中华书局，1973年，第3524页。
④ 〔北宋〕司马光：《资治通鉴》卷一百二十三，中华书局，2008年，第3873页。

载其辖区四至和治城的具体位置。因此，对于两汉上郡龟兹县故城之所在，目前学术界莫衷一是，未有定论。这在一定程度上制约着区域历史地理相关专题研究的深入，实有继续探索的必要。本文拟在既有研究成果的基础上从历史文献记载、文物考古调查和野外实地考察等资料分析切入，重新进行定位探讨，以期确定汉代龟兹县故城的真实位置。

一、学术界关于汉代龟兹县故城位置的不同观点

关于两汉上郡龟兹县故城的地理位置问题，随着历史地理学研究和文物考古调查的推进，一些学者提出自己的判断。但是，各家的学术观点不尽一致，大体存在三种说法。在此略述于下，并予以简评：

（一）古城滩古城之说

谭其骧主编的《中国历史地图集》展示的观点影响最大，即将龟兹县治城标绘于今陕西榆林市榆阳区古城滩古城。[①]其依据来自侯仁之的《从考古发现论证陕北榆林城的起源和地区开发》一文所持观点。[②]不少学者对这一观点表示赞同，甚至将其作为自己论著的立论依据。但由于当时研究条件的局限，两位先生的观点并不完善，有待继续修正。

在笔者看来，所谓古城滩古城即汉代龟兹县故城的判定显然是对《水经注》相关记载的误断。《水经注》载："奢延水又东迳肤施县，帝原水西北出龟兹县［境］，东南流。县因处龟兹降胡著称，又东南注奢延水。"[③]依据这条记载，只能表明"帝原水"之源出于西北方的龟兹县境，而并非龟兹县城的西北。在《水经注》中，郦道元对于县境和县城的表述有着明确区分。例如《水经注》关于"芒干水"的记载："其水西南迳武皋县［境］，王莽之永武也。又南迳原阳县故城西，又西南与武泉水合。……"[④]诸如这两种表述在《水经注》中比比皆是。由此可见，对于河川流过县境，还是流

---

① 谭其骧：《中国历史地图集》（第二册），中国地图出版社，1996年，第17—18页。
② 侯仁之：《历史地理学的理论与实践》，上海人民出版社，1984年，第132—134页。
③ ［北魏］郦道元，陈桥驿校证：《水经注校证》卷三《河水》，中华书局，2013年，第84页。
④ 《水经注校证》卷三《河水》，第79页。

经县城,《水经注》是有严格区分的。因此,所谓依"帝原水西北出龟兹县"的记载推定榆溪河东侧的古城滩古城就是汉代龟兹县故城的观点,值得商榷。

(二)上盐湾村附近之说

近年来,有的学者结合考古调查和文献记载等资料,对龟兹县故城的地理位置提出新的看法。

普慧在《两汉上郡龟兹属国及其文化遗存考臆》一文中,否定古城滩古城说,因为在古城滩古城附近并未发现盐池。他转而将龟兹县故城判定在今陕西榆林市榆阳区镇川镇上盐湾村附近。① 因为这一带过去生产食盐,与《汉书·地理志》龟兹县"有盐官"的记载相吻合。

但是,这样的推论未免过于牵强附会而不能服众,因为上盐湾附近之地并无盐池,且产盐历史较晚。清代道光年间成书的《榆林府志》载:"榆林所食为小盐,出县属上盐湾之永乐仓、花家峁、周田寨、马湖峪等处,即碎金驿(之)盐也。……其地傍无定河,沥土煎盐。神、府、葭、怀所食为大盐,出边外鄂尔多斯地,《镇志》:其盐根多(呈)山形及器物形。今举谓之蒙盐。"② 据此记载分析,暂不论上盐湾是否为汉代独乐县地,仅从其地食盐生产方式而论,乃"沥土煎盐"所得,即从含有盐分的土壤提炼而成,并非直接取诸盐池。这与《后汉书》关于"龟兹盐池"的记载实不相合。再从水文条件来看,上盐湾之地属于无定河外流区,无法形成盐湖。因此,判定上盐湾村附近为龟兹县故城所在也是不正确的。

(三)嘎鲁图镇(原名达布察克镇)附近之说

王北辰在《内蒙古乌审旗古代历史地理丛考——龟兹县、榆溪塞、契吴山》一文中,依据《水经注》"帝原水""交兰水"的相关记载推断:龟兹县故城应在今乌审旗达布察克镇(今改称嘎鲁图镇)为中心的地区。③ 从

---

① 普慧:《两汉上郡龟兹属国及其文化遗存考臆》,《人文杂志》2008年第5期,第134—135页。
② 〔清〕李熙龄:《榆林府志》卷二十三,清道光二十一年刻本,第11页。
③ 王北辰:《内蒙古乌审旗古代历史地理丛考——龟兹县、榆溪塞、契吴山》,《干旱区地理》1989年第4期,第12—19页。

《水经注》的记载来观察，这一说法较前两说更为可信。

但是，该文仅勾画出龟兹县故城所在的大致范围，并未明确判定龟兹县故城的具体位置。因为在嘎鲁图镇（原名达布察克镇）附近并未发现可对应为龟兹县故城的古城遗址。这就为其他学人继续探索汉代龟兹县故城的地理位置留下一定的空间。

二、汉代龟兹县故城位置的探索

前述三种说法，都不能确定汉代龟兹县故城的具体所在地。那么，我们就有必要重新梳理解读历史文献，并参考文物考古调查、野外实地考察和卫星图片诸种资料，做深入的比较分析，以期准确复原两汉时期龟兹县故城的具体位置。若要判定龟兹县故城的真正所在，首先必须廓清该县辖境的大致范围。

（一）汉代龟兹县域范围的圈定

关于两汉时期龟兹县域的范围，《水经注》为我们提供了探查的必要线索。据《水经注·河水》载："奢延水又东合交兰水。水出龟兹县交兰谷，东南流，注奢延水"，"奢延水又东迳肤施县，帝原水西北出龟兹县，东南流……又东南注奢延水。①《元和郡县图志》"夏州朔方县"条载："无定河，一名朔水，一名奢延水，源出县南百步，赫连勃勃于此水之北、黑水之南，改筑大城，名统万城。今按州南无奢延水，唯无定河，即奢延水也，古今异名耳。"②奢延水即今陕西北部的无定河，已无争议。奢延水既已确定，对于交兰水、帝原水的定位就呼之欲出。王北辰③、吕卓民④等学者认为，交兰水就是今海流兔河，帝原水即今榆溪河。本文赞同他们的判断。那么，依据《水经注》的记载，只能说明交兰水（今海流兔河）、帝原水（今榆溪河）上游河段和源头都应在汉代龟兹县

---

① 《水经注校证》卷三《河水》，第84页。
② 〔唐〕李吉甫：《元和郡县图志》卷四，中华书局，1983年，第100页。
③ 王北辰：《王北辰西北历史地理论文集》，学苑出版社，2003年，第40页。
④ 吕卓民：《秦直道歧义辨析》，《中国历史地理论丛》1990年第1期，第100页。

境，亦即今海流兔河、榆溪河上游地区。今海流兔河发源于乌审旗嘎鲁图镇南侧的砖瓦厂附近，东南流经神水台村，至宋家湾村进入陕西榆阳区补浪河乡，流至红石桥乡柳卜台村汇入无定河。在历史时期，随着毛乌素沙漠的扩散，必然存在河道淤塞、地面径流被阻断或者变为暗流的情况。因此，两汉时期的海流兔河源头应更为遥远。据卫星图片观察，海流兔河在古代可能延伸至嘎鲁图镇西南的陶日庙村一带。榆溪河上游的西支流——白河源头出于今乌审旗乌兰陶勒盖镇附近，东南流至河口水库，进入陕西榆林市榆阳区，流至鱼河镇附近汇入无定河。同理，榆溪河源头在古代也应延伸至今乌审旗乌兰陶勒盖镇的西北方。

综合上述海流兔河与榆溪河源头位置来判断，乌审旗政府驻地——嘎鲁图镇周边地区在汉代属于龟兹县管区，包括嘎鲁图镇全境、乌兰陶勒盖镇全境和苏力德苏木北部，以及陕西榆林市榆阳区的西缘地带。其东部边界大致至今榆阳区西界附近。这个范围与王北辰先生的看法大体一致。

但是，龟兹县管区四至界限究竟如何，尚需进一步考证。《水经注》还给我们提供了一则资料。

《水经注·河水》"诸次水"条载："河水又南，诸次之水入焉，水出上郡诸次山。《山海经》曰：诸次之山，诸次之水出焉。是山多木无草，鸟兽莫居，是多象蛇。其水东迳榆林塞，世又谓之榆林山，即《汉书》所谓榆溪旧塞者也。自溪西去，悉榆柳之薮矣。缘历沙陵，届龟兹县西北，故谓广长榆也"。[1]从这段引文可以推知，自榆林山循诸次水向西去，"榆柳之薮"一直延伸过龟兹县北部，并延至其西北部。因此，只要确定诸次水、诸次山、榆林山（榆林塞）、榆柳之薮等关键地理要素，就可大体划定龟兹县北界。

首先，诸次水是今天哪条河流呢？王北辰认为诸次水即今陕西神木县西境的秃尾河，本文的判断与之相同。今秃尾河之源头出于神木县西北部的尔林兔镇公泊海子，西北距红碱淖尔甚近。在两千年前的汉代，此地气

---

[1] 《水经注校证》卷三《河水》，第83页。

候较为湿润,河川水量较为丰沛,秃尾河上源可能与红碱淖尔相接。那么,汇入红碱淖尔的今扎萨克河就是秃尾河的上游河段(笔者按:红碱淖尔在汉代尚未形成)。若此说不谬,则汉代诸次水(今秃尾河)之源出于今内蒙古伊金霍洛旗札萨克镇管区西缘地带。所谓诸次水"出上郡诸次山"的诸次山,应该就是今伊金霍洛旗红庆河镇东侧的分水岭高地。这道高地东北起自伊金霍洛镇西半部,向西南经过红庆河镇东侧、札萨克镇西北隅,成为分隔外流的秃尾河、乌兰木伦河上游与内流河湖区的分水岭。

其次,榆林山、榆溪旧塞究竟在什么地方?《汉书·窦田灌韩传》载:"及后蒙恬为秦侵胡,辟地数千里,以河为竟,累石为城,树榆为塞,匈奴不敢饮马于河"。① 可见,榆溪旧塞乃秦朝大将蒙恬为防御匈奴而建设的军事工程。《史记·卫将军骠骑列传》载:卫青"按榆溪旧塞,绝梓领,梁北河,讨蒲泥,破符离……"② 据此,汉代卫青所按"榆溪旧塞"应是秦代蒙恬"树榆为塞"的遗址。至于其地理位置,侯仁之在《从考古发现论证陕北榆林城的起源和开发》一文中,对所谓"榆溪塞"即榆林城的观点予以驳斥。经侯先生考证,汉代"榆溪旧塞"应分布在今鄂尔多斯高原北缘、黄河南侧一线。③ 笔者认为侯仁之先生的推论是正确的。因此,榆林山(榆林塞)并非"榆溪旧塞",而是另一个自然地理实体。榆林山应是今神木县西北部的中鸡镇、尔林兔镇所在的高地。

再次,"缘历沙陵,届龟兹县西北"的"榆柳之薮"在今何地呢?诸次水、诸次山、榆林山(榆林塞)三地位置的确定,就为定位《水经注》所载"榆柳之薮"提供了空间支持。依"诸次水"的记载,由榆林山向西的"自溪西去,悉榆柳之薮矣"的分布区域就显而易见,大体相当今陕西神木县西北境、内蒙古乌审旗北部、伊金霍洛旗南隅、杭锦旗东南缘,向西伸至鄂托

---

① 《汉书》卷五十二《窦田灌韩传》,第2401页。
② 〔西汉〕司马迁:《史记》卷一百一十《卫将军骠骑列传》,中华书局,2013年,第2924页。
③ 《历史地理学的理论与实践》,第125—127页。

克旗东北部。这就勾画出汉代龟兹县管区的北部边境。此结论也与清代学者杨守敬的《水经注图》中"诸次水""榆林塞"的位置相仿佛。①

此外，龟兹县域南界到底在今天哪里呢？《水经注·河水》："奢延水又东，黑水入焉。水出奢延县黑涧，东南历沙陵，注奢延水。"②黑水，即今纳林河，源出于今乌审旗苏力德苏木（陶利镇）西面。黑水源出奢延县境，而与之相邻的交兰水源头则出于龟兹县境。由两条河流的记载可以推断，龟兹县南境是与奢延县相接，界限大抵在黑水（今纳林河）与交兰水（今海流兔河）之间。古代政区边界基本是按照自然地理界限划分。这两条河川间并无其他河流。据此推断，两汉时期龟兹县域南界应在黑水北侧与奢延县毗邻。因此，汉代龟兹县域南界应在今纳林河北侧的苏布日嘎庙村（陶利镇驻地）北侧的1288米高地东西一线。

综上所述，可大致勾勒出龟兹县域的轮廓。龟兹县境北达今天乌审旗北部与伊金霍洛旗、杭锦旗东南缘一带，东至今榆阳区西缘，南面在今乌审旗陶利镇北部；其西界虽因资料匮乏而不易确定，但略与今乌审旗西界山梁相近，向北延伸至今鄂托克旗木凯淖尔乡西部。总之，汉代龟兹县境相当今乌审旗大部地方，今纳林河以南区域除外。

（二）汉代龟兹县故城位置的考定

在基本圈定汉代龟兹县管区范围的基础上，再对龟兹县治城位置进行探究，考察的空间范围就缩小很多，而且具有精准定位的可能性。

据《汉书·地理志》载，龟兹县城是上郡属国都尉府驻地。《汉书·百官公卿表》记载："……郡尉，秦官，掌佐守，典武职甲卒，秩比二千石。景帝中二年，更名都尉。"③由此可知，郡都尉的地位仅次于太守，属国都尉自然也是如此。这就表明，汉代龟兹县城具有重要的军事地位。而龟兹县"盐官"的设置则显示出：龟兹县域池盐生产的兴盛，是制盐手工业发达的重要经济区域。龟兹县城还处在汉代交通要道上。《后汉书·张奂传》载：

---

① 〔清〕杨守敬：《水经注图（外二种）》，中华书局，2009年，第188页。
② 《水经注校证》卷三《河水》，第84页。
③ 《汉书》卷十九《百官公卿表》，第742页。

东汉桓帝永寿元年（155），南匈奴左薁鞬台耆、且渠伯德等七千余人进寇美稷县城，东羌复举种响应之。安定属国都尉张奂"遂进屯长城，收集兵士，遣将王卫招诱东羌，因据龟兹［县城］，使南匈奴不得交通东羌"。①据此可知，龟兹县城是重要的交通枢纽。正因汉代龟兹县在军事、经济和交通诸方面具有十分重要的地位，其治城规模在县级建制单位中应是相对较大的。

在前文判定的汉代龟兹县域范围内，文物考古人员共发现四座古城。东部有沙沙滩古城、瓦片梁古城，中部有敖柏淖尔古城，西北部有木凯淖尔古城。在这四座古城遗址中，哪一座古城判为汉代龟兹县故城的可能性更大呢？在此对比论析如下：

沙沙滩古城位于乌审旗嘎鲁图镇塔来乌素嘎查东北2000米的苏力德旅游区内，城址平面呈长方形，南北长120米，东西宽110米，面积约为13200平方米（笔者按：原书误作56000平方米）。②瓦片梁古城位于陕西省榆阳区马合乡杨家滩村，城址平面呈长方形，南北约120米，东西约110米，面积约13000平方米。③木凯淖尔古城位于鄂托克旗东北部、木凯淖尔乡木凯淖尔村东南约100米，城址平面呈长方形，南北约120米，东西约80米。面积约9600平方米。④从这三座古城遗址的占地规模来看，城区面积都较小，并不具备作为龟兹县城的规模。它们作为军事堡垒或经济贸易场所的可能性更大些。

除此三座古城遗址之外，唯有敖柏淖尔古城与汉代龟兹县治城大略相当。据《乌审旗志》载："敖柏淖尔古城位于嘎鲁图苏木北约30千米，地处草原和沙漠环抱的黄土台地上，东北距敖柏淖尔湖1.5千米，东、西、南三面环沙，有部分沼泽地。古城平面形制不规则，略呈'凸'字形，城墙东西430米，南北650米。城墙已残，用白色黏土加小石块夯筑而成，现存残高1—2.5米，宽9—11米。分为南、北两个城，中有城墙间隔，南城较大，北城略小。

---

① 《后汉书》卷六十五《张奂传》，第2138页。
② 乌审旗文物志编纂委员会：《乌审旗文物志》，2012年，第73页。
③ 白茚骏：《陕北榆林地区汉代城址研究》，西北大学硕士学位论文，2010年，第65页。
④ 国家文物局：《中国文物地图集·内蒙古自治区分册》，西安地图出版社，2003年，第584页。

四墙有门，城门设在城墙中段，宽约7米，破坏严重。城墙四角有房[台]址，呈正方形，边长6.5米。"①2013年11月，陕西师范大学组织的野外考察队对该古城遗址实施过踏勘，发现古城遗迹已经遭到严重破坏，仅能看到北墙和西墙的残迹。依据历年从该古城址采集的遗物分析，实为汉代古城。

判断敖柏淖尔古城遗址就是两汉上郡龟兹县故城的依据有三点。其一，从敖柏淖尔古城的平面布局和占地规模观察，"古城平面形制不规则，略呈'凸'字形，城墙东西430米，南北650米"。"分为南、北两个城，中有城墙间隔，南城较大，北城略小"。这实在是一座城区广阔的汉代城镇，完全达到县级治城的要求，也满足上郡属国都尉府驻地的空间需要。其二，敖柏淖尔古城的位置恰好位于北魏郦道元《水经注》所载汉代上郡龟兹县域范围之内。倘若舍此，再无其他古城可以与之相对应。诸如沙沙滩古城、瓦片梁古城、木凯淖尔古城虽然处在龟兹县域范围内，但其占地面积皆太小，不可能成为龟兹县政府、上郡属国都尉府的共同治所。此外，该区域迄今再未发现其他古城。其三，从地理位置维度观察，敖柏淖尔古城遗址恰好处在前文圈定的汉代龟兹县域的中部，具有居中管理全县的区位优势。同时，该古城处在南北与东西交通线的汇聚点上，南通本郡奢延县城（今陕西靖边白城子古城）、北往本郡高望县城（今杭锦旗吉尔庙古城）、东北通向西河郡美稷县城（今内蒙古准格尔旗榆树壕古城）、西南通往安定郡三水县城（今宁夏同心县红城水古城），与《后汉书·张奂传》所载进军路线适相吻合。因此，敖柏淖尔古城应是汉代龟兹县故城所在地。

（三）从汉代"龟兹盐池"的位置推论龟兹县治城

关于"龟兹盐池"的相关记载，最早见于《汉书·地理志》，即龟兹县境"有盐官"；而直接记述"龟兹盐池"的文献则是《后汉书·西羌传》。该篇载：汉顺帝永建四年（129），尚书仆射虞诩上疏曰："……《禹贡》雍州之域，厥田惟上。且沃野千里，谷稼殷积，又有龟兹盐池以为民利。水草丰美，土宜产牧，牛马衔尾，群羊塞道"。②有的学者在探

---

① 乌审旗志编纂委员会：《乌审旗志》，内蒙古人民出版社，2001年，第849页。
② 《后汉书》卷八十七《西羌传》，第2893页。

讨龟兹县故城的地理位置时，由于忽视"龟兹盐池"的存在而遭到质疑。可见，"龟兹盐池"也是判定龟兹县故城位置的重要依据之一。史书所载"龟兹盐池"到底在今天什么地方呢？迄今是否还存在呢？这需要进一步的考证。

《后汉书·西羌传》转录的尚书仆射虞诩所谓"龟兹盐池"，其具体位置理所当然地分布在汉代上郡龟兹县辖境内。而在本节的第一部分，就已框定汉代龟兹县域大略相当今乌审旗大部地方（纳林河以南区域除外）。既然如此，汉代"龟兹盐池"的具体位置就应在今乌审旗北半部区域寻觅。

而盐湖的形成必须具有其先决的地质地貌条件，及封闭的水文地理环境。据此可判定"龟兹盐池"的地域范围。从现代水文地理环境来看，今乌审旗北半部为内流河湖区域。湖泊大多数分布在嘎鲁图镇以北内流区域内，皆系降水溪流、泉水或地下水渗流溢出地表而积聚于低洼地方形成的封闭水体，多为盐碱湖泊。乌审旗南半部则属于外流水系区域，纳林河、海流兔河、白河等皆汇入无定河，属于外流河。因此，在该旗南部、东部都不具备形成盐湖的地理条件。结合卫星地图资料和《乌审旗志》的相关记载，在乌审旗北部嘎鲁图镇、乌审召镇、图克镇等地，以及伊金霍洛旗西部、鄂托克旗东北部诸地，分布着为数众多的盐碱湖。

在前文圈定的汉代龟兹县域内分布着为数众多的盐碱湖泊。汉代"龟兹盐池"究竟是这些盐湖的总称呢？还是盐碱湖群中的一个呢？今天是否还存在呢？笔者认为：虞诩所谓"又有龟兹盐池，以为民利"，实乃对龟兹县境所有盐池的总称，其具体盐池名称因文献缺载而今已无从辨识。

既然"龟兹盐池"是对汉代龟兹县域所有盐湖的总称，只要在前文圈定的龟兹县域内存在盐碱湖群，就足以证明敖柏淖尔古城址就是汉代龟兹县故城所在地。乌审旗北半部分布为数众多的盐碱湖，它们当然不是现代才形成的，而是已存在数千年之久。汉代"龟兹盐池"应主要包括今乌审旗北半部的胡同查干淖尔、达巴淖尔、木都图查干淖尔、苏贝淖尔、巴彦淖尔、敖柏淖尔、呼和陶勒盖淖尔、呼和淖尔、茫哈图音淖尔和今鄂托克旗东北部的木凯淖尔等大型的盐碱湖泊。①汉代龟兹县的"盐官"应是管理其县域所有盐池的食盐生产活动之职能机构。

由于遭受毛乌素沙漠扩张的影响，该区域存在古代湖泊被流沙湮塞而缩小或分解成几个湖区的情况。据此推想，今乌审旗北半部若干盐湖在古代的湖区面积应较现代为大。诚如侯仁之先生在《从红柳河上的古城废墟看毛乌素沙漠的变迁》文中指出，毛乌素沙漠区域在十六国时期还是水草丰美的好地方，没有流沙的踪影，但至9世纪时，就已受到流沙的影响。②正是毛乌素沙漠的漫延导致一些古代湖泊（包括盐湖）的逐渐萎缩，或消失，或被分解为几个小湖区。

总之，"龟兹盐池"实乃对龟兹县域所有盐池的总称，相当今乌审旗北半部内流河湖区域的众多盐碱湖泊。两汉"龟兹盐池"的确定，反证两汉龟兹县故城就是今敖柏淖尔古城遗址。

三、结语

汉代上郡龟兹县故城的地理位置历来诸说纷纭，未能达成共识。本文以《水经注》记载的"交兰水""帝原水""诸次水"和"黑水"的相关信息为依据，大致勾画出汉代龟兹县域的范围轮廓。进而在该区域结合文物考古调查的古城遗址和野外实地考察的资料，判定今敖柏淖尔古城址就是汉代龟兹县故城所在地。再以"龟兹盐池"为旁证，在前文圈定的龟兹县境范围内，依据当代的学者研究成果和自然地理环境，肯定"龟兹盐池"实乃龟兹县域所有盐池的总称，从而反证敖柏淖尔古城址就是汉代龟兹县故城。

两汉龟兹县故城的精确定位，对于研究汉代北疆行政区划格局和交通路线分布将发挥重要的作用。

（原载于《陕西师范大学学报》2015年第5期）

---

① 《乌审旗志》，第131页。
② 谭其骧：《中国历史地图集》（第五册），中国地图出版社，1996年，第54—59页。

汉代美稷故城新考

王兴锋

西河郡美稷县是汉代北疆地区的战略要地。西汉武帝时，汉朝政府在此设立西河属国；东汉建武年间，美稷故城为使匈奴中郎将府驻地。关于西河属国的建制沿革、属国都尉府暨东汉使匈奴中郎将府驻地——美稷县城的地理位置，史学界虽有论及，但存在诸多疑点，因而仍有继续探索的空间。笔者不揣浅陋，草就此文，略陈浅见，愿就教于学界。

一、西河属国、使匈奴中郎将建制沿革

西汉元狩二年（前121）河西之战后，匈奴浑邪王和休屠王的部众四万余人归降汉朝。汉朝政府采取"分徙降者，（于）边五郡故塞外，而皆在河南，因其故俗，为属国"的安置措施，先后在今鄂尔多斯高原及其毗邻区建置五个匈奴族属国，以安置匈奴族牧民。其中之一就是西河郡属国（简称西河属国），治美稷县城。东汉时期，美稷县城又成为使匈奴中郎将府和南匈奴单于庭的驻地。直至东汉灵帝末年，美稷县城被迫废弃。

（一）西汉时期西河属国建制兴废

西河属国初设于匈奴浑邪王和休屠王的部众归降汉朝之后。《汉书》卷二十八下《地理志》载："西河郡，武帝元朔四年置。……美稷县，属国都尉治。"汉武帝元朔二年（前127），车骑将军卫青挥师"出云中以西，至高阙，遂略河南地，至于陇西"，取得"河南之战"的重大胜利。汉朝遂于

秦代九原郡故地"置朔方、五原"二郡。鉴于收复失地后的上郡辖区范围过大，汉朝政府于元朔四年（前125）分上郡东部、北部和太原郡西部置西河郡，属朔方刺史部（东汉改属并州刺史部）。据《汉书·地理志》载，西河郡领三十六县，其中之一就是美稷县。元狩二年后，为安置归降的匈奴游牧民，汉朝政府决定在西河郡设立属国，任命都尉为其管理者。《汉书·百官公卿表》载："武帝元狩三年，昆邪王降，复增属国，置都尉、丞、候、千人。"①毫无疑问，属国的军政长官为属国都尉。西河属国都尉驻地，即美稷县城。

西河属国设置的具体时间，史无明确记载，但仍有线索可寻。《汉书·冯奉世传》载："初，昭帝末，西河属国胡伊酋若王亦将众数千人畔，奉世辄持节将兵追击。右将军典属国常惠薨，奉世代为右将军典属国，加诸吏之号。"②昭帝末年乃元凤年间（前80—前75），西河属国胡伊酋若王发动叛乱，冯奉世接替常惠担任右将军典属国领兵平叛。由此可知西河属国应创建于元凤之前。属国的创建是为安置大量匈奴降众，昭帝即位后实行与匈奴和亲政策，匈奴归附者渐少，乃不至于设置属国。故笔者推断，西河属国的设置当在武帝元狩四年（前119），主要安置匈奴浑邪王与休屠王等部落，后又安置伊酋若王等部落。昭帝末年，由于西河属国胡伊酋若王的反叛，西河属国名存实亡，故五凤三年（前55）汉朝政府第二次设置了西河属国。《汉书·宣帝纪》载五凤三年："单于阏氏子孙、昆弟及呼敕累单于、名王、右伊秩訾、且渠、当户以下将众五万余人来降归义。单于称臣，使弟奉珍朝驾正月，北边晏然，靡有兵革之事。"接着又载"置西河、北地属国以处匈奴降者。"可见，重置西河属国乃是为安置这部分匈奴人口。

此后，西河属国的建制一直延续至西汉末年。《汉书·叙传》载：汉"哀帝即位，出（班）稚为西河属国都尉，迁广平相。"③汉哀帝即位于

---

① 〔东汉〕班固：《汉书》卷十九《百官公卿表》，中华书局，1962年，第735页。
② 《汉书》卷七十九《冯奉世传》，第3295—3296页。
③ 《汉书》卷一百《叙传》，第4203页。

建平元年，即公元前6年。班稚是班固的祖父，于是年出任西河属国都尉。《汉书·何武传》载："先是，新都侯王莽就国，数年，上以太皇太后故征莽还京师。莽从弟成都侯王邑为侍中，矫称太皇太后指白哀帝，为莽求特进给事中。哀帝复请之，事发觉。太后为谢，上以太后故不忍诛之，左迁邑为西河属国都尉，削千户。"可见，至少在新莽之前，西河属国建制仍然存在。王莽当政后，实行错误的对匈奴政策，破坏了汉匈两族间的和睦关系。史载："及莽扰乱匈奴，与之构难，边民死亡系获，又十二部兵久屯而不出，吏士罢弊，数年之间，北边虚空，野有暴骨矣。"①匈奴不断入塞侵扰，致使北疆局势动荡。显然，西河属国建制当在此时被废弃。

（二）东汉时期使匈奴中郎将建制沿革

东汉光武帝建武二十四年（48）春，"八部大人共议立比为呼韩邪单于，以其大父尝依汉得安，故欲袭其号。于是款五原塞，愿永为蕃蔽，扞御北虏。帝用五官中郎将耿国议，乃许之。其冬，比自立为呼韩邪单于。"翌年，"南单于复遣使诣阙，奉藩称臣，献国珍宝，求使者监护，遣侍子，修旧约。"②至此，匈奴正式分裂为南、北两部，其中南匈奴单于率部归汉。

南匈奴单于庭的地理位置曾几度变迁，脉络十分清楚。最初，东汉政府将南匈奴藩属政权及其部众安置在五原郡西部塞之北八十里的漠南草原（今内蒙古乌拉特中旗东部）；不久，移驻云中郡城（今内蒙古托克托县云中古城）；之后，又南迁至西河郡美稷县，长期驻扎于此。史载：建武二十六年（50），"冬，前畔五骨都侯子复将其众三千人归南部，北［匈奴］单于使骑追击，悉获其众。南单于遣兵拒之，逆战不利。于是复诏单于徙居西河（郡）美稷，因使中郎将段郴及副校尉王郁留西河拥护之，为设官府、从事、掾史。令西河长史岁将骑二千、弛刑

---

① 《汉书》卷九十四《匈奴传》，第3826页。
② 〔南朝宋〕范晔，〔唐〕李贤等注：《后汉书》卷八十九《南匈奴列传》，中华书局，1965年，第2943页。

五百人，助中郎将卫护单于，冬屯夏罢。自后以为常，及悉复缘边八郡。南单于既居西河，亦列置诸部王，助为捍戍。"①至此，美稷县城遂成为使匈奴中郎将府的治所。

随着北匈奴内乱，归附的北匈奴牧民越来越多。史载东汉章帝元和二年（85），"北匈奴大人车利、涿兵等亡来入塞，凡七十三辈。时北虏衰耗，党众离畔，南部攻其前，丁零寇其后，鲜卑击其左，西域侵其右，不复自立，乃远引而去"。②东汉和帝永元二年（90），汉军大败北匈奴"己亥，复置西河、上郡属国都尉官。"③为安置归降的北匈奴牧民，东汉政府于是年复置西河、上郡两属国。

直至东汉灵帝中平四年（187），南匈奴发生内讧。翌年，单于羌渠被杀，其子于扶罗继立。"国人杀其父者遂畔，共立须卜骨都侯为单于，而于扶罗诣阙自讼。会灵帝崩，天下大乱，单于将数千骑与白波贼合兵寇河内诸郡。时民皆保聚，抄掠无利，而兵遂挫伤，复欲归国，国人不受，乃止河东。须卜骨都侯为单于一年而死，南庭遂虚其位，以老王行国事。"④汉灵帝崩于中平六年四月，即189年。时值黄巾农民起义愈演愈烈，各地封建割据势力乘机并起，中原政局大乱，东汉政府已无力顾及北疆事务。于扶罗得不到中央政府的支持，南单于庭的贵族又不接纳他，只得率其部众留驻在河东郡平阳县，即今山西省临汾市。与此同时，据史书记载：张修于光和二年（179）之前担任使匈奴中郎将，另有王柔于灵帝在位年间担任此职。此后使匈奴中郎将绝载于史。⑤可见，至灵帝末年，使匈奴中郎将府驻地——美稷故城被迫废弃。

---

① 《后汉书》卷八十九《南匈奴列传》，第2945页。
② 《后汉书》卷八十九《南匈奴列传》，第2950页。
③ 《后汉书》卷四《和帝纪》，第170页。
④ 《后汉书》卷八十九《南匈奴列传》，第2965页。
⑤ 关于使匈奴中郎将任职人员，参见李大龙：《东汉王朝使匈奴中郎将略论》，《中国边疆史地研究》1994年第4期，第98页。以及其著作《汉代中国边疆史》，黑龙江教育出版社，2014年，第321页。

二、美稷故城地望考

关于两汉时期美稷故城的地理位置，自魏晋以来已不可考。1980年，著名历史地理学家史念海先生发表《鄂尔多斯高原东部战国时期秦长城遗迹探索记》一文，初步判定今内蒙古准格尔旗沙圪堵镇纳林村古城为汉代美稷故城。其文称："现在古城附近的形势，恰与《河水注》所说的相合。现在的正川河由准格尔旗东南的五庙梁东南流，直达古城，又绕古城之西，再由古城之南东流。正川河和黄甫川的流向是由西北趋向东南，而流经古城城南之后，接着还是向东流去，再折向东南流。这一点和《河水注》所说的若合符节，似非偶然的雷同。如果这一点不至于乖误。则纳林镇北的古城废墟，似可定为美稷县的遗址。"接着，史先生又根据"历史记载推求考核，以微翔实。……以纳林镇北古城作为美稷的遗址可能不会有很大的舛误的"。[①]史先生初步认定纳林古城就是两汉时期的美稷故城。此后，诸多学者承袭此说，《中国历史地图集》《中国文物地图集·内蒙古自治区分册》等亦如此定位。[②]由于史先生所言并不肯定，这就为美稷故城地望问题留下继续探考的余地。

笔者认为：汉代美稷故城并非今纳林古城，而应在距之不远的榆树壕古城。试论证如下：

（一）今纳林古城并非美稷故城

迄今为止，《水经注》的相关记载依然是推定汉代美稷故城的重要依据之一，其中卷三《河水》篇是记载汉代美稷故城最早、最翔实的史料。

---

① 史念海：《鄂尔多斯高原东部战国时期秦长城遗迹探索记》，载《河山集》（二集），三联书店，1981年，第480页。
② 谭其骧：《中国历史地图集》（第二册），中国地图出版社，1982年，第17—18页；国家文物局：《中国文物地图集·内蒙古自治区分册》，西安地图出版社，2003年，第265页。此外，邱树森：《两汉匈奴单于庭、龙城今地考》，《社会科学战线》1984年第2期，第145页；周清澍：《内蒙古历史地理》，内蒙古大学出版社，1993年，第35页；魏坚：《内蒙古中南部汉代墓葬》，中国大百科全书出版社，1998年，第135页；陈峰：《南匈奴附汉初期单于庭的设立与变迁及其历史地理考察》，《北方文物》2006年第4期，第67页，诸多论著亦如此定位。

史先生主要依据卷三《河水》篇所载"湳水"的流向来判定美稷故城。《水经注》卷三《河水》载:"(湳)水出西河郡美稷县,东南流。……其水,俗亦谓之为遄波水,东南流入长城东。咸水出长城西咸谷,东入湳水。湳水又东南,浑波水出西北穷谷,东南流注于湳水。湳水又东径西河富昌县故城南,王莽之富成也。湳水又东流入于河。"①湳水即史先生所言的正川河,也就是今皇甫川及其上游的纳林川。纳林川为黄河的一级支流,它发源于达拉特旗敖包梁和准格尔旗布尔陶亥乡坝梁一带,流经纳林、沙圪堵,至陕西府谷县境与十里长川汇合后称皇甫川,最后流至府谷县黄甫镇汇入黄河。

在此基础上,首先,笔者同意史念海先生关于湳水即皇甫川及其上游纳林川的说法,但是,笔者对所谓纳林古城即汉代美稷县故城的判断提出质疑。因为其判断并不符合《水经注》的记载。《水经注》云:"(湳)水出西河郡美稷县,东南流。"经笔者仔细判读,其意应是湳水之源出于美稷县境内,并非湳水源出美稷县城,亦并非湳水流经美稷县城侧旁。因此,根本就不存在所谓美稷县城位于湳水东岸的情况。史先生在此不经意间做出了一个误判。

其次,通过对纳林古城的考古发掘证据分析,今纳林古城占地面积较小,出土遗物也较少,并不符合地方高级军政机构治城的规格。

史先生实地考察纳林古城时,考古发掘工作并未展开,但是史先生又是最重视考古发掘证据的。正如他所认为:"要确定一个古城遗址,应该依靠考古发掘,求得最后的解决。"②2014年3月28日,笔者对纳林古城进行实地考察和测量。纳林古城位于纳林乡政府西北、县道X601西侧50米处。古城建在一滨河台地之上,城址平面大体呈正方形,城墙遗迹清晰可辨。古城西方为山丘,山下纳林川由北而南。东边为平缓地形,南北方向为通途。城址内东高西低,西墙凹口内侧有许多瓦片,东南、东北角有数座民房,城

---

① 〔北魏〕郦道元,陈桥驿校正:《水经注校证》卷三《河水》,中华书局,2007年,第82页。
② 《河山集》(二集),第480页。

内大多开垦为耕地，种植有杨树、杏树、榆树，四周城墙上有野生的低矮带刺的灌木。我们利用测距仪对城墙实施测距工作。数据记录如下：东墙433米，东墙北偏东20°，目测东城墙的残垣高度为5米，东北城角有一处红瓦房；北墙439米，北墙东偏南20°；西墙434米，西墙北偏东20°，西墙凹口内侧有许多瓦片；南墙441米，南墙东偏南20°。据此前的考古调查，纳林古城四面有门，墙高约4米，厚3.4米。古城内已辟为农田。文化层厚0.4—0.6米，暴露绳纹陶片等；采集物有：陶罐、陶盆、瓮、铜簇、铁剑和铁斧等。陶器质地有泥质灰陶、夹砂灰陶，纹饰有绳纹、弦纹；另还征集到陶盆1件。① 据史书记载，西汉时期，美稷县城为西河属国都尉驻地。东汉建武年间，美稷城又作为南匈奴属国的单于庭驻地和使匈奴中郎将府的治所，其军政地位进一步提高。可见，两汉时期美稷城是北疆地区的战略重镇。既是高级军政机构驻地，也是南匈奴贵族的居住地，更是屯驻重兵之地。其城建规模必定远大于一般县城。经笔者对纳林古城踏察，发现纳林古城占地面积较小，古城内外遗物较少，文化层较浅，不像是一座延续400年的两汉古城，与历史记载并不符合。

（二）汉代美稷故城应是今榆树壕古城

上文已论述，美稷故城位于纳林川流域附近无疑。据目前考古发现，纳林川流域及其附近的秦汉城址主要有四座，分别是：城壕古城、城圪梁古城、榆树壕古城和纳林古城。② 除纳林古城外，城壕、城圪梁二城面积亦过小，不符合高级军政机构治城的规格，那么只剩下榆树壕古城。

榆树壕古城位于纳林古城以西约28千米的暖水乡北部。无论就其所在地理位置，还是古城及其附近出土的文物、遗址性质观察，皆可判定为汉代美稷故城。参见图1：汉代西河美稷县故城（今榆树壕古城）地理位置示意图。

---

① 刘玉印：《准格尔旗文物志》，远方出版社，1998年，第122页。
② 《中国文物地图集·内蒙古自治区分册》，第264—265页。

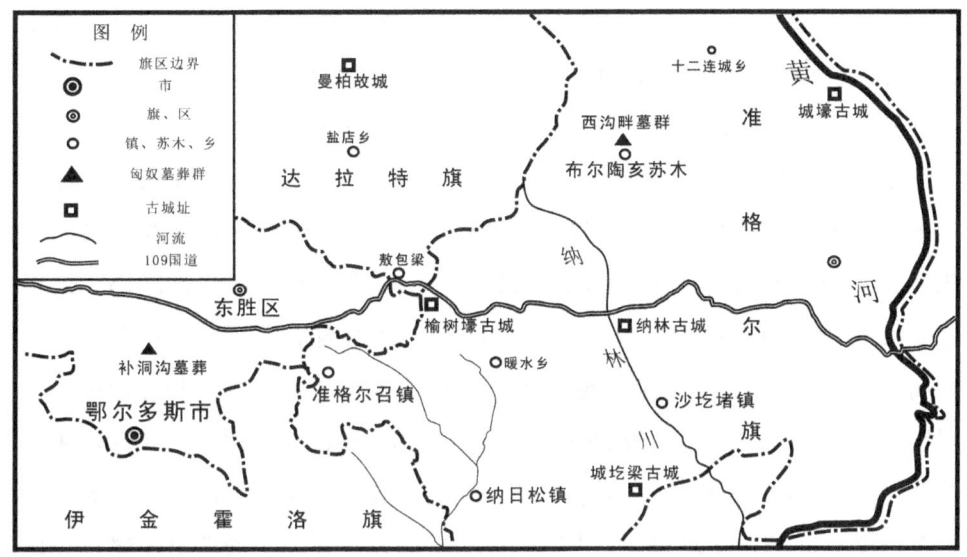

图1 汉代西河美稷县故城（今榆树壕古城）地理位置示意图

1. 出土文物证明榆树壕古城使用时段是两汉时期

在古城内发现有汉五铢、大泉五十等铜钱，以及卷云纹瓦当，均属于汉代遗物。铜镞、铜带钩或其他铜饰件也屡有发现。古城东南约1.5千米处为汉代墓群。[①]城内还出土铁钱"乾祐元宝"，可见古城延绵历史之久。榆树壕古城以西，过暖水川约5—6里，有个叫高家渠（又称西渠或乌鲁斯图渠）的地段，曾出土过匈奴遗物。[②]此外，1980年，考古工作者在榆树壕古城西方、东胜区布日都梁乡补洞沟村发现和清理了9座西汉末至东汉前期的匈奴墓葬。该墓群可能是东汉前期南匈奴单于庭附近的南匈奴墓地。林沄指出，补洞沟墓地最有可能是东汉初年南匈奴的嫡系部落所遗留。[③]更增加此墓与美稷故城的联系。同年，在准格尔旗西沟畔发现9座墓葬，潘玲根据出土的双龙纹玉璜等特征判断其中的三座（M4、M5、M12）为东汉中晚期南匈奴

[①] 《中国文物地图集·内蒙古自治区分册》，第608页。
[②] 崔璇：《准格尔旗榆树壕古城》，载于伊克昭盟文物工作站编：《鄂尔多斯文物考古文集》，1981年，第198页。
[③] 伊克昭盟文物工作站：《伊克昭盟补洞沟匈奴墓清理简报》，《内蒙古文物考古》，1981年（创刊号）第27页；林沄：《关于中国对匈奴族源的考古学研究》，《内蒙古文物考古》1993年第1、2期，第127页。

贵族墓地。又根据出土大量精美的随葬品判断，墓主人生前富有且地位很高。①这些墓葬密迩榆树壕古城，成为汉代美稷县故城的旁证。

2. 榆树壕古城的平面布局符合高级军政机构治城的要求

榆树壕古城分内、外两城。外城南北长500米，东西宽400米，平面呈长方形，是准格尔旗境内面积最大的秦汉古城址。现存城墙高约1—3米。北墙开三门，南墙与东墙的南端已被南渠（又称古城圪棱沟）冲塌。南渠自东而西注入暖水川。据说，六七十年前，城垣内墙尚存。现在东墙保留较高，一段高约3米，夯土层也较清晰，每层黄土之间，隔以黏性白色土，层层相叠，夯层厚约0.1—0.15米。内城在外城西南部，南北约270米，东西约205米，亦呈长方形。北墙偏西开一门，正对外城北墙的西门。全城最高点在内城东北部，平地高于外城地面3米以上。主要建筑的遗迹遗物也在此处，地面瓦片密布，间或有秦汉卷云纹瓦当，还有不少辽金时期的砖、瓦碎块和鸱吻等建筑遗存。内外城东墙之间，陶片密集，东南部还有瓷片。②这种内外城或大小城的平面布局在北方边疆地带的古城址中发现较多。一般分为两种形制：一种是内城位于外城中部；一种是内城位于外城一隅。内城一般设有官署、仓储、窖穴、窑址和冶铁遗址。③笔者认为榆树壕古城亦不例外。（参见图2榆树壕古城平面示意图）李逸友先生曾怀疑榆树壕古城为汉增山县城，但是他又根据内外城布局的特点认为榆树壕古城应为某郡都尉治所。④笔者按照史书记载推测：榆树壕古城内城（小城）应是使匈奴中郎将府的治所。史载：东汉安帝永初三年（109）南匈奴单于反叛，"单于乃自

---

① 伊克昭盟文物工作站、内蒙古文物工作队：《西沟畔汉代匈奴墓地调查记》，《内蒙古文物考古》1981年（创刊号），第15页；潘玲：《伊沃尔加城址和墓地及相关匈奴考古问题研究》，科学出版社，2007年，第145页。
② 崔璇：《准格尔旗榆树壕古城》，载于伊克昭盟文物工作站编：《鄂尔多斯文物考古文集》，1981年，第198页。
③ 徐龙国：《北方长城沿线地带秦汉边城初探》，载于《汉代考古与汉文化国际学术研讨会论文集》，齐鲁书社，2006年，第33页。
④ 李逸友：《内蒙古史迹丛考》，载于内蒙古文物考古所编（魏坚主编）：《内蒙古文物考古文集》（第二辑），中国大百科全书出版社，1997年，第393页。

将围中郎将耿种于美稷,连战数月,攻之转急,种移檄求救。"①南匈奴单于连战数月竟不能攻克美稷县城,可见,美稷县城的坚固。榆树壕古城的内外城(大小城)的平面布局正是为应对北部边疆地区军事活动频繁的一种反映。

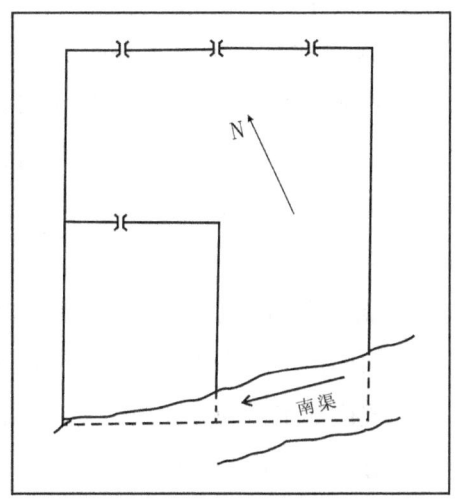

图2　榆树壕古城平面示意图

本图根据崔璇:《准格尔旗榆树壕古城》插图(载于伊克昭盟文物工作站编:《鄂尔多斯文物考古文集》)改绘

3. 榆树壕古城符合《水经注》关于湳水与美稷县的记载。

榆树壕古城的西北面为敖包梁,是暖水川的发源地。暖水川流经榆树壕古城西侧,流经四道柳、西营子、大路峁、乌日图高勒,至头道柳与四道柳川汇合后,称为牸牛川,入伊金霍洛旗纳林陶亥镇后,再南流入陕西省神木县境,称窟野河。榆树壕古城与东方的纳林川西支河道仅隔一道山梁,美稷县境包括今纳林川发源区域。以今榆树壕古城为行政中心的西河郡美稷县辖区甚广,其东部应该包括今纳林川上游地区。这种政区格局符合《水经注》湳水源头出于美稷县境的记载。

据此,从古城的规模、方位及出土文物对比判断,准格尔旗暖水镇榆树壕古城乃汉代美稷县故城。

---

① 《后汉书》卷四十七《梁慬》,第1592页。

三、美稷故城的军政地位

美稷县城（今内蒙古准格尔旗榆树壕古城）是两汉时期北疆地区一处军政要地，在汉与匈奴关系中发挥着重要的作用。

首先，美稷故城在两汉时期具有极为重要的政治地位，成为大河套地区的行政中心之一。西汉时期，美稷县为西河属国都尉驻地。西河属国的设置适应了北疆地区政治形势的发展需要，保证了西汉边疆地区社会秩序的稳定。东汉时期，美稷县为南匈奴单于庭和使匈奴中郎将府的驻地，便利了东汉政府对归附的南匈奴牧民的有效管理。

其次，美稷城既是防御北匈奴侵扰的战略要地，也是反攻北匈奴的战略基地。南匈奴内迁，北匈奴仍不时寇扰汉边。《后汉书·南匈奴传》载："南单于既居西河，亦列置诸部王，助为扞戍。使韩氏骨都侯屯北地，右贤王屯朔方，当于骨都侯屯五原，呼衍骨都侯屯云中，郎氏骨都侯屯定襄，左南将军屯雁门，栗籍骨都侯屯代郡，皆领部众为郡县侦罗耳目。"南匈奴诸部王分置于北方诸郡形成了抵抗北匈奴南下的第一道防线。据史载，每当北匈奴单于南下抢掠，遭遇汉朝防御，以至"北单于惶恐，颇还所略汉人，以示善意，钞兵每到南部下，还过亭候，辄谢曰：'自击亡虏薁鞬日逐耳，非敢犯汉人也。'"可见，美稷县在东汉王朝抵御北匈奴南侵中发挥着重要作用。此外，南匈奴单于以美稷为战略基地，经常派兵协同东汉政府军出击北匈奴。如东汉和帝永元二年，"南单于复上求灭北庭，于是遣左谷蠡王师子等将左右部八千骑出鸡鹿塞，中郎将耿谭遣从事将护之。至涿邪山，乃留辎重，分为二部，各引轻兵两道袭之。左部北过西海至河云北，右部从匈奴河水西绕天山，南度甘微河，二军俱会，夜围北单于。单于大惊，率精兵千余人合战。单于被创，堕马复上，将轻骑数十遁走，仅而免脱。得其玉玺，获阏氏及男女五人，斩首八千级，生虏数千口而还。"[1]取得了对北匈奴之战的重大胜利。

---

[1] 《后汉书》卷八十九《南匈奴列传》，第2953页。

第三，美稷县域是东汉政府安置南匈奴单于直辖部众的理想之地。建武二十六年（50），南匈奴单于率部归汉后，东汉政府先于"去五原西部塞八十里"之地建立南单于庭，后将南单于庭迁至云中郡。是年冬天，北单于率兵南下，南单于领兵据守，战不利。东汉政府又下诏将南单于庭徙至西河郡美稷县。① 美稷县位于西河郡西北部，北有五原、云中二郡，西有朔方郡。相比五原、云中，西河郡美稷县不与边塞毗邻，避免直接面临北匈奴的威胁，而且相对靠近汉朝统治重心地区。《后汉书·南匈奴传》载："（永平）五年冬，北匈奴六七千骑入于五原塞，遂寇云中，至原阳。南单于击却之，西河长史马襄赴救，虏乃引去。"可见，一旦北匈奴南侵而威胁南单于庭的时候，中央政府完全有足够的时间和兵力保护南单于免遭北匈奴的侵扰。

美稷城位于河南地东部地带，即今内蒙古准格尔旗西部。《水经注》卷三《河水》引《东观记》曰："郭伋，字细侯，为并州牧，前在州，素有恩德，老小相携道路。行部到西河美稷，数百小儿各骑竹马迎拜，伋问：儿曹何自远来？曰：闻使君到，喜，故迎。伋谢而发去，诸儿复送郭外。问：使君何日还？伋计日告之。及还，先期一日，念小儿，即止野亭，须期至乃往。其水又东南流，羌人因水以氏之。"文中"竹马"即儿童游戏时当马骑的竹竿。② 竹竿应为当地所产，孩童随手可得，非由外地输入。可见，秦汉时期美稷县区域气候适宜，雨量充沛，存在大片的森林草原，水草丰茂，适宜游牧，③ 使得南匈奴部众繁衍生息。东汉和帝永元二年，南匈奴单于与东汉政府军大败北匈奴后，史载"是时，南部连克获纳降，党众最盛，领户三万四千，口二十三万七千三百，胜兵五万一百七十。故[从]事中郎将置从事二人，耿谭以新降者多，上增从事十二人。"④ 如此之多的南匈奴牧民分

---

① 《后汉书》卷八十九《南匈奴列传》，第2949页。
② 《水经注校证》卷三《河水》，第82页。商务印书馆编辑部编：《辞源》，商务印书馆，1981年，第2345页。
③ 史念海：《历史时期黄河中游的森林》，载《河山集》（二集），三联书店，1981年，第232页。
④ 《后汉书》卷八十九《南匈奴列传》，第2953页。

布在以美稷县城为中心的周围地区,与当地的生态环境不无关系。

第四,美稷故城是东汉时期的军事重地——使匈奴中郎将府驻地,与度辽将军府驻地曼柏营城南北呼应。建武二十六年,美稷县成为南匈奴单于庭驻地和使匈奴中郎将府的治所。①然而不久,"南单于所获北虏薁鞬左贤王将其众及南部五骨都侯合三万余人畔归"。虽有耿国向光武帝建议:"置度辽将军、左右校尉,屯五原。以防逃亡",但光武帝并未采纳。直至东汉明帝永平八年(65),"南匈奴须卜骨都侯等知汉与北虏交使,内怀嫌怨,欲畔,密使人诣北虏,令遣兵迎之。郑众出塞,疑有异。伺候,果得须卜使人。乃上言:'宜更置大将,以防二虏交通。'"②东汉遂于明帝永平八年,正式设立度辽营。"以中郎将吴棠行度辽将军事,副校尉来苗、左校尉阎章、右校尉张国将黎阳虎牙营士屯五原曼柏。又遣骑都尉秦彭将兵屯美稷。"③曼柏,即今内蒙古达拉特旗盐店乡哈勒正壕古城,位于美稷县故城北偏西38千米处,正当北通阴山要道。东汉政府在此设立度辽营,置度辽将军府,是为配合使匈奴中郎将加强对美稷县南匈奴单于及其部众的有效管理。正如出使匈奴归来的郑众所言:"南单于久居汉地,具知形势,万分离析,旋为边害。今幸有度辽之众扬威北垂,虽勿报答,不敢为患。"④随着美稷、曼柏军事行政地位越来越重要,东汉政府于安帝元初元年(114),正式将临时性非单列的度辽将军府改置为军事常驻机构。

四、结语

综上所述,西汉时期西河属国初设于汉武帝元狩四年,驻美稷县。王莽当政后,西河属国建制被废弃。东汉光武帝建武二十六年,美稷县城成为使

---

① 关于使匈奴中郎将的论文主要有:何天明:《东汉使匈奴中郎将探讨》,《北方文物》1990年第4期,第72页;李大龙:《东汉王朝使匈奴中郎将略论》,《中国边疆史地研究》1994年第4期,第98页;韩香:《试论"使匈奴中郎将"的来源及演变》,《新疆大学学报》1995年第1期,第33页。
② 〔北宋〕司马光等:《资治通鉴》卷四十五《汉纪》,中华书局,2009年,第1446页。
③ 《后汉书》卷八十九《南匈奴列传》,第2949页。
④ 《后汉书》卷三十六《郑众列传》,第1225页。

匈奴中郎将府治所与南匈奴单于庭驻地。灵帝末年，中原政局大乱，东汉政府无力顾及北疆事务，美稷县城由此被迫废弃。

对于史学界所谓内蒙古准格尔旗沙圪堵镇纳林村古城为汉代美稷故城的成说。笔者提出质疑。通过文献史料、实地调查和考古资料，提出不同的新看法，认为内蒙古准格尔旗暖水乡榆树壕古城实为美稷县故城。通过对汉代西河属国、使匈奴中郎将府的治所——美稷故城地理位置的考证，凸显出美稷县故城在两汉北疆地区拥有极为重要的军政地位，也使我们对两汉时期北疆政区变迁与民族关系发展有了较前更为清楚的认识。

（原载于《中国边疆史地研究》2016年第1期）

西汉五原属国都尉府驻地——蒲泽县城初探

王兴锋

西汉元狩二年（前121）春三月，汉武帝发动河西之役，派遣骠骑将军霍去病从陇西出发，攻破匈奴右部，取得此战大捷。此战之后，匈奴浑邪王和休屠王的部众四万余人归降汉朝。经过一番讨论，汉朝政府决定采取"分徙降者，（于）边五郡故塞外，而皆在河南，因其故俗，为属国"的措施，先后在今鄂尔多斯高原及其邻区设置五个匈奴族属国以安置匈奴族牧民。其中之一就是五原属国。关于五原属国的初建时间、属国都尉府驻地——蒲泽县城的地理位置，史学界至今尚无定论。笔者不揣浅陋，草就此文，试做探讨，并就教于学界前辈。

一、五原属国建制的初置年份

五原属国初设于匈奴浑邪王和休屠王的部众归降汉朝之后。《汉书》卷二十八下《地理志》载："五原郡，秦九原郡，武帝元朔二年更名。……蒲泽，属国都尉治。"①汉武帝元朔二年（前127），匈奴侵扰渔阳、上谷，杀千余人。车骑将军卫青挥师"出云中以西，至高阙，遂略河南地，至于陇西"，取得"河南之战"的重大胜利。汉朝遂于秦代九原郡故地"置朔方、五原郡"二郡。其中，五原郡治所位于今内蒙古包头市九原区麻池镇。据

---

① 〔汉〕班固：《汉书》卷二十八下《地理志》，中华书局，1962年，第1619页。

《汉书·地理志》记载，五原郡领十六个县，蒲泽县为其中之一。元狩二年，为安置归降的匈奴游牧民，汉朝政府决定在五原郡设立属国，任命都尉为其管理者。《汉书·百官公卿表》载："武帝元狩三年，昆邪王降，复增属国，置都尉、丞、候、千人。"①毫无疑问，属国的军政长官为属国都尉。五原属国都尉驻地，即蒲泽县城。

五原属国的设置时间，史无明确记载，但有线索可寻。《汉书·景武昭宣元成功臣表》载：武帝征和三年（前90），仆雷电"以五原属国都尉与贰师将军俱击匈奴，没"。②检阅史料，征和三年以前，仅有元狩二年匈奴浑邪王和休屠王两部归汉和元狩四年（前119）左贤王部众七万余人降汉。五原属国应是为安置他们而设。据此，五原属国应初置于西汉武帝元狩三年（前120）。

汉武帝之后，五原属国建制一直延续。据《汉书·李广利传》载："征和三年，贰师复将七万骑出五原，击匈奴，度郅居水。兵败，降匈奴，为单于所杀。"③又据《汉书·匈奴传》载："贰师将军将出塞，匈奴使右大都尉与卫律将五千骑要击汉军于夫羊句山狭。贰师遣属国胡骑二千与战，虏兵坏散，死伤者数百人。"④此处贰师将军李广利所遣属国胡骑应是仆雷电率领的五原属国匈奴族骑兵。《汉书·景武昭宣元成功臣表》载：仆雷电"以五原属国都尉与贰师将军俱击匈奴"。属国都尉是由中央政府直接任派官员担任的职官。笔者据此认为，迄征和三年，五原属国都尉之官职犹在。西汉元帝时，冯奉世之子冯立"以父任为郎，稍迁诸曹。竟宁中，以王舅出为五原属国都尉。数年，迁五原太守，徙西河、上郡"。⑤竟宁是汉元帝的年号，即公元前33年。《后汉书·独行列传》载：刘茂在西汉"哀帝时，察孝廉，再迁五原属国候，遭母忧去官。服竟后为沮阳令"。⑥"五原属

---

① 《汉书》卷十九《百官公卿表》，第735页。
② 《汉书》卷十七《景武昭宣元成功臣表》，第649页。
③ 《汉书》卷六十一《李广利传》，第2704页。
④ 《汉书》卷九十四《匈奴传》，第3779页。
⑤ 《汉书》卷七十九《冯奉世传》，第3305页。
⑥ 〔南朝宋〕范晔：《后汉书》卷八十一《独行列传》，中华书局，1965年，第2671页。

国候"是五原属国都尉的属官。由此可见,西汉五原属国建制历经武、昭、宣、元、成诸帝直至哀帝年间(前6—前1)。属国都尉府驻地是蒱泽县城。

至王莽当政后,实行错误的对匈奴政策,破坏了汉匈两族间的和睦关系。匈奴不断入塞侵扰,致使北疆局势动荡。显然,五原属国建制当在此时被废弃。新莽(9—24)及其后,五原属国不再见诸史册。

二、五原属国都尉治所——蒱泽县城探考

成书于公元6世纪的《水经注》对黄河的主干和支流以及与之相关的郡县城池都有全面而系统的记述,但是并未提到五原属国都尉府驻地——蒱泽县城。笔者猜测出现这样的遗漏并非郦道元的疏忽,可能是蒱泽县城并未临河而建。那么,蒱泽县城到底在今何地呢?特在此试做探索。

(一)蒱泽县名来历的地名学蠡测

人们在为一个地方命名时,通常以该地的生态与地理环境的某项特征为依据。笔者分析蒱泽县名的来历,也考虑到历史时期蒱泽县境的生态与地理环境产生的影响。因此,利用语言学、历史学、地理学、地图学、地名学等多种资料就成为考证蒱泽县故城位置的首要步骤。

"蒱"通"蒲"。东汉许慎《说文解字》载:"蒲,水草也。可以作席。"[①]"蒲",即我们今天称道的蒲草。蒲草,亦称"水烛""水蜡烛""狭叶香蒲"。水生或沼生草本植物。根状茎乳黄色、灰黄色,先端白色。地上茎直立,粗壮,高约1.5—2.5(3)米。叶片长54—120厘米,宽0.4—0.9厘米,上部扁平,中部以下腹面微凹,背面向下逐渐隆起呈凸形,下部横切面呈半圆形,细胞间隙大,呈海绵状;叶鞘抱茎。我国北方黑龙江、吉林、辽宁、内蒙古、甘肃、陕西等省区多有分布。它生长于湖泊、河流、池塘浅水处,沼泽、沟渠亦常见,当水体干枯时可生于湿地及地表龟裂环境中。其分布较广,植株高大,叶片较长,雌花序粗大,经济

---

① 〔汉〕许慎:《说文解字》,中华书局,1963年,第17页。

价值较高。①两千多年前的汉代人就已经利用蒲编织草席。据《居延汉简》161.11载："廿三日戊申，卒三人，伐蒲廿四束大二韦，率人伐八束，与此三百五十一束。"②还有一枚E.P.T59：46载："二月十二日，见卒黎人、卒解梁苇器，卒沐惲作席，卒邴利作席，卒郭并取蒲。"③此两枚汉简内容反映出居延地区驻军士兵采割蒲草、编织蒲席的实景。可见早在两汉时期北方边疆地带，无论是居延泽地区，还是蒲泽一带，蒲草已经成为人们广泛利用的手工业原料。

关于"泽"的释义，《说文解字》载："泽，光润也。"④《释名》进一步解释：地势低"下而有水曰泽，言润泽也。"⑤《风俗通义》解释更详："泽，水草交厝，名之为泽；泽者，言其润泽万物，以阜民用也。"⑥再据1986年出版的《伊克昭盟地名志》载："蒲淖，行政村，在［乌兰］乡东部，以驻地村命名（清朝年间这里有一湖，并长有蒲草而得名）。"⑦《说文解字》载："淖，泥也。"蒙古语"淖尔"意为"湖泊"。蒲淖乃"蒲淖尔"的简称，就是蒲泽、蒲湖之意。

据此可以推知，由于汉代蒲泽县城密迩水草丰茂的湖泽，且该湖泊边缘生长着大范围的蒲草，该湖遂因此得名"蒲泽"，而蒲泽县名则因靠近蒲泽而来。

（二）汉代墓葬群遗存的考古学证据

《读史方舆纪要》卷六十一"永丰城"条："蒲泽废县，亦在故丰州

---

① 中国科学院中国植物志编辑委员会：《中国植物志》（第八卷），科学出版社，1992年，第7页。
② 中国社会科学院考古研究所：《居延汉简》（甲乙编），中华书局，1980年，第113页。
③ 甘肃省文物考古研究所、中国社会科学院历史所：《居延新简》，中华书局，1994年，第362页。
④ 《说文解字》，第231页。
⑤ 〔东汉〕刘熙，〔清〕毕沅疏证、王先谦补：《释名疏证补》，中华书局，2008年，第26页。
⑥ 〔东汉〕应劭，王利器校注：《风俗通义校注》卷十《山泽篇》，中华书局，1981年，第477页。
⑦ 伊克昭盟地名委员会：《伊克昭盟地名志》（内部资料），1986年，第275页。

东。汉元朔中置,属国都尉治焉。"明朝晚期,蒲泽故城遗迹可能还存在。"故丰州"即唐代丰州都督府驻地,故址在今内蒙古五原县南部城南村。据此,蒲泽故城应在今五原县东方寻找。再据汉朝安置匈奴牧民的"分徙降者,边五郡故塞外,而皆在河南,因其故俗"的决策,蒲泽故城当位于汉代黄河以南、秦昭王长城以北的区域。

考古工作者在今达拉特旗白泥井镇白泥井村内及村南、村西近3平方千米的范围内,发现均有汉代墓葬分布。其中,村内墓葬较集中,且规模较大。早年被挖掘10余座,均是砖室墓,有单室和双室两种结构,以及随葬陶器等。地表可见封土堆,采集有绳纹瓦、泥质灰陶盆、罐等。[1]1982年,考古工作者在白泥井镇西偏北4千米的城圪梁村也发现面积约4万平方米的汉代墓群,清理穹窿顶多室砖墓一座。该汉墓呈正北向,由甬道、前室、后室和耳室组成。前室、后室的平面均作方形。墓葬曾被严重扰乱,遭地下水浸漫。此外,还出土人骨五具,泥质灰陶仓、井、案、房屋、瓮、盆、罐和汉代五铢铜钱。[2]

大量汉代日常生活器具及设施的出土表明墓葬群主人是汉代的边民。在汉代北部边地,百姓通常在城内居住、城外耕种。[3]白泥井镇、城圪梁村等地汉代墓葬群的存在充分证明:此地曾存在一个大型汉代聚落,即存在一座汉代古城。

(三)古代湖泊遗存的自然地理学证据

古代湖泊的线索充分反映在当地自然与人文地理实体的名称上。1983年出版的《达拉特旗地名志》载:白泥井镇之北有称作"榆林子"的地方,因早年生长着榆树而得名。[4]榆林子乡东北距黄河仅2.5千米。哈什拉川河经由榆林子乡西缘向北流,至德胜泰乡和该乡交界处汇入黄河;又有

---

[1] 国家文物局:《中国文物地图集·内蒙古自治区分册》,西安地图出版社,2003年,第577页。
[2] 《中国文物地图集·内蒙古自治区分册》,第577页。
[3] 张继海:《汉代城市社会》,社会科学文献出版社,2006年,第35页。
[4] 达拉特旗地名志编委会:《达拉特旗地名志》(内部资料),1983年,第53页。

"巴彦淖尔"之村名，意为"富饶的海子"，距离黄河仅1千米，其名源自清朝中晚期。白泥井西北的王爱召镇有小淖村、大淖村，民国初年称呼此地为"硝淖滩"。① 由于地势低洼、气候干旱、降水量少、蒸发量大，溶解在水中的盐分很容易在土壤表层凝聚，致使湖泊干涸后留下大面积的盐碱地，"硝淖滩"之名由此而来。在榆林子西北还有个田四淖村，民国时期因一位名叫田四的人居住在海子（湖泊）近旁而得名。② 值得注意的是，白泥井镇东7千米的海勒素村。清代这里有一个海子，湖边生长着榆树，蒙语"海勒素"即指榆树，村庄由此得名。③ 诸如此例，不胜枚举。可见，在今白泥井镇、王爱召镇以北的哈拉什川下游地方及其附近，古代曾经存在一个面积广阔的湖泽。

在该湖泊存在的汉代，湖边低洼地带生长着茂盛的蒲草，坐落在湖滨的蒲泽县由此而得名。

此外，在白泥井镇以东约14千米，有吉格斯太镇。据《达拉特旗地名志》载："'吉格斯太'系蒙语，意即菖蒲。过去东柳沟河畔有个天然沟子，俗称'神海子'，海内菖蒲丛生，因此而得名。"④ 吉格斯太镇西与白泥井镇毗邻，东南与准格尔旗接壤，北隔黄河与包头市土默特右旗相望。其地理坐标为东经110°32′、北纬40°17′。镇政府驻在大红奎村，处于东柳沟河东岸，距树林召镇60千米。全镇面积为522平方千米，东西窄、南北长，呈长方形。南部跨入库布齐沙带，北部是沿河平原。沙漠与平原的界限是一条东西走向、宽约1千米的沼泽地带，名"曹四滩"。该滩地遍生马兰和低草，绿草如茵，水质清澈，是优良的天然牧场。全镇地势呈南高北低，中部有东柳沟河南北纵贯而注入黄河。平原中部有方圆约10平方千米的低洼地，每次下雨时，南部沙梁的雨水汇集于洼地，致使常年积水。而土质属黏性土壤，边缘的土地易板结，故名"打瓦壕"。

---

① 《达拉特旗地名志》，第104页。
② 《达拉特旗地名志》，第74页。
③ 《达拉特旗地名志》，第51页。
④ 《达拉特旗地名志》，第29页。

可知古代蒲泽范围较广，西至大淖、小淖，东至吉格斯太镇，北至今黄河，南至王爱召镇一带。

（四）"城圪梁"村的地名学证据

达拉特旗白泥井镇城圪梁村不仅发现大范围的汉代墓葬群，而且"城圪梁"村名颇耐人寻味。城圪梁村的得名必然来自建村之初此地仍存的汉代古城遗迹。换言之，汉代古城经过千百年的风雨侵蚀和人力破坏后，地表只剩下一处或一道夯土圪梁，村名即由此特征而定。我们知道，地名具有相对的稳定性。虽然随着晚近农业经济活动发展，建村时的古城夯土圪梁也已被平毁，但"城圪梁村"之名仍旧沿用至今，标志着汉代古城就在其侧。"圪梁"意为小土丘、小土梁，如"圪台""圪垛"之名。此村被称为"城圪梁村"，而其北面地势低洼，南部地势平缓，其附近必定曾有一座古代城址，或湮没于沙漠之下，或被后代居民平毁。

值得注意的是其他的旁证材料。在城圪梁村南30千米的吉格斯太镇城圪梁村附近，存在一座汉代古城遗址，就以"城圪梁城址"命名。无独有偶，在准格尔旗沙圪堵镇佛爷庙村东北500米处，也有一座汉代城址，亦名"城圪梁城址"。依此类推，白泥井镇城圪梁村附近必是汉代蒲泽县故城所在。

（五）秦汉时期鄂尔多斯高原东北部的环境状况

鄂尔多斯高原东北部主要指今达拉特旗、准格尔旗部分地区。此区域位于库布齐沙漠东缘，地势南高北低，海拔高度由1500米降至1000米。分三大自然区，南部属鄂尔多斯台地北端，系丘陵土石山区，土壤属栗钙土，矿藏丰富，地势起伏较大，水土流失严重；中部为库布齐沙带，土壤属沙壤土，宜林宜牧；北部为黄河冲积平原，地势平坦，土壤属淤灌草甸土。气候属典型的温带大陆性气候，干燥少雨，冬寒夏热，昼夜温差大，年均日照时数约3000小时，年均气温6.1—7.1℃，无霜期135—150天。年均降水量240—360毫米，主要集中在7—9月份。在陆地水文方面，鄂尔多斯高原东北部有数条发源于高原脊线北侧而流入黄河的季节性川沟。自西由东主要有罕台川、壕庆河、哈什拉川、母哈日沟河、东柳沟、呼斯太河（达拉特旗、准格尔旗两旗界河）等6条川沟。

据《汉书·地理志》载，秦汉时期中央政府在鄂尔多斯高原地区先后设置30余县。考古工作者在鄂尔多斯高原发现诸多汉代古城址，必与秦汉时期移民活动有关。由于内地农民的移入，使得当地农田日益垦辟。研究表明：秦汉时期鄂尔多斯高原北部并未出现土地沙漠化的迹象。自东汉末年起，今鄂尔多斯高原和黄土高原成为"羌胡之地"，农业在这两个地域衰退而牧业兴盛起来。其实，直至清代，鄂尔多斯高原东北部仍然是水草丰茂、宜农宜牧之地，数条河流自南向北注入黄河。据《大清一统志》载："奈马代池，在左翼后旗东四十三里。捕鱼池，在左翼后旗东一百十里，蒙古名哲葛苏台，鱼河水注入其中。蒲池，在左翼后旗东一百三十里，蒙古名虎苏台，蒲河水注入其中。"①三池（即三湖）皆有三条水量较充沛的河流注入。《大清一统志》载："喀西拉克河，在左翼后旗东五十里，源出色泊呼勒泉，东北流入奈马代泊。鱼河，在左翼后旗东一百十里，蒙古名折葛苏台，源出托诺克拖海山，东北流入捕鱼池。蒲河，在左翼后旗东一百四十里，蒙古名呼鲁苏台，源出插汉拖罗海岗，东北流入蒲池。"喀西拉克河，即今哈什拉川。鱼河，即今东柳河。蒲河，即今呼斯太河。由于晚近黄河河道的南移，迄今很难判定清代"奈马代池"等三个湖泊的准确位置，但可确定其大体位置。

由此可知，迄清代晚期达拉特旗、准格尔旗北部仍旧呈现出植被茂盛、水源丰沛的环境特征。那么，上溯至两千多年前的汉代，该地区自然环境条件应比清代更为优越！

此外，考古工作者在白泥井镇东南40千米的准格尔旗布尔陶亥苏木西沟畔村发现一处秦汉时代的匈奴墓地。其棺木皆为当地原木制作。墓葬出土虎

---

① 〔清〕穆彰阿、潘锡恩等纂修：《大清一统志》卷五百四十三《鄂尔多斯》，上海古籍出版社，2008年，第601页。

豖咬斗纹金饰牌、卧鹿纹金饰片、双马纹金饰片等动物纹饰物。[①]这些金属饰物有力地证明秦汉时期鄂尔多斯高原东北部分布着大片的森林与草原。汉朝政府将匈奴族牧民安置在五原郡东南部正是考虑到该地生态环境符合游牧民的生活特点。

三、结语

综上所述，西汉五原属国初设于汉武帝元狩三年（前120），其建制一直延续至西汉哀帝年间（前6—前1），新莽时期废弃。历时约120多年。通过对蒲泽地名来历、清代蒲池和当代"蒲淖"佐证、汉代蒲泽及居延汉简伐蒲、白泥井镇及城圪梁村的汉代墓群、白泥井镇附近的古代湖泊遗存和"城圪梁"村名来历的交叉剖析，以及秦汉时期鄂尔多斯高原东北部自然环境的复原，可以推定西汉时期蒲泽县城当在今达拉特旗白泥井镇城圪梁村附近。

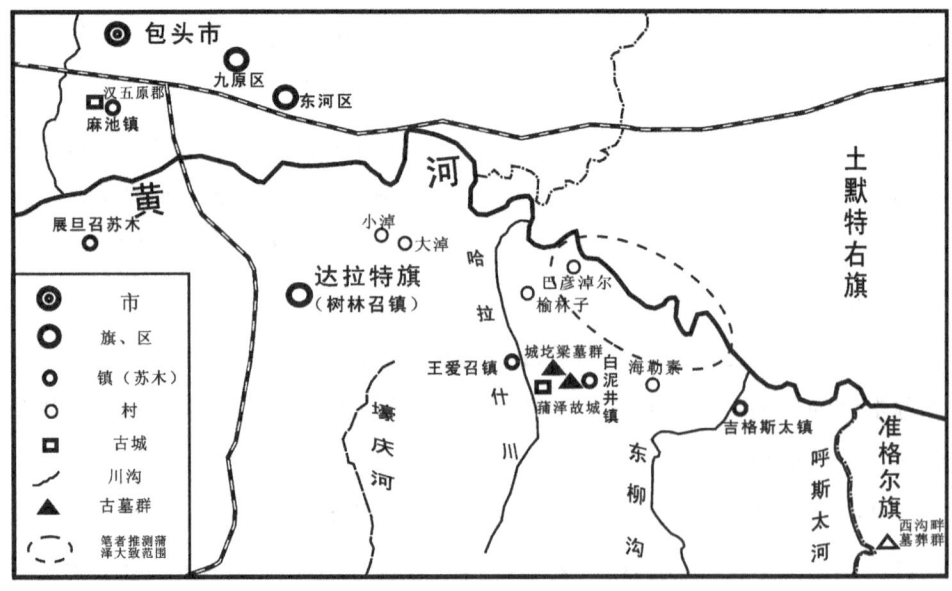

图1　西汉时期五原属国蒲泽县城位置示意图

[①] 鄂尔多斯市文物工作站、内蒙古文物工作队：《西沟畔汉代匈奴墓葬》，《文物》1980年第7期，第375页。

通过对西汉五原属国都尉驻地——蒲泽县城建制及其地理位置的探讨，可进一步推进鄂尔多斯高原历史地理研究，具有重大的学术价值。其次，西汉蒲泽县城的定位可为《中国历史地图集》五原郡的无考县名标绘提供学术参考。最后，五原属国建制与地理位置的复原使我们对秦汉时期北部边疆政区变迁与民族分布有了更为清楚的认识。

（原载于《历史地理》第33辑，上海人民出版社，2016年。）

两汉朔方郡治城新探①

孟洋洋

朔方郡是汉朝北疆的边郡之一，扼制交通要冲，战略地位重要。因此，弄清其治所位置是十分必要的。这既是鄂尔多斯高原暨后套平原历史地理研究的重要组成部分，亦是研究汉代边疆政区地理不可忽视的问题。历史地理学兴起以来，借助历史文献与考古发掘等资料，学界对边疆的研究已相当广泛。其中，学界对汉代朔方郡的治所已多有研究，但相对零散，既不详细系统，亦有分歧之处，还有继续深入探讨的空间。本文在借鉴诸多学者见解的基础上，以文献记载为线索、核之以考古调查成果，并参稽地理形势，对此问题试做研究。本文论述不当之处，敬请方家指正。

一、关于两汉朔方郡治所的不同观点

关于汉代朔方郡的郡治在今何处，学界多有研究。目前学界基本认同朔方郡郡治曾多次迁徙，东汉在临戎县城，永和五年（140）侨迁至五原县城这一事实。而朔方郡郡治迁至临戎城之前在哪里，则没有确切的资料说明，因此存在争议。争议主要集中在三封、朔方等城之间。

---

① 本文系2011年度国家社科基金重大项目"鄂尔多斯高原历史地理研究"（11&ZD097）阶段性成果。

（一）西汉在三封、东汉迁临戎之说

唐代成书的《元和郡县图志》称：西汉朔方郡治三封，即"丰州……汉武帝元朔二年，使卫青逐去匈奴，开置朔方，领县十，理三封，在今丰州西一百里"。[①]宋代成书的《资治通鉴》亦载："上竟用（主父）偃计，立朔方郡，使苏建兴十余万人筑朔方城。"对此，宋白注曰："汉朔方郡治三封县，今长泽县有三封故城。"[②]清代顾祖禹《读史方舆纪要》亦从此说："汉置三封县，为朔方郡治。后汉朔方郡迁治临戎，以三封县属焉。"[③]其又载："窳浑城……临戎城，在废夏州西北。汉县，属朔方郡，后汉为朔方郡治，后废。"[④]由此可知，古代一些史家认为朔方郡的治所在西汉时曾在三封县城，东汉迁至临戎县城。20世纪有些学者，如严耕望、刘福注等也认为三封县城曾经为朔方郡治。

笔者认同朔方郡治西汉曾在三封县城，东汉曾在临戎县城。首先，三封和临戎分别是《汉书·地理志》与《后汉书·郡国志》记载的朔方郡第一个属县，从行文习惯来讲，第一个属县应是郡治所在。模仿《汉书·地理志》的《后汉书·郡国志》明确记载："凡县名先书者，郡所治也。"[⑤]严耕望先生在《汉书地志县名首书者即郡国治所辨》[⑥]详细论证"汉书地理志各郡国之第一县即为郡国治所"。笔者认为其论述很有道理。迄今已经考证清楚的汉代诸郡治所基本就是两志所列首个属县。其次，很多关于汉代郡县的文献资料，我们今日已经无缘见到，而唐宋时期人们却是可以见到的，因此唐宋历史文献中应包含汉代朔方郡治所的记载。上述史家应是据那些散佚的文献而做出判断。再次，三封县城遗址周长在2500米以上，并存在子城，从其规模和布局观察，具备作为郡级治城的资格。因此，笔者认为，西汉朔方郡

[①]〔唐〕李吉甫：《元和郡县图志》卷四《关内道四》，中华书局，1983年，第111—112页。
[②]〔宋〕司马光：《资治通鉴》卷十八《汉纪十》，中华书局，2011年，第611页。
[③]〔清〕顾祖禹：《读史方舆纪要》卷六十一《陕西十》，中华书局，2005年，第2911页。
[④]《读史方舆纪要》卷六十一《陕西十》，第2912页。
[⑤]〔南朝宋〕范晔：《后汉书》志十九《郡国志》，中华书局，1965年，第3385页。
[⑥]严耕望：《严耕望史学论文选集》，联经出版社，1991年，第113—142页。

治三封县城是可信的。但是，不会早于初置三封县的元狩三年（前120）。而朔方郡始建于元朔二年（前127），那么三封置县前的七年内，朔方郡的治所在哪里呢？

（二）西汉在朔方、东汉迁临戎之说

《中国历史地图集》将西汉朔方郡的治所标在朔方县。①在其影响下，朔方郡西汉治朔方、东汉治临戎之说，已为目前学界的主流看法。

王文楚先生力持此说，并受谭其骧先生委托，撰文总结了清代阎若璩、王先谦，以及近代李子魁等人的观点，并提出其他论据与严耕望先生商榷，力证朔方郡治朔方县。王文楚提到"阎若璩曰：'武帝置朔方郡，筑朔方城，则朔方郡治朔方县矣。三封乃元狩三年城也，《元和志》以为治三封，误。'王先谦曰：'阎说是，《河水注》可证。'杨图从之，李子魁说同"。②王先生认同阎若璩、王先谦、杨守敬和李子魁的观点。而其与以上学者的依据为《水经注》所载的："河水又东南迳朔方县故城东北，《诗》所谓城彼朔方也。汉元朔二年，大将军卫青取河南地为朔方郡，使校尉苏建筑朔方城，即此城也。"③对此，本文不敢苟同。因为《水经注》此条并未说朔方城便是朔方郡治。王文楚先生又提出："《汉志》载，东部都尉治渠搜，中部都尉治广牧，西部都尉治窳浑。三都尉所治之县，恰在朔方郡治朔方县之东、中、西部，若郡治三封，三都尉无一不在郡之东部。显然与《汉志》记载相违。"④故朔方郡治应在朔方县。对于此条论证，严耕望先生也认为言之有理，并认同了朔方城曾为朔方郡治。其分歧只限于三封城后来是否为朔方郡治。

本文认为：以东、中、西三部都尉的分布位置为参照而否定三封城为郡治，并且据此断言朔方县城曾为郡治，这是没有根据的。首先，五原郡西部

---

① 谭其骧：《中国历史地图集》（第二册），中国地图出版社，1996年，第34页。
② 王文楚：《〈关于中国历史地图集〉第二册西汉图几个郡国治所问题》，载于《历史地理》（第5辑），上海人民出版社，1987年，第150页。
③ 〔北魏〕郦道元，陈桥驿校证：《水经注校证》卷三《河水》，中华书局，2007年，第76页。
④ 《〈关于中国历史地图集〉第二册西汉图几个郡国治所问题》，第150页。

都尉治田辟，中部都尉治原高，东部都尉治稒阳，据《水经注》记载，此三城皆在五原郡治九原县城之西。若王文楚先生此言成立，则九原岂并非五原郡治？其次，《汉书·地理志》与《后汉书·郡国志》等并未有西汉朔方郡治朔方县的记载，亦无其他有说服力的资料证明之。因此，无法确认西汉朔方郡治朔方县。笔者在此认为，不能被朔方郡、朔方县的专名相同所迷惑；譬如五原郡治城在九原而非五原，又如王莽时期曾改郡名为"沟搜"，同时改"渠搜县"为"沟搜"。若因专名一致而判断王莽时沟搜郡治是在沟搜县城，显然是无依据的。学界也无这种说法。

再者，东汉时期朔方郡农业人口数量减少，政局动荡，成为南匈奴牧民活动的地区，东汉王朝对其控制力减弱。所谓由朔方迁往临戎，在空间上是由相对"腹地"迁往偏远地方，显然不太可能。即使朔方县城曾作为朔方郡治，不会早于元朔三年（前126）秋。

朔方县城自元朔三年秋开始建造，其竣工的时间应为元朔四年（前125），若作为朔方郡治当在其竣工后。据《汉书》载："于是汉遂取河南地，筑朔方，复缮故秦时蒙恬所为塞，因河为固。……是岁，汉之元朔二年也。"①此处'筑朔方'是指在朔方郡地营筑诸城、障、塞等，并非特指"朔方城"。《史记》载："元朔元年春，卫夫人有男，……明年，……遂以河南地为朔方郡。……青校尉苏建有功，以千一百户封建为平陵侯。使建筑朔方城。"②此处虽称筑朔方城，但只是下达命令，并未明说何时兴建朔方城。朔方城乃至其他数座县城，实乃汉武帝元朔二年夏季移民至朔方郡十万、于元朔三年春秋相继罢沧海郡和经营西南夷地区后，拥有足够的人力、物力、财力而于元朔三年秋天开始建造。《汉书》所载：元朔二年"夏，募民徙朔方十万口……三年春，罢苍海郡……秋，罢西南夷。城朔方城。"③足可证明。因此，即使朔方县城确实曾是郡治，则其最早在元朔三

---

① 〔汉〕班固：《汉书》卷九十四《匈奴传》，中华书局，1982年，第3766页。
② 〔汉〕司马迁：《史记》卷一百一十一《卫将军骠骑列传》，中华书局，1982年，第2923页。
③ 《汉书》卷六《武帝纪》，第170—171页。

年秋，合理的时间应为元朔四年春夏。那么，此前约一年时间的朔方郡治又在何处呢？

二、两汉时期朔方郡治城位置再探索

本文推论西汉朔方郡治城起初可能在窳浑县城，当朔方郡其他县城修筑竣工后而迁离，并且可能先迁至三封，后迁往临戎，最终于东汉永和五年侨治五原县城。

（一）西汉朔方郡治所起初应在窳浑县城

本文判断西汉朔方郡治最初可能在窳浑县城，基于以下五点理据：

第一，从时间上判断，窳浑县城竣工最早，当是朔方郡建郡伊始的驻地。据《水经注》载："河水又北迤西溢于窳浑县故城东。汉武帝元朔二年，开朔方郡县，（窳浑县故城）即西部都尉治。"①由郦道元的这段记述可知，窳浑县故城在元朔二年创置朔方郡期间就是西部都尉的治所。由此推知，窳浑县出现的时间与朔方郡建立时间相同，即元朔二年。此外，窳浑县城至迟在元朔五年（前124）春就成为汉朝大军北征的军事据点。《史记》载："其明年，元朔之五年春，汉令车骑将军青将三万骑，出高阙……都尉韩说从大将军出窳浑，至匈奴右贤王庭，为麾下搏战获王，以千三百户封说为龙额侯。"②据此可知，窳浑县城此时已经成为汉军出征的集结地与后勤供给基地。因此，其出现时间必早于元朔五年春，极可能如郦道元所记载，于元朔二年出现。

第二，依《汉书·地理志》所载，西部都尉所驻的窳浑县城具有特殊地位。即："朔方郡，（武帝元朔二年开。西部都尉治窳浑。莽曰沟搜。属并州。）户三万四千三百三十八，口十三万六千六百二十八。县十……"③笔者认为：此处将所辖十县的窳浑县单独列出，并非因其县城是西部都尉治所。《汉书·地理志》将"西部都尉"置于郡名后、户口数据前的记载体

---

① 《水经注校证》卷三《河水》，第75页。
② 《史记》卷一百一十一《卫将军骠骑列传》，第2925—2926页。
③ 《汉书》卷二十八《地理志》，第1619页。

例，除朔方郡西部都尉、五原郡东部都尉和西河郡南部都尉三处之外，再无此记载体例。这或许表明，西部都尉在朔方郡管区具有特殊地位，而其驻在的窳浑县城在当时也比其他属县特殊。

第三，西部都尉所驻的窳浑县城可能是朔方郡建置伊始的临时治所。汉武帝时期，在边郡建置伊始，边郡治所和都尉治所是可在同处的。元鼎六年（前111年）建置的交阯郡就是如此。《水经注》载："耷泠县，汉武帝元鼎六年开，都尉治。……交阯郡及州本治于此也。"①这足可证明郡治和都尉治可同驻一城。因此，朔方郡建置伊始，太守和西部都尉同驻窳浑县城显然是很可能的。

第四，从窳浑县城的地理位置观察，扼制交通冲要，便于做出有效的快速反应。其北有屠申泽为天然屏障，西北有阴山的鸡鹿塞（今狼山哈隆格乃山口）为军事要隘。匈奴若穿越狼山西段而进入河南地，必经此谷道，而窳浑城正坐落于其东南。在朔方郡初建之际，临戎、三封、朔方等城尚未修筑竣工，区域秩序未稳之前，将郡治置于驻防区最前沿，便于做出快速反应、集中兵力御敌，也在情理之中。

第五，窳浑县城的城址形态也可证明这一推断。窳浑县城（今保尔浩特古城）城垣的建筑形制，与内蒙古地区已发现的汉代城垣相比有很大不同。从城墙夯土的纯洁程度判断，系在汉代一次筑成。②在此需要强调的是，由于秦祚短促，此城也可能是沿用秦代旧城。若如此，考虑到秦汉城堡可能存在风格差异，此城与内蒙古地区已发现的汉代城垣相比有很大不同就不足为奇。在朔方郡创立之际，属县县城大多尚未建筑，因此，朔方郡起初可能没有正式的郡治，而是以某个已存在的城堡（可能沿用秦朝旧城）作为行政中心。若如此，西部都尉驻在的窳浑县城就可能是朔方郡建置伊始的临时治所。而该城极可能是秦代长城沿线的驻军城堡之一。

综合这五点理据，朔方郡治起初临时驻在窳浑城是可能的。当然尚待继续核实。

---

① 《水经注校证》卷三十七，第860页。
② 张郁：《汉朔方郡河外五城》，《内蒙古文物考古》1997年第2期，第83页。

窳浑县故城,即今土城子城址,蒙语为保尔浩特古城,在今内蒙古磴口县哈腾套海苏木西南约3千米处。考古工作者依据此城址发现的许多遗物,判断其是汉代城址。①此古城的空间位置亦与文献记载相吻合。在磴口县域所发现的古城遗址附近,唯有保尔浩特古城的东北方有大片的沼泽地,距离约8千米,当地居民称之为"后海子";而自保尔浩特西北行20多千米,即抵达哈隆格乃山口。谷口西侧的台地上遗存石城1座。这与《汉书》记载的"窳浑,有道西北出鸡鹿塞。屠申泽在东"②相吻合。该沼泽地当为汉代屠申泽的湖盆洼地,哈隆格乃谷口石城应为鸡鹿塞遗址。此外,在保尔浩特古城东约500米处,地表存在一条古河床遗迹,宽约400米,伸向古城东北方。当地居民相传其为黄河故道,这极有可能。因此,从古城与河道的方位来看也符合《水经注》所载"河水又北逦西溢于窳浑县故城东"的地理形势。③据侯仁之先生考察,此城呈不规则形状,东西最长不过250米,南北最宽处亦仅200米。全城城垣保存较好,绝大部分清晰可辨,宽约9—13米。夯层厚约0.1—0.12米,仅南城墙存一门,并且存在似为防御性的瓮城。④一般而言,此城占地规模较小,不符合郡治城的规模。但笔者认为,在河南地被匈奴占据几十年后,原有的秦代城郭大多荒废。汉朝收复河南地、初置朔方郡后,首要任务应是军事层面的,即将战果尽快地巩固下来,在此站稳脚跟。因此,在朔方郡其他县城还未建起之时,将郡治设在驻防要地的窳浑城未尝不可。当然,这只是临时性的举措。

(二)朔方郡治由窳浑迁至三封县城

汉武帝通过移民垦殖,拥有足够的人力、物力、财力而将其他城郭先后建筑竣工,朔方郡治由窳浑迁往他处就呈必然之势。仅从城郭的占地规模而言,其后的县城规模比窳浑城要大数倍,在形制与配置上更为成熟完备。在正常情况下,郡治城应比县城规模更大些。此外,在朔方郡境内各个县城营

---

① 侯仁之、俞伟超:《乌兰布和沙漠的考古发现和地理环境的变迁》,《考古》1973年第2期,第98—99页。张郁:《汉朔方郡河外五城》,第80—89页。
② 《汉书》卷二十八《地理志》,第1619页。
③ 《水经注校证》卷三《河水》,第75页。
④ 《乌兰布和沙漠的考古发现和地理环境的变迁》,第98—99页。

建基本完成后,仍将郡治城置于前沿地带的窳浑小城就不合时宜。因此,从窳浑城迁往别的城郭就是必然之势。

朔方郡治由窳浑城迁至朔方郡内哪一城,并无极其确切的汉代资料证据。从上文所列唐宋史家的记载,以及严耕望先生的论述来看,西汉朔方郡治在三封城是相对可信的。此外,郡治由窳浑城就近迁至三封城也符合逻辑。

三封县故城,即今内蒙古磴口县保尔陶勒盖农场西南4千米的麻弥图古城址。有关学者透过对此古城遗迹遗物的分析,判定其为汉代城址。①在地理位置上,符合《水经注》的记载。即"河水东北迳三封县故城东。汉武帝元狩三年置。《十三州志》曰:在临戎县西百四十里。河水又北迳临戎县故城西,元朔五年立,旧朔方郡治,王莽之所谓推武也。"②据此可知,汉代三封县城在汉代临戎县城西南,而麻弥图古城正在河拐子古城的西南方向,与《水经注》的记载适相吻合。在平面形制上,此古城址存在内城,符合西汉时期边郡治城的规制。据侯仁之先生考察:此城呈现大小两城相套的平面布局。外城是不规则的长方形,外城轮廓应是东西约740米,南北约560米。子城位于外城的西北隅,长宽各约118米。③这类内置子城的城郭,是西汉前期北疆郡县治城的新形制,源于晁错的建议。《汉书》载:晁错称"陛下幸忧边境,……复为一城其内,城间百五十步。要害之处,通川之道,调立城邑,毋下千家,为中周虎落"。④因此,麻弥图古城其为三封古城无疑。

(三)王莽时期朔方郡治所由三封迁至临戎城

据《后汉书·郡国志·序》记载,东汉时期,朔方郡治曾驻临戎县城没有疑问。然而迁治之举是发生在东汉,还是在东汉之前,则有待辨析。笔者认为,临戎县城作为朔方郡治不只限于东汉。因为《水经注》记载是较为可信的。其载:"河水又北径临戎县故城西。元朔五年立,旧朔方郡治,王

---

① 《乌兰布和沙漠的考古发现和地理环境的变迁》,第99—103页。《汉朔方郡河外五城》,第80—89页。
② 《水经注校证》卷三《河水》,第75页。
③ 《乌兰布和沙漠的考古发现和地理环境的变迁》,第99页。
④ 《汉书》卷四十九《晁错传》,第2286页。

莽之所谓推武也。"①由此可知，郦道元认为临戎县是"元朔五年立，旧朔方郡治"。在此只言"旧朔方郡治"，是指"汉"代无疑，却未说是"后汉"。这就值得后人推敲。若是指东汉时期朔方郡治所在，则在"后汉"一词已被知识分子视为习惯称呼的南北朝时期，郦道元为何不直言"后汉"呢？且从语序分析，"王莽之所谓推武也"置于"旧朔方郡治"之后，也反证临戎县城作为郡治当在东汉之前。据此推断，郦道元所言"旧"或"汉"包含西汉与东汉两个时段。因此，朔方郡在两汉时期都在临戎城驻过。

在此又产生一个问题，即朔方郡治于何时由三封迁至临戎呢？历史文献并无明确的记载。笔者认为：朔方郡政府由三封城迁至临戎城，实乃由黄河西侧迁到黄河东侧。而两城的距离并不太远，很可能是出于军事安全的考虑。毕竟黄河是一道天然的安全屏障。因此，这次迁徙可能与特定时空的政治、军事形势变动相关。《汉书·地理志》乃据汉平帝元始二年（2）的郡国县邑资料而编成。因此，既然该书认为三封县城为郡治，那么由三封迁至临戎县城应在元始二年后。在元始二年后，对朔方郡地区的政治安全构成重大威胁的事件当在王莽当政时期。《汉书》载：始建国三年（11）后"单于历告左右部都尉、诸边王，入塞寇盗，大辈万余，中辈数千，少者数百，杀雁门、朔方太守、都尉，略吏民畜产不可胜数，缘边虚耗。"②同书又载："及莽挠乱匈奴，与之构难，边民死亡系获，又十二部兵久屯而不出，吏士罢弊。数年之间，北边虚空，野有暴骨矣。"③面临这种严峻局势，将朔方郡治由黄河之外迁至黄河之内，显然是合理之举。因此，朔方郡迁至临戎县城当在王莽当政时期。

临戎县故城，当今内蒙古磴口县补隆淖镇河拐子村西侧的河拐子城址，南至磴口县城约18千米。侯仁之先生考察过此古城址。该城城垣黄土筑成，南、北两道垣均长约450米，东垣长约637.5米，西垣长约620米，城垣宽约

---

① 《水经注校证》卷三《河水》，第75页。
② 《汉书》卷九十四《匈奴列传》，第3824页。
③ 《汉书》卷九十四《匈奴列传》，第3826页。

10米。①相关学者根据遗物确定其为汉代城址。②从地理形势观察，该古城址之西存在古代黄河的河道遗迹，况且其西北方为窳浑故城、西南方为三封故城。这符合《水经注》所载"又北过朔方临戎县西，河水东北径三封县故城东。汉武帝元狩三年置。《十三州志》曰：在临戎县西百四十里。河水又北径临戎县故城西。元朔五年立，旧朔方郡治，……河水又北迤西溢于窳浑县故城东。"③据此断定其为汉代临戎县城遗址无疑。

在此需要注意，河拐子城址是西汉末期的临戎县城。东汉初期，朔方郡行政区划调整后，其所领六县的辖区肯定发生变动，是否也造成其属县治城的迁徙，值得思考。从西汉朔方郡管区发现的汉代城址看，数量已超出文献所载属县之数。因此，不能排除其属县存在迁徙治所的可能性。

（四）东汉永和五年寄治于五原县

朔方郡在东汉时期寄治五原县城，历史文献则载有明确年月，即永和五年。是年，由于南匈奴左部句龙大人吾斯、车纽反叛，攻陷朔方等郡。东汉政府遂将朔方郡政府驻地东迁，侨置于五原县城。《后汉书》载：永和"五年夏，南匈奴左部句龙王吾斯、车纽等背畔，率三千余骑寇西河，因复招诱右贤王，合七八千骑围美稷，杀朔方、代郡长史。……吾斯等遂更屯聚，攻没城邑。"④"五年春二月戊申，京师地震。夏四月庚子，中山王弘薨。南匈奴左部句龙大人吾斯、车纽等叛，围美稷……九月……丁亥，徙西河郡居离石，上郡居夏阳，朔方居五原。"⑤（从此处的行文看，五原与离石、夏阳对应，应指五原县城，而非五原郡城）此后，朔方郡政府脱离其行政区域而侨置于五原郡的五原县城。朔方郡此次迁移治所，历史学界普遍认可其时间和位置。

关于五原县城的位置，《水经注》有所记载。即：河水"又东迳九原县

---

① 《乌兰布和沙漠的考古发现和地理环境的变迁》，第97页。
② 《乌兰布和沙漠的考古发现和地理环境的变迁》，第97—98页。《汉朔方郡河外五城》，第82—83页。
③ 《水经注校证》卷三《河水》，第75页。
④ 《后汉书》卷八十九《南匈奴列传》，第2960页。
⑤ 《后汉书》卷六《孝顺帝纪》，第269—270页。

故城南。秦始皇置九原郡，治此。汉武帝元朔二年更名五原也。王莽之获降郡、成平县矣。西北接对一城，盖五原县之故城也，王莽之填河亭也"。① 由此可知，郦道元认为五原县城可能位于九原县城西北。在此，需要强调的是，"接对"并非是两个城圈相连，而应是距离相近、相对应之意。因为，若两城相连，则九原县城与五原县城连接，那么，两县的政区如何划分？这不符合县城彼此间的布局。关于九原城的位置，魏坚、郝园林《秦汉九原—五原郡治的考古学观察》②一文认为即今包头市麻池镇麻池古城。本文认同其说。因此，从空间位置上判断，初步认定五原县城应即麻池古城西北6千米的孟家梁古城址。

孟家梁古城址位于今包头市九原区哈林格尔镇孟家梁村。此城东墙长442米，西墙长440米，南墙长340米，北城墙382米。③但是，关于孟家梁古城是否为汉代城址，近些年学界仍有争论，尚无充足的证据。因此，还有待深入研究。

综上所述，西汉创建朔方郡伊始，其行政中心起初应在窳浑县城（今内蒙古磴口县保尔浩特古城）；其后在元狩三年三封县城竣工后，可能迁至三封县城（今内蒙古磴口县麻弥图古城）；延至王莽时期，由于匈奴构难，战乱频起，再度东迁至临戎县城（今内蒙古磴口县河拐子古城），但具体年份不详。延至后汉永和五年，朔方郡区域出现战乱，该郡政府遂离开本行政区域，寄治在五原县城（今内蒙古包头市西的孟家梁古城）。

三、结语

汉代朔方郡的治所因朔方郡的政治、军事形势变动而历经多次迁徙。朔方郡治城迁徙的轨迹应是：其最初临时驻窳浑县城；至元狩三年三封县城修建竣工后而迁至三封城；王莽当政时期，再度迁至临戎县城（而非东汉迁

---

① 《水经注校证》卷三《河水》，第77页。
② 魏坚、郝园林：《秦汉九原—五原郡治的考古学观察》，《中国历史地理论丛》2012年第4期，第42—49页。
③ 郭建中、车日格：《黄河包头段沿岸汉代古城考》，《内蒙古文物考古》2007年第1期，第44页。

至临戎）；迄东汉永和五年，因本郡战乱而侨置于五原郡五原县城。关于研究朔方郡治而涉及的城址，透过文献记载和考古学手段已基本定位。即窳浑县城为今保尔浩特城址，三封县城当今麻弥图城址，临戎县城即今河拐子城址，五原县城当今孟家梁城址。此外，关于两汉朔方郡治研究，尚有几个问题需发掘坚实的证据来解决，即：迁往三封城和临戎城的具体时间；临戎城是否因东汉光武帝时期政区变动而移徙；孟家梁古城何时建立等。

（原载于《陕西历史博物馆馆刊》第20辑，三秦出版社，2013年）

东汉度辽将军府驻地考实①

孟洋洋

东汉建武二十四年（48）匈奴分裂为南、北两部。南匈奴内附称臣。其后，南匈奴在与北匈奴战争中失利。东汉光武帝遂于建武二十六年（50）下诏，令南匈奴单于移居西河郡美稷县。②建武二十七年（51），大司马耿国首先建议汉光武帝在五原郡设立度辽将军等军职，以防南匈奴成员叛逃。③但此议未能实施。直至永平八年（65），鉴于南匈奴须卜骨都侯欲与北匈奴"交通"、叛逃塞外的情势，汉明帝接受郑众的建议，在五原郡曼柏县建立度辽将军府及度辽营。④

汉明帝于曼柏县设立度辽将军府后，该军事机构在北疆防务方面发挥着重大作用，对历史进程产生了重大影响。目前，学界对东汉度辽将军的专题研究成果主要有：何天明的《两汉北方重要建制"度辽将军"探讨》⑤以及李大龙的《东汉度辽将军述论》⑥和《汉代中国边疆史》。⑦两位先生着重

---

① 本文系2011年度国家社科基金重大项目"鄂尔多斯高原历史地理研究"（11&ZD097）的阶段性成果。
② 〔南朝宋〕范晔：《后汉书》卷八十九《南匈奴传》，中华书局，1965年，第2945页。
③ 《后汉书》卷十九《耿国传》，第716页。
④ 《后汉书》卷八十九《南匈奴传》，第2949页。
⑤ 何天明：《两汉北方重要建制"度辽将军"探讨》，《北方文物》1988年第3期，第81—85页。
⑥ 李大龙：《东汉度辽将军述论》，《内蒙古社会科学》1992年第2期，第59—63页。
⑦ 李大龙：《汉代中国边疆史》，黑龙江教育出版社，2012年，第233—238页。

探讨度辽将军的建制沿革、职能、人选等，很有见地。其他学者对此也有涉及。①但是，关于东汉时期度辽将军驻地"曼柏县城"究竟在哪里，留下了继续探讨的学术空间。

东汉时期度辽将军府驻地问题的解决对于探究东汉北疆防务体系以及东汉北疆的交通地理、民族分布等至关重要。笔者在前辈学者的研究成果基础上，借助历史文献、文物考古资料和实地勘察资料来探究东汉度辽将军府的具体地理位置，并就教于方家。

一、关于东汉度辽将军府驻地的研究现状

自唐代以来，前人对东汉度辽将军府驻地"曼柏县城"的位置多有推判，但歧说纷呈，未能取得一致认识。大体可分为如下两类：

（一）提出大略位置之六说

部分学者虽提出自己的看法，但未能具体定位，而且彼此间分歧很大。大体存在六种说法，即唐代胜州银城县说、唐代胜州城西说、清代乌拉特旗说、今准格尔旗南部说、准格尔旗西北说和达拉特旗南部说。

唐代李贤在《后汉书》注文判断："曼柏，县，在今胜州银城县。"②顾祖禹《读史方舆纪要》认为："曼柏城，在故胜州西。汉县，属五原郡，后汉因之。"③又载："胜州城，〔榆林〕镇东北四百五十里，北至黄河五里，东至黄河五十里。"④他认为曼柏城在唐代胜州城（今准格尔旗十二连城古城）西，至于西方多少里，并未言明。钱坫《新斠注地理志集释》认为曼柏城"在今府谷县北、鄂尔多斯界内，在黄河西岸"，⑤其所指位置相

---

① 谢绍鹢：《秦汉西北边地治理研究》，西北大学博士学位论文，2010年，第38页；林永强：《汉朝对归附匈奴的军政管理措施考论》，《军事历史研究》2011年第3期，第111—114页；赵红梅：《汉代边疆民族管理机构比较研究——以度辽将军、护羌校尉、使匈奴中郎将为中心》，《黑龙江社会科学》2014年第5期，第148—151页。
② 《后汉书》卷二《孝明帝纪》，第11页。
③ 〔清〕顾祖禹：《读史方舆纪要》卷六十一《陕西十》，中华书局，2005年，第2916页。
④ 《读史方舆纪要》卷六十一《陕西十》，第2914页。
⑤ 钱坫撰，徐松集释：《新斠注地理志集释》，《二十五史补编》（第2册），北京图书馆出版社，2005年，第644页。

当于今准格尔旗南部。丁谦《后汉书南匈奴传地理考证》认为："曼柏，汉县，属五原，在今吴喇特旗境，惟不能确定何处。"①王先谦《后汉书集解》认为："曼柏……汉五原郡地，在朔方郡东、云中郡之西。今套北黄河东流处两岸境也。汉置度辽将军以防南北二虏交通，是曼柏县去郡不远。故城当在今乌喇忒旗北境。"②张穆《蒙古游牧记》认为："曼柏县亦在黄河北岸。"③顾祖禹的判断有一定道理，但不精确。其余几种说法皆含糊不清，且与事实相去甚远。其中，丁谦、王先谦、张穆的说法盖来源于李贤的说法。

当代学者周振鹤《汉书地理志汇释》认为："曼柏，治所当在今内蒙古准格尔旗西北。"④李大龙《汉代中国边疆史》认为曼柏"位于使匈奴中郎将治所美稷的西北，今内蒙古达拉特旗南"。⑤两位先生所指方位大致接近实际，但未指明具体位置。

（二）提出具体位置之说

当前，学界对曼柏县故城的具体定位以《中国历史地图集》的观点为代表。其将曼柏县城标绘在鄂尔多斯高原北纬40°略北、东胜梁北侧的哈什拉川上游河道东约20千米处。⑥大概在今达拉特旗吉格斯太镇马场壕村附近。稽诸该村附近的汉代城址分布情况，可知其相当马场壕村西面的城圪梁古城。

其后，鲍桐《北魏北疆几个历史地理问题的探索》认为："东汉度辽将军驻曼柏（今达拉特旗马场壕乡）。"⑦冯文勇《鄂尔多斯高原及毗邻地区

---

① 丁谦：《蓬莱轩地理学丛书》（第1册），北京图书馆出版社，2008年，第352页。
② 王先谦：《后汉书集解》，中华书局，1984年，第1294页。
③ 张穆：《蒙古游牧记》，文海出版社，1965年，第233页。
④ 周振鹤：《汉书地理志汇释》，安徽教育出版社，2006年，第388页。
⑤ 《汉代中国边疆史》，第234页。
⑥ 谭其骧：《中国历史地图集》（第二册），中国地图出版社，1982年，第17—18页、第59—60页。
⑦ 鲍桐：《北魏北疆几个历史地理问题的探索》，《中国历史地理论丛》1999年第3期，第63—92页。

历史城市地理研究》亦将曼柏城定位在马场壕村附近的城圪梁古城。①两位学者实际沿袭着《中国历史地图集》的观点。城圪梁古城说虽然较为具体，但有失偏颇。笔者在后文将详细讨论。

简言之，关于东汉时期度辽将军府驻地"曼柏县城"的地理位置，大致有七种说法。但是，笔者认为都不可靠，需要进一步对之进行更为精确的定位研究。

二、度辽将军府驻地"曼柏"故城即今黑庆壕古城

《后汉书》载：永平八年"初置度辽将军，屯五原曼柏"，②但未明确指明度辽将军府是屯驻于曼柏县城，还是曼柏县境。汉代边郡军事机构驻地与所在县有不同城的例证，是否度辽将军府驻地也存在这种情况呢？笔者认为：东汉在曼柏县设立度辽将军及度辽营等后，并未在曼柏县境内另筑新城安置度辽将军，而是将度辽将军府设在早已存在的曼柏县城内。笔者主要基于如下考虑：

第一，汉代边郡各种都尉一般只是负责所在郡部分区域的防务，其治城选择因应所在区域的军事地理形势。而东汉度辽将军府则是负责整个北疆与匈奴等有关的事务。双方在级别和职权范围等方面差异很大，其驻地选择也不能相提并论。

第二，《汉书·地理志》记载"XX县，XX都尉治"即指此县城为此都尉治城。如西河郡西部都尉治虎猛，朔方郡西部都尉治窳浑、中部都尉治渠搜、东部都尉治广牧，云中郡东部都尉治陶林、西部都尉治桢陵、中部都尉治北舆等。③若汉代边郡都尉与所在县不同城，《汉书·地理志》则会明确指明其驻地具体在哪一座城，如武威郡都尉治休屠县熊水障，酒泉郡会水县境内的北部都尉治偃泉障、东部都尉治东部障，北地郡富平县境内的北部

---

① 冯文勇：《鄂尔多斯高原及毗邻地区历史城市地理研究》，兰州大学博士学位论文，2008年，第200页。
② 《后汉书》卷二《孝明帝纪》，第110页。
③ 〔汉〕班固：《汉书》卷二十八《地理志》，中华书局，1962年，第1618—1620页。

都尉治神泉障、浑怀都尉治塞外浑怀障，五原郡成宜县境内的中部都尉治原高、西部都尉治田辟等。①

第三，度辽将军屯五原曼柏，其实就是指屯驻于曼柏县城。正如东汉在西河郡美稷县设使匈奴中郎将，使匈奴中郎将府就在美稷县城一样。有一条史料值得揣摩，即东汉和帝永元六年（94）南匈奴单于安国欲诛师子时，师子"乃悉将庐落入曼柏城。安国追到城下，门闭不得入。［行度辽将军］朱徽遣吏晓譬和之，安国不听。城既不下，乃引兵屯五原"。②师子带其部众逃入曼柏县城避祸，显然得到此区域最高军事长官度辽将军朱徽的允许。在师子被安国急追的战时阶段，一般的县令没有权限允许"外族"军队进入。朱徽又派遣僚佐出面劝和，可知朱徽在曼柏城内。据此，度辽将军府当治曼柏县城。

由上所述，度辽将军府在曼柏县城，这是笔者的立论前提。那么，汉代曼柏县故城在今何地呢？笔者参考历史文献、文物调查资料，以及对鄂尔多斯高原汉代古城址的实地考察，判定汉代曼柏县故城即今内蒙古鄂尔多斯市达拉特旗白泥井镇黑庆壕村西的黑庆壕（蒙语称哈勒正壕）古城，度辽将军府当在黑庆壕古城西南部的内城中。现将理据缕析如下：

（一）曼柏县的区域范围

依据《后汉书》关于度辽将军、南匈奴单于庭、使匈奴中郎将的记载，以及《水经注》对汉代五原郡属县空间分布的描述，可推知曼柏县城的空间位置。

1. 曼柏县城在南匈奴单于庭之北、黄河之南

东汉在曼柏县城设立度辽将军府的目的是隔绝南、北匈奴"交通"，阻断南匈奴部分贵族成员北逃之路。建武二十七年大司马耿国就"上言宜置度辽将军、左右校尉，屯五原以防逃亡"。③至永平八年，东汉政府才正式在南匈奴单于庭驻地北方设度辽将军及度辽营。据《后汉书》载：永平"八

---

① 《汉书》卷二十八《地理志》，第1612页、第1614页、第1616页、第1619页。
② 《后汉书》卷八十九《南匈奴传》，第2955页。
③ 《后汉书》卷十九《耿国传》，第716页。

年,遣越骑司马郑众北使报命,而南部须卜骨都侯等知汉与北虏交使,怀嫌怨欲叛,密因北使,令遣兵迎之。郑众出塞,疑有异,伺候果得须卜使人,乃上言宜更置大将,以防二虏交通。由是始置度辽营,以中郎将吴棠行度辽将军事,副校尉来苗、左校尉阎章、右校尉张国将黎阳虎牙营士屯五原曼柏。又遣骑都尉秦彭将兵屯美稷。其年秋,北虏果遣二千骑候望朔方,作马革船,欲度[河]迎南部叛者。"①朔方郡北的北匈奴做马革船,要渡的自然是黄河。据此可知,曼柏县城在南匈奴单于庭北、黄河南。

那么,南匈奴单于庭在何地呢?据《后汉书》载:建武二十六年冬"复诏单于徙居西河美稷,因使中郎将段郴及副校尉王郁留西河拥护之,为设官府、从事、掾史"。②鉴于朝廷下诏与实际迁徙的时间差,可推知,建武二十七年,南匈奴单于庭已迁入西河郡美稷县。《水经注》载:"河水又左得湳水口,水出西河郡美稷县,东南流。"③美稷县域包括湳水上游(今准格尔旗纳林川)流域,即今内蒙古准格尔旗西南部。美稷县城,即今准格尔旗暖水镇榆树壕村的榆树壕古城。④

美稷县城是东汉朝廷指定的南匈奴单于庭正式驻地,但南匈奴单于庭驻地存在流动性。如建武三十一年(55),南匈奴单于比去世,"中郎将段郴将兵赴吊,祭以酒米,分兵卫护之"。⑤永元六年,"[朱]徽、[杜]崇遂发兵造其庭。安国夜闻汉军至,大惊,弃帐而去,因举兵及将新降者欲诛师子"。⑥安国死后,师子立为南单于。此后,"南单于及中郎将杜崇屯牧师城"。⑦据此可知,南匈奴单于庭并非固定地驻在美稷县城,日常也移驻于美稷县城(今准格尔旗榆树壕古城)西经牧师城(今东胜区罕台镇城梁古城)至虎泽(今东胜区泊江海子镇阿日善音淖尔)的区域。这一带为东胜梁

---

① 《后汉书》卷八十九《南匈奴传》,第2949页。
② 《后汉书》卷八十九《南匈奴传》,第2945页。
③ 〔北魏〕郦道元,陈桥驿校证:《水经注校证》卷三《河水》,中华书局,2007年,第82页。
④ 王兴锋:《汉代美稷故城新考》,《中国边疆史地研究》2016年第1期,第129—136页。
⑤ 《后汉书》卷八十九《南匈奴传》,第2948页。
⑥ 《后汉书》卷八十九《南匈奴传》,第2955页。
⑦ 《后汉书》卷八十九《南匈奴传》,第2956页。

高地，汉代时植被茂密，水草丰美，适于匈奴部众游牧。此区域也已发现匈奴墓葬，表明南匈奴曾在此地长期活动。①因此，曼柏县城当在美稷县城北方，更可能是正北偏西区域。

2. 曼柏县城在五原郡河阴县城东南、云中郡沙南县城西南

据《水经注》记载，②汉代黄河自马阴山（今乌拉山）西麓南流，再东转后，黄河南岸为朔方郡朔方县和渠搜县。渠搜县以东为五原郡河阴县（治今达拉特旗昭君坟镇二狗湾村古城）。黄河流过五原郡后，入云中郡。在黄河南岸、西岸为云中郡沙南县（治今准格尔旗十二连城古城）。这表明黄河南岸的五原郡曼柏县城必定在河阴县城东南、沙南县城西南。此外，《水经注》在描述黄河由西向东横穿五原郡时没有提及曼柏县。据此推知，曼柏县城当北距黄河较远。

综上所述，曼柏县城在五原郡河阴县城东南、云中郡沙南县城西南、西河郡美稷县城北方且北距黄河较远的区域。结合地理形势，可推知曼柏县的县域最大为：东至呼斯太河、西达西柳沟、南抵东胜梁、北到黄河。在此区域内，符合条件的汉代古城址有白泥井镇的黑庆壕古城和吉格斯太镇的城圪梁古城。

东汉将度辽将军府安置在曼柏县城内，表明早已存在的曼柏县城在军事地理形势和城址规模等方面适合作为度辽将军府的驻地。因此，可从相关古城址的战略位置和城址规模等方面逆推曼柏县城的位置。

（二）从军事地理形势观察

东汉建立度辽将军府的动机决定着度辽将军府必然在控扼南匈奴北逃线路且占据地利的军事要地。

1. 南匈奴叛众北逃出塞的路线选择

汉代匈奴自北向南路线不一，有时穿过今狼山进入朔方郡，有时穿过今乌拉山进入五原郡，或者穿过大青山进入云中等郡。匈奴南渡黄河后深入

---

① 史念海：《两千三百年来鄂尔多斯高原和河套平原农林牧地区的分布及其变迁》，载于《河山集》（第三集），人民出版社，1988年，第86页。
② 《水经注校证》卷三《河水》，第76—78页。

内地的路线,时至今日多无迹可寻。但东汉时期南匈奴单于庭驻地附近的少数贵族叛逃出塞路线大体有两个方向:一是由西河郡美稷县向西,沿东胜梁高地西行,经大城县(治今杭锦旗霍洛柴登古城),西北行经临戎县(治今磴口县河拐子古城),渡黄河西北行,过西汉朔方郡窳浑县境(治今磴口县土城子古城),由鸡鹿塞(今狼山哈隆格乃山口)出塞。东汉和帝永元七年(95),伪单于逢侯北逃即走此途。①此路约四百公里路程,且沿途汉朝据点多,易被阻截。二是由单于庭驻地美稷县直接向北,过东胜梁,循曼柏县境内的河川北渡黄河出五原塞。此路线只有百余公里路程,且河谷宽广,沿途水草茂盛,其中下游地势平坦开阔,适宜游牧部落行走。因此,南匈奴单于庭附近的叛众若想尽快出塞,走北线最为近便。

在北线行经区域,亦即曼柏县境内有五条源出东胜梁北流入黄河的河川,自西向东依次为西柳沟、罕台川、哈什拉川、东柳沟和呼斯太河。其中,哈什拉川正当南匈奴单于庭驻地美稷县城正北。那么南匈奴单于庭附近的叛众沿着哪条河川北行的可能性最大呢?

笔者认为:度辽将军府应是扼守南匈奴北经五原郡出塞的主要路线,且先前此条路线途径区域的防务相对空虚。东汉设立度辽将军及度辽营等就是为了加强此区域防务,从而阻止南匈奴叛众北逃。东汉时期,在西柳沟和罕台川流域的北方(黄河与乌拉山之间)有五原郡的成宜、宜梁、五原、九原、临沃五个县城,据点多且分部密集,此区域防务相对较强。而在临沃与云中郡咸阳县之间则无县城等据点,是防务相对空白区域。这一区域正南就是哈什拉川与呼斯太河之间区域。本来在哈什拉川下游河道东岸存在王爱召镇城圪梁村古城,笔者判定其为西汉五原郡蒱泽县,在黄河北岸还有包头市东河区的古城湾古城,其为西汉五原郡稒阳县故城。这三个呈南北向的县城之间是有交通线沟通的。虽然东汉时期蒲泽县和稒阳县被废,但这条交通线尚可继续沿用。而由稒阳县城溯"石门水"出"石门障"便可出塞,这是汉魏时期著名的"稒阳道"。东汉未在曼柏县设立度辽将军等之前,曼柏县

---

① 艾冲:《两汉时期大城县故城位置初考》,《中国古都研究》2014年第27辑,第156—157页。

城—蒱泽故城—稒阳故城一线最有可能成为南匈奴叛众北逃路线。因此，度辽将军府当扼守哈什拉川一线，阻止南匈奴叛众北逃。今黑庆壕古城恰好位于今哈什拉川中游河道东岸300米处，战略地位重要。

2.黑庆壕古城地处军事战略要地

笔者曾多次实地考察南匈奴单于庭至黄河南岸的地形。此区域自然地势自南向北依次为东胜梁、敖包梁、风水梁，这一地段多为丘陵高地。由风水梁向北至黄河南岸则地势和缓，无险可守。黑庆壕古城南距风水梁高地2.5千米。若度辽将军府设于此城，就可扼守南匈奴单于庭与黄河间最北的一处高地。一旦有警，度辽将军可陈兵于风水梁南坡，居高临下地阻截南匈奴叛众北逃。

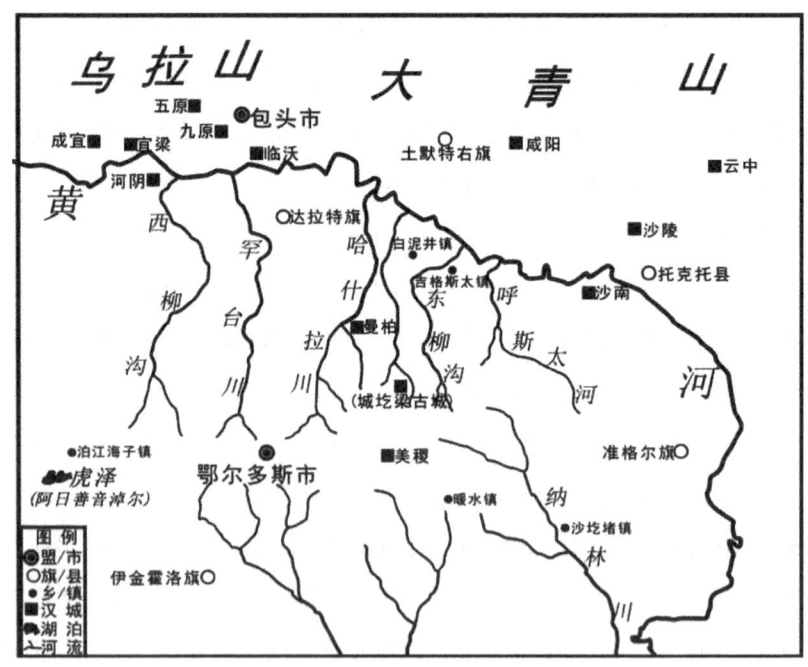

图1　东汉曼柏县城及周边地理形势示意图

此外，黑庆壕古城南距纳林川汇入哈什拉川处（今白泥井镇沟门村）约2.5千米，北距母哈日沟汇入哈什拉川处（今白泥井镇王正壕村西）约12千米，东距母哈日沟约10千米。无论南匈奴部众沿着哈什拉川干流或其支流北行，还是北匈奴渡越黄河而溯哈什拉川南行，皆须途经黑庆壕古城附近。东汉将度辽将军府设在军事地理形势绝佳的黑庆壕古城,能更好地发挥其控扼交通咽喉,阻止南匈奴北逃的职能,合乎军事政治需要。

(三)从古城的形态判断

笔者曾对黑庆壕古城进行实地考察,发现古城内散见绳纹、菱格纹、麻点纹等砖瓦碎片。① 早年间,城内曾发现汉"半两""五铢""大泉五十"等铜钱。在城西、哈什拉川东岸发现有汉墓群。② 因此,黑庆壕古城为汉代城址无疑。

1. 从城址的占地规模判断

既然度辽将军与曼柏县令共处一城,则曼柏县城当有一定规模。经激光测距仪测量,黑庆壕古城外城呈正方形,东墙长518米,南墙长519米,西墙长516米,北墙长516米。内城呈长方形,东墙长241米,南墙长160米,西墙长240米,北墙长158米。其规模相当可观,可同时容纳度辽将军府和曼柏县政府两套军政系统。

2. 从城址的平面布局观察

经笔者勘测,黑庆壕古城由内、外两重城圈组成。外城东北城角坐标为:北纬40°09′38.17″,东经110°14′43.75″;内城东北角坐标为:北纬40°09′36.09″,东经110°14′21.75″。内、外城均坐北朝南,整体为北偏东50°。内城位于外城的西南部,借用外城的南墙和西墙。显然,《中国文物地图集》所载"内城位于外城西北角"③错误。至于此城的内城何时建筑难以断定,其极可能是东汉将度辽将军府安置在曼柏县城后,为将县城进行功能分区而补建的。黑庆壕古城的这种布局与东汉使匈奴中郎将驻地美稷县城(今准格尔旗榆树壕古城)完全一样。这种内外城布局是汉代边郡高级军政机构驻地的常见形制。就古城的空间结构看,内城处于全城地势最

---

① 2015年9月3日,笔者在陕西师范大学历史文化学院艾冲教授的带领下对古城进行了实地勘察。
② 国家文物局:《中国文物地图集·内蒙古自治区分册》,西安地图出版社,2003年,第576页。
③ 《中国文物地图集·内蒙古自治区分册》,第576页。

高的西南部,呈高屋建瓴之势。西南城角的墙基很宽,顶面应建有瞭望台类设施,以观察该古城周边情况。度辽将军府应驻在内城,曼柏县政府应驻在外城。

3. 从城址的防御能力分析

黑庆壕古城城墙基宽达13米左右,城角宽厚,散落的夯层土块至今坚固,可见当年此城十分坚固。而且古城西300米就是河床宽约500米的哈什拉川。哈什拉川东岸为高约40米的陡崖,无疑是一道天然屏障。此城易守难攻,故永元六年,南匈奴单于安国举兵欲诛师子时,后者"乃悉将庐落入曼柏城。安国追到城下,门闭不得入"。①安国始终未攻破曼柏县城,这与曼柏城城墙坚固和地势险要有直接关系。拥有良好防御能力的城是汉代军事机构的理想驻地。东汉将度辽将军府安置在此城合乎情理。

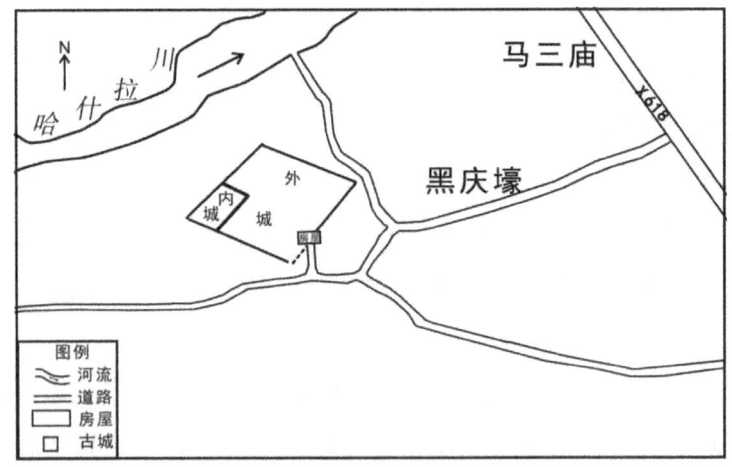

图2 黑庆壕古城平面布局示意图

综上所述,东汉建立度辽将军府的动机,曼柏县城与南匈奴单于庭、沙南县城及河阴县城的空间位置关系,黑庆壕古城重要的地理位置、适宜的规模、内外城的空间布局和良好的防御能力等诸因素皆证明:东汉时期度辽将军府驻地曼柏县故城即今黑庆壕古城。

---

① 《后汉书》卷八十九《南匈奴传》,第2955页。

三、与学界主流观点的商榷

笔者在第一部分论及，学界对东汉时期度辽将军府驻地曼柏县城的具体定位，以《中国历史地图集》的观点较为流行，即将曼柏县故城标绘在达拉特旗吉格斯太镇马场壕村西面的城圪梁古城。笔者观点与之相左。因此，实有必要在此澄清城圪梁古城并非度辽将军府驻地。主要基于如下考虑：

（一）从城址规模观察

《汉官仪》载："行度辽将军事，安帝元初元年，置真，银印青绶，秩二千石。长史、司马六百石。"[1]可知，东汉时期度辽将军的秩级相当于郡太守。实际上，其在北疆防务的指挥权力远非郡太守可比。而且度辽将军府配置着秩级相当或略高于县令的长史、司马等高级僚佐，以及部分度辽营士兵和护卫人员等。因此，度辽将军治城必有较大的占地面积，不会太小。

但是，城圪梁古城的占地面积实在太小，据《中国文物地图集》载：城圪梁古城"平面呈长方形，南北约200米，东西约100米"。[2]笔者曾对此城进行了两次实地勘察，发现地表城墙残迹已被洪水冲毁、泥沙湮没。依据部分夯土地段及汉代砖瓦碎片的分布范围初步判断，城圪梁古城西墙长105米，北墙长159米，东墙长103米，南墙158米。[3]如此小规模的城址作为汉代普通县城犹勉强，更何况作为度辽将军和曼柏县两套军政系统的治城，显然过于狭小，无法满足需求。

（二）从军事地理形势观察

城圪梁古城位于母哈日沟上游支流昌汗沟（当地村民称之为晁盖马太河）西畔。母哈日沟原是哈什拉川的一级支流，两河原在今白泥井镇王正壕村西交汇。1946年，因引洪澄地，在此被人为分开。现今此处两河相距不足1千米。换言之，城圪梁古城位于哈什拉川的二级支流沿岸，并未处于交通干线上。若南匈奴叛众沿着哈什拉川干流北逃，过风水梁后，至黄河南岸将

---

[1] 孙星衍等辑：《汉官六种》，中华书局，1990年，第127页。
[2] 《中国文物地图集·内蒙古自治区分册》，第576页。
[3] 2015年9月4日和10月22日，笔者先后两次对古城进行了实地勘察。

无所阻碍。倘若度辽将军府治城圪梁古城,就容易形成南匈奴北逃、汉军后追之势。反之,若北匈奴沿哈什拉川南行,奔袭至风水梁,再南行有多项选择。母哈日沟虽为可选路线之一,但其继续循着哈什拉川干流而上的可能性更大。从军事地理角度观察,城圪梁古城未能扼守交通要冲,不能有效发挥作用。这无疑与东汉在曼柏县城建立度辽将军府以阻断南匈奴北逃的初衷相背。

(三)从空间位置观察

城圪梁古城所处区位过于偏东,无法有效发挥其阻止南匈奴北逃的职责。

第一,城圪梁古城位于美稷县城北偏东约20千米,驻扎在美稷县城的使匈奴中郎将完全有能力控制此区域。若度辽将军治此城,则"使匈奴中郎将"与"度辽将军"必定相互压缩防务空间,从而在防范南匈奴北逃方面失去战略纵深。第二,城圪梁古城相对于南匈奴单于庭而言,处在东北方向。若度辽将军治此,由南匈奴单于庭北至黄河南岸的区域防务空虚,不利于度辽将军发挥控扼南北交通、阻截南匈奴少数人北遁的职能。东汉政府深谙彼时此区域的地理形势,不会置度辽将军府于此城。

综上所论,城圪梁古城在城址规模、军事交通和地理位置等方面,不符合作为度辽将军府的治城。既然城圪梁古城并非东汉度辽将军府驻地。那么,此城在汉代是什么性质呢?笔者依据此城的位置、东汉安帝永初年间朝廷平定南匈奴叛乱的进军路线[①]判断,城圪梁古城当是东汉时期西河郡境内的"属国故城"。对于这个认识,笔者将另文详细探讨,在此不赘。

四、结语

东汉为隔绝南、北匈奴"交通",在五原郡曼柏县建立度辽将军及度辽营。其中,度辽将军府设于曼柏县城内。笔者依据历史文献和实地考察推断,度辽将军府驻地曼柏县城在黑庆壕古城。至于城圪梁古城,因其规模

---

① 《后汉书》卷四十七《梁慬传》,第1592—1593页。

太小、距离美稷县城太近、且未扼守交通要冲等因素，可肯定其并非度辽将军府驻地。通过对东汉时期度辽将军府治城的定位研究，可使我们对东汉时期北疆区域军事布局有较清晰的认识，这对研究东汉边疆军事地理、民族史地、边疆经略史等专题具有重要的助推作用。

（原载于《中国边疆史地研究》2017年第2期）

东汉初期卢芳伪"汉"政权都城

——五原郡城考论

艾 冲

西汉末年至东汉初期,安定郡三水县居民卢芳假冒西汉皇室成员"诈自称武帝曾孙刘文伯",在社会上招摇撞骗,捞取政治资本,"乃与三水属国羌胡起兵"反对新莽政权。卢芳继而在匈奴的支持下,建立伪"汉"割据政权,以五原郡城为其都城。十余年后,卢芳伪"汉"割据政权被东汉王朝的军队所消灭,其割据地区被汉朝重新统一。那么,曾经成为伪"汉"割据政权"国都"的五原郡城究竟是一座怎样的城市?它位于当代什么地方?它呈现出何种平面布局与空间结构?本文欲就此三个问题试做探讨,期待复原卢芳伪"汉"政权的割据中心——五原郡城的本来面目。

一、五原郡城的兴起及其军政职能

五原郡城作为秦汉时期北部边疆的重要城市之一,兴起很早,且经历由县城发展至郡城、再至卢芳伪"汉"政权之"国都"、再回归郡城地位的发展过程。

五原郡城作为一座边城,兴起于战国时期赵武灵王进行"胡服骑射"军事变革期间,成为云中郡的属县治城。具体而言,它出现于赵武灵王在位的第二十六年(前300)。据《史记·匈奴列传》记载,"而赵武灵王亦变俗胡服,习骑射,北破林胡、楼烦。筑长城,自代并阴山下,至高阙为塞。

而置云中、雁门、代〔三〕郡。"①可知赵武灵王在完成"胡服骑射"军事变革之后，在新开拓的北部疆土上建置三个郡级行政单位。在赵国北疆三郡之中，并没有九原郡建制。《史记·赵世家》载：赵武灵王"二十六年，复攻中山，攘地北至燕、代，西至云中、九原"。赵武灵王"二十七年五月戊申，大朝于东宫，传国，立王子何以为王。……是为〔赵〕惠文王。惠文王，惠后吴娃〔之〕子也。武灵王自号为'主父'。主父欲令子主治国，而〔自己〕身胡服将士大夫西北略胡地，而欲从云中〔郡〕、九原〔县〕直南袭秦，于是诈自为使者入秦。秦昭王不知，已而怪其状甚伟，非人臣之度，使人逐之，而主父驰〔马〕已脱关矣。审问之，乃主父也。秦人大惊。主父所以入秦者，欲自略地形，因观秦王之为人也"。②赵武灵王于二十七年（前299）五月传王位予其子王子何，而自称"主父"。此后，专注于率领赵国军队向"西北略胡地"，并制定出一个雄心勃勃的"欲从云中九原直南袭秦"的军事行动计划。为此，他不惜伪装成赵国使者，自云中郡九原县城出发，南下出使秦国，以实地侦察道路沿线的地理形势。《战国策》亦载：张仪游说燕王曰"夫赵王之狼戾无亲，大王之所明见知也。且以赵王为可亲邪？赵兴兵而攻燕，再围燕而劫大王，大王割十城乃却以谢。今赵王已入朝渑池，效河间以事秦。大王不事秦，秦下甲〔于〕云中〔郡〕、九原〔县〕，驱赵而攻燕，则易水长城非王之有也。且今时赵〔国〕之于秦，犹郡县也，不敢妄兴师以征伐。今大王事秦，秦王必喜，而赵不敢妄动矣。是西有强秦之援，而南无齐、赵之患，是故愿大王之熟计之也"。③张仪叙及的"九原"是赵国云中郡的属县之一。《战国策》又载，苏秦游说燕文侯曰："且夫秦之攻燕也，踰云中〔郡〕九原〔县〕，过代、上谷〔二郡〕，弥□踵道数千里，虽得燕〔国之〕城，秦计固不能守也。秦之不能害燕亦明矣。"④这就表明，赵国的云中郡九原县城既是秦、赵两国间交通道路必经

---

① 〔汉〕司马迁《史记》卷一百一十《匈奴列传》，中华书局，1982年，第2885页。
② 《史记》卷四十三《赵世家》，第1811页、第1812页。
③ 〔汉〕刘向：《战国策》卷二十九《燕一·张仪为秦破纵连横谓燕王》，上海古籍出版社，1998年，第1052页。
④ 《战国策》卷二十九《燕一·苏秦将为纵北说燕文侯》，第1039页。

之地，也是秦国军队进攻燕国的行军道路之一。

　　秦王朝析出云中郡九原县，别置九原郡，治九原县城。秦始皇二十五年（前222），秦国军队灭赵，接管赵国旧疆，九原县城随着云中郡纳入秦国版图。至秦始皇二十六年（前221），秦国扫灭六国，统一天下。秦始皇三十二年（前215），遣将军蒙恬率军10万北击匈奴，收取河南地，继而跨河推进至阴山山脉。《史记》所谓"后秦灭六国，而始皇帝使蒙恬将十万之众北击胡，悉收河南地。因河为塞，筑四十四县城临河，徙谪戍以充之。而通直道，自九原至云阳。因边山险、堑溪谷，可缮者治之，起临洮至辽东万余里。又渡河据阳山、北假中"。《史记》又云："三十二年，始皇至碣石，……刻碣石门。坏城郭，决通堤防。……始皇乃使将军蒙恬发兵三十万人北击胡，略取河南地。三十三年，……西北斥逐匈奴。自榆中并河以东，属之阴山，以为〔四〕十四县。城河上为塞，又使蒙恬渡河取高阙、〔阳〕山、北假中，筑亭障以逐戎人。徙谪，实之〔于〕初县。……三十四年，适治狱吏不直者，筑长城及南越地。"①可见，为巩固北疆社会秩序，秦朝一方面令蒙恬主持构筑万里长城军事防御工程体系，一方面在北疆强化行政管理体系建设。在这种大的政治背景下，原赵国的云中郡九原县城被选定为增置的九原郡治所。②秦朝同时开凿联通京师咸阳城和九原郡城的军事交通干道——秦直道。"三十五年，除〔直〕道，道〔始〕九原，抵云阳，堑山堙谷，直通之。"③除秦都咸阳至云阳县城段道路早已开通之外，秦朝的直道北端起于九原郡城（今内蒙古包头市南郊），南端达于内史郡云阳县城（今陕西淳化县北部）。正因如此，九原县城就一跃成为秦朝北疆郡级行政中心城市，又是军事重镇和交通枢纽节点。九原郡管治区域相当于今内蒙古鄂尔多斯市北部和巴彦淖尔市南部及后套平原。④

　　在此需要辨明的是，史学界个别学者认为战国时期赵国就已有九原郡。

---

① 《史记》卷一百一十《匈奴列传》，第2886页；卷六《秦始皇本纪》，第251—253页。
② 《史记》卷六《秦始皇本纪》，第253页。《汉书》卷二十八《地理志》，第1619页。《后汉书》志二十三《郡国五》，第3524页。
③ 《史记》卷六《秦始皇本纪》，第256页。
④ 谭其骧：《中国历史地图集》第二册，"关中诸郡"，中国地图出版社，1982年。

这显然是对古代文献的误读误解，不足为据。《史记》中的确存在将"云中九原"同时列出的情况，但它表示两者的上下隶属关系，即云中郡九原县。并非如个别学者理解的那样，是指所谓云中、九原两郡的同级并列关系。汉代文献在记载汉代行政区划时，往往述及政区的专名，而省略政区的通名。这成为那时人们约定俗成的做法。例如凡是提及云中郡九原县，就用"云中九原"表示；提及北地郡富平县，就用"北地富平"表示；提及安定郡三水县，则用"安定三水"表示。①时至今日，我们依旧保持这种习惯。凡是谈及个人的家乡在某省某市或某县，往往省略各级政区的通名，例如甘肃省张掖市，往往就说是"甘肃张掖"；诸如"陕西咸阳""山西临汾""河南灵宝"等等，亦然。这些表达当然不能理解为两个同级行政区并列的关系。依次类比，"云中九原"更是如此。

至西汉孝武帝元朔二年（前127），汉朝军队收复河南地后，将九原郡更名为五原郡，照旧治九原县城。②但由于增置新郡——朔方郡，九原郡的管区较前缩小，大体相当今内蒙古鄂尔多斯市东北部、包头市和巴彦淖尔市东部之地。③作为秦直道北端终点站，五原郡城是西汉北疆最为重要的城市。它坐落在阴山（今大青山与乌拉山）南麓平原上，北依高山而南临黄河，土地肥沃，水利充裕，交通方便，具有优越的自然地理、经济地理和军事地理条件。同时，从汉代北部边疆整体观察，五原郡城的区位适中，可以东西兼顾、南北贯通，东连云中、定襄、雁门、代郡、上谷、渔阳、右北平、辽西和辽东诸郡，前往朝鲜半岛；西接朔方、北地、安定、武威、张掖、酒泉、敦煌诸郡，前往西域都护府管区；南通京师长安城；北扼阴山石门谷（今昆都伦沟）交通咽喉，前往漠南、漠北。

西汉末期，五原郡是北部边疆居民人口数量较多的郡级政区。例如汉平帝元始二年（2），五原郡的人口统计资料显示：39322户、231328口。远超

---

① 后人理解为所谓云中、九原两郡的同级并列关系，显然与古籍整理者的断句、标点不当存在关联。
② 《汉书》卷二十八《地理志》，第1619页。《后汉书》志二十三《郡国五》，第3524页。
③ 《中国历史地图集》（第二册），"并州、朔方刺史部"。

缘边的云中、定襄、朔方诸郡户口数。①

因此，至建武元年（25）十二月，"赤眉杀更始［帝］，而隗嚣据陇右，卢芳起安定［郡］"。不久之后，就迁居五原郡城。

卢芳伪"汉"政权建立后，遂于建武五年（29）以五原郡城为其"国都"。史载："建武四年，［匈奴］单于遣无楼且渠王入五原塞，与李兴等和亲，告兴欲令［卢］芳还汉地为帝［之意］。五年［十二月］，李兴、闵堪引兵至单于庭迎芳，与［之］俱入塞，都九原县［城］。掠有五原、朔方、云中、定襄、雁门五郡，并置［郡］守、［县］令，与胡通兵，侵苦北边。"②又称：建武五年"十二月，卢芳自称天子于九原［县城］"。③

东汉建武十八年（42），卢芳伪"汉"政权解体后，九原县城仍是五原郡治，行政地位不变。建武十八年六月，"卢芳复亡于匈奴"。早在建武十七年（41），"其冬，［卢］芳入朝，南及昌平，有诏止［之］，令更朝明岁。芳自道还，忧恐，乃复背叛，遂反，与闵堪、闵林相攻连月。匈奴遣数百骑迎芳及妻子出塞。［卢］芳留匈中十余年，病死"。④可知，卢芳于建武十八年（42）六月流亡于匈奴，其伪"汉"割据政权瓦解。其后，九原县城一直保持五原郡治的行政地位。至东汉灵帝时期，因内地爆发黄巾起义，之后的军阀割据以及北疆地带鲜卑、羌、乌桓、匈奴诸族的动乱诸因素，五原郡建制被撤销，五原郡城被放弃。但是，直至北朝时期，汉代五原郡城依然被人们利用，称作五原城。例如北魏末期，阴山南北爆发六镇战乱，五原城守军就坚守较长时间。

二、五原郡城的地理位置考辨

如前所述，汉代五原郡城的军政地位业已基本澄清。然而，这座著名的汉代北疆城市究竟位于当今何地呢？却是中国历史学界诸多学者苦苦探索多

---

① 《汉书》卷二十八《地理志》，第1619页。
② 《后汉书》卷一《光武帝纪》，第25页、第37—40页；卷十二《王刘张李彭卢列传》，第505—506页。
③ 《后汉书》卷一《光武帝纪》，第40页。
④ 《后汉书》卷一《光武帝纪》，第70页；卷十二《王刘张李彭卢列传》，第507—508页。

年的问题，迄今仍存在歧见，大致分为三种观点，即今三顶帐房古城、今孟家梁古城、今麻池古城三种说法。

（一）关于汉代五原郡城——九原县城地理位置的三种观点

其一，三顶帐房古城说。《内蒙古历史名城》持此为"九原郡故城"之说。①部分学者赞同此说。据文物普查资料，三顶帐房古城位于乌拉特前旗黑柳子乡三顶帐房村南侧，存续时代为战国、秦、汉时期，并且直呼之为"九原郡故城"。现为该旗文物保护单位。三顶帐房古城"平面呈方形，边长约1000米。城墙夯筑，基宽12米，残高约1米。南墙中部开门，宽8米，四角有角台。采集有板瓦、筒瓦、泥质灰陶弦纹罐、夹砂灰陶绳纹罐残片，及刀币、'五铢'铜钱等"。②但是，三顶帐房古城的四角筑有角台，此种形制跟汉代城池的形态有明显区别。况且，其后有学者经实地调查发现，三顶帐房古城占地面积并没有文物调查资料所称那么广大，真实的三顶帐房"古城东西长约620米，南北宽约580米"。③

其二，孟家梁古城说。谭其骧主编的《中国历史地图集》将秦九原郡治、两汉五原郡治标绘在孟家梁古城处。④孟家梁古城址位于包头市昆都仑区包钢废钢厂院内，存续年代为汉代，平面略呈长方形。现残存西墙北段，长约40米，夯筑土墙，基宽8.5米，残高3.5米，夯层厚约0.1米。采集有灰陶弦断绳纹折沿盆、矮领鼓腹罐残片。城址南侧有同时期墓葬。⑤由于早期调查资料存在缺失，内容不全，因而无法确知该古城的具体形制和平面布局，其是否可视作郡级行政建制单位的治城，迄今尚无可靠的资料佐证。孟家梁

---

① 李逸友：《内蒙古历史名城》，内蒙古人民出版社，1993年，第20—28页。
② 国家文物局：《中国文物地图集·内蒙古分册》，西安地图出版社，2003年，第622页。火鹰：《巴盟境内的故城、古墓遗址考》，巴彦淖尔盟行政公署地方志编修办公室编辑《巴彦淖尔史料》（第二辑）（内部资料），1983年，第302—314页。内蒙古自治区文物工作队编印：《内蒙古文物考古工作的主要收获》，《内蒙古文物工作》（第八册），1979年11月。
③ 魏坚、郝园林：《秦汉九原—五原郡治的考古学观察》，《中国历史地理论丛》2012年第4期，第42—49页。
④ 《中国历史地图集》（第二册），"关中诸郡""并州、朔方刺史部""并州刺史部"。
⑤ 《中国文物地图集·内蒙古自治区分册》，第61页。

古城于1955年就被考古人员发现，并将调查结果刊登在同年的《文物参考资料》第6期。①1979年，内蒙古文物工作队曾对该城址做过实地调查，测量数据分别为：东墙长442米，南墙长340米，西墙长440米，北墙长382米。地理坐标为北纬40°38′4″，东经109°46′3″。②据此，就孟家梁古城的规制而言，并不具备作为郡级地方政府治所的条件。

其三，麻池古城之说。魏坚等学者认为：麻池古城应是汉代五原郡治所——九原县城所在。③

上述关于汉代五原郡城——九原县城之地理位置的三种说法，皆有其所谓历史与考古依据，都是学者对于汉代五原郡城的积极探索之结论。然而将历史文献记载与文物普查和考古调查资料相结合予以综合考量，三顶帐房古城、孟家梁古城显然不是汉代五原郡城遗址，应该予以排除。唯有麻池古城，既符合古代文献关于五原郡城的记载，其文物普查和考古勘察资料也证实此点。

（二）汉代五原郡城——九原县故城就是今麻池古城遗址

综合多重证据判断，位于今内蒙古包头市九原区麻池镇西北侧的麻池古城就是汉代北疆著名城市暨卢芳伪"汉"割据政权"国都"——五原郡故城遗址。

北魏郦道元《水经注》关于五原郡城的记载，与今麻池古城址完全吻合。原文如下："［河水］屈东过九原县南。河水又东迳成宜县故城南……河水又东迳原亭城南……河水又东迳宜梁县之故城南……河水又东迳稒阳城南……又迳河阴县故城北，又东迳九原县故城南。秦始皇置九原郡，治此。汉武帝元朔二年，更名五原也。王莽之获降郡、成平县矣。［九原县故城］西北接对一城，盖五原县之故城也，王莽之填河亭也。《竹书纪年》：魏襄王十七年，邯郸命吏大夫奴迁于九原，又命将军大夫适子成吏，皆貉服矣。其城南面长河，北背连山。秦始皇逐匈奴，并河以东，属之阴山，筑亭障为

---

① 李逸友：《内蒙古文物组配合基建工程在包头进行调查发掘》，《文物参考资料》，1955年第6期，第116页。
② 郭建中、车日格：《黄河包头段沿岸汉代古城考》，载于包头市文物管理处编《包头文物考古文集（上）》，内蒙古大学出版社，2009年，第461—476页。
③ 《秦汉九原—五原郡治的考古学观察》，第42—49页。

河上塞。徐广《史记音义》曰：'阴山在五原北。'即此山也。"①引文中的"[九原县故城]西北接对一城，盖五原县之故城也"，正与今麻池古城遗址的平面格局相符合。

唐代李吉甫《元和郡县图志》关于"敬本古城"的记述，也与今麻池古城的地理位置相一致。据该书"中受降城"条载："敬本故城，在中[受降]城北四十里。郑虔《军录》曰：'时人以张仁愿河外筑三城，自古未有。今敬本城周[长]一万八百七十二步，壕堑深峻，亦古之坚守。'贾耽《古今述》曰：'以地理求之，前代九原郡城也。'"②由此可知，唐代社会知识人士早就认为，坐落在中受降城北侧40里的"敬本城"就是秦九原郡、汉五原郡治所——九原县故城；而且延至唐代后期，其城墙、护城河保存依然相当完好。北魏末年六镇动乱期间，汉代五原郡城尚在使用，其后废弃。至唐元和八年（813），废弃不过三百年，因而至唐后期，汉代五原郡城遗存程度较好，是可以想见之事。

文物考古调查和实地勘察测量所获资料也表明，麻池古城就是两汉时期的五原郡治所——九原县故城遗址。2013年7月，我们五人组成的野外考察队对麻池古城实施遗址踏勘和测量，证实这是一座由南城、北城斜向对接的大型汉代城址，与《水经注》关于九原县故城的记述完全相符。③包头市文物保护工作者在20世纪50年代中期的调查成果资料显示：麻池古城位于包头市九原区麻池镇城梁村北500米，存续时代为战国至汉代，其后确定为内蒙古自治区文物保护单位。古城坐落在"台地沙梁上，分为南、北两城，均为长方形，方向190度。北城的东南角与南城的西北角相连。北城东西长720米，南北宽690米；北墙中部和南墙东段设门，宽约15米。南城南北长660米，东西宽40米；南墙中部设门，宽约15米。夯筑土墙，基宽15米，残高5—8米，夯层厚0.1—0.15米。[在城址内]采集有绳纹砖、瓦、云纹瓦当，

---

① 〔北魏〕郦道元，陈桥驿校证：《水经注校证》卷三《河水》，中华书局，2007年，第77页。
② 〔唐〕李吉甫：《元和郡县图志》卷四《关内道四》，中华书局，1983年，第116页。
③ 2013年7月下旬，陕西师范大学历史地理考察队来到麻池古城实地踏勘，并用测距仪对古城遗址进行测量。

灰陶弦断绳纹小口鼓腹罐、折沿盆等。城外四周分布有汉代墓群"。① 此处所谓南城"东西宽40米",显然存在笔误,实际东西长度应是"南墙684米",其南城的南北长度是"东墙638米"。②

三、五原郡城的平面布局与空间结构解析

前节已辨明卢芳伪"汉"割据政权的都城——汉代五原郡故城遗址就是今内蒙古包头市九原区麻池镇西北侧的麻池古城。那么,五原郡城呈现出何种平面布局和空间结构呢?本节就此两个问题试做探讨。

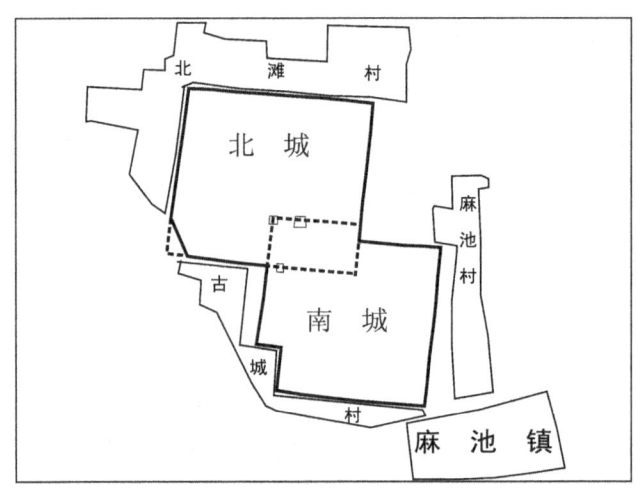

图1　麻池古城平面布局示意图
＊图中虚线为推测的城墙位置

（一）汉代五原郡城的平面布局

经过多次的考古调查和田野踏察,汉代五原郡城的平面布局与形状已经基本了解清楚。如图1所示,卢芳伪"汉"割据政权的都城——汉代五原郡城在平面上呈现出两个城圈错位衔接为一体的格局。南城的西北部与北城的东南部连接在一起,成为五原郡城的南、北两个城圈的斜向结合部位。若从麻池古城的占地面积上横向比较,北城的占地范围要大于南城,即北城大而

---

① 《中国文物地图集·内蒙古自治区分册》,第60页。《文物参考资料》1955年第10期。
② 《秦汉九原——五原郡治的考古学观察》,第46页。

南城略小。从城池的绵延走向来观察，北城呈现东西长而南北短的布局，而南城则呈现出南北长而东西短的布局。这种呈现西北——东南错位对接的古城平面格局，旁证实例甚少。它既反映出南、北两城建造年代存在先后早晚的差别，也表明汉代人在筑城之际对自然地势的充分利用，即利用西北——东南斜向延亘隆起的梁地。

早在20世纪50年代，包头市文物工作者就调查过麻池古城遗址，并做了测量。其调查结果是："麻池古城位于包头市郊区麻池乡乡政府西北约800米，古城南［侧］紧邻麻池——哈林格尔公路。分［为］南、北两城，二城呈相接的斜'吕'字形，方向8度。北城南北长690米，东西宽720米；南城南北长660米，东西宽640米。北城［的］北墙中段和南城［的］西墙、南墙中段各设宽15米的［城］门。"①

2013年7月下旬，我们赴麻池古城进行田野踏察和测量，发现这座汉代九原郡故城遗址在地表以上的城墙轮廓相当清晰。虽然经过六十多年的农耕生产、城市建设等人类经济活动的多次塑造与破坏，古城遗址已不如20世纪50年代那么高大、清晰，但依然可轻易辨识出来。那一年，南城之内是村民种植蔬菜区，北城之内则是玉米生长地。在古城南侧，古城村的民房紧贴着高耸的南城墙分布；在北城的北墙、西墙之外，是北滩村居民的民房所在；而在南城东墙之外侧，有一条南北走向的街道，其东侧就是麻池村的临界商铺。我们也注意到古城内的三个各自孤立的夯筑高台遗存，由于蔬菜、玉米长势旺盛，行走不便，未能仔细地踏勘、观察和测量。

（二）汉代五原郡城的空间结构

依据《后汉书》的相关记载推断，卢芳伪"汉"割据政权于建武五年定都于九原县城后，在城内应建有伪"汉帝"的宫殿、朝堂、伪"汉"朝廷的各个官署机构。因此，西汉时期五原郡城的空间结构至东汉初期应出现一定的变化。但是，麻池古城考古发掘工作尚未展开，其地下建筑基址埋藏情况尚不清楚。我们在此仅就已经掌握的遗迹、文物和地理环境资料试做些许推

---

① 包头市文物管理处、达茂旗文物管理所：《包头境内的战国秦汉长城与古城》，《内蒙古文物考古》2000年第1期，第85—86页。

论与判断。

首先，依据北魏郦道元在《水经注》的判断，南城是汉代九原县故城、北城是汉代五原县故城遗存。那么，东汉初期的卢芳伪"汉"割据政权的"都城"——九原县城应当是今麻池古城的南城城圈。伪"汉帝"卢芳（刘文伯）处理"朝政"之朝堂应在南城之内，伪"汉"朝廷的主要官署诸如丞相府、太尉府之类也应配置在南城之中。换言之，今麻池古城的南城是两千年前卢芳伪"汉"政权的宫殿、朝堂、官署的分布区。

其次，依据考古调查和文物调查资料分析，"南城［的］西墙、南墙中段各设宽15米的［城］门"，显然是为便于伪"汉"政权的宫殿、朝堂、官署诸色人员出入办事而建立。据此判断，南城之内，分别以南门、西门为起始点构成南北、东西交叉的十字形主干街道。在街道两侧，应是卢芳伪"汉"政权各个官衙所在地。在此基础上进一步推断，伪"汉"割据政权的宫殿、朝堂应配置在南城区的北半部，各种官署当配置在南城区的南半部。

相较之下，北城只有一个城门遗址，即在"北城［的］北墙中段"，"设宽15米的［城］门"。[①]因此，北城显然难于作为一个伪"汉"政权的政治中心。就现有可接触的文献和文物考古资料而言，伪"汉"割据政权驻地应是今麻池古城的南城。而北城区很可能是普通百姓、工商业者和军队营房所在地。当然，是否还有其他城门遗址未被发现？有待考古工作者今后的继续探查和发掘，以彻底揭示其真相。

再次，在麻池古城的南城、北城的斜向对接区域，存在三个点状夯土高台遗址。经过实地调查，笔者初步推判：北面的两个夯土高丘当是南城西北隅残存，具体说来，当是南城北墙西段被后代人们挖掘破坏后的残存部分；或者是南城的北门门阙之残存。[②]而南面的一处夯土高丘当是卢芳伪"汉"朝廷的宫殿或朝堂建筑群所在地，被后代人们挖掘毁坏后的基础遗存。当年

---

① 《包头境内的战国秦汉长城与古城》，第85—86页。
② 两汉时期，京城、州郡县城以及长城沿线的障城皆呈"阙"的建筑形式标志城门的位置。类似后世的城门洞建筑形式在汉代尚未问世。因此，汉代门阙建筑颓废后只能留下点状的夯土丘台遗存。

我们在田野踏勘时，访问田间劳作的农民朋友得知，南面的高丘在早年间还比较长，后来被逐渐挖掉，就剩下如今可见的这些遗迹了。由此可知，南面的高土丘原先并非呈独立的点状形态，判断它是汉代建筑群基础遗存，应不会相差太远。

第四，出土汉代石碑的佐证。1990年，在包头市麻池乡观音庙村汉墓出土了两块残缺不全的东汉碑石。1993年，又在观音庙村西南的召湾村汉墓出土一块汉碑，残断为三块。其碑文中有明确的东汉灵帝首个年号纪年"建宁三年"（170）。据此可知，在卢芳伪"汉"政权覆灭后，作为东汉时期五原郡治的九原县城一直延续至东汉晚期，尚在运作。①

综上所述。笔者依据各种迹象初步判断：卢芳伪"汉"割据政权的都城——五原郡城的功能分区大体如下，九原县城（今麻池古城的南城）内是伪"汉"政权的宫殿、朝堂和官衙的所在地，具体而言，宫殿、朝堂大体配置在南城的北半部，官衙机构当分布在南城的南半部。五原县城（今麻池古城的北城）则是普通百姓、工商业者和驻军士兵的居住、生产和生活之地。延至建武十八年之后，上述功能区又转变为五原郡政府处理地方各种政务的场所，以及九原县、五原县办公机构驻地。

探明卢芳伪"汉"割据政权的都城——五原郡城的兴起年代、地理位置、平面布局和空间结构（功能分区）的历史真相，将极大地推动两汉北部边疆史地的深入研究，并为汉代古城属性与功能的判定提供实际案例与参考作用。

（原载于《陕西历史博物馆馆刊》第24辑，三秦出版社，2017年）

---

① 赵小平：《包头出土汉碑二种浅谈》，《内蒙古文物考古》2000年第1期，第203—204页。

论东汉初期北部边疆卢芳割据政权的控制地域

艾 冲

在西汉末年至东汉初期（包括新莽时期）的时段，汉朝的北部边疆出现一个由匈奴贵族扶持的以卢芳为首的割据政权，伪称所谓国号为"汉"。虽然这支边疆割据势力历时并不长久，但作为东汉初期诸多地方政治势力（诸如王郎、彭宠、刘永、隗嚣、公孙述等）之一，成为东汉王朝统一全国的重要阻碍因素。卢芳割据政权存续期间，其控制的地域范围究竟包括哪些地方（郡级政区）？这是值得探讨清楚的边疆历史政治地理之重要问题。本文就此试做讨论，以期复原其真相。

一、卢芳割据政权的建立过程

为探明卢芳为首的伪"汉"割据政权的控制地域及其变化，必须首先对两汉交替期间卢芳的政治活动轨迹予以澄清，以便形成明晰的时间线索。

卢芳其人，居住于西汉时期安定郡三水县域的左谷。西汉的安定郡，治高平县城（今宁夏固原南）。[①]三水县治城，据文物调查和学者考证，即今宁夏同心县红城水古城。[②]左谷，应是汉代河谷之名，依古今河流对照判

---

① 〔汉〕班固：《汉书》卷二十八《地理志》，中华书局，1962年，第1615页。
② 杨森翔《城市记忆》，中国文化出版社，2008年，第185页、第191—192页。也有学者认为：汉代三水县故城并非红城水古城，而是在红城水古城以北1千米的汉代遗址。参见张多勇：《历史时期三水县城址的变迁》，《西夏研究》2015年第1期，第120—126页。

断,相当今宁夏山水河东支流——苦水河谷。三水县城是汉武帝时期建立的安置匈奴昆邪王部落的安定属国管理机构——属国都尉府驻地。因此,三水县域生活着众多匈奴族、羌族和汉族的居民。卢芳生活在多民族交错分布的人文地理环境中,对游牧民众自然是相当的熟悉。

西汉末期,王莽篡汉而建立新朝(9—23)。因"王莽时,天下[人]咸思汉德,[卢]芳由是诈自称武帝曾孙刘文伯"。自此时起,卢芳就开始其编造虚假身份、欺世盗名、为伺机起事而大造舆论的进程。据史书记载:卢芳谎称自己是汉武帝的曾孙刘文伯,"曾祖母[是]匈奴谷蠡浑邪王之姊、为武帝皇后,生三子。遭江冲之乱,太子[被]诛,皇后坐死,中子次卿亡之长陵,小子回卿逃于左谷。霍[光]将军立次卿,迎回卿。回卿不出,因居左谷,生子孙卿,孙卿生文伯。常以是言诳惑安定[郡]间"。① 至王莽新朝地皇年间(20—23),卢芳就公开地以汉朝皇室成员"刘文伯"的名义"乃与三水属国羌胡起兵",武力反抗王莽的统治。更始二年(24)正月,汉更始帝刘玄由函谷关进入长安城。更始帝也误信谎言而认为卢芳为皇族成员"刘文伯",遂"徵芳为骑都尉,使镇抚安定[郡]以西[地区]",赋予他经略西方的大权。然而好景不长,仅过一年,汉更始帝的统治趋于瓦解。② 建武元年(更始三年,公元25年)九月,赤眉军攻入长安城,更始帝逃往高陵。同年十二月,赤眉军缢杀更始帝。

汉更始政权垮台后,三辅地区社会秩序紊乱,遂给卢芳提供了投机性政治活动的机遇。史载:"更始败,三水[县]豪杰共计议,以[卢]芳[乃]刘氏子孙,宜承宗庙,乃共立芳为上将军、西平王,使使与西羌、匈奴结和亲。"③ 所谓建武元年十二月"赤眉杀更始,而隗嚣据陇右、卢芳起安定",即指此"刘文伯"(卢芳)被拥立为"上将军、西平王"之事。卢

---

① 〔南朝宋〕范晔:《后汉书》卷十二《王刘张李彭卢列传》,中华书局,1965年,第505—506页。〔宋〕司马光:《资治通鉴》卷四十《汉纪三十二》,中华书局,1956年,第1290页。
② 《资治通鉴》卷四十《汉纪三十二》,第1290页。《后汉书》卷一《光武帝纪》,第24—25页。
③ 《后汉书》卷十二《王刘张李彭卢列传》,第506页。

芳由此拉开其利用安定属国羌胡武装而割据一方的序幕。①

然而，卢芳割据势力很快被匈奴贵族所利用，得到后者的大力支持。据史载：建武二年（26），当卢芳所遣使者抵达匈奴单于庭后，匈奴孝单于舆很快做出积极的实际回应，即"乃使句林王将数千骑迎芳。芳与兄[卢]禽、弟[卢]程俱入匈奴。单于遂立[卢]芳为汉帝。以[卢]程为中郎将，将胡骑还入安定[郡]。"②自此时起，以卢芳（所谓刘文伯）为皇帝的伪"汉"割据政权在匈奴贵族的羽翼下正式建立。其后，在匈奴孝单于舆的操纵下，整合了汉朝北疆几支割据武装，以隶于伪"汉"皇帝卢芳。史称"初，五原人李兴、隋昱，朔方人田飒，代郡人石鲔、闵堪，各起兵自称将军。建武四年，单于遣无楼且渠王入五原塞，与李兴等和亲，告[李]兴欲令[卢]芳还汉地为帝。[建武]五年，李兴、闵堪引兵至单于庭，迎芳，与[之]俱入塞，都九原县[城]"。③所谓"建武初，彭宠反畔于渔阳，单于与[之]共连兵，因复权立卢芳，使入居五原[郡]"，即指此事。④经过一番筹备，至建武五年（29）"十二月，卢芳自称天子于九原[县城]"。⑤至此，经匈奴孝单于舆的极力撮合，遂将李兴、隋昱、田飒、石鱼有、闵堪为首的五支割据势力整合到伪"汉"皇帝卢芳的旗下。卢芳割据政权遂定都于西汉五原郡治——九原县城（今包头市九原区麻池古城）。自新朝地皇年间（20—23）卢芳在三水县起兵至建武五年十二月伪称"汉帝"于九原县城，前后历时约10年。

建武六年（30），东汉朝廷始与匈奴通使交往。但其后数年间，匈奴与卢芳伪"汉"割据武装联合起来，扰乱汉朝的北部边疆，致使边民不得安居。诚如史载："初，使命常通，而匈奴数与卢芳共侵北边。"⑥这就表

---

① 《后汉书》卷一《光武帝纪》，第25页；卷十二《王刘张李彭卢列传》，第508页。
② 《后汉书》卷十二《王刘张李彭卢列传》，第506页。
③ 《资治通鉴》卷四十一《汉纪三十三》，第1336页。《后汉书》卷十二《王刘张李彭卢列传》，第506页。
④ 《后汉书》卷八十九《南匈奴列传》，第2940页。
⑤ 《后汉书》卷一《光武帝纪》，第40页。
⑥ 《后汉书》卷八十九《南匈奴列传》，第2940页。《资治通鉴》卷四十二《汉纪三十四》，第1352页。

明,卢芳伪"汉"政权建立后,东汉面临着来自北方的严重军事威胁。

东汉建武中,卢芳为首的伪"汉"政权控制的地域经历了由大到小的变动,大致可分为两个阶段。建武元年至十三年(25—37)为第一阶段,其割据地区呈现由一郡扩张至八郡之地。建武十四年至十八年(38—42)为第二阶段,其控制地域逐渐缩小乃至完全失控。笔者在下面分别予以探讨。

二、建武元年至十三年卢芳割据政权控制地域逐步扩大

建武元年至十三年,卢芳控制地区逐步扩张,呈现由一郡扩至八郡之地,范围相当广阔。其背后的主要原因是匈奴贵族对汉朝北疆地带数支割据武装的整合。

(一)建武六年卢芳控制地域达至八郡

建武五年,卢芳公开伪称"汉帝"于九原县城。至建武六年,卢芳割据政权控制的地域包括八郡之地。其控制的主要区域是"掠有五原、朔方、云中、定襄、雁门五郡,并置[郡]守[县]令,与胡通兵,侵苦北边"。①即占据"五原、朔方、云中、定襄、雁门五郡"全境,并且在五郡"并置[郡]守、[县]令",实施行政管理。

在此前的建武二年,匈奴孝单于舆委派卢芳弟卢程率领一支匈奴骑兵返回卢芳起事之地——安定郡,即"以[卢]程为中郎将,将胡骑还入安定[郡]。"②显然,安定郡也包括在伪"汉帝"卢芳控制地域内,更是最早被其控制的郡域。但在几年后,即建武七年至十年间,东汉政府军在冯异指挥下西征,进据北地郡南部地区——今甘肃省庆阳市和平凉市两地区,接着进攻义渠县境的卢芳部将贾览与匈奴薁鞬日逐王,破之。③其后,东汉政府军与隗嚣为首的陇右割据势力争夺安定郡南部的高平县一带。④因此,安定郡南部未被卢芳割据政权稳定地控制。

---

① 《后汉书》卷十二《王刘张李彭卢列传》,第506页。
② 《后汉书》卷十二《王刘张李彭卢列传》,第506页。
③ 《资治通鉴》卷四十二《汉纪三十四》,第1347页。《后汉书》卷十七《冯岑贾列传》,第650—651页。
④ 《资治通鉴》卷四十二《汉纪三十四》,第1354页。

据《后汉书》载：建武六年六月，卢芳割据政权的"将军贾览将胡骑击杀代郡太守刘兴"，①即东汉"代郡太守刘兴击卢芳将贾览于高柳，战殁"。②伪"汉"武装遂攻占代郡地区。

此外，处在安定郡和朔方郡间的北地郡北部——今宁夏平原和灵盐台地也必在伪"汉"政权的控制下。因为舍去北地郡北部区域，朔方郡、五原郡就无法与安定郡建立交通联系，且建武七年伪"汉"将领贾览就已进驻北地郡南部的义渠县。③

至此，卢芳为首的伪"汉"割据政权控制着西汉划分的北疆8个郡级政区，即安定郡大部、北地郡大部、朔方郡、五原郡、云中郡、定襄郡、雁门郡和代郡。其地域范围达至极盛阶段。其后至建武十三年（37），基本维持这种空间格局。伪"汉"割据势力遂以此八郡为出发地，与匈奴骑兵联合行动，扰掠北疆地带，成为阻碍东汉统一步伐的敌对势力。

依据《汉书·地理志》的记载、前辈学者的研究成果《中国历史地图集》和最新历史政治地理研究成果，大体可复原上述八郡的地理位置和总体分布格局。考述如下：1.安定郡，治高平（在今宁夏固原市区南部），其管区在今宁夏南部的固原、中卫两市地区和吴忠市西南隅，以及内蒙古阿拉善盟东南部；今清水河中下游流域及其以东地方、内蒙古阿拉善盟东南部应在卢芳集团控制之中。④2.北地郡，治义渠（今甘肃庆阳市西峰区），其管区包括今甘肃平凉市、庆阳市，宁夏吴忠市、银川市和石嘴山市，内蒙古鄂托克前旗西半部和鄂托克旗都思兔河以南区域。北地郡北半部与其南半部的界限当在今甘肃庆阳市环县与宁夏盐池县间的分水岭一线，其北半部即今宁夏

---

① 《后汉书》卷十二《王刘张李彭卢列传》，第506—507页。
② 《后汉书》卷一《光武帝纪》，第49页。
③ 《资治通鉴》卷四十二《汉纪三十四》，第1347页。
④ 艾冲：《战国至西汉时期郡县制在鄂尔多斯高原的确立、发展与分布》，《陕西师范大学学报》2014年第6期，第19—25页。

平原、灵盐台地等区域。①3.朔方郡，治朔方（在今内蒙古杭锦旗北部那林霍拉霍村东沙漠中），其辖域相当今内蒙古巴彦淖尔市、鄂尔多斯市西北部区域，以及阿拉善盟东北隅。②4.五原郡，治九原（今包头市九原区麻池古城），其辖境在今内蒙古包头市、巴彦淖尔市东南部、鄂尔多斯市东胜梁以北区域和乌兰察布市西南部。③5.云中郡，治云中（在今内蒙古托克托县古城村古城址），其管区包括今呼和浩特市、乌兰察布市南部和鄂尔多斯市东北隅。④6.定襄郡，治盛乐（今和林格尔县土城子古城），其辖境相当今内蒙古南部、山西西北隅。⑤7.雁门郡，治善无（在今山西右玉县境），其管区相当今山西大同市、朔州市和内蒙古南隅。⑥8.代郡，治代县（今河北蔚县东北），辖域相当今河北张家口市西部、内蒙古南境和山西东北隅。⑦其中，安定、北地、朔方、五原、云中五郡的属地皆跨河连接今鄂尔多斯高原与其毗邻区域，其他三郡分布在今山西北部、内蒙古南部和河北西北部。

建武六年之后，北疆政局虽然发生微妙的变化，即卢芳割据政权的部分官员归降东汉政府。其原因在于卢芳割据政权内部矛盾激化、东汉政府的政治招抚与分化措施所致，但其控制的基本区域未发生明显变动。建武七年（31）冬季，卢"芳后以事诛其五原太守李兴兄弟，而其朔方太守田飒、云中太守桥扈恐惧，叛芳，举郡降。光武［帝］令领职如故"。即是年"冬，

---

① 艾冲：《鄂尔多斯高原西汉时期西河郡属县治城位置新考》，《西夏研究》2016年第2期，第86—96页。艾冲：《西汉时期上郡诸县治城位置新探》，《陕西历史博物馆馆刊》第22辑，三秦出版社，2015年，第142—153页。孟洋洋：《西汉北地郡属县治城考》，《西夏研究》2016年第2期，第106—116页。
② 孟洋洋：《西汉朔方郡属县治城考》，《西夏研究》2016年第3期，第90—96页。孟洋洋：《两汉时期朔方郡建置沿革考论》，《阴山学刊》2014年第6期，第81—86页。
③ 白雪：《西汉时期五原郡诸县治城新考》，《陕西历史博物馆馆刊》第21辑，三秦出版社，2014年，第136—144页。
④ 谭其骧：《中国历史地图集》（第二册），"西汉并州、朔方刺史部"，中国地图出版社，1982年。
⑤ 《中国历史地图集》（第二册），"西汉并州、朔方刺史部"。
⑥ 《中国历史地图集》（第二册），"西汉并州、朔方刺史部"。
⑦ 《中国历史地图集》（第二册），"西汉并州、朔方刺史部"。

卢芳所置朔方太守田飒、云中太守乔扈各举郡降"。①但是，东汉政府当时腾不出手来支援归降者，并未实际光复两郡。因为建武"七年，诏［杜］茂引兵北屯田［太原郡］晋阳、广武，以备胡寇。"②至建武九年（33），东汉政府稳定内地后开始经略北疆地区。是年二月，东汉"徙雁门吏人于太原［郡］"，显然并未实际接管雁门郡地区，其活动范围仍局限于句注陉以南。九年七月，东汉政府"遣大司马吴汉率四将军击卢芳将贾览于高柳（今山西阳高），战不利"。此即《后汉书·王霸传》载："九年，［王］霸与吴汉及横野大将军王常、建义大将军朱祐、破奸将军侯进等五万余人，击卢芳将贾览、闵堪于高柳。匈奴遣骑助［卢］芳。汉军遇雨，战不利。吴汉还洛阳，令朱祐屯常山、王常屯涿郡、侯进屯渔阳。玺书拜［王］霸上谷太守，领屯兵如故，捕击胡虏，无拘郡界。"八至九月，"骠骑大将军杜茂与贾览战于繁畤（今山西繁峙），茂军败绩"。《后汉书·杜茂传》亦载：建武"九年，［杜茂］与雁门太守郭凉击卢芳将尹由于繁畤，［卢］芳将贾览率胡骑万余救之。［杜］茂战，军败，引入楼烦城"。③史称：是"时，卢芳据高柳，与匈奴连兵，数寇边民，帝患之"。④可知东汉政府军在北疆战场接连受挫，毫无进展。因此，卢芳割据政权控制区域仍南达今恒山山脉。

至建武十年（34），东汉政府军才取得初次小捷。史载"十年正月，大司马吴汉率讨虏将军王霸等五将军击贾览于高柳，匈奴遣骑救览，诸将与战，却之"。《后汉书·王霸传》亦载："明年（按即建武十年），［王］霸复与吴汉等四将军六万人出高柳击贾览，诏霸与渔阳太守陈䜣将兵为诸军［前］锋。匈奴左南将军将数千骑救览。霸等连战于平城下，破之，追出塞，斩首数百级。［王］霸及诸将还入雁门，与骠骑大将军杜茂会攻卢芳将

---

① 《后汉书》卷十二《王刘张李彭卢列传》，第507页；卷一《光武帝纪》，第53页。《资治通鉴》卷四十二《汉纪三十四》，第1354页。
② 《后汉书》卷二十二《朱景王杜马刘付坚马列传第十二》，第776页。
③ 《资治通鉴》卷四十二《汉纪三十四》，第1362页。《后汉书》卷一《光武帝纪》，第55页；卷二十《铫期王霸祭遵列传》，第737页；卷二十二《朱景王杜马刘付坚马列传》，第776—777页。
④ 《后汉书》卷二十二《朱景王杜马刘付坚马列传》，第777页。

尹由于崞、繁畤，不克。"显然，政府军虽取得平城之战胜利，但北疆政治形势依旧严峻。卢芳割据势力甚至南越句注山（在今恒山山脉），占据崞县、繁畤县。于是乎，遂有其后北疆人口南迁之举，即"是岁，省定襄郡，徙其民于西河[郡]"。①十二年，"遣骠骑大将军杜茂率众郡弛刑[徒]屯北边，筑亭候，修烽燧"。《后汉书·杜茂传》亦载："十二年，遣谒者段忠将众郡弛刑[徒]配茂，镇守北边，因发边卒筑亭候，修烽火。又发委输金、帛、缯、絮供给军士，并赐边民，冠盖相望。[杜]茂亦建屯田，驴车转运。"十三年"二月，遣捕虏将军马武屯乎沱河，以备匈奴。卢芳自五原亡入匈奴"。此时，卢芳围攻云中郡城未克，因内部矛盾而前往匈奴单于庭。同年"五月，匈奴寇河东[郡]"。②"乎沱河"，即今滹沱河，此指滹沱河上游河段，在今山西省忻州市区域。马武屯戍在乎沱河（今滹沱河）上游区域，其北就是恒山山脉，实为彼时军事驻防的关键区域。据此可知，卢芳割据政权控制的地盘范围基本未变。

卢芳割据政权控制地域迄建武十三年并未出现明显变化的原因有以下几点。1.东汉政府此时尚无足够军事实力进取北部边疆。对于田飒、桥扈叛离卢芳伪"汉"政权，东汉朝廷只能采取"令领职如故"的方略应对，并未能有效控制朔方、云中两郡地区。2.东汉朝廷此时将战略进攻的兵锋指向关中、陇右和巴蜀等地，无暇顾及北疆。建武三年正月，冯异被委任为征西大将军，主掌西方军务。经过回溪、崤底、宜阳三场大战，彻底击败赤眉武装。③之后，冯异统军直趋长安。四年，冯异与巴蜀割据者公孙述之将程焉交战于陈仓县境，大破之。六年五月，虎牙大将军盖延等七将征伐隗嚣于陇坻，诸将败绩。④七年八月，隗嚣挥师寇略安定郡南部，被冯异、祭遵诸将击退。其后，双方经历略阳、高平、西城、上邽多次攻防战，局势处于胶着

---

① 《后汉书》卷一《光武帝纪》，第56页、第57页；卷二十《铫期王霸祭遵列传》，第737页。《资治通鉴》卷四十二《汉纪三十四》，第1364页。
② 《后汉书》卷一《光武帝纪》，第60—62页；卷二十二《朱景王杜马刘付坚马列传》，第777页。《资治通鉴》卷四十二《汉纪三十五》，第1378页、第1380页。
③ 《后汉书》卷一《光武帝纪》，第28页、第31—33页。
④ 《后汉书》卷一《光武帝纪》，第34页、第37页、第48页。

状态。九年八月，冯异等五将率军讨伐隗纯，进攻天水郡。至十年夏，冯异推进至天水郡，击斩公孙述之将赵匡。同年冬十月，中郎将来歙等大破隗纯於落门。隗纯投降，东汉统一陇右地区。①其后经过两年持续作战，东汉政府军于建武十二年十一月攻入成都城，平定巴蜀地区。史称是"时兵革既息，天下少事"。②东汉遂将战略重心转向北疆，卢芳控制地域才渐趋收缩。

三、建武十四年至十八年卢芳割据政权控制地域逐渐缩小

建武十四年至十八年，卢芳伪"汉"割据政权控制地域逐渐缩小，乃至完全失控。其主要影响因素是：东汉政府将战略重心转向北疆地带，卢芳割据势力控制地域逐渐被政府军攻取，以及东汉政府对北疆割据者实行政治瓦解的方略所致。

（一）建武十四年至十五年（38—39）东汉收复雁门郡域

自建武十四年（38）起，东汉政府在北疆采取加强防御、遣使匈奴、悬赏捕捉、徙民关东等措施，使北疆局势趋于缓和及稳定。此年正月，匈奴遣使奉献，东汉朝廷遣中郎将刘襄回复报命。并及时妥善处置雁门郡突发事件，从而真正接管该郡区域。即同年"秋九月，平城人贾丹杀卢芳部将尹由，来降"。据《后汉书·杜茂传》载："先是，雁门人贾丹、霍匡、解胜等为尹由所略，［尹］由以为将帅，与［之］共守平城。［贾］丹等闻芳败，遂共杀［尹］由诣［雁门太守］郭凉。凉上状，［光武帝］皆封为列侯。诏送委输金帛赐［杜］茂、［郭］凉军吏及平城降民。自是卢芳城邑稍稍来降，［郭］凉诛其豪右郇氏之属，镇抚羸弱。旬月间雁门且平。芳遂亡入匈奴。"③换言之，至建武十四年十月，东汉朝廷已平定雁门郡域的割据武装。

建武十五年二月，东汉在所控制地区"徙雁门、代郡、上谷吏民六万余

① 《后汉书》卷一《光武帝纪》，第50页、第53—55页、第56页。
② 《后汉书》卷一《光武帝纪》，第59页、第62页。
③ 《后汉书》卷二十二《朱景王杜马刘付坚马列传》，第777页。

口置居庸、常山关以东,以避胡寇"。①这就表明,雁门、代郡、上谷三郡仍未被东汉政府有效接管,"匈奴左部遂复转居塞内",即进入秦汉长城以南区域。同年十二月,卢芳复由匈奴返回代郡高柳城(今山西阳高)。

(二)建武十六年至十八年(40-42)卢芳割据地域急剧缩小与失控

建武十六年(40)十一月,"卢芳遣使乞降,十二月甲辰,[汉光武帝]封芳为代王"。②可见,卢芳的真实身份仍未暴露。

那么,卢芳为何要向东汉朝廷乞降呢?其真正的原因是依匈奴单于的意愿行事。当时,东汉政府悬重赏缉拿卢芳其人。匈奴单于舆获悉这消息,竟然禁不住重赏的诱惑。史称:"匈奴闻汉购求卢芳,贪得财帛,乃遣芳还降,望得其赏。"正因此缘故,"十六年,芳复入居高柳,与闵堪兄[闵]林使使请降。[光武帝]乃立芳为代王,[闵]堪为代相,[闵]林为代太傅,赐缯二万匹,因使和集匈奴"。其时,匈奴单于的意图并未达到。因为"而[卢]芳以自归为功,不称匈奴所遣。……由此大恨,入寇尤深"。③十七年春,卢芳仍以"刘文伯"之名上疏致谢。汉光武帝答其疏时,"诏报[卢]芳朝明年正月",即允许他于明年(十八年)正月赴京朝贺新年。此时,卢芳割据势力仅能控制以高柳为中心的代郡地区,其他诸郡多被匈奴左部、奥鞬日逐王比的部落移居,或被东汉政府军所控制。

延及建武十八年(42)六月,"卢芳复亡入匈奴"。即至十八年六月,"匈奴遣数百骑迎芳及妻子出塞。芳留匈奴中十余年,病死"。④此乃卢芳伪"汉"政权覆亡的标志。当卢芳再度逃离北疆后,其原割据地域就失去控制,被匈奴南边诸部落移居,致使东汉未能实际控制北疆诸郡。这有史料为证:建武二十年(44)五月,"匈奴寇上党、天水[等郡],遂至扶风[郡]"。十二月,匈奴再次寇掠天水、扶风郡。同年,东汉政府"是

---

① 《资治通鉴》卷四十三《汉纪三十五》,第1385页。
② 《后汉书》卷一《光武帝纪第一下》,第67页。
③ 《资治通鉴》卷四十三《汉纪三十五》,第1389页。《后汉书》卷十二《王刘张李彭卢列传》,第507页;卷八十九《南匈奴列传》,第2940页。
④ 《后汉书》卷十二《王刘张李彭卢列传》,第508页。《资治通鉴》卷四十三《汉纪三十五》,第1389页、第1392页。

岁，省五原郡，徙其吏人置［于］河东［郡］"。二十一年（45）"冬［十月］，匈奴寇上谷、中山［诸郡］，杀略钞掠甚众，北边无复宁岁"。①

至建武二十四年（48）冬十月，匈奴分裂为南、北两部。二十五年（49），南匈奴单于比归降东汉朝廷。②至此，原被卢芳伪"汉"政权割据的八郡之地才被东汉政府真正地恢复与管理。

四、结语

卢芳割据政权自建武元年冬季出现、迄建武十八年六月解体，历时约十六年半之久。其在建武六年控制地域最为广阔，包括西汉时期北部边疆的朔方、五原、云中、定襄、雁门和代六郡全境，以及安定、北地两郡北半部。卢芳割据政权至建武十八年解体后，其原先所控制地域又被匈奴诸部占据。至建武二十五年，南匈奴单于比归降东汉政府，北疆八郡才被重置于东汉中央政府有效管治之下。东汉王朝的政治疆域至此实现完全统一，进入新的历史阶段。

（原载于《中国边疆史地研究》2018年第3期）

---

① 《后汉书》卷一《光武帝纪》，第72页、第73页；卷八十九《南匈奴列传》，第2940页。
② 《后汉书》卷一《光武帝纪下》，第74页、第75—76页；卷八十九《南匈奴列传》，第2942页。

东汉永和年间南匈奴句龙部叛乱的探析

刘晓姗

东汉永和五年（140）夏，南匈奴左地句龙王部贵族成员吾斯、车纽等反叛。经过东汉政府派兵平叛，车纽投降、吾斯被刺身亡，叛乱最终被平定。句龙吾斯等人的反叛是东汉后期南匈奴发生的重大事件。它的发生不是偶然的，而是与东汉地方军政官员的施政、南匈奴内部矛盾的发展密切相关。迄今关于这个事件的研究成果无多，诸如林幹《匈奴通史》（内蒙古人民出版社）、陈琳国《东汉末年南匈奴南迁的前后》（《晋阳学刊》2008年第4期）等有所涉及，然而正面探讨句龙部贵族叛乱事件的论著尚未问世。故本文试对此次叛乱事件涉及的时间、地域以及其发生的原因和影响予以探析。不妥之处，还望各位专家指正。

一、句龙部叛乱的时间过程

东汉初年，匈奴内部发生分裂。"匈奴薁鞬日逐王比自立为南单于"，[①]率众归汉。南匈奴自此成为东汉北疆的藩属政权。因此北疆维持了近百年的和平状态。汉和帝永元五年（93），安国即单于位后，南匈奴内部矛盾激化，社会秩序动荡不安的序幕被拉开。其中，尤其是左谷蠡王师子在与北匈奴的战争中立有显著功绩，招致新降北匈奴部的怨恨。因此，安国联

---

① 〔南朝宋〕范晔：《后汉书》卷一《光武帝纪》，中华书局，1965年，第76页。

合北匈奴新降者，欲铲除师子。但是，使匈奴中郎将杜崇处置不当，将安国的上书扣押，谎称单于安国联合新胡起兵叛乱。汉中央政府发兵平叛，致使安国被部属杀死。永元六年，新降匈奴十五部二十余万人拥立前单于屯屠何之子逢侯为单于，劫掠边境。自此以后，南匈奴的内讧和反叛事件逐渐增多。其中东汉永和五年，南匈奴左部句龙王部贵族吾斯、车纽等煽起武装反叛。这次叛乱事件经历了怎样的时间进程呢？笔者在此试做剖析。

依据历史文献的记载，句龙部叛乱自汉顺帝永和五年（140）吾斯、车纽等率叛众攻打西河郡起，至建康元年（144）乌桓七十万余口归降为止，叛乱持续约五年。为论述方便，笔者将其分为两个阶段。

（一）永和五年夏叛乱开始攻打西河郡至冬季伪单于车纽投降

永和五年夏季，叛酋吾斯等率三千余骑向西进寇西河郡北部。在控制定襄郡、云中郡、五原郡后，招诱朔方郡的右贤王部落。两叛部合围攻打美稷。又兵分两路，一路向西进攻朔方、一路向东寇掠代郡。

东汉政府迅速调兵平叛，遣度辽将军马续与中郎将梁并、乌桓校尉王元征发缘边诸郡兵及乌桓、鲜卑、羌胡武装共两万余人镇压叛部。虽然解除美稷之围，但吾斯等叛众继续攻掠城邑。同时，汉顺帝还遣使问责于南单于休利，让其招降叛部。但单于怯懦而无所作为。代理中郎将陈龟遂"以单于不能制下，外顺内畔，促令自杀"。①之后"[陈]龟又欲徙单于近亲于内郡，而降者遂更狐疑"。②因其做法使北疆形势更趋严峻和复杂，东汉政府遂将其撤职。大将军梁商认为，对于羌胡反叛活动不宜单纯用武力解决，最好采用政治招降的手段。他推荐素有谋略且深晓军事的度辽将军马续去招降叛众。梁商嘱咐马续说："中国安宁，忘战日久。良骑野合，交锋接矢，决胜当时，戎狄之所长，而中国之所短也。强弩乘城，坚营固守，以待其衰，中国之所长[也]，而戎狄之所短也。宜务先所长，以观其变，设购开赏，宣示反悔，勿贪小功，以乱大谋。"③马续与诸郡官员都执行此招降策略。

---

① 《后汉书》卷五十一《陈龟列传》，第1692页。
② 《后汉书》卷八十九《南匈奴列传》，第2960页。
③ 《后汉书》卷八十九《南匈奴列传》，第2961页。

于是，南匈奴右贤王部约一万三千多人被招降。①

永和五年秋冬，句龙吾斯等叛酋拥立句龙王车纽为伪单于，叛乱规模进一步扩大。叛乱集团东引乌桓、西连羌戎等数万人，攻破上郡京兆虎牙营、杀死上郡都尉及军司马。②叛部不仅寇掠并州西部，而且西攻凉州东北部、东略幽州西部及冀州西北部。③同年冬，中郎将张耽率幽州乌桓、诸郡营兵，在雁门郡马邑县与伪单于车纽叛部交战，斩首三千级，缴获大量牲口及兵器。车纽失败后率诸豪帅投降朝廷。

（二）永和六年（141）春句龙吾斯继续反叛至建康元年其余部投降

伪单于车纽投降后，吾斯等部与乌桓继续寇扰边疆地带。张耽率兵平叛，用绳索作为攀爬器具而登上天山（今山西宁武县境内），出其不意地攻击乌桓叛众。悉斩乌桓渠帅、解救被掳汉民，并获其牲畜财物。④第二年（141）春，度辽将军马续率鲜卑五千骑至穀城（今内蒙古东胜区莫日古庆古城）攻打叛部，斩首数百级。⑤至汉安元年（142）秋，吾斯与薁鞬台耆、且渠伯德⑥等再次寇掠并州地区。⑦《后汉书·南匈奴传》说："至永寿元年，匈奴左薁鞬台耆、且渠伯德等复叛"，既然是复叛，说明此前曾叛乱，而距此年最近者唯有汉安元年的叛乱。《后汉书·张奂传》载："南匈奴左薁鞬台耆、且渠伯德等七千余人寇美稷……奂不听，遂进屯长城……共击薁鞬等，连战破之。"⑧这表明两部落可能游牧在西河郡西部，即今河套高原地区。

为尽快平定叛乱，东汉朝廷于汉安二年（143）在京城洛阳册立兜楼储

---

① 《后汉书》卷八十九《南匈奴列传》，第2961页。
② 《后汉书》卷八十九《南匈奴列传》，第2962页。
③ 〔宋〕司马光：《资治通鉴》卷五十二《顺帝纪》，中华书局，1956年，第1688页。
④ 《后汉书》卷八十九《南匈奴列传》，第2962页。
⑤ 《资治通鉴》卷五十二《顺帝纪》，第1690页。
⑥ 王宗维：《匈奴诸王考述》，《内蒙古大学学报（哲学社会科学版）》，1985年第2期，第5—6页，据学者研究，"薁鞬"表明族籍，且薁鞬部必属匈奴王族。"台耆"即太子。且渠则是匈奴的官职名称。
⑦ 《资治通鉴》卷五十二《顺帝纪》，第1693页。
⑧ 《后汉书》卷六十五《张奂传》，第2138页。

为南匈奴单于,赐以财物,遣中郎将护送他回归单于庭。当年冬天,中郎将马寔遣人刺杀叛乱首领句龙吾斯,送其首级至京城洛阳。建康元年,政府军进击其余部,致使乌桓七十万余口皆降于朝廷。①句龙部叛乱事件遂至此结束。

二、句龙部叛乱的空间过程

南匈奴句龙部叛乱最早爆发于何地? 叛乱事件经历了怎样的空间进程呢?

(一)句龙部的分布地

句龙部在叛乱前的分布区就是叛乱的首发地。那么发动这场叛乱的句龙部此前大致游牧于什么地方? 属于哪个部落? 探究此问题需追溯到东汉初期的建武年间。南匈奴单于庭,先驻在"去五原西部塞八十里"②的草原上,之后迁入云中郡,继而徙居西河郡美稷县城。是时"南单于既居西河,亦列置诸部王,助为扞戍。使韩氏骨都侯屯北地,右贤王屯朔方,当于骨都侯屯五原,呼衍骨都侯屯云中,郎氏骨都侯屯定襄,左南将军屯雁门,栗籍骨都侯屯代郡,皆领部众为郡县侦罗耳目"。③据《后汉书·南匈奴传》载:"[永和]五年夏,南匈奴左部句龙王④吾斯、车纽等背畔,率三千余骑寇西河。"⑤句龙部属南匈奴单于左部,其地应在单于庭驻地西河郡美稷县以东,从其"寇西河"看,当离西河郡境不远。而符合此条件的部落大致有两个:屯定襄郡(治善无,今山西右玉)的郎氏骨都侯部落和屯雁门郡(治阴馆,今山西朔州汴子疃附近)的左南将军部落游牧地。其后,中郎将张耽率领幽州诸郡兵与伪单于车纽等交战于马邑(今山西北部朔州古城)县境。而马邑县属于雁门郡,幽州与并州雁门郡较近。因此,句龙部游牧之地应在建武年间南匈奴左南将军部落游牧的雁门郡境,即相当于今山西省朔州市、

---

① 《后汉书》卷八十九《南匈奴列传》,第2963页。
② 《后汉书》卷八十九《南匈奴列传》,第2943页。
③ 《后汉书》卷八十九《南匈奴列传》,第2945页。
④ 《资治通鉴》卷五十二《顺帝纪》作"句龙大人"。王与大人应是汉译不同用语。
⑤ 《后汉书》卷八十九《南匈奴列传》,第2960页。

大同市和忻州市局部，以及内蒙古集宁市南部区域。句龙部应是左南将军所辖诸部之一。

（二）叛乱涉及的地域范围

依上述考论，这场叛乱首先爆发在雁门郡境内。其后，叛部率先进攻西河郡域（今内蒙古鄂尔多斯市中西部、陕西榆林市东北部、山西吕梁市北半部和忻州市西南部），又向北控制定襄郡（今内蒙古呼和浩特市东南部、山西大同市西部）、云中郡（内蒙古呼和浩特市大部、包头市东部）、五原郡（今内蒙古包头市大部、巴彦淖尔市东北部、鄂尔多斯市北部）。同时招诱在朔方郡（今内蒙古巴彦淖尔市大部、鄂尔多斯市西北部）游牧的右贤王部。两叛部联合攻打南匈奴庭所在地西河郡美稷县城（今内蒙古准格尔旗榆树壕古城）。① 接着一路向西、一路向东攻击，杀害朔方郡和代郡（今山西大同市东部、河北张家口市西南部）的长史。② 叛乱势力又向西南攻破在上郡的京兆虎牙营，击杀上郡（今内蒙古鄂尔多斯市东南部、陕西榆林市、延安市）都尉及军司马。叛部又兵分四路，一路继续掠夺并州北部诸郡、一路向西南攻掠凉州安定郡（今甘肃庆阳市、平凉市东部）、一路向东北攻入幽州代郡、一路向东寇掠冀州常山国西北部（今河北石家庄市东北部），并袭扰太原郡的北部（今山西太原市北部）。③

总之，叛乱首先发生于并州雁门郡，继而蔓延至西河郡、定襄郡、云中郡、五原郡、朔方郡、上郡和太原郡。波及凉州的安定郡、幽州代郡、冀州的常山国等地。依上述郡国的分布，这场叛乱区域相当今内蒙古自治区中南部、陕西北部、山西北部，以及河北西北部、宁夏南部、甘肃东北部地区。④

此外，在句龙部叛乱势力的煽惑下，部分乌桓、羌戎居民也参与其中。在这里要注意两个问题。

其一是在叛乱中，既有政府征发乌桓武装平叛，也有南匈奴叛部诱引乌

---

① 《后汉书》卷八十九《南匈奴列传》，第2960页。
② 《后汉书》卷八十九《南匈奴列传》，第2960页。
③ 《后汉书》卷八十九《南匈奴列传》，第2962页。
④ 谭其骧：《中国历史地图集》（第二册），中国地图出版社，1982年，第40—41页、第59—60页。

桓部落参与反叛。这两类乌桓部众如何区分呢？《后汉书·乌桓传》载："（建武）二十二年（46），匈奴国乱，乌桓乘弱击破之，匈奴转北徙数千里，漠南地空，帝乃以币帛赂乌桓。二十五年，辽西乌桓大人郝旦等九百二十二人率众向化，诣阙朝贡，献奴婢牛马及弓虎豹貂皮。"[①]"天子乃命大会劳飨，赐以珍宝。乌桓或愿留宿卫，于是封其渠帅为侯王君长者八十一人，皆居塞内，布于缘边诸郡，令招来种人，给其衣食，遂为汉侦候，助击匈奴、鲜卑。"[②]

首先乌桓族并没有建立起统一的社会组织。归附东汉中央政府者只有辽西乌桓。其首领郝旦是否具有号令乌桓全族的威望，九百二十二人是否为乌桓全部渠帅，还有疑问。其次，即使他们布于缘边诸郡塞内，令招徕种人，这就说明塞外还有未归降的乌桓族牧民。因此，东汉政府为平叛征发的乌桓、张耽率领的幽州乌桓武装应该都是在建武二十五年（49）南迁塞内，由东汉政府管理的乌桓族诸部。至于句龙部吾斯等东引之乌桓，则应是游牧塞外的乌桓牧民。

其二是参与南匈奴句龙部叛乱的"羌戎"。据史书记载，羌族分布区域是指分布在北地、上郡地区的东羌部落。《资治通鉴》载：汉顺帝永和六年，"春，正月，丙子，征西将军马贤与且冻羌战于射姑山，贤军败，贤及二子皆没，东、西羌遂大合。"其注曰："羌居安定、北地、上郡、西河者，谓之东羌；居陇西、汉阳，延及金城塞外者，谓之西羌。"[③]首先，此次武装叛乱发生在雁门、西河等郡，所谓"西收羌胡"应是居住在安定、北地、上郡、西河诸郡的羌族部落。在这三郡的羌人皆为东羌。其次，京兆虎牙营是东汉中期建立的"京兆虎牙都尉"府统领的驻防营兵，《后汉书·西羌传》载：永初三年（109）"置京兆虎牙都尉于长安，扶风都尉于雍"。[④]虎牙营虽设在长安，但都尉经常带兵流动作战，如"京兆虎牙都尉

---

① 《后汉书》卷九十《乌桓鲜卑列传》，第2982页。
② 《后汉书》卷九十《乌桓鲜卑列传》，第2982页。
③ 《资治通鉴》卷五十二《顺帝纪》，第1689页。
④ 《后汉书》卷八十七《西羌列传》，第2887页。

耿溥与先零羌战于丁奚城"。① 这就表明，战时，虎牙营的驻地并不固定。据此，吾斯等攻破的政府军虎牙营应在上郡境内。② 再次，击杀上郡都尉及其军司马的事件，都说明西收羌戎的区域可能包括上郡。总之，所谓"羌戎"应来自东羌分支。

（三）句龙部叛乱涉及的地名考证

在句龙部叛乱过程中，涉及几个重要的战争发生地，诸如马邑、縠城、天山等。探明这些古代地名所指实际位置，有助于我们完整再现句龙部武装叛乱事件的真相。笔者在此试做探索。

1. 马邑县城的位置何在

据《古今地名大词典》载，古代马邑有两处：其一是秦代设置的马邑县。西汉初为韩王信都，既而为匈奴所攻取。后还属汉。新朝王莽改马邑县为章昭县。东汉初称马邑县，属并州雁门郡。东汉末年废县。三国魏复置，西晋永嘉中废。其二是唐开元五年（717），于大同军另置马邑县，属朔州。五代、辽、宋俱称马邑县。故治在今朔州市朔城区神头镇马邑村。③ 而在此次叛乱中提及的马邑县设置从时间可判断是秦代所设马邑县。那么秦汉马邑县在什么地方呢？

1982年在山西发掘了一千多座秦汉墓葬，这批墓葬主要分布在今朔县城北，特别是北旺庄至贺家河一带。发现有大量"马邑市"戳印陶文，说明这片墓地与汉马邑城有直接关系，应就是马邑县较集中的墓葬区。④ 据《水经注·㶟水》载，"桑乾水自源东南流，右会马邑川水，水出马邑西川，俗谓之磨川矣，盖狄语音讹，马磨声相近故尔。其水东经马邑县故城南"。⑤ 杨守敬认为马邑川即是今恢河。而在恢河之北，与贺家河至北旺庄墓葬区接近的区域，只有今朔城区。因此，秦汉马邑故城即今山西省朔州市朔城区，地

---

① 《后汉书》卷五《孝安帝纪》，第224页。
② 《资治通鉴》卷五十二《顺帝纪》，第1688页。
③ 戴均良：《中国古今地名大词典》，上海辞书出版社，2005年，第307页。
④ 高一萍：《秦汉马邑历史地理若干问题研究》，西北大学硕士论文，2007年，第11页。
⑤ 郦道元注，杨守敬疏：《水经注疏》，江苏古籍出版社，1999年，第1129页、第1130页。

处今山西省北部的黑驼山东麓、恢河北岸。①

2. 縠城的实际位置在哪里？

句龙部叛乱涉及的縠城究竟在哪里呢？在《汉书·地理志》中，西河郡有縠罗县，②其治城为今莫日古庆古城。因为此次叛乱地区涉及西河郡，而縠罗县位于西河郡境内，笔者认为縠城就是縠罗县城的简称。据记载，汉代縠罗县西北有个湖泊叫虎泽，也叫武泽（今桃尔木海子）。而符合这一空间关系的古城和湖泊，唯有内蒙古鄂尔多斯市东胜区西部的莫日古庆古城和桃尔木海子（即阿尔善音淖尔）。这一城一湖方位关系完全符合《汉书·地理志》的记载。2015年10月，我们对莫日古庆古城进行了实地考察。③结合当地文物工作者测量数据，其南北约150米，东西约300米，平面呈长方形。④它的占地规模符合汉代县城的要求。据此縠城是指縠罗县故城，即今内蒙古鄂尔多斯市东胜区西部的莫日古庆古城。

至于《汉书·地理志》⑤与《读史方舆纪要》⑥记载的縠城，并非本文所提地方，而是另一建制县之名。因为它所在地距北疆过于遥远，与此縠城无关。

3. "天山"究竟在哪里？

在《中国历史地图集》中，今山西宁武县南部有祁连池。"祁连"是古代北方少数民族语的地方名称，其意即"天"之意。"祁连池"即"天池"。其所在山地应就是"天山"。隋炀帝曾在此修建避暑的宫殿。⑦而祁连池在宁武县西南管涔山上，⑧因此，"天山"就是今管涔山。而且从《中国

---

① 朔县志编纂编委会：《朔县志》，山西古籍出版社，1999年，第4页、第11页。
② 〔汉〕班固：《汉书》卷二十八《地理志》，中华书局，1962年，第1618页。
③ 2015年10月，笔者跟随艾冲老师、王兴锋、孟洋、马玉洁对古城遗址进行实地考察，该古城地势平缓，城墙已不太明显，我们对其城墙长度进行了测量。
④ 国家文物局：《中国文物地图集·内蒙古自治区分册》，西安地图出版社，2003年，第573页。
⑤ 《汉书》卷二十八《地理志》，第1555页。
⑥ 〔清〕顾祖禹：《读史方舆纪要》，中华书局，2005年，第2225页。
⑦ 《中国古今地名大词典》，第354页。
⑧ 《中国古今地名大词典》，第354页。

历史地图集》中可看出,此地往北流之水是桑干河,往南流之水为汾水,此地是汾河与桑干河的河源地。①据《水经注》载:"汾水出太原汾阳县北管涔山。"②而管涔山平均海拔2100米,山势陡峭,③符合《后汉书》所载用绳索相系登山的战争史实。因此,"天山"应是今山西省宁武县西南部管涔山。

至于《古今地名大词典》所载"天山",因其距离叛乱地区遥远,并非《后汉书》所提"天山"。④

三、句龙部反叛的原因与影响分析

导致南匈奴句龙部反叛的驱动因素有哪些呢?反叛事件对其后历史进程产生何种影响?在此试做简要的探析。

(一)句龙部叛乱的原因

总体来说,此次叛乱发生的原因可分析为两方面的因素。

第一是南匈奴内部复杂矛盾的长期积累与发展所致。首先是南匈奴内部先降者与后降者间的矛盾激化引起区域政治秩序失衡。其次是南匈奴单于位传承逐渐失序。虽然从呼韩邪单于开始就实行传弟与传子交叉继位的混合传承制度,但存在影响单于位继承的消极因素。混乱的单于继承制度使南单于家族男性成员都有继承单于位的机会。例如东汉初年,单于舆想将单于位传给其子,因此杀害左贤王而引起匈奴的分裂;永元五年,安国与师子关于单于位传承的争斗等。⑤在句龙吾斯的叛乱中,车纽被立为伪单于,使叛乱扩大。其三是南匈奴内部的管理混乱。南匈奴单于的怯懦,使诸部族各自为政,且对北匈奴新降者不能妥善安置,从而导致北匈奴降众与南匈奴部众间的矛盾日益加深。

第二是东汉政府对南匈奴的政策出现失误。南匈奴归附东汉后,得到朝

---

① 谭其骧:《中国历史地图集》(第四册),中国地图出版社,1982年,第61—62页。
② 〔北魏〕郦道元:《水经注》卷六《汾水六》,巴蜀书社,1985年,第42页。
③ 《中国古今地名大词典》,第3153页。
④ 《中国古今地名大词典》,第354页。
⑤ 《资治通鉴》卷四十八《和帝纪》,第1540—1541页。

廷的大力扶持,"累世蒙恩,不可胜数"。①在东汉中央政府的帮助下,南匈奴的经济得到发展。南匈奴受到汉朝的治理随之大为加深,诸如单于的继立需得到东汉中央政府的承认与册封;单于在祭祀天神的同时要祭奉汉帝;且有重大事务需向朝廷汇报;单于每年要到京城朝贡与遣送侍子。东汉使匈奴中郎将是在建武二十六年(50)设置的,最初主要是护卫南匈奴、维护东汉对南匈奴的统治,其职责是"参辞讼、察动静"。②但后来个别使匈奴中郎将不能妥善处理南匈奴内部的关系和正确处理发生的非正常事件,甚至出现重大失误。例如永和五年,南匈奴句龙吾斯等部反叛,中郎将陈龟的错误举措引起更加严重的危机。

(二)句龙部叛乱的历史影响

句龙部发动的反叛事件对东汉北部边疆的社会秩序造成很大的冲击,其影响深远。

首先,在叛乱形势加重时,东汉王朝做出迁徙西河、上郡、朔方三郡郡治的决定。迁徙西河郡治至离石(今山西吕梁市离石区)、上郡郡治至夏阳(今陕西韩城市南)、朔方郡治至五原(今内蒙古包头市南部)。③三郡郡治的内迁,不仅打乱了北疆的治理秩序和行政管理体系,也给北疆居民的财产造成重大损失。同时,由于北部三郡治所内迁,至同年秋天,句龙吾斯叛乱势力煽动乌桓、鲜卑、羌戎等族部众时,政府不能有效扼制,且参与叛乱的部落增多,使得北疆政局更加混乱,民族构成更为复杂。

其次,北疆地带民族分布格局发生显著变化。南匈奴单于庭失去东汉朝廷军事上的庇护,再度南迁。原先分布在西河、上郡、朔方等地的南匈奴牧民随之向南迁徙,大多数迁到并州中部的汾水流域。④其迁出地遂被鲜卑、乌桓诸部占据。而南匈奴单于庭的再度内迁,需要汉朝的军事支持。此后,南匈奴诸部在经济上越来越依赖内地,民众的生活习惯和心理状态逐渐发

---

① 《后汉书》卷八十九《南匈奴列传》,第2952页。
② 《后汉书》卷八十九《南匈奴列传》,第2944页。
③ 《后汉书》卷八十九《南匈奴列传》,第2962页。
④ 林幹:《匈奴史》,内蒙古人民出版社,1979年,第124页。

生改变，既造成南匈奴内部的深层分化，也给迁入地的社会秩序带来新的问题。在汉灵帝死后，南匈奴无可避免地卷入中原地区的大混战中。①

再次，东汉政府对南匈奴的控制力更为加强。具体言之，在叛乱期间及叛乱结束后的八位单于中，兜楼储、羌渠在中央政府代表或使匈奴中郎将的参与下继承单于位。兜楼储在洛阳继位。休利及其左贤王、呼徵则直接或间接被使匈奴中郎将杀害，居车儿被中郎将张奂拘留，呼厨泉被滞留在邺城。②可见，句龙部叛乱事件对东汉北疆政治秩序、南匈奴分布范围、单于位的传承、其后的历史发展进程和东汉政府的边疆政策都产生重要影响。

四、结语

综上所述，在东汉永和五年，由于南匈奴内部的矛盾积累且激化，以及东汉政府应对失当，南匈奴句龙部贵族吾斯等反叛；最终在建康元年，这次叛乱事件以车纽投降、吾斯被杀而结束。此次叛乱始发地在雁门郡，随后波及西河郡、定襄郡、云中郡、五原郡、朔方郡，以及凉州北地郡、安定郡、幽州代郡、冀州常山国等地。叛乱事件不仅打乱了北疆的治理秩序、对北疆各族居民的财产造成重大损失，而且叛乱中吸收乌桓、羌戎等族部落共反，使叛乱武装的民族构成更加复杂。此后，由于东汉北部三郡郡治的南迁，使南匈奴单于庭也向南迁徙，南匈奴的历史进入新的阶段。通过探析南匈奴句龙部叛乱的时间、空间过程，爆发的驱动因素及其历史影响，有助于我们正确认识东汉后期北部边疆的政治局势，以及东汉政府对南匈奴的政策的变化。

（原载于《成都师范学院学报》2016年第6期）

---

① 陈琳国：《东汉末年南匈奴南迁的前后》，《晋阳学刊》，2008年第4期，第84页。
② 胡玉春：《南匈奴与东汉的政治关系及其社会变革》，《内蒙古社会科学》，2007年第6期，第35页。

东汉永初年间南匈奴单于檀叛乱的探析

马伊明

南匈奴单于檀叛乱是东汉时期发生在河南地的一次重大事变。南匈奴单于师子在位4年（94—98）去世，原单于长之子檀（98—124）于永元十年（98）继立为新单于。永初三年（109），南匈奴单于檀联合雁门乌桓发起武装叛乱，扰乱东汉北部边境。东汉政府调遣大司农何熙、辽东郡太守耿夔和行度辽将军梁慬三路军参与平叛，于永初四年（110）肃清叛乱。迄今为止，关于这个事件的研究较少，尚无专文探讨。诸如冯先知的《秦汉战争史》、林幹的《匈奴通史》等有所涉及，但正面探讨南匈奴单于檀叛乱的论著尚未见到。因此，本文试对这一叛乱事件的时间进程、空间过程及其发生的原因和影响进行分析。①如有不妥之处，还望学界专家批评指正。

一、南匈奴单于檀叛乱的时间进程

南匈奴单于檀叛乱自汉安帝永初三年围困中郎将耿种起，至永初四年南匈奴单于檀亲自至政府军军营投降止，持续时间约一年。

永初三年夏，汉族人韩琮随南匈奴单于檀到洛阳朝见汉帝。回到南匈奴单于驻地后，韩琮煽动南匈奴单于檀："[内地] 关东水潦，人民饥饿死

---

① 本文系2011年度国家社科基金重大项目"鄂尔多斯高原历史地理研究"（11&ZD097）阶段性成果。

尽，可击也。"①单于听信韩琮的鼓惑，遂发兵围困中郎将耿种于美稷县城（今准格尔旗暖水镇榆树壕古城）。②

同年十一月，东汉政府以大司农何熙为车骑将军、中郎将庞雄为副，率领羽林军五校营士兵出洛阳，北上讨伐单于檀。同时，调动北边五原、云中、定襄、雁门、朔方、代郡、上谷、渔阳、辽西、右北平诸郡兵及鲜卑部族武装，由耿夔率领在雁门郡（今山西省北部与内蒙古南部）与车骑将军何熙汇合后，前往五原郡进攻南匈奴单于檀的武装。耿夔为先锋，"（何熙）司马耿溥、刘祉将二千人与夔俱进"。③汉朝先锋军推进属国故城（今达拉特旗马场壕乡城圪梁古城），单于檀遣薁鞬日逐王率三千兵马截击汉军。耿夔率主力攻击叛乱武装的左翼，令鲜卑部族骑兵攻击其右翼，匈奴武装被击败。耿夔挥军追击，"追斩千余级，杀其名王六人，获穹庐车重千余两，马畜生口甚众"。④

永初四年正月，行度辽将军梁慬率领八千余人驰救被围在美稷数月的中郎将耿种。在前往美稷县城的途中，于属国故城和南匈奴左将军、乌桓部族叛乱武装交战，梁慬所率政府军获得大胜，"破斩其渠帅，杀三千余人，虏其妻子，获财物甚众"。⑤见此情形，南匈奴单于檀亲率七八千武装迎击梁慬。但在汉军的猛烈攻势下，南匈奴单于檀狼狈败退至虎泽（今鄂尔多斯市东胜区西部、泊江海镇南部的桃日木海子）。

二月，南匈奴单于檀派一千多骑兵进犯常山国（治今河北正定县南）、中山国（治今河北定州市）地区。

三月，何熙军抵达五原郡曼柏县城（今内蒙古达拉特旗哈勒正壕古城），⑥命令梁慬、庞雄和耿种"步骑万六千人攻虎泽"。⑦南匈奴单于檀见

---

① 〔南朝宋〕范晔：《后汉书》卷八十九《南匈奴列传》，中华书局，1965年，第2957页。
② 王兴锋：《汉代美稷故城新考》，《中国边疆史地研究》，2016年第1期，第132页。
③ 《后汉书》卷十九《耿夔列传》，第719页。
④ 《后汉书》卷十九《耿夔列传》，第719页。
⑤ 《后汉书》卷四十七《梁慬列传》，第1593页。
⑥ 孟洋洋、艾冲：《黑庆壕古城即东汉度辽将军府驻地述论——基于军事考古学的观察》，《西北大学学报》，2016年第2期，第16—20页。
⑦ 《后汉书》卷四十七《梁慬列传》，第1593页。

政府军营垒众多，慑于强大的军威，派左薁鞬日逐王向汉军请降。庞雄、梁懂等令全军列阵，南匈奴单于檀脱帽赤足步入营地，向庞雄等请求宽恕其反叛之死罪。东汉政府赦免南匈奴单于檀的罪过，既往不咎，待之如初。这场叛乱以其首领投降而告结束。

二、南匈奴单于檀叛乱的空间过程

此次叛乱首先发生在并州西河郡，进而蔓延至五原郡、雁门郡，一部分南匈奴叛乱武装还攻掠太行山脉以东的常山国、中山国一带。但是，叛乱与反叛乱的战争主要发生在鄂尔多斯高原的中东部地区。

（一）参与平叛的三路政府军行军路线

关于此次叛乱的记述，在《后汉书·南匈奴列传》《后汉书·安帝本纪》《后汉书·耿夔列传》《后汉书·梁懂列传》等都有所涉及。其中，以《后汉书·梁懂列传》记载最为详细。原文载："三年冬，南单于与乌桓大人俱反。以大司农何熙行车骑将军事，中郎将庞雄为副，将羽林五校营士，及发缘边十郡兵二万余人，又辽东太守耿夔率将鲜卑种众共击之，诏懂行度辽将军事……明年正月，懂将八千余人驰往赴之……"①这表明，东汉政府为平定南匈奴单于檀的叛乱，派遣何熙率领的"中央军"、耿夔率领的鲜卑部族武装、梁懂率领的度辽营军队，共三路大军，现对三支军队的行军路线分述如下。

第一路政府军由车骑将军何熙率领。何熙，"历司隶校尉、大司农"。②《后汉书·百官志四》："司隶校尉……孝武帝初置，持节，掌察举百官以下，及京师近郡犯法者。"③可知永初年间，何熙任职于中央政府，朝廷派遣他率羽林等军出征平叛。《后汉书·耿夔列传》载："永初三年，南匈奴单于檀反叛，使夔率鲜卑及诸郡兵屯雁门，与车骑将军何熙共击

---

① 《后汉书》卷四十七《梁懂列传》，第1592页。
② 《后汉书》卷四十七《何熙列传》，第1593页。
③ 《后汉书》志二十七《百官四》，第3613页。

之。"①雁门郡地处洛阳以北。据此，何熙率军从洛阳城出发北行，在孟津渡河至河内郡。河内郡北面为太行山。《元和郡县志》载："太行陉，在县（河内县）西北三十里，连山中断曰陉。"②太行陉是沟通河内郡与上党郡间的交通要道，历来行军多循此道，因此，何熙率军当通过太行陉，沿丹河河谷，往上党郡。再转向西北行至太原，向北越过句注山（今山西代县西北），进至雁门郡。《后汉书·鲜卑列传》载："（永初三年）秋，雁门乌桓率众王无何，与鲜卑大人丘伦等，及南匈奴骨都侯，合七千骑寇五原，与太守战于九原高渠谷，汉军大败，杀郡长史。乃遣车骑将军何熙、度辽将军梁慬等击，大破之。"③由此可证，何熙抵达雁门郡和耿夔汇合后，向西经云中郡至五原郡，先镇压叛乱的雁门乌桓、鲜卑和南匈奴骨都侯组成的部族武装，再南行抵达曼柏县城。

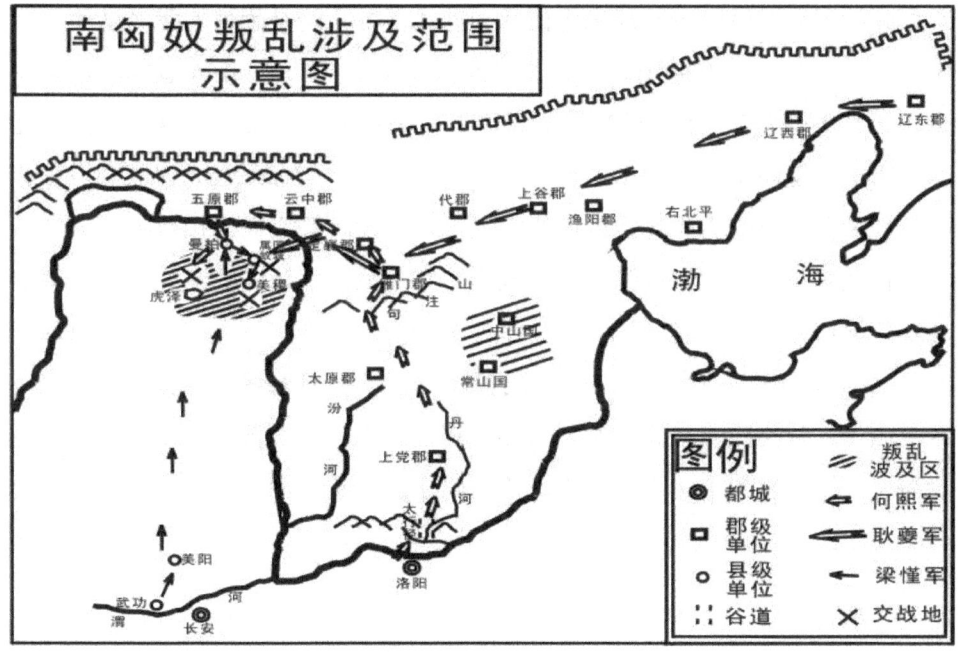

图1 南匈奴叛乱涉及范围示意图

---

① 《后汉书》卷十九《耿夔列传》，第719页。
② 〔唐〕李吉甫：《元和郡县志》卷十六，中华书局，1955年，第444页。
③ 《后汉书》卷九十《鲜卑列传》，第2983页。

第二路政府军由耿夔率领。耿夔任辽东郡太守，赴雁门郡与何熙所率主力军汇合应向西行，根据《中国历史地图集》第二册所标示，①以及《后汉书·郡国志》的相关记载，②耿夔指挥的政府军行进路线为：自辽东郡（治今辽宁辽阳市）出发，经过辽西（治今辽宁义县）、右北平（治今河北丰润县）、渔阳（治今北京市密云县）、上谷（治今河北怀来县）、代郡（治今河北蔚县）到达雁门郡。《后汉书·梁慬列传》载："及发缘边十郡兵二万余人，又辽东太守耿夔率将鲜卑种众共击之。"李贤注曰："缘边十郡谓五原、云中、定襄、雁门、朔方、代郡、上谷、渔阳、辽西、右北平。"③《后汉书·耿夔列传》载："使夔率鲜卑及诸郡兵屯雁门。"④《资治通鉴》载："将五营及边郡兵二万余人，又诏辽东太守耿夔率鲜卑及诸郡兵共击之。"⑤这三条史料关于"郡兵"的记述略有出入，按李贤所注，任辽东太守的耿夔并没有带领辽东郡的兵力前去平叛。这是为何？笔者认为，辽东郡军队应是驻扎在原地。因为在"元兴元年（105），貊人寇郡界，夔追击，斩其渠帅。"⑥貊人进犯辽东郡不久，为保证边防安全，耿夔在离开辽东郡时极可能留下主要兵力，而率领鲜卑部族武装西行平叛。何熙和耿夔会合后，耿夔被委任为先锋，政府军向西河郡进发。联军向西由渡河至属国故城，在此与匈奴薁鞬日逐王交战。政府军在哪处渡过黄河的呢？有两个地点可作渡河口。其一为君子津，在清水河之喇嘛湾。《水经注》载："河水于两县（桢陵、桐过）之间，济有君子之名。"⑦但喇嘛湾东边有连绵大山，渡河困难，故排除君子津。其二为托克托县西南，位于黄河向南转弯处。史念海、何清谷曾考定托克托县十二连城附近的古黄河渡口，是古代通向阴山

---

① 谭其骧：《中国历史地图集》（第二册），中国地图出版社，1982年，第59—60页。
② 《后汉书》志二十三《郡国五》，第3524—3525页。
③ 《后汉书》卷四十七《梁慬列传》，第1592—1593页。
④ 《后汉书》卷十九《耿夔列传》，第719页。
⑤ 〔宋〕司马光：《资治通鉴》卷四十九《汉纪四十一》，中华书局，2011年，第1610页。
⑥ 《后汉书》卷十九《耿夔列传》，第719页。
⑦ 〔北魏〕郦道元，陈桥驿校证：《水经注校证》卷三《河水》，中华书局，2013年，第80页。

的一个重要渡口。①该处地势平缓，适于济河。笔者判断，政府军在雁门郡会合后，当在云中郡托克托县西南渡过黄河，抵达五原曼柏。

第三路政府军由梁慬率领。永初二年（108），西域校尉梁慬"受诏当屯金城，闻羌转寇三辅，迫近园陵，即引兵赴击之。转战武功美阳关……朝廷嘉之，数玺书劳勉，委以西方事，令为诸君节度。"②《后汉书·南匈奴列传》载："永初三年夏……单于信其言，遂起兵反畔……秋，王彪卒……"。③王彪于永元十二年（100）被汉朝任命为行度辽将军，至南匈奴单于檀叛乱不久即去世。度辽将军府统帅出现空缺。东汉政府即任命梁慬为行度辽将军平息叛乱。此时，梁慬身处武功县（今陕西咸阳市杨凌区永安村）。他立即率领八千多人奔赴西河郡。从武功县北上，到五原郡度辽将军府驻地，正好可走秦直道。史念海先生在《秦始皇直道遗迹的探索》一文中判定秦直道的具体走向是：由陕西淳化县北、梁武帝村秦林光宫遗址北行，至子午岭上，循它的主脉北行，直到定边县南，再由此东北行，进入鄂尔多斯高原，过乌审旗北，经东胜县西南，在昭君坟附近渡过黄河，到达包头市西南秦九原郡治所。④前文所引《后汉书·鲜卑列传》已证明汉军曾在五原郡肃清雁门乌桓、鲜卑和南匈奴的叛乱。这说明梁慬当从武功出发，在五原郡度辽将军府接管军队，奔赴美稷县城救援中郎将耿种。其后，与何熙军联合平定了雁门乌桓、鲜卑和南匈奴在五原郡地区发起的叛乱。

永初四年三月，何熙率军抵达五原曼柏城，突发急病而无法行使军事指挥权。《后汉书·梁慬列传》载："三月，何熙到五原曼柏，暴疾，不能进，遣庞雄与慬及耿种步骑兵万六千人攻虎泽。"⑤《资治通鉴》记载与之相同。但《后汉书·南匈奴列传》载："四年春，檀遣千余骑寇常山、中

---

① 史念海：《河山集》第七辑，陕西师范大学出版社，1999年，第275页。何清谷：《高阙地望考》，《陕西师范大学学报》1986年第2期，第76页。
② 《后汉书》卷四十七《梁慬列传》，第1592页。
③ 《后汉书》卷八十九《南匈奴列传》，第2957页。
④ 史念海：《秦始皇直道遗迹的探索》，《陕西师范大学学报》1975年第3期，第81页。
⑤ 《后汉书》卷四十七《梁慬列传》，第1593页。

山。以西域校尉梁慬行度辽将军，与辽东太守耿夔击破之。"①究竟围攻虎泽的政府军将领里有没有耿夔呢？笔者认为应采取《后汉书·梁慬列传》的记载。在最后围攻虎泽的战役中，不仅耿夔没有参与，鲜卑部族武装亦已退出。因为《后汉书·耿夔列传》里明确记载何熙和耿夔在属国故城和南匈奴交战期间，鲜卑部族武装"遂畔出塞，夔不能独进，以不穷追，左转云中太守"。②耿夔没有彻底击败南匈奴的叛乱武装，朝廷因此降之为云中太守。他未再参与到后续的平叛行动中。参与最后决战的军事力量，由在雁门郡汇合后组成的主力军和梁慬率领的偏师构成。

（二）南匈奴单于檀叛乱事件中值得注意的几个地理问题。

其一，这次叛乱的始发地在哪里呢？永初三年，南匈奴单于檀围攻中郎将耿种于美稷县城。《后汉书·梁慬列传》载："慬被甲奔击，所向皆破，虏遂引还虎泽。"③从这句可知，南匈奴单于檀首先从"虎泽"地区起兵，围攻中郎将耿种于美稷县城。那么"虎泽"的位置在哪里？《中国历史地图集》将之标于达拉特旗西部，但分析叛乱事件的经过，若如《中国历史地图集》所标方位所示，南匈奴单于檀战败后由美稷县城向北退逃，经度辽将军府至虎泽。那么政府军想要一举攻灭南匈奴叛乱则易如反掌。所以，南匈奴单于檀的逃跑路线是从美稷县城向西。参照内蒙古地区的文物地图集，④在今东胜区西部与杭锦旗和伊金霍洛旗交界处的"桃日木海子"更符合虎泽的地理位置。⑤

其二，在平定南匈奴单于檀叛乱的过程中，东汉政府派遣两路军队与南匈奴叛乱武装在属国故城交战。那么，"属国故城"的位置究竟在哪里呢？

要弄清楚它处在何地，首先要判断清楚美稷县城的位置。《水经注》

---

① 《后汉书》卷八十九《南匈奴列传》，第2957—2958页。
② 《后汉书》卷十九《耿夔列传》，第719页。
③ 《后汉书》卷四十七《梁慬列传》，第1593页。
④ 国家文物局：《中国文物地图集·内蒙古自治区分册》，第573页。
⑤ 艾冲：《两汉时期"虎泽"地理位置探索》，《陕西历史博物馆馆刊》第23辑，三秦出版社，2016年，第132—135页。

载："河水又左得湳水口，水出西河郡美稷县，东南流。"①《汉书·地理志》载西河郡美稷县乃属国都尉治所。关于美稷县城的位置，前辈学者多认为在今内蒙古准格尔旗沙圪堵镇纳林村古城。但在《汉代美稷故城新考》一文中，作者提出榆树壕古城更适合定为美稷县城所在。据文物工作者实地调查，榆树壕古城分为内、外两城。出土了汉代铜钱、瓦当等遗物，其附近发掘出了汉代墓郡、匈奴墓地。与纳林古城占地面积较小不同，榆树壕古城的规模与布局更符合美稷作为高级军政机构驻地的要求。②

根据美稷县故城的地理位置，两汉时期在其周边曾设立五原属国和西河属国。那么"属国故城"是其中哪一个呢？《汉书·地理志》载：五原郡蒱泽县，属国都尉治。蒱泽县故城应在达拉特旗白泥井镇城圪梁村附近，③白泥井镇位于哈勒正壕古城东北，若"属国故城"在此，那么梁慬之军需先向东北行进，再转回度辽将军府，南下美稷县城。这并不符合行军常理和战场态势，故"属国故城"不在蒱泽县城。

据《汉书》相关记载，西河属国几度废置，至于《汉书·地理志》所载当是西汉末年的政区情况。笔者认为，在西河郡另有一"属国故城"，名同而地异。

根据梁慬的行军路线，他从度辽将军府赴美稷县城，中途在"属国故城"与叛乱武装交战，可推断"属国故城"位于从曼柏县城南下美稷县城的途中，而今，在两地之间恰有一古城遗址———城圪梁城址符合条件。城圪梁城址位于今内蒙古达拉特旗马场壕乡城圪梁村东约1.5千米处。古城平面呈长方形，南北约200米，东西约100米。城墙夯筑，夯层厚约0.1米，文化层厚约0.3—0.7米。在此处出土了绳纹筒瓦、板瓦、云纹瓦当，泥质灰陶折沿盆、敛口罐、瓮、长颈壶残片及五铢铜钱等。④证明其在两汉时期被使用过。综合城圪梁古城的地理位置、附近出土的文物、遗址性质等，笔者判断

---

① 《水经注校证》卷三《河水》，第82页。
② 《汉代美稷故城新考》，第132页。
③ 王兴锋：《西汉五原属国都尉驻地——蒱泽县城初探》，《历史地理》（第33辑），2016年，第252—257页。
④ 《中国文物地图集·内蒙古自治区分册》，第576页。

它应该是"属国故城"。

其三，永初四年，南匈奴骑兵武装进犯常山国、中山国。"千余骑"是从哪里来的？若从西河郡调遣，在东汉政府军队的夹击下应该无法离开河套地区。笔者认为，这些南匈奴武装应是东汉初年分布在缘边八郡的南匈奴部分部族。在《后汉书·南匈奴列传》记载："（建武二十六年）南单于既居西河，亦列置诸部王，助为扞戍。使韩氏骨都侯屯北地，右贤王屯朔方，当于骨都侯屯五原，呼衍骨都侯屯云中，郎氏骨都侯屯定襄，左南将军屯雁门，栗籍骨都侯屯代郡，皆领部众为郡县侦罗耳目。"[①]随着南匈奴的归附，边境的形势逐渐稳定，"于是云中、五原、朔方、北地、定襄、雁门、上谷、代八郡民尽归本土。"[②]由此可见，东汉政府徙民实边的同时，南匈奴也在八郡地区安家落户。因此，南匈奴单于檀在发动叛乱后，又指挥雁门郡、代郡地方的叛乱武装南下掠夺常山、中山等国。

三、南匈奴单于檀叛乱的原因与影响剖析

东汉永初年间南匈奴单于檀发动叛乱并非偶然。它的爆发，既与东汉政府内部形势有关，也与南匈奴内部矛盾相联系。这场叛乱对东汉造成哪些影响呢？笔者在下文试做探讨。

（一）南匈奴单于檀叛乱的原因

总体来说，此次叛乱的原因可分析为四个方面的因素。

其一，连年自然灾害导致国力下降。《后汉书·孝安帝纪》载："（延平元年）冬十月，四州大水，雨雹。"[③]"（永初二年）五月，旱。"[④]"（永初二年）六月，京师及郡国四十大水、大风、雨雹。"[⑤]"（永初三年）三月，京师大饥，民相食。"[⑥]"（永初三年）京

---

① 《后汉书》卷八十九《南匈奴列传》，第2943页。
② 《后汉书》卷一《光武帝纪》，第78页。
③ 《后汉书》卷五《孝安帝纪》，第205页。
④ 《后汉书》卷五《孝安帝纪》，第210页。
⑤ 《后汉书》卷五《孝安帝纪》，第210页。
⑥ 《后汉书》卷五《孝安帝纪》，第212页。

师及郡国四十一雨水雹。并、凉二州大饥，人相食。"①东汉政府为安定人心、缓和社会矛盾，多次由皇帝发布罪己诏。朝廷更开放买官途径以增加收入。史载"三公以国用不足，奏令吏人入钱谷，得为关内侯。虎贲羽林郎、五大夫、官府吏、缇骑、营士各有差"。②因此，韩琮趁机煽动南匈奴单于檀："关东地区发生了水灾，人民由于饥饿全死了，可以趁此时机进攻汉朝。"南匈奴单于檀联想到中原地区饿殍遍地的景象，觉得有机可乘，就听从韩琮的话。

其二，全国各地的民变此起彼伏，军队疲于奔命。永初元年（107），发生羌族人民的第一次大规模起义，行车骑将军邓骘、征西校尉任尚统率五万大军，败在羌民武装手下。不久，羌人在北地郡拥立其首领滇零称帝。边疆少数民族包括羌族、西南夷等，不断起兵反汉。东汉政府虽竭力出兵镇压，但是屡战屡败。永初三年夏，渔阳乌桓武装出兵进击代郡、上谷郡、涿郡。七月，青州的张伯路起义，攻占沿海九个郡。又于永初四年联合渤海、平原的刘文河、周文光等武装进攻厌次，杀死县令。九月，雁门乌桓和鲜卑也起兵反叛。汉朝社会秩序面临空前严重的危机，对南匈奴缺乏武力牵制，给南匈奴留下可乘之机。

其三，韩琮的蛊惑是叛乱的导火索。永初三年，韩琮跟随南匈奴单于檀从都城洛阳返回后就鼓动檀发动叛乱。关于韩琮其人的记载，《资治通鉴》仅有："汉人与匈奴错居，韩琮因事南单于。"③韩琮可能是对东汉政府不满或者想向匈奴邀功，因此鼓动南匈奴单于檀发动叛乱。

其四，南匈奴内部矛盾暂时性缓和。永元六年（94）以逢侯为首的新降胡发起武装叛乱，"十五部二十余万人皆反畔"。④北匈奴动乱势力逃走后，南匈奴趋于稳定。再次，永元十六年（104）起，逢侯不断向东汉政府示好。这种行为无疑会对南匈奴产生一定的压力，促使其思考对策。

---

① 《后汉书》卷五《孝安帝纪》，第214页。
② 《后汉书》卷五《孝安帝纪》，第213页。
③ 《资治通鉴》卷四十九《汉纪四十一》，第1610页。
④ 《后汉书》卷八十九《南匈奴列传》，第2955页。

（二）南匈奴单于檀叛乱的历史影响

南匈奴单于檀发动的武装叛乱虽然只持续近一年，但此次事件对东汉的经济、军事、汉匈民族关系等都带来了一些影响。主要有以下几方面。

首先，东汉政府为平息叛乱动用了大量的军力。从调遣兵力的范围来看，"及发缘边十郡兵二万余人"，①这几乎囊括东汉在北疆能调遣的所有军力。对于连年遭受自然灾害、入不敷出的东汉政府来说，平叛需要大量军力、财力的消耗，朝廷财政雪上加霜。永初五年（111），东汉政府"诏省减郡国贡献太官口食"，②反映出政府缺乏口粮的状态。永初四年，南匈奴单于檀的部分叛乱分子入侵常山国、中山国掠夺物资，无疑会将关东饥民推入绝境。

其次，东汉政府对南匈奴的控制进一步加强。永初四年，东汉政府任命西域校尉梁懂行度辽将军。至永初五年，以云中太守耿夔为行度辽将军。至此，度辽将军均由其他官员兼任。到元初元年（114），东汉政府任命护乌桓校尉邓遵为度辽将军，"故始为真将军"。③据《汉官六种》载："行度辽将军事。安帝元初元年，置真。银印青绶，秩二千石。"④可见，经过南匈奴单于檀叛乱事件，东汉政府更加重视北部边疆的控制。在平定叛乱后，东汉政府要求南匈奴单于檀放回所掠汉族人口，即"乃还所抄汉民男女及羌所略转卖入匈奴中者"。⑤此举既缓和各族人民间的矛盾，也使匈奴等族对东汉政府产生感激之情，对于维护北部边疆的稳定起到一定的促进作用。

四、结语

综上所述，永初三年，南匈奴单于檀在韩琮的唆使下，起兵反叛。叛乱

---

① 《后汉书》卷四十七《梁懂列传》，第1592页。
② 《后汉书》卷五《孝安帝纪》，第216页。
③ 《后汉书》卷八十九《南匈奴列传》，第2958页。
④ 〔清〕孙星衍等辑：《汉官六种》，《汉官仪二卷》，中华书局，1990年，第126—127页。
⑤ 《后汉书》卷八十九《南匈奴列传》，第2958页。

至永初四年,南匈奴向东汉政府投降而结束。这场叛乱主要发生在西河郡和五原郡地区,波及常山国、中山国等地。叛乱持续一年,给北疆居民的生命财产造成巨大损失。通过探析南匈奴单于檀叛乱的时间、空间过程和爆发的原因和影响,有助于了解东汉后期北疆的政治形势,对北疆发生的叛乱有更清晰地认识。

(原载于《陕西历史博物馆馆刊》第24辑,三秦出版社,2017年)

东汉时期南匈奴逢侯叛乱探析

翟 飞

东汉和帝永元六年（94），南匈奴贵族逢侯在北匈奴新降胡的胁迫下于西河郡美稷县发动叛乱。直到元初五年（118），逢侯穷途末路款塞归附而结束，历时25年之久。此次叛乱是南匈奴归附以来在北部边疆地区出现的重大叛乱事件，给北部边疆带来深重的灾难。对此事件前辈学者早有论及，如马长寿《北狄与匈奴》①、林幹《匈奴史》②、陈序经《匈奴史稿》③、慕中岳、武国卿《中国战争史》（三），④以及日本学者泽田勳《匈奴：古代游牧国家的兴亡》⑤等，但鲜有详论。基于此，笔者不揣浅陋，草就此文，试用相关文献记载从背景、时间、地域诸方面对此事件做一详细探究。

一、逢侯叛乱的历史背景

东汉初年，呼韩邪单于之子孝单于舆，破坏了呼韩邪单于"约其诸子以兄弟次相传"⑥的约定，欲传位给自己的儿子，于是杀害其弟单于位继承者

---

① 马长寿：《北狄与匈奴》，广西师范大学出版社，2006年，第36页。
② 林幹：《匈奴史》，内蒙古人民出版社，2007年，第100—101页。
③ 陈序经：《匈奴史稿》，中国人民大学出版社，2007年，第385—387页。
④ 慕中岳、武国卿：《中国战争史》（三），金城出版社，1992年，第378—386页。
⑤ 〔日〕泽田勳，王庆宪、丛晓明译：《匈奴：古代游牧国家的兴亡》，内蒙古人民出版社，2010年，第179—182页。
⑥ 〔宋〕司马光：《资治通鉴》卷四十四《汉纪三十六》，中华书局，1956年，第1434页。

伊屠知牙师,又猜忌侄子比,激化了匈奴内部的矛盾。最终导致匈奴内部的分裂,南匈奴归附东汉政府,成为东汉北疆的地方藩属政权。

汉和帝永元五年(93),南匈奴屯屠何单于去世,左贤王安国继承单于位。但他的声望不及师子,"国中尽敬师子,而不附安国"。①安国由此对师子极为怒恨,于是利用新降附的北匈奴部众和师子间的矛盾,欲借其力量除去师子。师子敏锐地洞察到安国的阴谋,乃"别居五原界",得到驻在五原郡曼柏县城(今达拉特旗哈勒正壕古城)的行度辽将军朱徽的庇护。②福无双至、祸不单行,安国又与使匈奴中郎将杜崇发生矛盾。后"(朱)徽、(杜)崇遂派兵造其廷",③安国被迫发动叛乱,旋即败北殒命。单于安国死后,师子遂以左贤王的身份继任单于。即位伊始,北匈奴"降胡五六百人夜袭师子",④被使匈奴中郎将府的安集掾击退。之后,北匈奴新降胡二十余万人全部反叛,推举前单于屯屠何之子逢侯为伪单于,拉开北匈奴新降胡支持下的逢侯武装叛乱的序幕。

二、逢侯叛乱的时空过程

逢侯新降胡叛乱,始自汉和帝永元六年新降胡拥立逢侯为伪单于,迄于安帝元初五年逢侯穷途末路再度款塞归附,前后持续25年之久。为便于准确把握事件的时空变化及发生、发展脉络,首先需要探明此事件的策源地,即叛乱主力新降胡的分布地域。

东汉初年,南匈奴内附后,东汉政府将其安置于西河郡的美稷县,驻牧于此的南匈奴生产生活十分安稳,逢侯叛乱打破了这种平静局面。《后汉书·南匈奴列传》载:"新降胡五六百人夜袭师子,安集掾王恬将卫护士与战,破之。十五部二十余万人皆反叛。"这支新降胡,笔者认为应是永元元年(89)窦宪率军在漠北大破北匈奴单于后降附的二十余万人。"于

---

① 〔南朝宋〕范晔:《后汉书》卷八十九《南匈奴列传》,中华书局,1965年,第2954页。
② 《后汉书》卷八十九《南匈奴列传》,第2954页。
③ 《后汉书》卷八十九《南匈奴列传》,第2955页。
④ 《后汉书》卷八十九《南匈奴列传》,第2955页。

是，温犊须、日逐、温吾、夫渠王柳鞮等八十一部率众降者，前后二十余万人。"①《南匈奴列传》亦载："北单于奔走，首虏二十余万人。"②还有一佐证，使匈奴中郎将耿谭"以新降者多，上增从事十二人"。③因此，这批二十余万的新降胡是叛乱的主要参与者无疑。之所以称之为新降胡，既是其特殊的身份，也是为便于区分和管理的需要。史书没有明确记载这批新降胡的安置地，但也并非无可稽考。如前所论，单于安国即位后意欲借新降胡之力除去师子，"委计降者，与同谋议"，师子被迫移居五原郡界。安国与朱徽、杜崇发生矛盾后，史载："安国夜闻汉军至，大惊，弃帐而去，因举兵及将新降者欲诛师子。"④从《后汉书》对于两事的记载来判断，这批新降胡是被安置于南单于驻地美稷县附近的。不然，单于安国焉能与之谋议？师子又何必逃离呢？再者，夜闻汉军至，又怎能与新降者一起举兵？因此，新降者分布于南单于驻地美稷县附近是不容置疑的。

新降胡发动叛乱的策源地业已清楚，鉴于整个叛乱事件持续时间之长、空间跨度之广，笔者拟做两个阶段进行剖析。

（一）新降胡河南地叛乱（94—95）

东汉和帝永元六年八月，新降胡十五部二十余万在河南地发动武装叛乱，拥立逢侯为伪单于。逢侯欲率领新降胡向朔方郡进发，意图退至漠北的涿邪山。"将车重向朔方，欲度漠北"。朔方郡位于西河郡的西方，叛胡当是自东而西叛逃。再者，从河南地政治格局亦可推知。此时美稷县所在的西河郡，据《汉志》《后汉书·郡国志》载，西汉时有属县三十六，经东汉初年的郡县省并，西河郡仅有十三属县，相较减少三分之二。这就势必引起西河郡政治格局的变动。《中国历史地图集》（二）中东汉并州刺史部内容显示，西河郡美稷县以西西汉时的属县尽被省废，可知美稷县以西军事部署及防守力量相对其北部度辽将军府驻地曼柏县来说势必较弱，西逃为不二之

---

① 《后汉书》卷二十三《窦融列传附窦宪传》，第814页。
② 《后汉书》卷八十九《南匈奴列传》，第2953页。
③ 《后汉书》卷八十九《南匈奴列传》，第2954页。
④ 《后汉书》卷八十九《南匈奴列传》，第2955页。

选。叛众一路"杀略吏人,燔烧邮亭庐帐",①引起北部边疆地区社会秩序的激烈动荡。

面对突如其来的新降胡叛乱,南匈奴单于师子和使匈奴中郎将杜崇始料未及,只能撤离美稷县城。东汉政府对此叛乱事件亦高度重视,"以光禄勋邓鸿行车骑将军事,与越骑校尉冯柱、行度辽将军朱徽将左右羽林、北军五校士及郡国迹射、缘边兵,乌桓校尉任尚将乌桓、鲜卑,合四万人讨之"。②这一军事部署做出于永元六年九月。趁东汉政府征讨大军还未完成集结时,逢侯率万余人围攻单于师子和使匈奴中郎将杜崇于牧师城。"时南单于及中郎将杜崇屯牧师城,逢侯将万余骑攻围之"。③从九月到十一月,久攻不克。至十一月,邓鸿率诸军抵达美稷县城(今准格尔旗暖水镇榆树壕古城)。迫于政府军的威势,逢侯被迫撤离牧师城,仓皇向西往满夷谷方向撤退。牧师城保卫战以师子的险胜而结束。

逢侯向西撤退后,南匈奴单于师子在政府军强力支援下开始反击。"南单于遣子将万骑,及杜崇所领四千骑"和邓鸿等将紧追叛胡。④双方在大城塞发生激战,"斩首三千余级,得生口及降者万余人"。⑤在政府军的重创之下,逢侯率残部踏冰渡过黄河。经大城塞之战后,逢侯已如惊弓之鸟。笔者推测其似从西河郡西部、朔方郡南部的黄河某处渡河,极有可能是杭锦旗巴拉贡镇的河滩处。渡过黄河后来到了满夷谷,在此又遭到任尚率领的乌桓、鲜卑部族武装截击,史载"复大破之"。忖之,逢侯所领叛胡当损失惨重。《后汉书·南匈奴列传》云:"前后凡斩万七千余级。"⑥大城塞之战斩首三千余级,冯柱又斩首四千余级,那么此次歼敌当在万余人左右。在接连重创之下,逢侯从满夷谷狼狈窜逃"经过朔方西北方漠南草原",⑦来到

---

① 《后汉书》卷八十九《南匈奴列传》,第2956页。
② 《资治通鉴》卷四十八《汉纪四十》,第1542页。
③ 《后汉书》卷八十九《南匈奴列传》,第2956页。
④ 《后汉书》卷八十九《南匈奴列传》,第2956页。
⑤ 《后汉书》卷八十九《南匈奴列传》,第2956页。
⑥ 《后汉书》卷八十九《南匈奴列传》,第2956页。
⑦ 艾冲:《河套历史地理新探》,科学出版社,2015年,第33页。

漠北涿邪山地区。东汉政府军基本肃清北匈奴新降胡在河南地的叛乱势力，维护了边疆地区的稳定。

（二）逢侯再度款塞归附（95—118）

逢侯经由满夷谷窜逃至漠北涿邪山后，将其叛众一分为二，"自领右部屯涿邪山下，左部屯朔方西北，相去数百里"。① 永元八年冬，叛胡左部发生内部矛盾，"自相疑叛"，遂纷纷至朔方塞再次归附。东汉政府对之既往不咎，由新任行度辽将军庞奋予以接纳，并将降胡安置在北边诸郡。左部的归附，依其在塞外的位置——朔方郡的西北方，及朔方郡治临戎县（今巴彦淖尔市磴口县河拐子古城）来看，应经由鸡鹿塞（今哈隆格乃山口）诣朔方郡城归附的。失去左部屏护的逢侯右部处境骤然严峻，"南单于比岁遣兵击逢侯，多所虏获"。② 与此同时，逢侯又遭北部鲜卑侵扰，部众无所归，入塞降附者络绎不绝。汉安帝元初四年，逢侯再度遭到鲜卑诸部的沉重打击，"部众分散，皆归北虏（鲜卑）"，陷入穷途末路之境地。元初五年，逢侯带领部众百余人，叩朔方塞请求归降。经度辽将军邓遵上奏中央政府后，就将其徙置于颍川郡（治阳翟，今河南省禹州市）。东汉政府如此安置之目的，《后汉书·南匈奴列传》李贤注："（逢侯）既被鲜卑所破，部众分散，若留在匈奴，或恐更相招引，故徙于颍川郡也。"③ 综上，随着伪单于逢侯的最终归附，历时25年的北匈奴新降胡叛乱最终结束。此次叛乱的主力是永元元年来自漠北的二十余万降附者，被安置在美稷县附近，并在此发动叛乱。其叛逃的路径是：自美稷县（今准格尔旗榆树壕古城）沿东胜梁向西到牧师城（今东胜区城梁古城，详后），再向西到大城塞（今杭锦旗敖楞布拉格古城④），继而向西在巴拉贡镇河滩处渡过黄河（详后），趋向满夷谷（今阿拉善左旗哈鲁乃山乌兰布拉格山谷，详后），经由朔方郡西北的漠南草原抵达漠北涿邪山（今蒙古国西南部阿尔泰山脉东南端与戈壁阿尔泰山山

---

① 《后汉书》卷八十九《南匈奴列传》，第2956页。
② 《后汉书》卷八十九《南匈奴列传》，第2957页。
③ 《后汉书》卷八十九《南匈奴列传》，第2958页。
④ 艾冲：《两汉时期大城县故城位置初考》，《中国古都研究》总第27辑，三秦出版社，2014年，第155—164页。

脉西端间的山体①）。这场叛乱涉及今鄂尔多斯市、巴彦淖尔市南部、阿拉善盟北部及蒙古国西南部。

三、逢侯叛乱涉及的重要地名考

逢侯叛乱期间，涉及诸如牧师城、涿邪山等重要的战场、地点，探明其具体位置对准确把握逢侯叛胡西逃路线及叛乱波及的地域就显得异常重要。除大城塞、涿邪山已由前辈学者考定其地理位置外，牧师城、渡河地点、满夷谷虽有人提及，仍尚待考证，笔者在此试做探索。

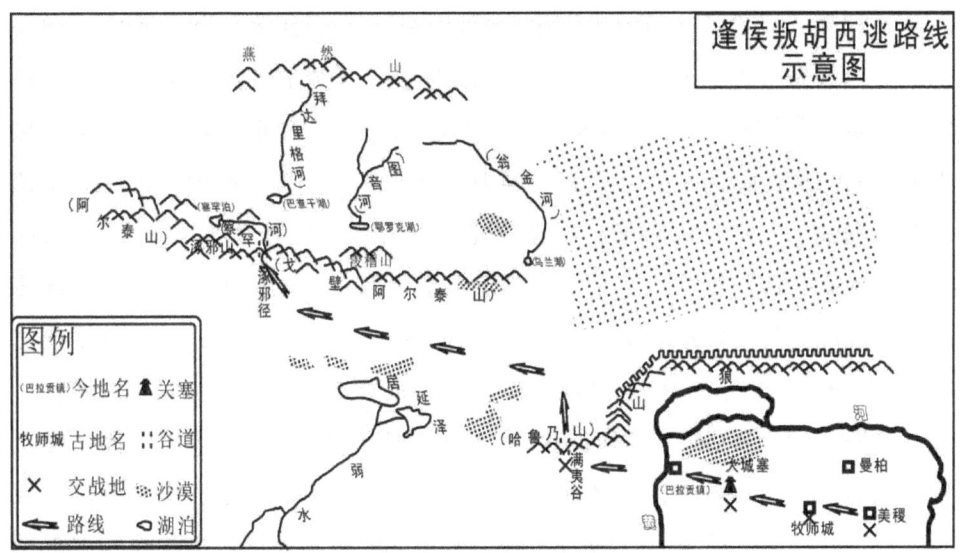

图1 逢侯叛胡西逃路线示意图

（一）牧师城

前揭已指出牧师城大体在逢侯叛胡从美稷县沿今东胜梁西逃的途中。牧师城，笔者认为当与汉代牧师苑有关，后因以为城。汉代牧师苑，据《汉仪注》载："太仆牧师诸苑三十六所，分布北边、西边。以郎为苑监，官奴婢三万人，养马三十万匹。"②据此可知，牧师苑是"牧师官管理下的牧

---

① 王明珂：《游牧者的抉择：面对汉帝国的北亚游牧部族》，广西师范大学出版社，2008年，第109页。
② 〔汉〕班固：《汉书》卷五《景帝纪》，中华书局，1962年，第150页。

场，它们一般设在适宜畜牧的边郡，以养马为主，兼牧牛、羊，是官营畜牧业的重要生产基地"。① 实行"太仆—牧师令—牧师苑"三级管理体制。太仆，为中央政府官员，《汉书·百官公卿表》："太仆，秦官，掌舆马，有两丞。属官有……边郡六牧师苑令，各三丞。"② 牧师苑与地方郡县系统不同，受辖于中央官太仆。在这种独特的管理体制下，牧师苑长官牧师令需要固定的办公场所，毫无疑问，牧师城应为牧师令驻地，其当设在牧师苑中或临近地区。牧师苑的选址则要有适宜畜牧的优良、广阔牧场及丰茂的水草。那么，在今东胜区东胜梁一带是否存在这一地域呢？据20世纪90年代初期的统计调查，在今东胜梁中西段的罕台庙乡（今罕台镇）有天然草场48万亩，其西边柴登乡有草场8.5万亩，泊江海子乡（今泊江海子镇）可利用草场26万亩。③ 草场广袤，畜牧业发达，可以想见两千年前此地"风吹草低见牛羊"的情形。除此之外，还有一强力佐证，在今柴登乡西南、泊江海子镇南有一湖泊——陶日木海子。据艾冲先生考证此乃汉时"虎泽"。④《后汉书·南匈奴列传》记载，"虎泽"是东汉藩属政权南匈奴单于及其直属部落的游牧区域。其周围地势平坦、草原广阔、牧草肥茂、水源充足。且据史念海先生研究，东胜梁高地，汉代植被茂密，水草丰美，适于匈奴部众游牧。此区已发现匈奴墓葬，表明南匈奴曾在此长期的活动。⑤ 那么，这样一优良牧区定是牧师苑辖域的首选之地。据此可知，在今东胜区东胜梁中西段区域的确存在罕台镇、柴登乡、陶日木海子所组成的广袤草场。恰在草场中部稍偏东有一汉代古城遗址——城梁村古城。该城址位于东胜区西北35千米，城梁村南的高地上。"城为方形，东西长约480米，东北角有一土丘；西南方有三个土丘，可能为古代建筑遗迹。另外尚有三个石柱基。城内地面陶片甚多，多为粗、细绳纹。瓦很大，瓦当有些为半圆形，花纹为回纹。亦有灰

---

① 余华青：《秦汉边郡牧师苑的兴衰及影响》，《人文杂志》，1984年第1期，第99页。
② 《汉书》卷十九《百官公卿表》，第729页。
③ 伊克昭盟志编纂委员会：《伊克昭盟志》第1册，现代出版社，1994，第235—237页。
④ 艾冲：《两汉时期"虎泽"地理位置探索》，《陕西历史博物馆馆刊》第23辑，三秦出版社，2016年，第132—135页。
⑤ 史念海：《河山集》（三），人民出版社，1988年，第86页。

渣,在城外北面土坡下,过去常发现铜镞,有的成捆,铁杆锈在一起,曾发现陶管老乡以其做烟囱用"。① 综上,对牧师苑的建置、逢侯叛胡沿东胜梁西逃路线及此区域自然地理环境、地形地势、交通等因素综合考虑,笔者认为,此古城遗址当为汉代牧师城。

(二)渡河点

大城塞之战后,逢侯叛胡狼狈西逃,乘冰渡过黄河。关于黄河,首先需要说明的是,今杭锦旗西部与磴口县间的黄河与两千年前汉代河道方位不同,位置偏东,汉代黄河故道在其西方。从《水经注》的记载可知,"河水又北迳临戎县故城西"。② 临戎县城是朔方郡治,在今黄河西岸磴口县北部布隆淖镇,与《水经注》所记方位相反。再者,汉时黄河自桌子山西侧向东北流,至三封县(今磴口县麻弥图古城)附近转为北流。而今此段黄河一直保持东北流向。汉时黄河,据侯仁之先生考察,"在今布隆淖迄西一直到陶升井之间,至少有三道古代河床的遗迹"。③ 侯先生推断,"黄河故道大约从今磴口迤南不远,即开始与今道分歧,应是傍今道迤西向东北流,然后转向北流"。④ "在今布隆淖土城西北约4千米的南北向古代河床很有可能是前汉到北魏之间的黄河故道"。⑤ 磴口县以南、黄河东岸,地势陡峻,东北是杭锦旗西北部硬梁地,南偏东是桌子山北段余脉,不易通行。只有两高地间沟通杭锦旗和巴彦淖尔市的巴勒贡沟可供通行。沟西有一平坦地——北流黄河东向凸出的滩地。⑥ 依据侯仁之先生所测绘《乌兰布和沙漠北部汉代遗址与水系分布示意图》,⑦ 此滩地正好位于汉代黄河故道与今黄河河道的分

---

① 伊克昭盟文物工作站:《鄂尔多斯文物考古文集》,1981年,第228页。
② 〔北魏〕郦道元,陈桥驿校证:《水经注校证》卷三《河水》,中华书局,2007年,第75页。
③ 侯仁之:《乌兰布和沙漠北部的汉代垦区》,载于《历史地理研究:侯仁之自选集》,首都师范大学出版社,2010年,第358—359页。
④ 《历史地理研究:侯仁之自选集》,第360页。
⑤ 《历史地理研究:侯仁之自选集》,第360—361页。
⑥ 内蒙古自治区测绘事业局:《内蒙古自治区地图集》,西安煤航地图制印公司印刷,2007年,第268—269页。水利部黄河水利委员会编制:《黄河流域地形图》,中国地图出版社,1989年,第276—277页。
⑦ 《历史地理研究:侯仁之自选集》,第362页。

岔处。今巴拉贡镇镇区就在此区域内。此段黄河水势平缓，河床较宽，河道较窄，极易涉渡。①因此笔者认为，逢侯叛胡从大城塞沿今杭锦旗到巴拉贡的公路，通过巴勒贡沟孔道，至今巴拉贡镇所在滩地乘冰渡河。

（三）满夷谷

满夷谷是阴山山脉一南北交通谷道。其首见于东汉和帝永元元年窦宪征伐北匈奴的文献记载中。《后汉书·孝和孝殇帝纪》载："（永元元年）夏六月，车骑将军窦宪出鸡鹿塞，度辽将军邓鸿出稒阳塞，南单于出满夷谷，与北匈奴战于稽落山，大破之，追至私渠比鞮海。"②同书《窦融列传附窦宪传》与之相似。满夷谷在文献中的最后记载是永元六年南匈奴贵族逢侯叛乱期间，之后不再见于史籍。

要确定满夷谷的具体位置，只能从上述两件史事窥探。关于东汉政府军三路北伐北匈奴之事，《窦融列传附窦宪传》记载最为详备，即："明年（永元元年），（窦）宪与（耿）秉各将四千骑及南匈奴左谷蠡王师子万骑出朔方鸡鹿塞，南单于屯屠何将万余骑出满夷谷，度辽将军邓鸿及缘边义从羌胡八千骑，与左贤王安国万骑出[稒]阳塞，皆会涿邪山。"③三支军队，一支出鸡鹿塞，一支出满夷谷，一支出稒阳塞。鸡鹿塞即今巴彦淖尔市磴口县西北哈隆格乃山口，属朔方郡。稒阳塞即今包头市北昆都仑沟，属五原郡。因此，这两支军队当从五原郡、朔方郡出塞，路径不同，也符合"《史记》《汉书》记载塞外用兵的体例"。④南单于屯屠何经满夷谷出塞，那么满夷谷当亦有所统属。据史念海先生、梁万斌等研究，西河郡西方、朔方郡南方的"两属之地"，⑤除南部小部分外，当属西河郡。结

---

① 刘晓鹏：《晚第四纪黄河磴口段河道变迁研究》，硕士研究生论文，兰州大学，2016年，第10页。
② 《后汉书》卷四《孝和孝殇帝纪》，第168页。
③ 《后汉书》卷二十三《窦融列传》，第814页。
④ 史念海：《黄土高原历史地理研究》，黄河水利出版社，2001年，第801—802页。
⑤ 《黄土高原历史地理研究》，第801—802页。梁万斌：《西汉河南地归属新考——兼论河南地之政区调整》，《历史地理》第27辑，上海人民出版社，2013年，第1—11页。谭其骧：《中国历史地图集》（第一册），中国地图出版社，1996年，《〈中国历史地图集〉总编例》第14条。

合此区域的考古调查，也证明此区属于汉朝政府的有效控制范围。可参考魏坚《内蒙古中南部汉代墓葬》。①因此，满夷谷当位于西河郡出塞要道上。西汉曾多次从西河郡出兵，说明西河郡西部是存在出塞通道的。那么南单于屯屠何当从西河郡出兵。至于史籍中将三支军队概括为"出朔方击北虏""理兵朔方"，显然是依据统帅窦宪的行军路线而言。若此，满夷谷当在狼山西侧阿拉善左旗北部哈鲁乃山某山口（谷）。"哈鲁乃山是一座近东西走向的山脉，在山南北各有一列汉代烽燧。在山区存在一条大致呈南北向的山区通道——乌兰布拉格峡谷，谷中四季有流水。在其西边的山间台地之上有乌兰布拉格障城"。②笔者认为，哈鲁乃山区的南北走向的乌兰布拉格峡谷当是东汉时期的满夷谷。从地理位置及其与高阙（今狼山石兰计山口）、鸡鹿塞两关谷的道里来看都是合适的；山谷内优越的水草资源适合匈奴等少数民族的交通活动，况乌兰布拉格峡谷今属东阿拉善左旗自然保护区，在某种程度跟满夷谷之名暗合。验证其为满夷谷的合理性。逢侯在其父屯屠何出兵满夷谷后第五年，也选择满夷谷逃往漠北，此举绝非偶然，应是五年前他追随其父屯屠何北征行经满夷谷，对此道非常熟悉，故选择此线北逃。

四、结语

逢侯叛乱发生于汉和帝永元六年至元初五年间，历时25年之久。此次叛乱始发于西河郡美稷县，叛胡沿东胜梁一路西逃，经牧师城即今东胜区城梁古城，再向西到大城塞即今杭锦旗敖楞布拉格古城，继而向西在巴拉贡镇河滩处渡过黄河，趋向满夷谷即今阿拉善左旗哈鲁乃山乌兰布拉格山谷，经由朔方郡西北的漠南草原抵达漠北涿邪山即今蒙古国西南部阿尔泰山脉东南端与戈壁阿尔泰山山脉西端间的山体，自东向西横贯鄂尔多斯高原。叛乱涉及

---

① 魏坚：《内蒙古中南部汉代墓葬》，中国大百科全书出版社，1998年，第135—196页。
② 张文平：《西汉眩雷塞小考》，载于魏坚主编《北方民族考古》（第2辑），科学出版社，2015年，第192—193页。内蒙古自治区文物考古研究所：《2015年内蒙古自治区文物考古研究所考古发现综述》，《草原文物》2016年第1期，第5页。

今鄂尔多斯市、巴彦淖尔市南部、阿拉善盟北部，以及蒙古国西南部。逢侯叛乱导致边疆局势的动荡，打乱东汉政府原先的边疆军事部署。通过对此次叛乱事件的探讨，有助于加深对东汉北部边疆局势演变的认识，对于了解匈奴族的兴亡具有重要的意义。在一定程度上对研究东汉边疆军事地理、民族史地、边疆经略史等也具有推动作用。

（原载于《西夏研究》2018年第1期）

东汉中期滇零叛羌割据政权的控制地域及都城初探

艾 冲

东汉永初年间（107—113），在北部边疆和西北地区相继爆发雁门乌桓、南匈奴单于檀和羌民动乱事件，从而使得东汉朝廷面临空前严重的政治危机。①其中，在西北地区的凉州、司隶校尉部和并州西部爆发的羌族居民叛乱期间，出现一个由先零部叛羌酋长滇零为首的割据政权。史书虽然未记载其割据政权之名称，但此股政治势力存在达十余年之久，以号令各股叛羌武装。其控制或主要活动区域究竟包括那些郡级政区，是一个相当重要的历史政治地理问题。然而迄今为止，尚未见到相关研究论著问世。本文就此试做探讨，以期澄清历史真相。在下面，拟分做羌族滇零割据政权出现的历史背景、滇零割据政权的中心地、其控制地域范围三个问题予以论述。

一、羌族滇零割据政权出现的历史背景

羌族先零部滇零割据政权出现的基本历史背景就是东汉安帝（刘祜）永初元年（107）爆发的羌民动乱。而羌民动乱之所以会发生，从根本上观察，实乃东汉地方政府强行征调羌族青年、暴力毁坏羌民财产激起的民变。

自西汉后期以来，降附汉朝的羌族部落被迁移至陇西、金城两郡以东地区，散布在天水（汉阳）、安定、北地、上郡和西河诸郡，与汉族农民交

---

① 〔南朝宋〕范晔，〔唐〕李贤等注：《后汉书》卷八十七《西羌传》，中华书局，1965年，第2884—2885页。

错居住。例如东汉和帝永元十三年，东汉政府军击败烧当羌酋迷唐后，"羌众折伤，种人瓦解，降者六千余口，分徙汉阳、安定、陇西［诸郡］。迷唐遂弱，其种众不满千人，远逾赐支河首，依发羌居"。① 迁入内地诸郡的羌族人口，其后受到地方官吏和豪强地主的剥削与欺凌，反抗情绪渐次积累。史载："［是］时，诸降羌布在郡县，皆为吏人、豪右所徭役，积以愁怨。"②

至永初元年夏天，一个意外的偶发事件犹如导火索点燃羌民积压的不满怒火。此年夏天，东汉朝廷派遣骑都尉王弘征调金城、陇西、汉阳三郡羌族青壮年骑士约一千名，前往西域（今中国新疆，以及中亚部分区域）。王弘征发方法简单粗暴，催促甚急，引起出征的羌族骑士的担忧，沿途相继出现开小差的情况。史载：东汉"安帝永初元年夏，遣骑都尉王弘发金城、陇西、汉阳羌［民］百千骑征西域。［王］弘迫促发遣，群羌惧远屯不还，行到酒泉［郡］，多有散叛。诸郡各发兵徼遮，或覆其庐落"。③ 在西进途中出现逃兵现象，金城、陇西、汉阳、武威、张掖诸郡发兵予以拦截、搜捕。这本来仅是抓捕逃兵的单纯事件，但是，某个郡的士兵在搜寻过程中暴力摧毁羌族居民的住所与财产。当这一消息传播开来，引发羌民极大的惶恐而群起反抗。"于是，勒姐［部］、当煎［部］大豪东岸等愈惊，遂同时奔溃。［安定郡烧当部首领］麻奴兄弟因此遂与种人俱西出塞。先零［羌］别种滇零与锺羌诸种大为寇掠，断陇道。［是］时，羌［民］归附既久，无复器甲，或持竹竿、木枝以代戈矛，或负板案以为楯，或执铜镜以象兵。郡县畏懦不能制。"于是乎，羌族民变由此爆发，进而引起其后持续数十年的羌乱。同年冬季，东汉政府遣车骑将军邓骘、征西校尉任尚率五万大军进驻汉阳郡（治冀县，今甘肃天水市西北），以镇压叛羌武装。但是政府军在战场上连吃败仗，损失惨重。永初二年春天，锺羌数千人先在冀县西部击败邓骘所率军队，政府军阵亡一千余人。同年冬十月，先零羌首领滇零率数万人与

---

① 《后汉书》卷八十七《西羌传》，第2884—2885页。
② 《后汉书》卷八十七《西羌传》，第2886页。
③ 《后汉书》卷八十七《西羌传》，第2886页。

任尚、司马钧指挥的官军鏖战于汉阳郡平襄县（治今甘肃通渭县西北）境，"[任]尚军大败，死者八千余人"。于是，陇右地区失去有效的控制，叛羌势力大张，混乱局势更为严峻。当时"湟中诸县粟[每]石[值]万钱，百姓死亡不可胜数"。东汉面临这种危局，"朝廷不能制，而转运[军粮]艰剧，遂诏[邓]骘还师，留任尚屯汉阳[郡]，为诸军节度"。其时在永初二年十一月辛酉。①

就在官军惨败于平襄之后，先零羌首领滇零于同年十一月在北地郡建立割据政权，自称"天子"，以北地郡驻地——富平县城为其伪"都城"。史载："于是，滇零等自称'天子'于北地[郡]，招集武都[郡]、参狼[部羌]、上郡、西河诸[郡]杂种，众遂大盛。东犯赵、魏，南入益州，杀汉中[郡]太守董炳，遂寇钞三辅，断陇道。"羌族滇零割据政权遂于永初二年冬十一月出现在羌民叛乱地区。②

二、滇零叛羌割据政权的"都城"所在

羌族先零部首领豪滇零建立割据政权后，其控制中心——伪"都城"是定在北地郡治城。东汉时期，北地郡治所就是富平县城。东汉北地郡管理六县，即富平、廉、灵州、泥阳、弋居、参䜌。富平县是东汉北地郡的首县。据《后汉书·郡国志》载："《汉书·地理志》记天下郡县本末，及山川奇异、风俗所由，至矣。今但录中兴以来郡县改异，及春秋、三史会同征伐地名，以为《郡国志》。凡前志有县名，今所不载者，皆世祖所并省也。前[志]无今有者，后所置也。凡县名先书者，郡所治也。"③因此，富平县城就是东汉北地郡驻地。两汉时期，北地郡治城发生过迁移。西汉北地郡治所是在马领县城；其故址位于今甘肃庆阳市庆城区西北方、环江东岸。东汉建立后，北地郡治所向北迁至富平县城。④

---

① 《后汉书》卷五《孝安帝纪》，第211页；卷八十七《西羌传》，第2886页。
② 《后汉书》卷五《孝安帝纪》，第211页；卷八十七《西羌传》，第2886页。
③ 《后汉书》志第十九《郡国一》，第3385页。
④ 谭其骧：《中国历史地图集》（第五册），中国地图出版社，1982年，图17—18、图57—58。

那么，东汉北地郡治城——富平故城址具体在今何地呢？

首先，依据北魏郦道元《水经注》、唐代李吉甫《元和郡县图志》等古代文献的相关记载，可知东汉北地郡首府——富平县城位于今宁夏回族自治区吴忠市南部、黄河东岸。

《水经注》载："河水又东北迳于黑城北，又东北［流］，高平川水注之，即苦水也。……河水又东北迳呴卷县故城西……河水于此有上河之名也。又北过北地［郡］富平县西，河侧有两山相对，水出其间，即上河峡也，世谓之为青山峡。河水历峡北注，枝分东出。河水又北迳富平县故城西，秦置北部都尉，治县城，王莽名郡为威戎，县曰持武。……河水又北，薄骨律镇城在河渚上，赫连果［园］城也。桑果余林，仍列洲上。……河水又东北迳廉县故城东……河水又北与枝津合，［该］水［首］受大河，东北迳富平城，所在分裂，以溉园圃，北流入河。今无水。"①据此，汉代富平县故城位于今宁夏青铜峡东北方、黄河东岸。

《元和郡县图志》称：汉代北地郡富平故城位于唐代灵州治所——回乐县城西南方、黄河东侧，即"回乐县，（望，郭下，）本汉富平县地，属北地郡；［富平县故址］在今［回乐］县理西南富平故城是也"。②《后汉书·孝安帝纪》唐人李贤等作注、《资治通鉴》胡三省作注，皆认定"富平县，属北地郡，故城在今灵州回乐县［城］西南［方］"。③唐代灵州治城故址，在今宁夏吴忠市利通区古城湾村西侧、黄河大桥所在地，早在明代洪武十七年（1384），在黄河特大洪水的侧蚀冲刷下，灵州城所在的河心洲因凸岸北段河道不断向西南侧蚀推进而急剧缩小，灵州城因坐落在河心洲东侧凸岸南段河畔而被吞噬。这座延续八百多年的灵州城至此遭遇灭顶之灾，至今无迹可觅。④据此可知，汉代北地郡富平县城故址应在今宁夏吴忠市（地

---

① 〔北魏〕郦道元，陈桥驿校证：《水经注校证》卷二、卷三《河水》，中华书局，2007年，第52—54页第74—75页。
② 〔唐〕李吉甫：《元和郡县图志》卷四《关内道四》，中华书局，1983年，第93页。
③ 《后汉书》卷五《孝安帝纪》，第228页。〔宋〕司马光：《资治通鉴》卷五十《汉纪四十二》，中华书局，1956年，第1599页。
④ 艾冲：《灵州治城的变迁新探》，《中国边疆史地研究》2011年第4期，第125—133页。

级市）市区西南方、青铜峡北口东北方的黄河东岸地带寻觅。《中国历史地图集》将富平县治城标绘在此区域，基本准确。而今这个区域分别属于今吴忠市利通区和青铜峡市（县级市）管辖。

其次，依据这个区域的汉代墓葬遗址的分布，可推断出东汉时期富平县城故址的具体位置。在上述区域，存在着早年发现的关马湖汉墓群、小梁子汉墓群、莫茨墩汉墓群、沙渠汉墓群和李桥汉墓群。它们呈现集中连片分布，可作为判断富平故城的参照坐标。关马湖汉墓群位于吴忠市利通区高闸镇西南5千米、关马湖农场场部驻地北侧，面积约6000平方米，地面墓冢已无存。小梁子汉墓群，位于高闸镇韩桥村南约1千米的小梁子丘陵台地上，面积约3500平方米，已发现墓葬100余座，但地面墓冢不存。莫茨墩汉墓群，位于高闸镇韩桥村西南约3千米的莫茨墩周边坡地上，面积约7000平方米，已发现汉墓葬200余座。沙渠汉墓群，位于高闸镇李桥村东南约1千米的丘陵台地上，面积约7000平方米，地表墓冢无存。李桥汉墓群，位于高闸镇李桥村南约1.5千米的山坡台地，面积约5000平方米，地面墓冢无存。[1]汉代先民视死如生，俗好厚葬。其选择墓地一般定在高亢安全之处，绝不会选在黄河之滨、近水之地。这有旁证可据，唐代灵州治城东侧地势较高的"东原"成为灵州居民的身后归宿地，包括今吴忠市利通区金星村绿地园唐墓群、红星村唐墓群、朝阳东街唐墓群、石佛寺村唐宋墓群、东塔寺村隋唐宋墓群等。[2]据彼推此，其理亦然。因此，富平故城址应在今关马湖汉墓群的西北方向、黄河东岸。而其地属于今青铜峡市、黄河东侧的青铜峡镇、峡口镇管区。其中，青铜峡镇坐落在青铜峡水库大坝东侧，境内几无汉代遗址，且地势较高，两千年前显然没有建立城市的条件。其东北方的峡口镇驻地——任桥村，地势偏低，是数条灌溉渠道必经之地，西北密迩黄河干流，东南靠近关马湖诸汉墓群。据此，汉代北地郡富平县城故址应在今青铜峡市黄河东侧的峡口镇附近。具体而言，当在今任桥村、巴闸村、谭桥村、西滩

---

[1] 国家文物局：《中国文物地图集·宁夏回族自治区分册》，文物出版社，2010年，第106—107页、第110—111页、第291页。

[2] 《中国文物地图集·宁夏回族自治区分册》，第106—107页、第291—292页。

村一带。①此地完全符合《水经注·河水》《元和郡县图志·灵州回乐县》的记述，关马湖等汉代墓群遗址也反证富平县故城址应在其西北、黄河东侧之地。总而言之，东汉中期羌族滇零割据政权的统治中心——富平城故址就在今宁夏青铜峡市峡口镇及其附近的巴闸村、谭桥村、西滩村一带。

在东汉中期羌民叛乱期间屡屡见于记载的"丁奚城"，也应在富平县城侧近地带。依据文物普查资料，东汉时期"丁奚城"相当今宁夏吴忠市利通区南部、扁担沟镇西部扁担沟村古城址。扁担沟村城址，位于今宁夏吴忠市利通区扁担沟镇扁担沟村西4.5千米处，"城址面积约2万平方米，……地面［城墙］遗迹无存，散布砖、绳纹大板瓦、云纹瓦当等建筑残片"。文物工作者判定该城址为汉代富平故城遗址。但是，扁担沟村城址的占地面积过小，只是一个长约200米、宽约100米的小城圈，即便是作为汉代普通县城也非常勉强，何况是作为北地郡治城，那就更不可能了。②此古城址只能是见于史书记载的"丁奚城"遗址。据《后汉书》记载，丁奚城是保卫滇零叛羌割据政权中心——富平城的军事堡垒。③其位置只能位于富平城的东南方。④为什么呢？因为从自然地理形势观察，富平城坐落在汉时上河峡（即青山峡，今青铜峡）东北，其西侧、北侧有黄河干流围护，南有牛首山巨障；其东北虽然地势开阔，却存在同时叛乱且有联络的南匈奴单于檀的割据势力，相对安全。唯有东南方的落川（即大洛川，今山水河）上游流域联通三辅地区，是东汉政府军直捣其巢穴——富平城的近捷必经之路，须加防范。丁奚城（今扁担沟古城）恰好扼处在落川（今山水河）西侧要害部位，地理位置十分重要。其后的历史进程表明，欲夺取滇零叛羌割据势力的巢穴——富平城（今宁夏青铜峡市峡口镇及附近），必须先攻据丁奚城（今扁担沟古城），扫清进军之道路。永初六年，滇零死，其子零昌代立［为

---

① 张红：《宁夏回族自治区地图册》，中国地图出版社，2002年，图15、图16。
② 《中国文物地图集·宁夏回族自治区分册》，第106—107页、第289—290页"富平故城"条。
③ 《后汉书》卷八十七《西羌传》，第2888页。
④ 《中国历史地图集》（第二册），将"丁奚城"大体标绘于今宁夏灵武市南侧，实属不妥。

帝］，年尚幼小，同种（同部落）狼莫为其计策，以杜［季］贡为将军，别居丁奚城。①元初二年秋天，东汉政府策划一次分道进军、讨伐零昌的军事行动。行征西将军司马钧统率八千余人，从关中出发为东路军，主攻丁奚城、富平城。护羌校尉庞参率领羌胡兵七千余人，从令居县城（今甘肃永登县）出发为西路军，计划与东路军齐头同进，"并北击零昌"。但是，西路军行至勇士县东部时，被零昌大将杜季贡指挥叛众截击，无法前进，只好退回令居。唯有司马"钧等独进，攻拔丁奚城，大克获。杜季贡率众伪逃。"但由于政府军随后分散收割"［叛］羌禾稼"，"散兵深入，羌乃设伏要击之"，官军大败，"死者三千余人。钧乃遁还，坐徵自杀"。丁奚城得而复失，两路征伐失利。②其后，任尚出任中郎将，率领三千五百人驻防三辅地区。他接受怀县令虞诩的建议，改编军队，组建骑兵，以迅疾之势"乃遣轻骑钞击杜季贡于丁奚城，斩首四百余级，获牛马羊数千头"。元初三年夏，任尚率所部骑兵与度辽将军邓遵所率一万胡骑分为南、北两路夹击零昌为首的叛羌。邓遵指挥北路军推进至灵州县境（今吴忠市利通区与灵武市），击败零昌叛众；任尚指挥南路军击败先零羌叛乱武装，攻陷丁奚城。至同年秋，任尚组建敢死队，袭击零昌于北地郡，杀其妻子，烧其庐落，得［其］僭号文书及所没诸将印绶。③可见，丁奚城是滇零叛羌割据政权统治中心——富平城的外围屏障，是政府军进剿行军的必经之地。丁奚城遗址，就是今扁担沟村古城址。

三、滇零叛羌割据政权控制的地域范围

东汉中期，滇零叛羌割据政权以北地郡城为核心，相继控制着北地郡、安定郡、上郡、西河郡南部、汉阳郡、陇西郡、金城郡和武都郡，共计8个郡级政区；此外，叛羌武装在滇零割据势力的指挥下，其活动区域还扩大到周边地区，包括三辅地区（京兆尹、左冯翊、右扶风），汉中郡，河东郡，

---

① 《后汉书》卷八十七《西羌传》，第2888页。
② 《后汉书》卷八十七《西羌传》，第2889页。
③ 《后汉书》卷八十七《西羌传》，第2890页。

河内郡，上党郡，以及太行山东侧的魏郡、赵国等地。

羌民叛乱首发于安定、北地、金城、陇西、汉阳五郡之地，这也是滇零割据势力最早控制之区。永初元年（107）夏，烧当羌首领麻奴移居在安定郡境，动乱发生后"遂与种人俱西出塞"，加入叛乱之列。先零羌、锺羌叛乱武装首先在金城、陇西、汉阳三郡"大为寇掠，断陇道"，继而在汉阳郡冀县（今甘肃天水市西北）西部、平襄县（今甘肃通渭县西北）击败官军。永初二年（108）十一月，先零羌首领滇零称"天子"于北地郡，建立割据政权，以北地郡富平县城为其伪"都城"。其后，滇零"招集武都［郡］参狼［羌］、上郡、西河［郡］诸杂种［羌］，众遂大盛"。①显然，滇零在控制上述五郡后，继而控制着南面的武都郡、东面的上郡、西河郡南部。而政府军撤退至三辅地区，遣散部分兵士返乡务农；又"置京兆虎牙［营］都尉于长安［城］，扶风［雍营］都尉于雍［县城］，如西京三辅都尉故事"。②政府军的东撤，就为滇零在北地郡城建立割据政权、控制羌乱区提供了机会。

滇零叛羌割据政权所控制8个郡级政区，即北地郡、安定郡、上郡、西河郡南部、汉阳郡、陇西郡、金城郡和武都郡，其地理区位分别如下所述。北地郡管区相当今甘肃庆阳市东半部，陕西定边县，宁夏盐池、吴忠、灵武等地，以及宁夏平原诸市县，内蒙古鄂托克旗、鄂托克前旗大部。上郡辖地包括今陕西延安地区，榆林地区绥德、米脂、榆阳以西和靖边以东，以及内蒙古乌审旗、鄂托克前旗东南部诸地。西河郡南部主要是指其黄河西侧的西半部管区的南部，包括今陕西榆林市东部的吴堡、佳县、神木、府谷等县地，内蒙古鄂尔多斯市准格尔旗南半部、伊金霍洛旗、杭锦旗东南部诸地。安定郡辖区位于北地郡西侧，相当于今甘肃平凉市，宁夏同心、中宁以西，甘肃靖远屈吴山主脊以东、六盘山以北、中卫市境贺兰山余脉以南之地。汉阳郡（原名天水郡）辖域包括今甘肃静宁、会宁、靖远以南，六盘山、陇山以西，黄河以东，陇西、武山、礼县以北。金城郡管区相当于今甘肃乌鞘岭

---

① 《后汉书》卷八十七《西羌传》，第2886页。
② 《后汉书》卷八十七《西羌传》，第2887页。

以南、临夏、永靖以北，榆中以西，青海省海晏、贵德一线以东。陇西郡管区相当今甘肃临夏、永靖以南，岷县至礼县以北，陇西、武山以西，青海省尖扎、同仁、夏河以东诸地。武都郡辖域位于今甘肃省南部，相当今舟曲、岷县以东，陕西留坝、勉县以西，秦岭主脉以南，川甘省界以北，包括嘉陵江上游、白龙江流域在内。①

永初三年至四年，滇零控制的叛乱武装数次南犯三辅地区，并取道右扶风、汉阳郡两度进攻秦岭山脉南侧的益州汉中郡域，即"南入益州，杀汉中［郡］太守董炳，遂寇钞三辅，断陇道"；继而再次进攻褒中，临阵击杀汉中郡太守郑勤，"死者三千余人"。②永初五年春，滇零所部叛乱武装开始向东扩张，即叛"羌遂入寇河东［郡］，至河内［郡］，百姓相惊，多奔南度河。［汉廷］使北军中候朱宠将五营士屯孟津，诏魏郡、赵国、常山、中山［诸郡国］缮作坞候六百一十六所"。③据此可知，滇零叛羌割据武装的活动范围不仅扩至三辅地区，甚至东渡黄河进入河东郡（今山西省西南部临汾市、运城市）、上党郡（今山西省东南部长治市、晋城市）、河内郡（今河南省黄河以北、太行山以南部分），南逼东汉京都洛阳城、东窥魏［郡］、赵［王国］所在的今华北平原。

东汉政府将羌乱地区的郡县行政单位撤出、侨置于三辅地区之举，从反面证实诸郡县迁出地区被滇零割据势力所控制。永初四年夏，于是，"徙金城郡居襄武［县城］"。④襄武县（故治在今甘肃陇西县东南）属于陇西郡，位于陇西郡东部边缘地带。永初五年夏，"羌既转盛，而［东汉］二千石、令、长多内郡人，并无守战意，皆争上［请］徙郡县以避寇难。朝廷从之，遂移陇西［郡］徙襄武［县城］、安定［郡］徙美阳［县城］、北地［郡］徙池阳［县城］、上郡徙衙［县城］"。⑤美阳县（故治在今陕西扶

---

① 《中国历史地图集》（第二册），图57—58"凉州刺史部"。但笔者对该图幅显示的政区有所修正，主要是北地郡域的北界。
② 《后汉书》卷五《孝安帝纪》，第215页；《后汉书》卷八十七《西羌传》，第2887页。
③ 《后汉书》卷八十七《西羌传》，第2887页。
④ 《后汉书》卷五《孝安帝纪》，第215页。
⑤ 《后汉书》卷八十七《西羌传》，第2887—2888页。

风县东部、漳水河北侧）属于右扶风，池阳县（故治在今陕西泾阳县西北）属于左冯翊，衙县（故治在今陕西白水县北部、洛河北侧）属于左冯翊。襄武县城遂成为金城郡、陇西郡的共同治所。内迁羌乱地区诸郡县单位的同时，官府武力强迫各县居民内迁三辅地区。史称：上述诸郡"百姓恋土，不乐去旧。[官府]遂乃刈其禾稼，发彻室屋，夷营垒，破积聚。[是]时，连[年]旱蝗饥荒，而驱蹙劫略，流离分散，随道死亡，或弃捐老弱，或为人仆妾，丧其太半"。①东汉政府不仅迁出郡县机构，更动用暴力迫使各县居民离开故乡家园而流徙外地，造成非常悲惨的局面。

由此可见，滇零叛羌割据政权控制的地域可分为两部分，其一，其控制力度较强区域，包括北地、上、西河、安定、汉阳、金城、陇西和武都八郡之地。其二，其控制力度松散或叛乱武装活动的边缘区域，包括三辅（今陕西关中盆地）、汉中郡北部（今陕西汉中市秦岭山区）、河东郡（今山西西南部）、河内郡（今河南黄河以北区域）、上党郡（今山西省东南部长治市、晋城市），大约七郡的局部地区。

在这种形势下，汉阳郡的汉族居民杜琦、杜季贡、王信等人也奋起反抗官府，他们"与羌通谋，聚众[攻]入上邽[县]城，[杜]琦自称安汉将军"。在被官军镇压之后，杜季贡投奔羌族滇零割据政权，即"杜[季]贡亡从滇零"。至永初六年，滇零去世，其子零昌代立，即伪"天子"位。即"是岁，先零羌滇零死，[其]子零昌复袭伪号"。②因零昌年纪尚幼小，同种（同部落）狼莫为其计策，以杜[季]贡为将军，别居丁奚城。③政府军将领任尚在元初二年至三年接连克敌制胜之后，又部署刺杀滇零叛羌割据政权要员的秘密任务。元初四年春季，任尚密遣当阗种羌榆鬼等五人，刺杀零昌割据政权的将军杜季贡；同年秋季，任尚又密遣效攻种羌号封，成功地刺杀叛羌割据政权的首脑伪"天子"零昌，极大地打击了叛羌势力。④

---

① 《后汉书》卷八十七《西羌传》，第2888页；卷五《孝安帝纪》，第216页。
② 《后汉书》卷五《孝安帝纪》，第218—219页。
③ 《后汉书》卷八十七《西羌传》，第2888页。
④ 《资治通鉴》卷五十《汉纪四十二》，第1598页。

同年冬季，政府军再次两路并进攻击叛羌割据政权的实际掌权者——狼莫。中郎将任尚指挥东路军为主力，护羌校尉马贤指挥西路军为偏师，同时进攻北地郡城，即"[元初四年]冬，任尚将诸郡兵与马贤并进北地[郡]击狼莫。[马]贤先至安定[郡]青石岸，狼莫逆击败之。会[任]尚兵到高平，因合势俱进，狼莫等引退。[任尚、马贤]乃转营迫之，至北地[郡城]，相持六十余日，战于富平[附近]河[上]，大破之，斩首五千级，还得所略人[口]男女千余人，牛马驴羊骆驼十余万头。狼莫逃走。于是，西河[郡]虔人种羌[一]万一千口诣[度辽将军]邓遵降"。即"[十二月]甲子，任尚及骑都尉马贤与先零羌战于富平上河，大破之。虔人羌[大豪恬狼等]率众[诣度辽将军]降，陇右平"。①此次战役，政府军攻克滇零叛羌割据政权的统治中心——北地郡治所，即富平县城。迫使狼莫仓皇地逃往他处。元初五年春季，度辽将军邓遵招募上郡全无种羌雕何等人，成功地刺杀了滇零割据政权的首领狼莫。②至此时，滇零叛羌割据政权彻底崩毁，叛羌武装失去核心决策者而很快消散，其控制地区亦随之解体。

史称："自零昌、狼莫死后，诸羌瓦解，三辅、益州无复寇儆。自羌叛十余年间，兵连师老，不暂宁息。军旅之费，转运委输，用二百四十余亿[钱]，府帑空竭。延及内郡，边民死者不可胜数，并、凉二州遂至虚耗。"③概括地总结出东汉中期第一次羌乱给当时社会带来多么巨大的生命和财产损失。

四、结 语

东汉中期西北地区的羌民之乱持续12年之久，即永初元年至元初五年。滇零叛羌割据政权以北地郡首府——富平城为其割据中心，控制着北地、安定、上、西河、汉阳、陇西、金城和武都八个郡级政区。此外，在滇零割据

---

① 《后汉书》卷五《孝安帝纪》，第227—228页；《后汉书》卷八十七《西羌传》，第2891页。
② 《后汉书》卷八十七《西羌传》，第2891页。
③ 《后汉书》卷八十七《西羌传》，第2891页。

政权的指挥下，叛羌武装活动区域扩大到周边的三辅地区（京兆尹、左冯翊、右扶风），汉中郡，河东郡，河内郡，上党郡，以及太行山东侧的魏郡、赵国等地。至元初五年，滇零叛羌割据政权彻底解体，其所控制地区亦随之被政府军收复。探明滇零叛羌割据政权控制及活动的地域范围，对于认知东汉时期羌民之乱的时空进程与历史真相具有重要的学术价值。

（原载于《西夏研究》2017年第3期。本次收录时名称有所更动）

后　记

当我整理完这部论文集书稿、翻过最末一页，感觉心情相当轻松。因为个人的又一愿景即将实现，书稿达到可以交予出版单位付梓的程度。全书共收录23篇专题论文，约29万字。

在最近八年的时光中，由于承担与推进国家社科基金三个科研项目的缘故，使得我身心俱惫。个人的身体、思想显露出非比寻常的疲倦状态，而实际上又缺乏让身心放松的机会与通道，因为即使在假期（寒假、暑假）也忙着自己的事务。偶尔静下来后，也在思考为什么搞得如此紧张呢？说到底，还是善始善终、不做则已、要做就坚持到底的事业心使然。但是，适当的休息、休养是必需的生活环节，对于脑力劳动者而言，更是如此。

不知不觉间，余已年过花甲，显然身心状态也不如以前。因此，有些事应放下，有些事应坚持，有些事该强化。既要保持自己良好的工作状态，更要采取有效措施适度保养身体。做到量力而行、劳逸结合，不透支体力与精力。切实珍爱日常生活、家庭幸福，做好那些该做之事。但愿为时未晚。

长江后浪推前浪，一代更比一代强。祝愿年轻学子不断努力钻研，在既有的学识基础上，继续提升个人的学术研究水平、科研实力，锤炼个人的观察力、鉴别力、理解力、组织力和创新力，制定并追求人生的更高目标。同时，要有经受挫折的心理准备。人生道路并不是平坦的，一个人的行进也不可能始终是一帆风顺的。因此，要能够承受一切风浪、阻力、坎坷和困难的打击，越是在困难境地，越要坚持下去，所谓愈挫愈勇是也。那些具备顽强意志、坚定毅力的人才能成为最后的胜利者。祝愿团队中的年轻学人不断进步！

在习近平总书记为核心的党中央领导下，我国经济社会各项事业取得快速发展，政治清明，人民和睦，民族团结，经济进步，科技水平快速提升，人民生活水平持续上升，国际地位明显提高。虽然，我国社会尚存在需继续完善的环节，但从整体来看，还是处在有史以来的最佳境界。因此，珍惜当下、放眼未来，走好人生道路的每一步，才能行稳致远。

编者

2018年9月4日下午

于陕西师范大学长安校区文汇楼